服务全民终身学习的
教育体制机制研究
经典文献评述

邓　旭　马一先 / 著

重庆大学出版社

图书在版编目(CIP)数据

服务全民终身学习的教育体制机制研究经典文献评述 /
邓旭,马一先著. --重庆:重庆大学出版社,2025.
5. -- ISBN 978-7-5689-4861-6

Ⅰ. G729.2

中国国家版本馆 CIP 数据核字第 2024JS5256 号

服务全民终身学习的教育体制机制研究经典文献评述
FUWU QUANMIN ZHONGSHEN XUEXI DE JIAOYU TIZHI JIZHI
YANJIU JINGDIAN WENXIAN PINGSHU

邓 旭 马一先 著

策划编辑:唐启秀

责任编辑:张 祎　　版式设计:唐启秀
责任校对:王 倩　　责任印制:张 策

*

重庆大学出版社出版发行
出版人:陈晓阳
社址:重庆市沙坪坝区大学城四路 21 号
邮编:401331
电话:(023) 88617190　88617185(中小学)
传真:(023) 88617186　88617166
网址:http://www.cqup.com.cn
邮箱:fxk@ cqup.com.cn(营销中心)
全国新华书店经销
重庆升光电力印务有限公司印刷

*

开本:720mm×1020mm　1/16　印张:23.75　字数:391千
2025 年 5 月第 1 版　　2025 年 5 月第 1 次印刷
ISBN 978-7-5689-4861-6　定价:98.00 元

丛书编委会

总主编:孙绵涛

主　编:卢　伟　　王　刚　　祁型雨

编　委:孙绵涛　　卢　伟　　王　刚　　祁型雨

　　　　　邓　旭　　丁学森　　王　悦

本书编著者

邓　旭　　马一先

闫　石　　张　爽　　王浩然

总 序

党的十九届四中全会聚焦新时代对人才培养的新需求,把教育摆在更加突出的位置,明确提出要"构建服务全民终身学习的教育体系"。这一举措是以习近平同志为核心的党中央为满足人民多层次多样化学习方式需求,促进人的全面发展所作出的具有前瞻性、全局性、系统性的重要战略决策,具有重大而深远的意义。深入探讨服务全民终身学习的教育体制理论,总结这一教育体制在实践中的成功经验与现实问题,破除体制机制障碍,构建科学完善的服务全民终身学习的教育体制,是深化教育领域综合改革、建设服务全民终身学习的教育体系的关键任务,也是加快推进教育现代化、建设教育强国、办好人民满意的教育的根本要求。在这样的背景下,2020 年 4 月 20 日沈阳师范大学教育经济与管理研究所研究团队申报的研究阐释党的十九届四中全会精神、国家社科基金重点项目"服务全民终身学习的教育体制与教育机制研究"获准立项。

在接到"立项通知书"后,项目组全体成员高度重视,迅速开始了一系列的研究工作。首先,我们全面收集和分析了与本课题相关的政策类和研究类文献材料,界定了本项目的核心概念,构建了服务全民终身学习的教育体制的范畴与逻辑框架,在此基础上设计了问卷和访谈提纲等调查工具。之后,项目组多次赴辽宁、北京、重庆、浙江、河南等地,实地开展访谈和问卷调研工作,进一步了解了当前服务全民终身学习的教育体制在理论与实践中的成就、经验、不足和原因,了解了专家学者及社会公众对全民终身学习的需求,以及对全民终身学习体制改革的需求与建议。最后,根据理论研究与实证调查的结论,形成并发表了一系列研究成果。截至目前,本项目共发表论文 13 篇,其中包含 CSSCI 论文 3 篇,CSSCI 扩展版论文 6 篇(1 篇被《新华文摘》全文转载,1 篇被《高等学校文科学术文摘》全文转载),另有 1 篇文章获得副省级领导批示。这套书就是该项目的最终研究成果。

丛书共包含 6 本著作。《服务全民终身学习的教育体制论:基于系统哲学的建构》以系统哲学为理论基础,按照"方法论—本体论—价值论—实践论"的逻辑,秉承把握事物一般本质、认知逻辑、一般价值和实践路径的基本思路,构建了关于服务全民终身学习的教育体制的理论体系,并在此基础上为深化服务全民终身学习的教育体制改革提出了政策建议。《为服务全民终身学习赋能：教育实施体制的作为》总结了我国服务全民终身学习的教育实施机构与制度的成就与经验，重点分析了教育实施机构和制度存在的问题及成因，进而为我国服务全民终身学习的教育实施体制改革提出策略。《服务全民终身学习的教育管理体制改革：机构建设与制度创新》综合运用多元理论，构建了服务全民终身学习的教育管理体制的基本理论体系，深入探讨了服务全民终身学习教育管理体制及其改革的内在规定性，为指导我国服务全民终身学习教育管理体制改革的理论与实践提供了新的概念、命题和实践模式。《服务全民终身学习的教育体制之他国镜鉴：基于国际实践的视角》分别对美国、英国、澳大利亚、日本、德国、俄罗斯、法国等国家终身学习的演进历程和教育体制实践情况进行了梳理和分析，探讨了这些国家服务全民终身学习的教育实施体制和管理体制的经验与启示，为我国服务全民终身学习的教育体制的未来发展提出了对策建议。《服务全民终身学习的教育体制机制研究经典文献评述》从政策文本内容、政策研究文献和学理性研究三个方面，对当前我国"服务全民终身学习的教育体制机制"的相关研究进行了评述，并就对这一问题进行更深层次的研究提出了对策建议。《面向2035：服务全民终身学习的教育体制改革趋势展望》在分析未来全民终身学习需求的影响因素及其发展趋势的基础上，从服务全民终身学习的教育实施体制和教育管理体制两个维度切入，系统构建了面向未来全民终身学习体制改革的前瞻性理论框架，并对未来我国服务全民终身学习的教育体制进行了展望。此次出版的是前5本著作，最后一本将另行出版，相信很快也会与各位读者见面。

本丛书探讨了服务全民终身学习的教育体制的基本理论体系，构建了具有我国特色的服务全民终身学习的教育体制框架，分析了现阶段终身学习教育体制的实践现状与成功经验，挖掘和解决了这一体制实践中的重点、难点问题，总结了国际服务全民终身学习的教育体制实践的经验及可供我国借鉴之处，为我国服务全民终身学习的教育体制改革提出了政策建议和决策参考。同时，本丛书建立了一个专门的关于服务全民终身学习的教育体制机制的文献资料库，不仅能够为相关政策的制定提供有益的参考依据，也能为同类研究提供参考。

本丛书的出版为本项目上一阶段的研究画上了句号，但这并不是我们探究这一问题的终点。2023 年 9 月,习近平总书记在黑龙江考察期间,在新时代推动东北全面振兴座谈会上首次提出了"新质生产力",此后,习近平总书记又多次发表了关于新质生产力的重要论述,强调"要牢牢把握高质量发展这个首要任务,因地制宜发展新质生产力",为高质量发展和中国式现代化建设提供了科学指引和实践遵循。新质生产力的本质是先进生产力,生产力的主体是劳动者,先进生产力的主体是高素质人才。培养高素质人才,发展新质生产力,推动高质量发展,对服务全民终身学习的教育体制机制提出了更高的要求,如何建立一个更加完善的教育体制机制,帮助受教育者在任何时间和空间场域内都能够获取所需高新科技知识和劳动技能,以及其面对技术革命性突破、生产要素创新性配置、产业深度转型时的适应能力和快速学习的能力,为受教育者适应并推动新质生产力的发展奠定基础,将是我们下一阶段要继续深入研究的重点议题。

本丛书得以出版,要感谢全国哲学社会科学工作办公室领导和沈阳师范大学领导的关心和支持;感谢重庆市新闻出版局将本丛书纳入 2023 年重庆市出版专项资金资助项目;感谢重庆大学出版社将本丛书纳入出版计划;感谢资深编辑唐启秀的辛勤劳动;特别要感谢参与项目研究的团队成员为完成研究任务的辛苦付出,每本著作的主编和参编人员为本丛书所作的突出贡献,同时也要对本丛书研究过程中提供帮助的有关领导、学者及文中参考文献的作者致以衷心的谢意。

孙绵涛

2024 年 5 月 16 日

前　言

进入 21 世纪以来,联合国教科文组织的专题报告、经济合作与发展组织的教育政策分析报告、世界银行的年度报告等,均在密切追踪各国主要是发达国家在终身学习和学习型社会领域方面的政策动向和运行实效。[①] 关于"全民学习""终身学习"和"学习型社会"的重大议题受到社会和学界的广泛关注。

我国早在《中国教育改革和发展纲要》(1993)提出"终身教育"的教育理念,且在《中华人民共和国教育法》(以下简称《教育法》)(1995)中获得明确的教育法律地位。1999 年,中共中央、国务院《关于深化教育改革全面推进素质教育的决定》提出"逐渐完善终身学习体系";中国共产党第十六次全国代表大会首次在报告中明确提出:"形成全民学习、终身学习的学习型社会,促进人的全面发展"。正是从这一时期开始,我国教育领域逐步强调"终身教育体系"的构建,重视"终身学习的体制机制"的建设。

开展"服务全民终身学习的教育体制机制研究"的课题,就要了解当前我国教育领域有关"终身教育""终身学习",以及"服务全民终身学习的教育体制机制改革"的相关研究,最重要的是要明晰与课题主题相关的研究动态、发现研究特点、把握研究趋势,为更好地进一步研究终身学习奠定学理基础,提供研究思路,找到实现路径,发现进一步推动终身学习研究的空间和生长点。

本书从政策文本内容、政策研究文献和学理性研究三个方面,对当前我国"服务全民终身学习的教育体制机制"的研究进行评述。首先,本书收集和整理(截至 2023 年)已出台的有关"终身教育""终身学习""服务全民终身学习体制机制"的政策文本,按照综合类和专项类分别对政策文本内容规定进行梳理与分析,以呈现政策文本的阶段性特点和发展脉络,形成对终身教育政策背景的整体把握。其次,运用 Nvivo12 质性分析软件,对政策文本内容规定中"服务全民终身学习的体制机制政策"的重点和热点领域进行提取,并在此基础上对政策内容提出改进建议。最后,本书运用 Bicomb2.0 软件和 SPSS22.0 统计软件进

[①] 张力.建设全民终身学习的学习型社会、学习型大国[N].中国教育报,2023-06-01(06).

行共词可视化分析,分别梳理"终身教育""终身学习"和"服务全民终身学习的体制机制"相关研究的研究视角、内容和方法,总结研究的阶段性特点和发展脉络,评述当前研究现状和研究热点,以期为构建"终身教育体系"和相关政策的制定提供有益的参考依据。

感谢华东师范大学马一先博士和沈阳师范大学教育经济与管理研究所闫石博士在本书的总体思路建构与核心观点撰写作出的学术贡献;感谢我所带的硕士研究生崔鑫、黄双、姜晓雷、笪惠雅、罗笃峰、刘琪琪、张爽、王浩然在资料收集、资料分析、内容撰写以及书稿校对等方面的辛苦付出;感谢为本课题研究提供大力支持的所有人;感谢重庆大学出版社唐启秀、张祎编辑的专业审校;感谢所有为此书得以付梓给予帮助的人!

沈阳师范大学 邓旭

2024 年 3 月 24 日

目 录

第一章 政策文本梳理

一、政策文本的收集与整理

（一）政策文本收集的范围

本章的主要内容包括政策文本的收集和整理、综合类政策文本梳理和专项类政策文本梳理三个部分。第一部分政策文本的收集和整理的主要内容包括政策文本收集范围、政策文本收集分类和政策文本整理的原则。在界定政策文本收集范围时，是从时间和研究内容两方面进行界定；政策文本收集分类时，将政策文本分为综合类政策文本和专项类政策文本；政策文本整理的原则主要包括真实性原则、准确性原则、完整性原则和简明性原则。第二部分综合类政策文本梳理的主要内容是将有关终身教育、终身学习、服务全民终身学习体制机制内容的政策文本，根据政策文本整理原则，划分为普及阶段（1980—2000 年）和政策拓展阶段（2001 年至今）进行政策文本梳理。第三部分专项类政策文本梳理的主要内容是对有关终身教育、终身学习、服务全民终身学习体制机制的专项政策文本，按照政策文本整理原则，划分为国家和地方两大类进行政策文本梳理。其中，第一部分政策文本的收集范围、分类和整理原则为研究定下了基调，第二部分和第三部分内容则是第一部分内容的延伸，而这三部分内容又共同构成了本研究的启下环节。

在界定收集政策文本资料范围时，首先需要对政策文本资料的时间范围进行界定。本研究选择 1980—2023 年作为研究的时间跨度，以反映"终身教育"研究和总体状态。终身教育理念尽管起源于 20 世纪的 60 年代，在终身教育理念得到越来越广泛的认同并在全球多个国家形成共识之后，这一理念已经不仅仅停留在理论层面，而是开始被转化为各个国家可以具体执行和发展的策略。

但我国首次在正式的国家文件中使用"终身教育"这一名词是在 1980 年教育部颁布的《关于进一步加强中小学在职教师培训工作的意见》中。这就成为本研究收集政策法律法规的起始时间。

其次,本研究需要对政策文本资料收集的内容范围作出限定,即对终身教育、终身学习、服务全民终身学习体制机制的政策文本进行梳理。政策研究样本主要包括:国家层面由全国人大常委会颁布的地方性法规和规章,国务院出台的意见、决定和规范性文件,以及教育部等相关部门制定的管理办法、实施细则等;省级层面由省人大常委会颁布的地方性法规和规章,省委、省政府出台的意见、决定和规范性文件,以及教育厅相关部门制定的管理办法、实施细则等;市级层面由市人大常委会颁布的地方性法规和规章,市政府出台的意见、决定和规范性文件,以及教育局等相关部门制定的管理办法、实施细则等。

本研究数据收集分为两条途径:一是通过国务院、省市政府及其直属教育部门的门户网站下载所公布的政策;二是通过法律法规查询数据库"北大法宝"——中国法律检索系统,进行国家、省、市政府有关终身教育、终身学习、服务全民终身学习体制机制政策的文本检索。文本筛选的条件是政策中明确说明与终身教育、终身学习、服务全民终身学习体制机制的相关政策,文本类型包括法律法规、管理办法、暂行办法、决定、意见等。本研究所有政策文本都是通过上述两种途径获得,下载的截止时间为 2023 年,共整理出有关终身教育、终身学习、服务全民终身学习体制机制政策文本 72 篇。

(二)政策文本收集的分类

文字资料的分类是根据其性质、内容或特点来区分不同的资料,将意义相同或相近的资料划分为同一类别的行为。分类的意义在于:它是认识社会现象的初步成果;它是揭示事物内部结构的前提,要揭示事物内部的结构特征必须将所调查的事物区分开来;它是研究不同类别的事物之间关系的基础。资料分类的原则一般包括科学性原则、客观性原则、互斥性原则、完整性原则。科学性原则是指分类标准必须符合科学原理。客观性原则是指分类标准必须符合客观实际。互斥性原则是指必须保证在分类后的各种类别必须相互排斥。完整性原则是指分类后的各种类别必须完整,每一条资料都应该有所归属,而不应有任何遗漏。政策文本作为文字资料的一种,在收集时也应遵循以上原则。

分类不仅是了解和观察世界的基础途径,也是我们进行科学研究时必不可少的基础工具。分类通常可以分为两大类:一类是现象分类,它是基于实用性的目的,重视实际情况,根据事物的外部特征和表面属性来进行分类的;另一种分类方式通常是基于理论假设来进行类型构建的。从哲学的角度看,每一个理论假设都涉及对事物本质的理解,因此这种分类方式也被称作本质分类。本研究的政策文本收集主要采用第一种方式对政策文本进行分类。本研究将政策文本分为综合类政策文本和专项类政策文本。所谓综合类政策,是指涉及一系列问题而出台的政策。在本研究中主要指该政策文本中含有终身教育、终身学习、服务全民终身学习体制机制等关键字眼的政策。该研究还根据政策演进将综合类政策文本分为政策普及阶段(1980—2000 年)和政策拓展阶段(2001—2023 年)。政策普及阶段所包含的政策文本主要是 1980 年"终身教育"这一关键词首次在国家文件提出来之后所产生的普及化政策,主要涉及教师、成人教育和教育技术。政策拓展阶段是指有关终身教育、终身学习、服务全民终身学习体制机制的政策出现了从教育类政策到其他类型政策的拓展阶段,政策中涉及人员从教师拓展到了全民,从成人教育拓展到了社区教育、职业教育、老年教育、医护人员教育等方面。而专项类政策则是指专门针对某一问题而出台的政策文本。本研究主要指专门针对终身教育、终身学习、服务全民终身学习体制机制而颁布的一系列政策。专项类政策又分为国家专项类政策和地方专项类政策。国家专项类政策是指国家层面出台的有关某一问题的政策法规。地方专项类政策是指省、市及以下行政单位出台的有关某一特定问题的政策法规。本研究在收集地方专项类政策时按地区(华东、华南、华中、华北、西北、西南、东北)进行收集分类。

(三)政策文本整理的原则

整理资料即整理事实,即对在资料调查阶段所搜集并掌握的客观事实及其现象进行鉴别与分类的整理。在资料整理过程中,为保证资料的可靠性与分类的有效性,研究者应坚持以下资料整理的基本原则:

1.真实性原则

真实性原则,是指所要整理的资料,必须是确实发生过的客观事实,即不是杜撰出来的虚假情况。如果整理出来的资料失去真实性,则比根本没有资料还要危险。没有资料,无非就是得不出结论。而提供了虚假的资料,则一定会导出错误的结论。因此,鉴定与保证资料的真实性是整理资料的原则与根本任务。本研究对政策文本的收集、整理、分类都遵循真实性原则,一是在分析政策文本出台背景的前提下整理资料,呈现文本内容;二是政策文本只能是官方或官方网站正式颁布的政策。

2.准确性原则

准确性原则是指整理后的事实与数据必须准确无误。通常来讲,准确性代表着两层含义,即无误性与精确性。而资料整理的主要目的是说明问题和论证观点,因此,资料整理的准确性原则就是要保证事实与数据的无误性。本研究对相关政策文本的收集、整理、分析都遵循准确性原则,一是保证政策文本内容呈现的准确性与无误性,二是精准政策出处,保证政策文本内容与出处的无误性与精准性。换言之,首先是政策文本内容应只与终身教育、终身学习、服务全民终身学习体制机制的主题相关;其次是在对政策分类时也应准确,要认清综合类政策和专项类政策的区别,不能将两者混淆。

3.完整性原则

完整性原则是指整理后的资料应能够全面描述事物的概貌与具体的事实。如果所整理的资料残缺不齐,或现象与本质之间、现象与现象之间表里不一或前后不一,甚至是相互矛盾,则很可能犯以偏概全或逻辑混乱的错误。本研究在整理、收集、分类相关政策文本时,从大的范畴上尽可能保障政策类别的完整性,也要保证每类政策核心关键内容的完整性。完整性原则体现在政策文本中有关终身教育、终身学习、服务全民终身学习体制机制的内容都要完整收集、罗列出来,不能有遗漏,同时还要保证内容的完整。

4.简明性原则

简明性原则是指整理后的资料应简洁清楚,便于查找、参考与引用。这一原则的具体要求就是条理化与系统化,以集中的方式反映出调查资料的整个轮廓与具体特点。而在一些科研实践中,常常会出现整理后的资料反而比整理前的资料还要多的反常情况,就是研究者在整理资料过程中未能坚持简明性原则的缘故。本研究政策文本整理时遵循简明性原则,在文本内容呈现时,严格遵循与主题高度相关并采用高频词的关键词,一是便于查找、参考、引用;二是更加系统化与条理化,资料前后没有过多重复,简单明了。

二、综合类政策文本梳理

（一）普及阶段（1980—2000 年）政策文本梳理

名称	内容
《关于进一步加强中小学在职教师培训工作的意见》（1980 年）	要将中小学教师的继续教育和培训与终身教育结合,促进中小学教师终身学习习惯的养成,全面提高中小学教师的师资力量水平。
《教育部关于大力发展高等学校函授教育和夜大学的意见》（1980 年）	单靠全日制高等学校,难以满足广大青年职工和高中毕业知识青年学习的要求,也适应不了国家培养人才的需要。因此,发展高等教育也必须继续贯彻执行两条腿走路的方针,采取多种形式办学。全日制高等学校举办函授教育和夜大学,是已为实践证明的既经济又有效地培养专门人才的一个重要途径,是提高全民族科学文化水平的一项重要措施,它应当成为高等教育事业的有机组成部分。
《县办农民技术学校暂行办法》（1982 年）	农民技术学校招收具有初中毕业以上实际文化程度的社队管理干部、技术员、有一定生产经验的农村青年和农民教育的教师。
《高等教育自学考试暂行条例》（1988 年）	本条例所称高等教育自学考试,是对自学者进行以学历考试为主的高等教育国家考试,是个人自学、社会助学和国家考试相结合的高等教育形式。 高等教育自学考试的任务,是通过国家考试促进广泛的个人自学和社会助学活动,推进在职专业教育和大学后继续教育,造就和选拔德才兼备的专门人才,提高全民族的思想道德、科学文化素质,适应社会主义现代化建设的需要。 中华人民共和国公民不受性别、年龄、民族、种族和已受教育程度的限制,均可依照本条例的规定参加高等教育自学考试。
《中国教育改革和发展纲要》（1993 年）	成人教育是传统学校教育向终身教育发展的一种新型教育制度,对不断提高全民族素质,促进经济和社会发展具有重要作用。

续表

名称	内容
《国务院关于〈中国教育改革和发展纲要〉的实施意见》(1994年)	成人学历教育应向多样性、职业性方向发展。各类成人学校要加强同普通学校、职业学校的联系与合作，提高办学效益，努力办出成人教育特色。要充分利用各种远距离教学形式为中小城市、乡镇企业、农村以及边远和经济发展程度较低地区服务，要完善自学考试制度，鼓励自学成才。 　　大力加强在职干部的培养提高和继续教育工作。要以高等学校为依托，充分调动社会各方面的积极性，逐步建立规范化的继续教育制度，努力为各行各业培养造就大批适应我国社会主义市场经济和社会发展要求的骨干人才。
《中华人民共和国教育法》(1995年)	第十一条　国家适应社会主义市场经济发展和社会进步的需要，推进教育改革，促进各级各类教育协调发展，建立和完善终身教育体系。 　　第十九条　各级人民政府、有关行政部门以及企业事业组织应当采取措施，发展并保障公民接受职业学校教育或者各种形式的职业培训。国家鼓励发展多种形式的成人教育，使公民接受适当形式的政治、经济、文化、科学、技术、业务教育和终身教育。 　　第四十一条　国家鼓励学校及其他教育机构、社会组织采取措施，为公民接受终身教育创造条件。
《关于广播电视大学贯彻〈中国教育改革和发展纲要〉的意见》(1995年)	坚持面向地方、面向农村、面向基层、面向边远和民族地区，建立主动适应社会主义市场经济和社会发展需要的办学机制，增强适应性和灵活性，为地方，为广大农村、乡镇企业以及中小型企业生产第一线培养"质量好、下得去、用得上、留得住"的各类专门人才。学历教育以高等专科教育为主，积极发展电视中等专业教育；积极开展中小学教师学历达标培训和提高学历层次培训，为普及九年义务教育积极作出贡献；在有条件的地方，有计划地稳妥地举办本科教育。争取到本世纪末，高等学历教育和中等专业教育每年分别为国家培养出30万名以上毕业生。非学历教育以岗位培训和继续教育为重点，为从业人员举办在岗和转岗培训。开展职业资格证书教育、中小学教师和管理人员以及其他各级各类专业技术人员的继续教育，公民的终身教育，为提高全民族素质和各行各业人员的业务水平做好服务。

续表

名称	内容
《面向 21 世纪教育振兴行动计划》（1998年）	实施"现代远程教育工程"，形成开放式教育网络，构建终身学习体系。 现代远程教育是随着现代信息技术的发展而产生的一种新型教育方式。它是构筑知识经济时代人们终身学习体系的主要手段。 建立和完善继续教育制度，适应终身学习和知识更新的需要。有条件的高等学校要开设继续教育课程，建设继续教育基地。要依托现代远程教育网络开设高质量的网络课程，组织全国一流水平的师资进行讲授，实现跨越时空的教育资源共享，向各行业的管理人员和专业人员提供多种继续教育课程。 到 2010 年……基本建立起终身学习体系，为国家知识创新体系以及现代化建设提供充足的人才支持和知识贡献。
《中共中央、国务院关于深化教育改革全面推进素质教育的决定》（1999 年）	大力提高教育技术手段的现代化水平和教育信息化程度。 继续搞好多样化的电化教育和计算机辅助教学。 运用现代远程教育网络为社会成员提供终身学习的机会，为农村和边远地区提供适合当地需要的教育。
《关于在部分地区开展社区教育实验工作的通知》（2000 年）	开展社区教育实验的目的社区教育是在一定区域利用各类教育资源开展的旨在提高社区全体成员整体素质和生活质量，服务区域经济建设和社会发展的教育活动。社区教育是实现终身教育的重要形式和建立学习化社会的基础，它具备"全员、全面、全程"的基本特征。开展社区教育实验的目的是：1.通过实验，积累有关社区教育的经验，总结社区教育的管理体制、运行制等方面的规律和特点，探索通过社区教育构建终身教育体系、建设学习化社会的办法和途径。2.通过在部分地区开展的社区教育实验，初步形成社区教育良性发展的局面，并对其他地区起到示范和带动的作用。

（二）拓展阶段（2001 年至今）政策文本梳理

名称	内容
《中华人民共和国国民经济和社会发展第十个五年计划纲要》（2001 年）	着力推进素质教育，重视培养创新精神和实践能力，促进学生德智体美全面发展。把加强基础教育放在重要位置，继续提高国民教育普及程度。基本普及九年义务教育的地区要巩固成果，提高水平，尚未普及的地区要进一步扩大九年义务教育的人口覆盖范围。重点推进西部贫困地区和少数民族地区的义务教育，实施贫困地区义务教育二期工程。扩大高中阶段教育规模，有步骤地在大中城市和经济发达地区普及高中阶段教育。采取多种形式，积极发展高等教育，扩大培养规模，保证教育质量。继续实施"211 工程"，重点加强一批高水平大学和学科的建设。大力发展职业教育和职业培训，发展成人教育和其他继续教育，逐步形成大众化、社会化的终身教育体系。重视发展儿童早期教育。推行弹性学习制度，放宽入学年龄限制，允许分阶段完成学业。
《全国教育事业第十个五年计划》（2001 年）	面向未来的挑战，努力在构建终身教育体系、教育手段现代化和教育信息化、鼓励和支持社会力量办学、发展高等职业技术教育等方面实现重大突破。 建议修改《学位条例》和《义务教育法》，制定《民办教育法》，调研、起草《终身教育法》，使教育法律体系进一步健全、完善。
《全面建设小康社会开创中国特色社会主义事业新局面》（2002 年）	形成全民学习、终身学习的学习型社会，促进人的全面发展。
《教育部关于进一步加强农村成人教育的若干意见》（2002 年）	农村成人教育是我国教育的重要组成部分，是构建终身教育体系、建设学习化社会的重要内容，承担着提高农村成人思想政治和科学文化素质，促进农村经济社会发展的重要任务。 要因地制宜，积极创造条件，采用联合办学、远程教育等多种方式，在有条件的县和乡镇成人学校举办职业教育和自学考试教育。开展农村社区教育实验，努力构建终身教育体系和建设学习化社会。

续表

名称	内容
《关于进一步深化普通高等学校毕业生就业制度改革有关问题的意见》（2002年）	加强对高校毕业生进行正确的世界观、人生观、价值观和择业观教育，使高校毕业生树立交费上学、自主择业、勤奋创业、终身学习的观念，树立根据社会需要就业，到基层建功立业的思想，主动到祖国需要的地方干一番事业。
《教育部关于实施全国教师教育网络联盟计划的指导意见》（2003年）	实施教师网联计划是构建教师终身学习体系、建设学习型社会的迫切需要。党的十六大提出建设全民学习、终身学习的学习型社会，从时代的高度对"加强教师队伍建设，提高教师的师德和业务水平"提出了新的要求。在新的历史时期，教师作为先进生产力和先进文化发展的弘扬者和推动者，应当首先成为终身学习的先行者；教师这一特殊重要的职业群体应当首先形成优秀的学习型组织，成为学习型社会的示范者。率先形成适应时代要求的教师终身学习体系，是建设全民学习、终身学习体系和学习型社会的重要前提。实施教师网联计划，推动教师教育创新，构建高水平、高质量、高效益的开放灵活的教师教育体系，为教师终身学习提供有力的支持和服务，对于振兴教育和实现全面建设小康社会的宏伟目标具有重要战略意义。
《国务院关于进一步加强农村教育工作的决定》（2003年）	农村教育在构建具有中国特色的现代国民教育体系和建设学习型社会中具有十分重要的地位。 构建农村教师终身教育体系，实施"农村教师素质提高工程"，开展"以新课程、新知识、新技术、新方法"为重点的新一轮教师全员培训和继续教育。
《2003—2007年教育振兴行动计划》（2004年）	鼓励人们通过多种形式和渠道参与终身学习，加强学校教育和继续教育相互结合，进一步改革和发展成人教育，完善广覆盖、多层次的教育培训网络，逐步确立以学习者个人为主体、用人单位支持、政府予以必要资助的继续教育保障机制，建立对各种非全日制教育培训学分的认证及积累制度。

续表

名称	内容
《2003—2007 年教育振兴行动计划》（2004 年）	以更新知识和提高技能为重点,开展创建学习型企业、学习型组织、学习型社区和学习型城市的活动。充分发挥行业、企业的作用,加强从业人员、转岗和下岗人员的教育与培训。积极发展多样化的高中后和大学后继续教育,统筹各级各类资源,充分发挥普通高等学校、成人高等学校、广播电视大学和自学考试的作用,积极推进社区教育,形成终身学习的公共资源平台。大力发展现代远程教育,探索开放式的继续教育新模式。
《中小学教师教育技术能力标准（试行）》（2004 年）	具有利用教育技术进行终身学习以实现专业发展与个人发展的意识与态度。 具有利用教育技术进行终身学习以实现管理能力与个人素质不断提高的意识与态度。 具有利用教育技术为教师创造终身学习环境的意识与态度。
《国务院关于大力发展职业教育的决定》（2005 年）	明确职业教育改革发展的目标。进一步建立和完善适应社会主义市场经济体制,满足人民群众终身学习需要,与市场需求和劳动就业紧密结合,校企合作、工学结合,结构合理、形式多样、灵活开放、自主发展、有中国特色的现代职业教育体系。建立职业教育与其他教育相互沟通和衔接的"立交桥",使职业教育成为终身教育体系的重要环节,促进学习型社会建设。
《中国成人教育协会2005 年工作要点》（2005 年）	宣传成人教育及终身学习思想,促进成人教育的改革发展,坚持为成人学习服务的原则,加强自身建设,努力开创成人教育的新局面。 深刻认识成人教育在"全面建设小康社会"和"形成全民学习、终身学习的学习型社会,促进人的全面发展"中的地位和作用。 站在全面建设小康社会,构建终身教育体系和建设学习型社会的高度,开展成人教育及终身学习国家政策研究,完成中国成人教育协会的战略文件——"终身学习报告书"。

续表

名称	内容
《中华人民共和国国民经济和社会发展第十一个五年规划纲要》(2006 年)	全面实施素质教育,着力完成"普及、发展、提高"三大任务,加快教育结构调整,促进教育全面协调发展,建设学习型社会。
《国务院关于印发全民科学素质行动计划纲要(2006—2010—2020年)的通知》(2006 年)	通过实施《科学素质纲要》,推动形成全民学习、终身学习的学习型社会,促进人的全面发展。 围绕贯彻落实科学发展观和建设学习型机关,调动公务员提高自身科学素质的积极性和主动性,增强终身学习和科学管理的能力。
《国务院办公厅关于印发人口发展"十一五"和 2020 年规划的通知》(2006 年)	构建中国特色社会主义现代化教育体系,推进学习型社会建设。依法加大政府对教育的投入力度,鼓励和引导社会、企业和公民出资办学,积极构建学习型社会的保障体系。
《国家教育事业发展"十一五"规划纲要》(2007 年)	加快构建现代化教育体系,积极推进学习型社会建设。 完善终身教育体系。进一步理顺各级各类教育的关系,形成普通教育与职业教育、职前教育与继续教育相互衔接,学历教育与非学历教育、有组织学习与自学相互补充的良好格局,建立各级各类教育相互衔接、相互沟通的教育体系,为国民构筑更加畅通的成才之路。 积极推进学习型社会建设。完善教育资源服务与应用系统,促进全社会学习资源的整合与共享,建设开放、灵活、方便的全民学习、终身学习平台。构建学习型机关、学习型企业、学习型社区和学习型乡镇,努力形成全民学习、终身学习的理念和良好社会风尚。充分发挥各级各类学校在终身学习中的作用。改革成人教育办学模式,大力发展多样化的继续教育和社区教育。……办好老年大学,扩大覆盖面。实行职业资格证书与学历证书并重的制度。建立非义务教育阶段弹性学习制度,完善学分制,方便学习者分阶段完成学业;完善自学考试制度,积极发展非学历教育,鼓励自主学习,促进学习途径、模式和方法的多样化。

续表

名称	内容
《高举中国特色社会主义伟大旗帜,为夺取全面建设小康社会新胜利而奋斗——胡锦涛在中国共产党第十七次全国代表大会上的报告》(2007年)	加快发展社会事业,全面改善人民生活。现代国民教育体系更加完善,终身教育体系基本形成,全民受教育程度和创新人才培养水平明显提高。 加强教师队伍建设,重点提高农村教师素质。鼓励和规范社会力量兴办教育。发展远程教育和继续教育,建设全民学习、终身学习的学习型社会。
《国务院关于进一步推进长江三角洲地区改革开放和经济社会发展的指导意见》(2008年)	建立更加完善的现代国民教育体系和终身教育体系,加快学习型社会建设。
《国务院关于职业教育改革与发展情况的报告》(2009年)	实施扩大就业的发展战略,促进以创业带动就业,进一步改善民生,迫切需要加快健全覆盖城乡的职业教育培训网络,为建立全民学习、终身学习的学习型社会服务。 坚持学历教育和短期培训并举,职前教育和继续教育结合,积极推进终身教育体系建设和学习型社会建设。 进一步明确职业教育在建设人力资源强国和构建终身教育体系,建设学习型社会中的地位和作用。
《国家中长期教育改革和发展规划纲要(2010—2020年)》(2010年)	加快发展继续教育。继续教育是面向学校教育之后所有社会成员的教育活动,特别是成人教育活动,是终身学习体系的重要组成部分。 广泛开展城乡社区教育,加快各类学习型组织建设,基本形成全民学习、终身学习的学习型社会。 构建灵活开放的终身教育体系。 搭建终身学习"立交桥"。促进各级各类教育纵向衔接、横向沟通,提供多次选择机会,满足个人多样化的学习和发展需要。健全宽进严出的学习制度,办好开放大学,改革和完善高等教育自学考试制度。建立继续教育学分积累与转换制度,实现不同类型学习成果的互认和衔接。

续表

名称	内容
《国家中长期教育改革和发展规划纲要（2010—2020 年)》（2010 年)	树立终身学习观念,为持续发展奠定基础。 　　根据经济社会发展和教育改革的需要,修订教育法、职业教育法、高等教育法、学位条例、教师法、民办教育促进法,制定有关考试、学校、终身学习、学前教育、家庭教育等法律。 　　终身教育体制机制建设试点。建立区域内普通教育、职业教育、继续教育之间的沟通机制;建立终身学习网络和服务平台;统筹开发社会教育资源,积极发展社区教育;建立学习成果认证体系,建立"学分银行"制度等。 　　构建体系完备的终身教育。学历教育和非学历教育协调发展,职业教育和普通教育相互沟通,职前教育和职后教育有效衔接。继续教育参与率大幅提升,从业人员继续教育年参与率达到 50%。现代国民教育体系更加完善,终身教育体系基本形成,促进全体人民学有所教、学有所成、学有所用。 　　到 2020 年,基本实现教育现代化,基本形成学习型社会,进入人力资源强国行列。
《国务院关于当前发展学前教育的若干意见》（2010 年)	把发展学前教育摆在更加重要的位置。学前教育是终身学习的开端,是国民教育体系的重要组成部分,重要的社会公益事业。
《中华人民共和国国民经济和社会发展第十二个五年规划纲要》（2011 年)	加快发展继续教育,建设全民学习、终身学习的学习型社会。
《中国妇女发展纲要（2011—2020 年)》和《中国儿童发展纲要（2011—2020 年)》（2011 年)	提高妇女终身教育水平。构建灵活开放的终身教育体系,为妇女提供多样化的终身教育机会和资源。鼓励妇女接受多形式的继续教育,支持用人单位为从业妇女提供继续教育的机会。提高妇女利用新型媒体接受现代远程教育的能力。

续表

名称	内容
《2011—2015 年行政机关公务员培训纲要》（2011 年）	自学和在实践中学习。引导公务员树立终身学习理念，激发学习内生动力，积极倡导自学，不断改善知识结构，提高自身修养，注重在工作中学习，在实践中学习。把公务员培训与建设学习型组织和创先争优活动等紧密结合起来，通过报告会、论坛以及"行动学习法"等多种形式开展培训，营造学习氛围、创造学习条件，提升公务员学习能力和学习效果。
《国务院关于加强教师队伍建设的意见》（2012 年）	推动信息技术与教师教育深度融合，建设教师网络研修社区和终身学习支持服务体系，促进教师自主学习，推动教学方式变革。
《国务院关于大力推进信息化发展和切实保障信息安全的若干意见》（2012 年）	加快学校宽带网络建设，推动优质数字教育资源开发和共享，完善教育管理信息系统，构建面向全民的终身学习网络和服务平台，大力发展远程教育，形成教育综合信息服务体系。
《中共中央关于全面深化改革若干重大问题的决定》（2013 年）	试行普通高校、高职院校、成人高校之间学分转换，拓宽终身学习通道。
《教育部等七部门关于推进学习型城市建设的意见》（2014 年）	通过深化教育综合改革，推进学历教育与非学历教育协调发展，职业教育与普通教育相互沟通，职前教育与职后教育有效衔接，有效发挥学校教育在全民终身学习中的基础作用。在基础教育阶段加强学生终身学习意识和能力的培养；发挥高等教育在人才培养、科学研究、社会服务等方面的重要作用；发挥职业教育和继续教育在提高社会成员素质以及满足终身学习需求中的核心和骨干作用。引导和支持各类学校向社会开放学习资源，与社区融合。

续表

名称	内容
《国务院关于深化考试招生制度改革的实施意见》(2014 年)	拓宽社会成员终身学习通道。扩大社会成员接受多样化教育机会,中等职业学校可实行注册入学,成人高等学历教育实行弹性学制、宽进严出。为残疾人等特殊群体参加考试提供服务。探索建立多种形式学习成果的认定转换制度,试行普通高校、高职院校、成人高校之间学分转换,实现多种学习渠道、学习方式、学习过程的相互衔接,构建人才成长"立交桥"。 构建衔接沟通各级各类教育、认可多种学习成果的终身学习"立交桥"。
《国务院关于加快发展现代职业教育的决定》(2014 年)	加强社区教育和终身学习服务……建立有利于全体劳动者接受职业教育和培训的灵活学习制度,服务全民学习、终身学习,推进学习型社会建设。
《中华人民共和国教育法(2015 修正)》(2015 年)	推动各级各类教育协调发展、衔接融通,完善现代国民教育体系,健全终身教育体系,提高教育现代化水平。 国家鼓励发展多种形式的继续教育……促进不同类型学习成果的互认和衔接,推动全民终身学习。 国家鼓励学校及其他教育机构、社会组织采取措施,为公民接受终身教育创造条件。
《教育部关于印发〈特殊教育教师专业标准(试行)〉的通知》(2015 年)	具有终身学习与持续发展的意识和能力,做终身学习的典范。
《教育部等九部门关于进一步推进社区教育发展的意见》(2016 年)	营造全民终身学习的社会氛围。充分利用报刊、广播、电视、网络等媒体,加大对社区教育重要意义和发展成绩的宣传,总结推广全国社区教育实验区、示范区以及各地的典型经验。重视社区教育理论研究和学科建设。坚持办好"全民终身学习活动周",深入宣传全民学习、终身学习的理念,凝聚社会共识,形成发展合力。

续表

名称	内容
《教育部关于办好开放大学的意见》(2016 年)	坚持开放办学,服务全民学习。顺应全民学习、终身学习需求,向社会最大程度开放教育资源,提供形式多样教育服务,广泛开展学历教育和非学历教育,满足不同类型不同层次学习需要。 开放大学要以终身教育思想为引领,树立开放、灵活、优质、便捷的办学理念,充分运用现代信息技术,创新办学形式、组织模式和运行机制,努力办成服务全民终身学习的新型高等学校。要依据区域经济社会发展水平、高等教育状况、教育普及程度等因素,确定学校在构建区域终身教育体系和建设学习型社会中的功能作用。 适应全民终身学习需求,不断拓展开放大学办学功能,为学习者学习成果转换提供便利服务。建立个人终身学习电子档案,主要存储个人信息、学习经历、学习成果及转换记录等信息。
《“十三五”国家信息化规划》(2016 年)	利用信息化手段不断扩大优质教育资源覆盖面,构建网络化、数字化、个性化、终身化的教育体系,建设学习型社会。
《国务院办公厅关于印发老年教育发展规划(2016—2020 年)的通知》(2016 年)	推动各级各类学校向区域内老年人开放场地、图书馆、设施设备等资源,为他们便利化学习提供支持,积极接收有学习需求的老年人入校学习。 发展老年教育,是积极应对人口老龄化、实现教育现代化、建设学习型社会的重要举措,是满足老年人多样化学习需求、提升老年人生活品质、促进社会和谐的必然要求。
《中华人民共和国国民经济和社会发展第十三个五年规划纲要》(2016 年)	加快学习型社会建设。大力发展继续教育,构建惠及全民的终身教育培训体系。推动各类学习资源开放共享,办好开放大学,发展在线教育和远程教育,整合各类数字教育资源向全社会提供服务。建立个人学习账号和学分累计制度,畅通继续教育、终身学习通道,制定国家资历框架,推进非学历教育学习成果、职业技能等级学分转换互认。

续表

名称	内容
《决胜全面建成小康社会,夺取新时代中国特色社会主义伟大胜利——在中国共产党第十九次全国代表大会上的报告》(2017年)	健全学生资助制度,使绝大多数城乡新增劳动力接受高中阶段教育、更多接受高等教育。支持和规范社会力量兴办教育。加强师德师风建设,培养高素质教师队伍,倡导全社会尊师重教。办好继续教育,加快建设学习型社会,大力提高国民素质。
《国务院关于印发国家教育事业发展"十三五"规划的通知》(2017年)	从教育领域看,当今世界教育正在发生革命性变化。确保包容、公平和有质量的教育,促进全民享有终身学习机会,成为世界教育发展新目标。教育与经济社会发展的结合更加紧密,以学习者为中心,注重能力培养,促进人的全面发展,全民学习、终身学习、个性化学习的理念日益深入人心。 　　全民终身学习机会进一步扩大。形成更加适应全民学习、终身学习的现代教育体系,现代职业教育体系更加完善。学前教育机会显著增加,义务教育普及成果进一步巩固提升,普及高中阶段教育,高等教育发展进入普及化阶段,继续教育参与率明显提升,学习型社会建设迈上新台阶。
《国务院关于印发"十三五"促进就业规划的通知》(2017年)	完善终身学习服务体系。充分发挥各级各类学校的优势,加强终身教育制度建设。提供更多继续教育和职业技能培训课程,发展在线教育和远程教育,积极发挥高校继续教育数字化资源开放和在线教育联盟作用,为全体社会成员提供多次选择、多种路径的终身学习机会。进一步办好开放大学。鼓励高等学校招收有实践经历人员,支持社会成员通过直接升学、先就业再升学、边就业边学习等多种方式不断发展。科学设置评估考核指标,加快构建全程化、模块化、多元化的终身学习成果评价体系,增强终身学习质量保障能力,提高社会成员终身学习积极性。

续表

名称	内容
《国务院关于鼓励社会力量兴办教育 促进民办教育健康发展的若干意见》（2017年）	充分发挥民办教育在完善终身教育体系、构建学习型社会中的积极作用。
《国务院关于印发"十三五"推进基本公共服务均等化规划的通知》（2017年）	建立个人学习账号和学分累计制度,完善学分认定和转换办法,拓宽学分认定转换渠道,探索建立多种形式学习成果认定转换机制,促进各类学习资源开放共享,推动构建惠及全民的终身教育体系。
《国务院关于印发国家教育事业发展"十三五"规划的通知》（2017年）	优先发展教育,构建现代教育体系,建设学习型社会,培养大批创新人才,已成为人类共同面临的重大课题和应对诸多复杂挑战、实现可持续发展的关键。 全民终身学习机会进一步扩大。形成更加适应全民学习、终身学习的现代教育体系,现代职业教育体系更加完善。 教育教学改革取得重要进展,学生的思想道德素质、科学文化素质、身心健康素质明显提高,社会责任感、法治意识、创新精神和实践能力显著增强,学业水平和自主学习、终身学习能力全面提升。 继续教育持续发展,全民终身学习的态势初步形成。 统筹扩大继续教育服务。强化省级、地市级政府对继续教育的统筹规划,加快构建政府、企业、社会共同参与的终身学习激励机制,建设覆盖全国城乡、开放便捷的终身学习公共服务体系。整合继续教育资源,基于社会工作岗位需求,向学习者提供教育培训"技能包"。重视开展面向现役和退役军人的继续教育,着力落实好退役大学生士兵专项硕士研究生招生计划等政策。整合资源,健全城乡一体的社区教育办学网络,广泛开展城乡社区教育,促进学校教育资源服务社区居民。推动学习型城市建设。持续开展"全民终身学习活动周",倡导全民阅读。推

续表

名称	内容
《国务院关于印发国家教育事业发展"十三五"规划的通知》（2017年）	进老年教育机构逐步纳入地方公共服务体系，完善老年人学习服务体系，办好老年大学，有效扩大老年教育资源供给。 建立面向全民的终身学习成果认证、积累与转换公共服务平台。 加快构建终身教育制度。……允许学习者通过课堂学习、在线学习、自学等方式获得学分，建立健全职业教育与普通教育、学历教育与非学历教育、职前教育与职后教育沟通衔接的机制，逐步扩大高等学校招收有实践经历人员的比例，制定不同人群接受教育的资助制度，使所有公民都有机会通过直接升学、先就业再升学、边就业边学习等多种方式不断发展。
《国务院办公厅关于深化医教协同进一步推进医学教育改革与发展的意见》（2017年）	健全继续医学教育制度。强化全员继续医学教育，健全终身教育学习体系。
《国务院关于印发新一代人工智能发展规划的通知》（2017年）	建立以学习者为中心的教育环境，提供精准推送的教育服务，实现日常教育和终身教育定制化。
《中华人民共和国老年人权益保障法（2018修正）》（2018年）	国家发展老年教育，把老年教育纳入终身教育体系，鼓励社会办好各类老年学校。
《国务院关于落实〈政府工作报告〉重点工作部门分工的意见》（2018年）	倡导全民阅读，建设学习型社会。
《中共中央 国务院关于全面深化新时代教师队伍建设改革的意见》（2018年）	全面提高中小学教师质量，建设一支高素质专业化的教师队伍，提高教师培养层次，提升教师培养质量。 开展中小学教师全员培训，促进教师终身学习和专业发展。

续表

名称	内容
《中国教育现代化2035》（2019年）	2035年主要发展目标是:建成服务全民终身学习的现代教育体系、普及有质量的学前教育、实现优质均衡的义务教育、全面普及高中阶段教育、职业教育服务能力显著提升、高等教育竞争力明显提升、残疾儿童少年享有适合的教育、形成全社会共同参与的教育治理新格局。
《中共中央关于坚持和完善中国特色社会主义制度,推进国家治理体系和治理能力现代化若干重大问题的决定》(2019年)	构建服务全民终身学习的教育体系。全面贯彻党的教育方针,坚持教育优先发展,聚焦办好人民满意的教育,完善立德树人体制机制……发挥网络教育和人工智能优势,创新教育和学习方式,加快发展面向每个人、适合每个人、更加开放灵活的教育体系,建设学习型社会。
《国务院关于印发国家职业教育改革实施方案的通知》(2019年)	高等职业学校要培养服务区域发展的高素质技术技能人才,重点服务企业特别是中小微企业的技术研发和产品升级,加强社区教育和终身学习服务。
《中共中央 国务院印发《深化新时代教育评价改革总体方案》》(2020年)	推动构建服务全民终身学习的教育体系,努力培养担当民族复兴大任的时代新人。 探索开展高校服务全民终身学习情况评价,促进学习型社会建设。 探索建立学分银行制度,推动多种形式学习成果的认定、积累和转换,实现不同类型教育、学历与非学历教育、校内与校外教育之间互通衔接,畅通终身学习和人才成长渠道。
《中共中央关于制定国民经济和社会发展第十四个五年规划和二〇三五年远景目标的建议》(2020年)	支持和规范民办教育发展,规范校外培训机构。发挥在线教育优势,完善终身学习体系,建设学习型社会。

续表

名称	内容
《农业农村部关于印发〈新型农业经营主体和服务主体高质量发展规划（2020—2022年）〉的通知》（2020年）	以打通和拓宽各级各类技术技能人才的成长空间和发展通道为重点，构建体现终身教育理念、满足农民群众接受教育的需求、满足"三农"发展对技术技能人才需求的现代农业职业教育体系。
《教育部关于印发〈国家开放大学综合改革方案〉的通知》（2020年）	积极促进"构建服务全民终身学习的教育体系"，坚持问题导向和目标导向，推动广播电视大学在原有办学权保持不变的前提下整体转型，理顺国家开放大学与地方开放大学的关系，建立全国统一的终身教育服务管理机制，进一步提升开放大学的人才培养能力，优化高技能人才结构，提高办学质量效益，积极推动"互联网+教育"发展，形成支撑终身教育和学习型社会的强大合力，努力建成中国特色世界一流开放大学。
《教育部、广东省人民政府关于推进深圳职业教育高端发展，争创世界一流的实施意见》（2020年）	完善深圳终身学习平台，推行"互联网+培训"模式，推进终身教育教学资源库共建共享，开发未来课堂、移动 APP 等学习终端，实现人人皆学、处处能学、时时可学。
《教育部办公厅关于举办 2020 年全民终身学习活动周的通知》（2020年）	结合疫情防控常态化要求，结合各类学习者的不同需求，倡导"职继协同""院校融入"服务全民终身学习，协调组织有条件的普通高校、职业院校、开放大学、成人学校、社区学校、老年大学、科普学校和其他社会教育机构积极参与活动周，充分利用开放数字化学习资源，发挥设备设施、教学资源、师资优势，开展"网课送到家""微课到手机"的教育培训和学习服务活动。 在落实疫情防控常态化要求基础上，充分发挥图书馆、科技馆、文化馆、博物馆等公共资源的作用，开展全民终身学习相关活动，形成社会资源共享机制。

续表

名称	内容
《中华人民共和国国民经济和社会发展第十四个五年规划和 2035 年远景目标纲要》(2021 年)	发挥在线教育优势,完善终身学习体系,建设学习型社会。
《国务院关于印发全民科学素质行动规划纲要(2021—2035 年)的通知》(2021 年)	围绕在更高水平上满足人民对美好生活的新需求,需要科学素质建设彰显价值引领作用,提高公众终身学习能力,不断丰富人民精神家园,服务人的全面发展。
《国务院关于印发"十四五"就业促进规划的通知》(2021 年)	促进继续教育高质量发展,建立统一的高等学历继续教育制度,畅通在职人员继续教育与终身学习通道。
《国务院关于印发中国妇女发展纲要和中国儿童发展纲要的通知》(2021 年)	建立完善更加开放灵活的终身学习体系,完善注册学习、弹性学习和继续教育制度,拓宽学历教育渠道,满足女性多样化学习需求,关注因生育中断学业和职业女性的发展需求。
《国务院关于教师队伍建设和教师法实施情况的报告——2021 年 10 月 21 日在第十三届全国人民代表大会常务委员会第三十一次会议上》(2021 年)	教师培训的针对性和有效性有待提高,中小学教师发展机构建设薄弱,尚不能有效支撑教师全员培训与终身学习。
《中央网络安全和信息化委员会印发〈提升全民数字素养与技能行动纲要〉》(2021 年)	推进国家学分银行建设,发挥开放大学优势,推动制定面向全民、适应行业发展的数字技能能力框架和认证单元,搭建国家级数字技能终身教育服务平台,设计符合相关标准的课程体系和配套学习资源与服务,贯通培训、学习、体验、考核、学习成果认定、学分互换等环节,为全民终身数字学习体系的建设提供可信可靠的"补给站"和四通八达的"立交桥"。

续表

名称	内容
《中华人民共和国教育法(2021 修正)》(2021 年)	国家适应社会主义市场经济发展和社会进步的需要,推进教育改革,推动各级各类教育协调发展、衔接融通,完善现代国民教育体系,健全终身教育体系,提高教育现代化水平。
《教育部、安徽省人民政府关于整省推进职业教育一体化高质量发展加快技能安徽建设的意见》(2021 年)	聚焦需要终身学习技能的群体,实施老有所学行动,大力推动"互联网+"新型老年大学,开发适合老年群体学习和使用的技能学习课程与项目,推进提升老年人运用智能技术能力和水平。
《全国人民代表大会教育科学文化卫生委员会关于第十三届全国人民代表大会第四次会议主席团交付审议的代表提出的议案的审议意见》(2021 年)	建议制定终身教育(终身学习促进)法,将终身教育纳入国民经济和社会发展规划,明确各级政府职责,为全民学习、终身学习提供体制、机制和资源保障,加快建设学习型社会。
《中共中央办公厅、国务院办公厅印发〈关于推动现代职业教育高质量发展的意见〉》(2021 年)	职业教育是国民教育体系和人力资源开发的重要组成部分,肩负着培养多样化人才、传承技术技能、促进就业创业的重要职责。 　　制定国家资历框架,建设职业教育国家学分银行,实现各类学习成果的认证、积累和转换,加快构建服务全民终身学习的教育体系。
《国务院办公厅关于印发"十四五"城乡社区服务体系建设规划的通知》(2022 年)	大力发展社区教育,助力构建终身学习体系。
《国务院关于印发"十四五"推进农业农村现代化规划的通知》(2022 年)	建立短期培训、职业培训和学历教育衔接贯通的农民教育培训制度,促进农民终身学习。充分发挥农业广播电视学校、农业科研院所、涉农院校、农业龙头企业等作用,引导优质教育资源下沉乡村,推进教育培训资源共建共享、优势互补。

续表

名称	内容
《国务院关于印发"十四五"国家老龄事业发展和养老服务体系规划的通知》（2022年）	加快发展城乡社区老年教育,支持各类有条件的学校举办老年大学(学校)、参与老年教育。鼓励养教结合创新实践,支持社区养老服务机构建设学习点。发挥社区教育办学网络的作用,办好家门口的老年教育。依托国家开放大学筹建国家老年大学,搭建全国老年教育资源共享和公共服务平台。推动各地开放大学举办"老年开放大学",鼓励老年教育机构开展在线老年教育。创新机制,推动部门、行业企业、高校举办的老年大学面向社会开放办学。

三、专项类政策文本梳理

（一）国家专项类政策文本梳理

名称	内容
《关于启动"数字化学习港与终身学习社会的建设与示范"教改项目的通知》（2006年） 《教育部办公厅关于举办2009年全民终身学习活动周的通知》（2009年）	为了提高现代远程教育的教学质量,进一步推动优质资源整合与共享,构建数字化学习支持服务创新体系,探索并实践终身化、网络化和开放式的继续教育发展新模式……启动"数字化学习港与终身学习社会的建设与示范"教改项目。 大力宣传终身教育思想,推动全民树立终身学习理念,动员和组织社会机构积极参与全民终身学习活动,营造全民学习、终身学习的良好氛围;提高国民素质、提高生活质量,促进人的全面发展,促进全民学习、终身学习的学习型社会建设。
《教育部、财政部关于批准"终身学习服务体系的建设与示范"系列项目的通知》（2011年）	"终身学习公共服务平台模式研究及示范应用"项目:研究并实践不同层级广播电视大学面向学习型城市和学习型行业建设终身学习公共服务平台的建设模式和运行机制、数字化学习资源整合与共享机制,搭建多网合一的数字化学习系统平台及服务体系,开展典型示范应用,充分发挥广播电视大学在学习型城市建设中的支撑作用。

续表

名称	内容
《教育部办公厅关于服务全民终身学习 促进现代远程教育试点高校网络教育高质量发展有关工作的通知》（2019年）	现代远程教育试点高校网络高等学历教育（以下简称网络教育）快速发展,在促进现代信息技术与教育教学深度融合,服务高等教育大众化,构建服务全民终身学习的教育体系,建设学习型社会等方面发挥了重要作用。 　　加大办学投入保障。高校要担当服务全民终身学习的使命,创新教育和学习方式,加大办学资源和经费投入,规范经费管理,保证学费收入主要用于网络教育自身发展。着重加强课程资源建设和教学平台建设,完善学习支持服务体系,加快发展面向每个学习者、适合每个学习者、更加开放灵活的继续教育体系。

（二）地方专项类政策文本梳理

1.华东地区（包括山东、江苏、安徽、浙江、福建、上海）

名称	内容
《福建省终身教育促进条例》（2005年）	第一条　为发展终身教育,鼓励终身学习,提高公民素质,促进人的全面发展,根据有关法律法规,结合本省实际,制定本条例。 　　第九条　鼓励公民参加各类终身教育和学习活动。鼓励专家、学者以及其他有专业知识和特殊技能的人员志愿为终身教育服务。 　　第十条　新闻媒体应当加强对终身教育的宣传,为终身教育发展营造良好的社会舆论环境。 　　第十一条:国家机关应当保障国家公务员依法享有的参加初任培训、任职培训、专门业务培训和更新知识培训的权利。国家机关和事业单位应当支持工勤人员按照有关规定接受技能培训。 　　第十二条　事业、企业单位应当支持专业技术人员接受继续教育,提高业务技能、创造能力和管理水平。企业应当建立职工培训制度,组织职工参加岗位职业技能培训;应当支持经营管理人员参加现代管理培训。

续表

名称	内容
《上海市终身教育促进条例》(2011年)	第十条　本市鼓励自然人、法人或者其他组织捐助终身教育事业或者举办终身教育机构。捐赠人捐赠财产用于终身教育事业的,依法享受税收优惠。 第十一条　本市逐步建立终身教育学分积累与转换制度,实现不同类型学习成果的互认和衔接。成人高等教育同等学力水平同类课程的学分可以在各类成人高等教育机构之间相互转换。普通高等学校的普通高等教育课程的学分,可以转换为电视大学、业余大学等的成人高等教育同等学力水平同类课程的学分。学分转换的专业和课程的目录,由市教育行政部门会同有关部门组织编制,报市人民政府批准后实施。 第二十二条　本市设立的开放大学,应当逐步整合成人高等教育资源,形成开放的学习平台。教育行政部门应当建立终身学习电子信息网站,完善市、区(县)终身教育数字学习资料库,提供公益性远程教育服务,实现资源共享。鼓励各级各类学校和教育培训机构充分利用互联网、移动通信等开放教育课程、提供优质教育资源,促进终身教育发展。
《无锡市人民政府关于加快完善终身教育体系的实施意见》(2012年)	到2015年,本市建成教育理念先进、教育体系完备、教育环境优越、人口素质较高、人才优势突出的全国一流教育强市,形成学历教育和非学历教育协调发展、职业教育和普通教育相互沟通、职前教育和职后教育有效衔接的终身教育体系,实现人人皆学、处处能学、时时可学,市民综合素质和社会文明程度显著提高。
《常州市人民政府关于加快完善终身教育体系的实施意见》(2012年)	到2015年,率先基本实现教育现代化,建成从学前教育到老年教育、从学校教育到社会教育、学历教育和非学历教育协调发展、职业教育和普通教育相互沟通、职前教育和职后教育有效衔接的终身教育体系,率先建成教育强市,基本形成学习型社会,城乡居民受教育水平和综合素质全面提高。高等教育毛入学率达55%以上,主要劳动年龄人口平均受教育年限达12.2年,从业人员继续教育年参与率达65%以上,城乡居民社区教育年参与率分别达80%、60%以上,学生、社会对学校的满意度不断提高。

续表

名称	内容
《江苏省教育厅关于印发〈江苏省终身教育学分银行管理办法（试行）〉的通知》(2013年)	学分银行是以终身教育理念为指导，以各类学习者为服务对象，以学分管理为服务内容，促进各类高等学历教育的互通，学历教育与非学历教育、职前教育与职后教育的衔接，为学习者提供个性化终身学习服务的学分管理服务机构。
《上海市嘉定区人民政府关于印发〈关于进一步推进嘉定区终身教育工作的若干意见〉的通知》(2013年)	进一步完善终身教育服务支撑体系，以搭建学习平台、创新工作载体为抓手，以建设学习型组织、数字化学习社区为重点，提高终身教育质量，满足辖区内市民多元化的学习需求。 搭建终身学习平台。进一步完善终身教育三级办学网络建设，不断提升终身教育基础能力，为市民提供充裕的学习资源和充分的学习机会。 创新终身学习载体。拓展终身教育资源，提供全员、全程、全方位的教育服务，提高终身教育覆盖面和市民学习参与率。 创建学习型组织。形成多模式、广覆盖的学习型组织创建格局，加强学习型机关、学习型社区、学习型企事业、学习型家庭和学习型团队建设。 探索学分互认机制。积极参与上海市终身教育学分银行建设，尝试开展成人高等学历教育之间、成人高等学历教育与职业培训等非学历证书之间的学分认定、积累与转换，为进一步构建终身学习"立交桥"奠定基础。
《宁波市终身教育促进条例》(2015年)	教育行政部门应当建立和完善适应终身教育发展的学分管理体系。逐步建立和完善终身教育学分积累制度。终身教育学分积累包括学习信息储存、学分认证管理、学习信用管理、学分奖励等内容。终身教育学分可以通过累积学习时间和课程考试等方式获得。鼓励国家机关、事业单位和行业协（学）会通过终身教育学分记录方式开展各类培训。逐步建立终身教育学分转换制度，实现不同类型学习成果的互认和衔接。 第三十条　建立终身教育监督管理制度和评估制度。终身教育与学习型社会促进委员会应当统筹教育、人力资源和社会保障、市场监管、民政等部门，按照各自职责对涉及终身教育的各类学校和教育培训机构进行日常监管，并定期对其办学水平、教育质量进行评估。评估结果应当及时向社会公布。

续表

名称	内容
《浙江省教育厅关于推进学习型城市建设的实施意见》(2016年)	将促进全民终身学习纳入城市信息化建设,推进数字化学习型城市建设,充分发挥和利用广播电视大学开放教育、网络教育的资源优势,依托互联网、移动电话、数字电视、卫星等信息技术拓展优质教育资源覆盖面。促进"终身教育互联网+"应用,实施跨界整合各类数字化学习资源。
《福建省教育厅关于成立福建省终身教育学分银行的通知》(2018年)	为贯彻落实党的十九大提出的"办好继续教育,加快建设学习型社会,大力提高国民素质",以及《国家中长期教育改革和发展规划纲要(2010−2020年)》《福建省国民经济和社会发展第十三个五年规划》提出的"建立学分银行制度""建立个人学习账号和学分积累制度"要求,进一步完善我省终身教育体系,加快推进学习型社会建设。
《上海市教育委员会关于印发〈2020年上海市终身教育工作要点〉的通知》(2020年)	2020年,上海市终身教育工作要以习近平新时代中国特色社会主义思想为指导,贯彻落实"构建服务全民终身学习的教育体系"要求,聚焦提升城市能级及核心竞争力,围绕"到2020年率先基本实现教育现代化率先基本建成学习型社会"目标……不断深化学习型社会建设,完善终身教育体系,支持和规范培训机构与市场秩序,推动终身教育工作迈上新台阶。
《安徽省教育厅关于印发〈安徽省终身教育学分银行服务体系建设方案〉的通知》(2021年)	加快推进安徽省终身教育学分银行(以下简称"学分银行")建设工作,规范学分银行服务体系建设,确保学分银行建设工作有序开展和建设成果的应用推广,助力建设"人人皆学、处处能学、时时可学"的学习型社会。
《2021年福建省全民终身学习活动周启动》(2021年)	11月2日,由省终身教育促进委员会主办,福建开放大学承办,省终身教育服务中心、漳州市教育局和漳州开放大学协办的2021年福建省全民终身学习活动周开幕式在漳州举行。今年活动周的主题是:"庆建党百年华诞谱终身学习新篇"。 主要内容是:福建省在省委、省政府的正确领导下,跟随政策引导,积极发挥省、市、县三级终身教育促进委员会协调作用,实施重点建设项目,丰富学习教育资源,推进终身教育事业持续健康发展。

续表

名称	内容
《上海市教育委员会、上海市学习型社会建设与终身教育促进委员会办公室关于印发〈上海市终身教育发展"十四五"规划〉的通知》(2022年)	为建成更高质量的学习型社会,完善普惠多元、泛在可选的终身学习环境,形成与社会主义现代化国际大都市相匹配的学习型社会和终身教育氛围,有效服务市民终身发展。 　　新的环境和形势,对上海学习型社会建设以及率先构建服务全民终身学习的高质量教育体系提出新要求。

2.华北地区(包括北京、天津、河北、山西、内蒙古)

名称	政策
《太原市终身教育促进条例》(2012年)	文化、广播、电视、新闻、出版等单位应当加强对终身教育与学习型社会建设工作的宣传报道,通过开设专栏、专版、编辑书籍、杂志等方式,传播终身学习理念,开展终身教育活动。
《河北省终身教育促进条例》(2014年)	第十六条　县级以上人民政府应当加强社区教育工作,完善社区教育设施,建立健全社区教育体系。 　　乡(镇)人民政府、街道办事处具体组织辖区内的社区教育工作,开展适合社区居民需要的各类教育培训活动,促进文明和谐社区建设。 　　社区教育学院(校)应当为社区居民提供科技、文化、卫生、法制、养老等方面的培训服务。鼓励其他教育培训机构为社区居民提供终身教育服务。
《河北省终身教育促进条例》(2014年)	第十九条　终身教育培训机构应当完善办学条件、提高教育培训质量、落实各项办学承诺,不得发布虚假招生信息,不得违反有关规定收取培训费用,不得恶意终止办学。 　　第二十条　终身教育培训机构应当按照有关规定对成绩合格者发放教育培训证书。证书信息应当进入终身教育电子信息网络,并允许单位和个人免费查询。 　　第二十一条　逐步建立公民学分积累、转换与认证制度,促进不同类型的学习成果互认和衔接。

续表

名称	政策
《乌兰察布市人民政府办公厅颁发〈关于颁发完善终身教育体系创建学习型社区的实施意见的通知〉》(2016年)	实现社区教育零死角、全覆盖,各类人才数量有较大幅度的增长。公民接受终身教育的普及率和学习型组织创建率均达50%左右。基本形成较为完善的管理体制和运行机制,基本满足群众接受各类教育的需求,使学习成为每个人的自觉习惯,形成人人热爱学习的良好氛围。
《北京市学分银行管理办法(试行)》(2020年)	北京市学分银行(以下简称"学分银行")服务于在京各机构单位和全体市民,开展学校之间、校企之间的交流与合作,探索与实践不同类型学习成果的存储、认定与转换,推进学历教育与非学历教育、职前教育与职后教育以及各级各类教育的衔接和融通,搭建北京终身教育平台,服务学习型城市建设。
《中共北京市委教育工作委员会北京市教育委员会等十六部门关于印发〈北京市学习型城市建设行动计划(2021—2025年)〉的通知》(2021年)	不断凝聚人心、完善人格、开发人力、培育人才,健全服务全民终身学习的教育体系,大力提升市民素质和城市文明程度,以首善标准建设高水平学习型城市,为北京建设中华民族伟大复兴的人国首都、国际一流的和谐宜居之都做出新贡献。

3.西南地区(包括四川、云南、贵州、西藏、重庆)

名称	内容
《达州市人大常委会关于发展终身教育推进学习型社会建设的决定》(2015年)	依托市、县(区)电大为主体,配备必要的教育场地和设施,整合闲置教育资源,建立各级各类终身教育平台,形成多层次、开放型、长效性、覆盖城乡的学习资源共享服务体系,为发展终身教育建立稳固的学习基地。加大力度完善公益性文化基础设施,充分发挥各级图书馆、文化馆、科技馆、博物馆、体育馆、农家书屋等公共文化设施的服务功能,扩大免费开放范围,开设内容丰富、形式多样的学习大课堂,为终身教育提供完备的服务。加快终身教育公共服务平台和数字化学习资源库建设,建立市级

续表

名称	内容
《达州市人大常委会关于发展终身教育推进学习型社会建设的决定》(2015年)	综合性终身学习网络平台,推广网络阅读等多种阅读方式。市人民政府应加强对终身教育的领导,将终身教育工作纳入国民经济和社会发展规划。成立终身教育与学习型社会建设促进委员会,负责统筹、协调、指导和推动终身教育与学习型社会建设工作。市人民政府教育行政部门主管终身教育工作,其他有关部门和组织在各自职责范围内开展终身教育与学习型社会建设工作。各新闻媒体应当积极开展终身教育宣传,传播终身学习理念,营造终身教育的良好氛围。
《四川省教育厅关于成立四川省终身教育学分银行的通知》(2016年)	四川省终身教育学分银行是面向全省终身教育学习者的学习成果认证、管理与服务体系。主要职责是建设数字化公共服务平台,建立学习者个人终身学习档案,开展学习成果登记、认证、转换等服务工作,探索建立开放灵活的学分累积、学习成果认证和转换制度。 要充分发挥专家队伍的指导作用,注重信息技术在学分银行建设中作用的发挥,不断改革创新,逐步完善学分银行功能,更好地服务于终身学习,为四川省终身教育体系与学习型社会建设做贡献。
《重庆市教育委员会关于加快建设终身学习学分银行及服务体系的意见》(2018年)	到2022年,重庆学分银行基本建成,基础性制度体系基本形成,初步具备学分认定、积累与转换等功能,提供标准指导、信息公告、资源推荐等延伸服务。到2035年,学分银行服务体系和制度体系全面建成,终身学习通道全面形成,各级各类教育沟通、衔接更加畅通,优质教育资源实现全民共享,多样性、个性化、多层次、高质量的终身学习需求得到满足,成为推动高质量发展创造高品质生活的重要支撑。
《四川省教育厅关于印发〈四川开放大学改革发展方案〉的通知》(2020年)	构建服务全民终身学习的教育体系是民生保障题中之义,具有重大战略意义。开放大学作为国家终身教育的主要平台,是推进终身教育体系建设、提升全民综合素质、建设学习型社会的主要支撑和重要抓手。 构建服务四川全民终身学习的教育体系必须加快推进四川开放大学的改革发展。

4.华南地区(广东、广西、海南)

名称	内容
《广东省教育厅关于举办 2015 年全民终身学习活动周广东省总开幕式暨社区教育工作推进会的通知》(2015 年)	为深入实施国家和我省教育规划纲要,宣传和树立全民终身学习理念,推进我省教育"创强争先建高地",建设学习型社会,由我厅主办,广东省成人教育协会、中山市教育和体育局、中山市成人教育协会承办的 2015 年全民终身学习活动周广东省总开幕式暨社区教育工作推进会定于 11 月在中山市举办。 　　活动的主题是"发展全民终身学习,推进法治社会建设"。主要内容是:总结展示各地近年来开展全民终身学习活动的成果、经验、做法;启动 2015 年我省全民终身学习活动周;推动各地举办 2015 年全民终身学习活动周。
《东莞终身教育学分银行管理办法》(2019 年)	东莞终身教育学分银行是以终身教育理念为指导,以学分管理为服务内容,为学习者提供个性化终身学习服务的学分管理服务机构,为常住人口日后各类教育之间的沟通与衔接,实现学习成果的存储、认证和转换,以及学习咨询、学分查询、出具学分证明等服务为拓宽终身学习的学习渠道打下基础。
《广西壮族自治区人民政府关于印发广西教育提质振兴三年行动计划(2021—2023 年)的通知》(2021 年)	进一步完善服务全民终身学习制度。建立普通本科高校、高等职业学校、成人高校之间学分转换制度,强化学历、学位和职业资格衔接,有序开展学历证书和职业技能等级证书所体现的学习成果的认定、积累和转换,构建终身学习"立交桥"。成立终身教育学分银行,建立个人学习账号和学分累计制度,完善终身教育学习成果转换与认证制度。面向在校学生和全体社会成员广泛开展职业培训,保持职业学校年培训人次与全日制在校生规模大体相当,支持建设 50 个高技能人才示范职业培训基地。推进自治区社区教育实验区、示范区建设。完善社区教育和老年开放教育体系。

5.华中地区(湖南、湖北、河南、江西)

名称	内容
《中共郴州市委、郴州市人民政府关于推进终身教育和学习型社会建设的意见》(2012年)	经过 10 年左右的努力,全市建成比较完善的终身教育体系,基本形成具有郴州特色的学习型社会框架,成为教育理念先进、教育体系完善、教育特色鲜明、人力资源丰富的教育强市。到 2015 年,初步形成现代国民教育体系和终身教育体系,基本达到教育强市的各项指标,公民接受终身教育普及率、学习型组织创建率均达到 55%。到 2020 年,基本实现教育现代化,基本形成学习型社会,基本形成惠及全民的公平教育,提供更加丰富的优质教育,构建体系完备的终身教育,健全充满活力的教育体制,公民接受终身教育普及率、学习型组织创建率均达到 85%,形成市县乡三级社区终身教育网络。
《河南省教育厅关于成立河南省终身教育学分银行的通知》(2016年)	河南省终身教育学分银行(以下简称"学分银行")是以终身学习理念为指导,以搭建终身学习"立交桥"为目标,建立个人学习账号和学分累计制度,为广大学习者的学习成果认定和学分积累、转换提供服务的学分管理机构。学分银行面向河南省域内的广大社会成员开展学习成果认定和学分管理,以继续教育为重点积极推进河南省终身教育体系建设。
《江西省教育厅第20190336 号政协提案〈关于制定《江西省终身教育促进条例》的建议〉的办理意见》(2019年)	建设学习型社会是实现"两个一百年"奋斗目标和中华民族伟大复兴中国梦的重要内容和有力支撑。终身教育是一种知识更新、知识创新的教育,是构建学习型社会的重要基础。推动终身教育地方性立法,从法规上保障终身教育的发展非常有必要。

6.西北地区(包括宁夏、新疆、青海、陕西、甘肃)

名称	内容
《陕西省教育厅关于举办2011年全民终身学习活动周的通知》(2011年)	2011年全民终身学习活动周的主题是:"永远跟党走——人人终身学习,创建学习型城市"。各地结合实际……创建全民终身学习的学习型社会为目标,大力宣传终身教育观,积极引导广大市民树立全民终身学习理念;不断激发市民终身学习热情,使其主动投身于各项学习教育;有效推动社会各界共同参与全民终身学习。
《陕西省教育厅关于深化改革提高高等继续教育质量的意见》(2015年)	高等继续教育具有高等教育的学术性和继续教育的开放性,是终身学习体系的重要支柱,是高校基本职能蕴含的重要使命。 依托省高等继续教育学会,推进学分银行建设,加快信息化教学平台建设与资源开发应用。建立高等继续教育学习制度、学分积累与转换制度和以学分银行为特色的学分互认制度,实现不同类型学习成果的互认、衔接以及资源共享。加入高等继续教育学分银行的联盟学校,要积极提供优质网络课程互选共享。加强高校内相近专业、高校间同类专业的合作,鼓励省外高水平大学和优势特色专业参与我省高等继续教育学分银行,建设资源共享课程。
《甘肃省教育厅对省十二届政协二次会议第130号提案的答复》(2019年)	学分银行建设,对实现各级各类教育之间沟通和衔接,推进普通高校、高职院校、成人高校之间学分转换,拓宽终身学习通道,满足学习者的多样化学习需求,促进学习者终身学习,加快终身教育体系和学习型社会的建设步伐,助力甘肃经济社会发展,具有重要意义。
《甘肃省教育厅对省十二届政协三次会议第716号提案的答复》(2020年)	老年教育作为学习型社会和终身学习教育体系建设的重要内容,通过加强组织领导,健全经费投入机制等方式,推动社区老年教育发展。 推进老年教育信息化建设。依托甘肃广播电视大学,统筹全省电大系统和社区教育系统信息化、数字化资源,建设全省终身教育学分银行,积极承担老年教育的业务指导、教育示范、师资培训、资源开发、平台建设、理论研究、政策咨询和信息服务等工作。

续表

名称	内容
《陕西省教育厅办公室关于举办 2021 年全民终身学习活动周的通知》(2021 年)	针对群众多样化、个性化的终身学习需求,围绕职业技能培训、全民健康、老年人运用智能技术教育培训等主题,广泛开展线上线下相结合的讲座、培训、观摩、座谈等多种形式的教育培训、学习宣传活动、文化艺术活动和学习服务,组织广大从业人员、社区居民、老年人群参加全民终身学习。 倡导"职继协同""院校融入",服务全民终身学习。 充分发挥图书馆、科技馆、文化馆、博物馆等公共资源作用,开展全民终身学习相关活动,形成社会资源共享机制。 落实《陕西省教育厅办公室关于开展"智慧助老,数字坦途"活动的通知》要求,将"智慧助老"作为全民终身学习活动周的一项重要活动,广泛开展老年人运用智能技术的教育培训,服务老年人终身学习。

四、服务全民终身学习的正规教育内容的政策规定

(一)基础教育

在基础教育阶段,国家规定要大力发展素质教育,加强德育培养,随着我国经济发展和教育结构调整,国家更加重视基础教育阶段的思想道德教育,加强终身学习下基础教育中家、校、社三者的有机融合,推动学习型社会建设。如2006 年《国务院办公厅关于印发人口发展"十一五"和 2020 年规划的通知》指出:"全面实施素质教育。坚持德育为先,把社会主义核心价值体系纳入国民教育全过程,切实加强和改进中小学思想道德建设和大学生思想政治教育。""加强学校教育、家庭教育和社会教育的融合,形成全社会推进素质教育的合力。""构建中国特色社会主义现代化教育体系,推进学习型社会建设。"

(二)职业教育

我国加强人才职业培养,明确职业教育在构建终身教育体系的重要作用,使其成为终身教育体系的重要环节,规定将职业教育与劳动就业有效衔接,满足人民终身学习和就业需求,加快健全覆盖城乡的职业教育培训网络,

促进职业教育网络化、信息化,建设具有中国特色的现代职业教育体系。如:2005年《国务院关于大力发展职业教育的决定》指出:"明确职业教育改革发展的目标。进一步建立和完善适应社会主义市场经济体制,满足人民群众终身学习需要,与市场需求和劳动就业紧密结合,……有中国特色的现代职业教育体系""使职业教育成为终身教育体系的重要环节,促进学习型社会建设。"2009年《国务院关于职业教育改革与发展情况的报告》指出:"实施扩大就业的发展战略,促进以创业带动就业,进一步改善民生,迫切需要加快健全覆盖城乡的职业教育培训网络,为建立全民学习、终身学习的学习型社会服务。""进一步明确职业教育在建设人力资源强国和构建终身教育体系、建设学习型社会中的地位和作用。"

(三)成人教育

自改革开放以来,国家将成人教育列为重要发展对象,规定要大力宣传成人教育和终身学习思想,开展成人教育及终身学习专项研究,将成人教育发展作为终身学习的重要推动力。如2005年《中国成人教育协会2005年工作要点》指出其在宣传成人教育及终身学习思想,促进成人教育的改革发展,"宣传、倡导成人教育新理念,坚持科学发展观,站在全面建设小康社会,构建终身教育体系和建设学习型社会的高度,开展成人教育及终身学习国家政策研究。"同时对农民成人教育予以重视,对其进行以培训为重点的成人教育,在提高农民技术水平的同时促进我国农业长久发展,为农民终身学习提供保障。如2003年《国务院关于进一步加强农村教育工作的决定》指出:"以农民培训为重点开展农村成人教育,促进农业增效、农民增收。"此外,鼓励开放大学发挥在终身学习系统中的建设作用,规定在开放大学建设中要充分运用现代信息技术,创新办学形式、组织模式和运行机制,建立健全服务全民终身学习的新型高等学校,满足全民终身学习的需求,为各主体提供继续深造的平台和机会。如2016年《教育部关于办好开放大学的意见》指出:"坚持开放办学,服务全民学习。""开放大学要以终身教育思想为引领,树立开放、灵活、优质、便捷的办学理念,充分运用现代信息技术,创新办学形式、组织模式和运行机制,努力办成服务全民终身学习的新型高等学校。""适应全民终身学习需求,不断拓展开放大学办学功能,为学习者学习成果转换提供便利服务。"

在终身教育学分银行建设上,为完善我国终身教育体系推进学习型社会建设,国家规定要建立健全学分制度,探索多形式学习成果认定转换制度,促进学习方式和渠道的衔接,建立人才成长的"立交桥"。与此同时,各类学院学分转换的规定有了从试行到完善认定和转换办法的转变和调整,为不同类型学习成果的互认和衔接、扩大社会成员接受多样化教育机会、建立完善的终身教育体系,促进终身教育协调发展提供了强有力的政策保障。如 2013 年《中共中央关于全面深化改革若干重大问题的决定》指出:"试行普通高校、高职院校、成人高校之间学分转换,拓宽终身学习通道。"2014 年《国务院关于深化考试招生制度改革的实施意见》指出:"拓宽社会成员终身学习通道……探索建立多种形式学习成果的认定转换制度,试行普通高校、高职院校、成人高校之间学分转换,实现多种学习渠道、学习方式、学习过程的相互衔接,构建人才成长'立交桥'"。2017 年《国务院关于印发"十三五"推进基本公共服务均等化规划的通知》指出:"建立个人学习账号和学分累计制度,完善学分认定和转换办法,拓宽学分认定转换渠道,探索建立多种形式学习成果认定转换机制,促进各类学习资源开放共享,推动构建惠及全民的终身教育体系。"

(四)民办教育

国家规定要发挥民办教育在完善终身教育体系的重要作用,创新办学模式,提高办学质量。如 2017 年《国务院关于鼓励社会力量兴办教育 促进民办教育健康发展的若干意见》指出:"积极引导民办学校服务社会需求,更新办学理念,深化教育教学改革,创新办学模式,加强内涵建设,提高办学质量。""充分发挥民办教育在完善终身教育体系、构建学习型社会中的积极作用。"

五、服务全民终身学习的非正规教育内容的政策规定

(一)继续教育

在非正规教育层面,国家对各类主体、领域的继续教育和技术培训予以政策支持。在教师继续教育方面,规定将教师终身教育与继续教育和岗位培训有机结合,发挥教师在学习型社会建设中的重要示范作用,全面提高教师质量,建设一支高素质专业化的教师队伍,为学习型社会建设作表率,构建教师终身教育体系。如 1980 年《关于进一步加强中小学在职教师培训工作的意见》指出:"要将中小学教师的继续教育和培训与终身教育结合,促进中小学教师终身学

习习惯的养成,全面提高中小学教师的师资力量水平。"2003 年《教育部关于实施全国教师教育网络联盟计划的指导意见》指出:"教师这一特殊重要的职业群体应当首先形成优秀的学习型组织,成为学习型社会的示范者。率先形成适应时代要求的教师终身学习体系,是建设全民学习、终身学习体系和学习型社会的重要前提。"2003 年《国务院关于进一步加强农村教育工作的决定》指出:"普遍开展农村实用技术培训……构建农村教师终身教育体系,实施'农村教师素质提高工程',开展以新课程、新知识、新技术、新方法为重点的新一轮教师全员培训和继续教育。"2018 年《中共中央、国务院关于全面深化新时代教师队伍建设改革的意见》指出:"全面提高中小学教师质量,建设一支高素质专业化的教师队伍,提高教师培养层次,提升教师培养质量。""开展中小学教师全员培训,促进教师终身学习和专业发展。"

在妇女继续教育方面,国家规定要提高妇女终身教育水平,鼓励用人单位为妇女在在职继续学习和获取更优质、多样的教育资源方面提供机会,满足其多样化发展需要,培养妇女运用现代信息技术接受远程教育的能力,为女性终身学习提供健全的继续教育制度保障。如 2011 年《中国妇女发展纲要(2011—2020 年)》和《中国儿童发展纲要(2011—2020 年)》指出:"提高妇女终身教育水平。构建灵活开放的终身教育体系,为妇女提供多样化的终身教育机会和资源。鼓励妇女接受多形式的继续教育,支持用人单位为从业妇女提供继续教育的机会。提高妇女利用新型媒体接受现代远程教育的能力。"2021 年《国务院关于印发中国妇女发展纲要和中国儿童发展纲要的通知(2021)》指出:"建立完善更加开放灵活的终身学习体系,完善注册学习、弹性学习和继续教育制度,拓宽学历教育渠道,满足女性多样化学习需求,关注因生育中断学业和职业女性的发展需求。"

在医学领域的继续教育中,国家规定要健全继续医学教育制度,加强医学人员终身学习理念的树立,构建再学习、在职继续教育的全阶段、有机衔接的医学教育体系,促进医学人员在校、在职期间的全过程学习,加强终身学习在医学及社会各领域的普及度。如 2017 年《国务院办公厅关于深化医教协同进一步推进医学教育改革与发展的意见》指出:"健全继续医学教育制度。强化全员继续医学教育,健全终身教育学习体系。"2019 年《国务院关于医师队伍管理情况和执业医师法实施情况的报告》指出:"在全行业树立终身学习理念,初步构建了院校医学教育、毕业后医学教育、继续医学教育三阶段连续统一、有机衔接的医学教育体系。"

（二）社区教育

社区教育是终身教育体系的核心要素,它承载着终身学习的重要职能,并为构建学习型社会奠定基石。国家、各地区鼓励开展社区教育,规定要加大对其宣传力度,完善社区教育设施,在社区教育开展过程中要深入宣传终身学习理论,鼓励各机构、组织为社区居民提供多样化终身教育服务,营造全民终身学习的氛围,同时重视社区教育理论研究和学科建设,为终身教育背景下的社区教育长久发展提供渠道。例如,2014年《河北省终身教育促进条例》的第十六条指出:县级以上人民政府应当加强社区教育工作,完善社区教育设施,建立健全社区教育体系。……鼓励其他教育培训机构为社区居民提供终身教育服务。2016年《教育部等九部门关于进一步推进社区教育发展的意见》指出:"营造全民终身学习的社会氛围。充分利用报刊、广播、电视、网络等媒体,加大对社区教育重要意义和发展成绩的宣传,总结推广全国社区教育实验区、示范区以及各地的典型经验。重视社区教育理论研究和学科建设。坚持办好'全民终身学习活动周',深入宣传全民学习、终身学习的理念,凝聚社会共识,形成发展合力。不断提高社区教育的认知度和参与度,提高社区居民的满意度和获得感。"

（三）老年教育

国家鼓励各级各类学校为老年人提供学习场所、设施上的帮助,为有需求的老年群体提供学习服务。如2016年《国务院办公厅关于印发老年教育发展规划(2016—2020年)的通知》指出:"推动各级各类学校向区域内老年人开放场地、图书馆、设施设备等资源,为他们便利化学习提供支持,积极接收有学习需求的老年人入校学习。发展老年教育,是积极应对人口老龄化、实现教育现代化、建设学习型社会的重要举措,是满足老年人多样化学习需求、提升老年人生活品质、促进社会和谐的必然要求。"同时,国家规定将老年教育纳入终身教育体系,鼓励社会办好老年学校,将现代化信息技术与老年教育有机结合,研发适合老年群体学习和使用的技能课程和项目,开发线上老年学习课程,提升老年人运用智能技术学习的能力和水平。此外,推动社区老年教育的发展,支持社区养老服务机构建设学习点，为老年群体学习提供机会与平台。如2018年《中华人民共和国老年人权益保障法》指出："国家发展老年教育，把老年教育纳入终身教育体系，鼓励社会办好各类老年学校。"2021年《教育部 安徽省人民政府关于整省推进职业教育一体化高质量发展加快技能安徽建设的意见》指出："大力推动'互联网+'新型老年大学，开发适合老年群体学习和使用的技能学习课程与项目，推进提升老年人运用智能技术能力和水平。"2022年《国务院关于印发"十四五"国家老龄事业发展和养老服务体系规划的通知》指出："加快发展城乡社区老年教育，支持各类有条件的学校举办老年大学（学校）、参与老年教育。鼓励养教结合创新实践，支持社区养老服务机构建设学习点。……鼓励老年教育机构开展在线老年教育。创新机制，推动部门、行业企业、高校举办的老年大学面向社会开放办学。"

（四）职业培训

在农民教育培训中，国家规定要建立完善的农民教育培训制度，发挥高校、企业等各组织教育培训和资源共享的作用，提升农民技术水平，为其职业培养和终身学习提供基础。如2022年《国务院关于印发"十四五"推进农业农村现代化规划的通知》指出："建立短期培训、职业培训和学历教育衔接贯通的农民教育培训制度，促进农民终身学习。充分发挥农业广播电视学校、农业科研院所、涉农院、农业龙头企业等作用，引导优质教育资源下沉乡村，推进教育培训资源共建共享、优势互补。"

在公务员教育培训中，规定要鼓励开展各种形式的教育培训活动，为公务员学习创造条件，引导其树立终身学习的理念，提升学习能力，为公务人员职业素养提升和终身发展服务。如2011年《2011—2015年行政机关公务员培训纲要》指出："自学和在实践中学习。引导公务员树立终身学习理念，激发学习内生动力，积极倡导自学，不断改善知识结构，提高自身修养。……把公务员培训与建设学习型组织和创先争优活动等紧密结合起来，通过报告会、论坛以及'行动学习法'等多种形式开展培训，营造学习氛围、创造学习条件，提升公务员学习能力和学习效果。"

六、服务全民终身学习的非正式学习内容的政策规定

随着科技的飞速发展，知识更新速度不断加快，终身学习已成为适应时

代发展的必然需求。政府高度重视终身教育工作，致力于构建服务全民终身学习的体系。其中，非正式学习内容的政策规定起着关键作用。非正式学习是指在正式教育体系之外，通过各种途径和方式获取知识、技能、态度的学习活动。它包括网络学习、社会实践、企业培训、职业培训等多种形式。非正式学习在全民终身学习中具有重要作用，它可以弥补正式教育在知识更新、技能培训等方面的不足，满足不同人群的学习需求。制定和完善非正式学习内容的政策规定，是构建服务全民终身学习体系的关键环节。政府应重视现代信息技术在非正式学习领域的应用，并搭建多层次、广覆盖的终身学习资源共享平台。

（一）重视现代信息技术在非正式学习领域的应用

我国重视现代化信息技术在非正式学习领域的运用，鼓励依靠现代远程教育网络，为社会成员开设高质量的网络课程，满足不同人群学习的需要，致力于为社会成员创造更为灵活、便利和多元化的终身学习机遇。规定必须为农村和偏远地区提供与其相匹配的教育资源，在基础教育、医学等领域推动优质数字教育资源的开发和共享，构建面向全民的终身学习网络和服务平台，从而实现各阶段、多主体的网络学习，从源头、渠道和方式等多方位提供终身教育服务，构建教育综合信息服务体系，加强现代化信息技术在终身教育发展中的重要地位。如1999年《中共中央、国务院关于深化教育改革全面推进素质教育的决定》指出："大力提高教育技术手段的现代化水平和教育信息化程度……运用现代远程教育网络为社会成员提供终身学习的机会，为农村和边远地区提供适合当地需要的教育。"2012年《国务院关于大力推进信息化发展和切实保障信息安全的若干意见》指出："加快学校宽带网络建设，推动优质数字教育资源开发和共享，完善教育管理信息系统，构建面向全民的终身学习网络和服务平台，大力发展远程教育，形成教育综合信息服务体系。"2016年《"十三五"国家信息化规划》指出："利用信息化手段不断扩大优质教育资源覆盖面，构建网络化、数字化、个性化、终身化的教育体系，建设学习型社会。"2020年《中共中央关于制定国民经济和社会发展第十四个五年规划和二〇三五年远景目标的建议》指出："支持和规范民办教育发展，规范校外培训机构。发挥在线教育优势，完善终身学习体系，建设学习型社会。"

（二）搭建多层次、广覆盖的终身学习资源共享平台

中央和各地区规定要充分利用图书馆、文化馆、科技馆、博物馆等公共文化设施的学习服务功能,扩大终身学习平台,形成多层次、广覆盖的学习资源共享服务体系,为发展终身教育提供多样化学习场所和资源。如 2011 年《教育部办公厅关于举办 2011 继续教育数字化学习资源共享与服务成果展览会的通知》指出:"展会以'促进数字化学习资源建设与开放,搭建优质资源共享与交流平台,服务全民学习与终身学习,推动学习型社会建设'为主题。集中展示我国数字化学习资源建设与服务取得的重要成果,展示数字化学习资源在促进教育教学改革、终身学习、教育信息化等方面的主要成就,建立数字化学习资源建设、开放、共享、交流的新机制,搭建数字化学习资源的供需与交流平台,推进全社会优质数字化学习资源的开放与共享。"2015 年《达州市人大常委会关于发展终身教育推进学习型社会建设的决定》指出:"……建立各级各类终身教育平台,形成多层次、开放型、长效性、覆盖城乡的学习资源共享服务体系,为发展终身教育建立稳固的学习基地。加大力度完善公益性文化基础设施,充分发挥各级图书馆、文化馆、科技馆、博物馆、体育馆、农家书屋等公共文化设施的服务功能,扩大免费开放范围,开设内容丰富、形式多样的学习大课堂,为终身教育提供完备的服务。"2016 年《教育部关于办好开放大学的意见》指出:"适应经济社会发展新需求,运用现代信息技术发展新成果,聚集优质教育资源,丰富教育教学手段,创新人才培养模式,改革管理体制和运行机制,探索具有中国特色、体现时代特征的开放大学办学模式,满足全民学习、终身学习需要,建设学习型社会。"2020 年《教育部办公厅关于举办 2020 年全民终身学习活动周的通知》指出:"结合疫情防控常态化要求,结合各类学习者的不同需求,倡导'职继协同''院校融入',服务全民终身学习……在落实疫情防控常态化要求基础上,充分发挥图书馆、科技馆、文化馆、博物馆等公共资源的作用,开展全民终身学习相关活动,形成社会资源共享机制。"

七、服务全民终身学习的体制机制内容的政策规定

随着科技的飞速发展和全球化的深入推进,终身学习已成为适应时代发展的必然要求。为了构建服务全民终身学习的体制机制,我国政府制定了一系列

政策规定,旨在促进教育资源的共享,提高全民素质,推动社会进步。我国服务全民终身学习的体制机制建设经历了终身教育体制机制建设试点、建立终身教育制度、提出终身学习评价机制,以及管理机制的不断健全的过程,为终身教育发展提供一定程度上的机制保障。

（一）推进终身学习立法工作,建设学习型社会

在终身教育立法工作上,规定建议制定终身教育法,为全体公民的终身学习提供制度、机制、资源和法律上的支持,以助力构建学习型社会。2002 年党的十六大报告指出:"构建终身教育体系,形成全民学习、终身学习的学习型社会,促进人的全面发展。"2007 年党的十七大报告指出:"优化教育结构,大力发展职业教育,发展远程教育和继续教育,建设全民学习和终身学习的学习型社会。"2010 年《国家中长期教育改革和发展规划纲要（2010—2020 年）》提出:到2020 年基本实现教育现代化,基本形成学习型社会的目标,对发展终身教育事业作出战略部署,明确提出构建灵活开放的终身教育体系。2015 年修订的《教育法》第十一条明确提出:"完善现代国民教育体系,健全终身教育体系。"党的十九届四中全会《决定》（即《中共中央关于坚持和完善中国特色社会主义制度、推进国家治理体系和治理能力现代化若干重大问题的决定》）要求,构建服务全民终身学习的教育体系。2014 年《河北省终身教育促进条例》正式实施,标志着该省将终身教育体系构建全部纳入法制化管理。该《条例》明确规定:"本省开放大学应当利用现代信息技术,建设终身教育公共服务平台和终身教育数字化学习资源库,实现资源共享,为终身教育服务。"2020 年《中共中央、国务院印发〈深化新时代教育评价改革总体方案〉》指出:"探索开展提高服务全民终身学习情况评价,促进学习型社会建设……畅通终身学习和人才成长渠道。"2021 年《全国人民代表大会教育科学文化卫生委员会关于第十三届全国人民代表大会第四次会议主席团交付审议的代表提出的议案的审议意见》指出:"建议制定终身教育（终身学习促进）法,将终身教育纳入国民经济和社会发展规划,明确各级政府职责,为全民学习、终身学习提供体制、机制和资源保障,加快建设学习型社会。"

（二）构建推进终身学习的沟通机制、服务机制等

2010 年《国家中长期教育改革和发展规划纲要（2010—2020 年）》的通知,

指出"终身教育体制机制建设试点。建立区域内普通教育、职业教育、继续教育之间的沟通机制。"2020年《教育部关于印发〈国家开放大学综合改革方案〉的通知》指出："积极促进'构建服务全民终身学习的教育体系'……建立全国统一的终身教育服务管理机制,进一步提升开放大学的人才培养能力,优化高技能人才结构,提高办学质量效益。"2019年《教育部办公厅关于服务全民终身学习、促进现代远程教育试点高校网络教育高质量发展有关工作的通知》中指出:"加大办学投入保障。高校要担当服务全民终身学习的使命,创新教育和学习方式,加大办学资源和经费投入,规范经费管理,保证学费收入主要用于网络教育自身发展。着重加强课程资源建设和教学平台建设,完善学习支持服务体系,加快发展面向每个学习者、适合每个学习者、更加开放灵活的继续教育体系。"2020年《中共中央关于制定国民经济和社会发展第十四个五年规划和二〇三五年远景目标的建议》确定"十四五"时期教育事业的主要目标是"建设高质量教育体系",强调"完善终身学习体系,建设学习型社会",这对步入高质量发展阶段的我国教育新发展格局提出了更高要求。在学习方式方面,我们通过在线教育的监测、互动和研讨等多种方式,促进了不同地区、不同人群和不同机构之间的跨领域合作和学习链接,从而整体上提高了学习的效果。在学习制度方面,我们以在线教育作为支撑,构建了一个开放、灵活、高质量和高效率的终身学习资源服务体系,并完善了全面的学分制度、课程互认、学分累积转换、弹性学制,以及转学、转专业的国家贯通性架体系,搭建衔接沟通的成长"立交桥",满足学习者不断变化的学习需求和多样化发展需要。

(三)加快构建终身学习的成果评价体系

2017年《国务院关于印发"十三五"促进就业规划的通知》指出:"完善终身学习服务体系。充分发挥各级各类学校的优势,加强终身教育制度建设……科学设置评估考核指标,加快构建全程化、模块化、多元化的终身学习成果评价体系,增强终身学习质量保障能力,提高社会成员终身学习积极性。"如2005年《福建省终身教育促进条例》指出:"县级以上地方人民政府应当设立终身教育促进委员会,成员由承担终身教育相关职责的部门负责人和有关专家组成,主要职能为协调、指导、推动和评估终身教育工作,为本级人民政府有关终身教育的决策提供意见和建议。"2014年《教育部等七部门关于推进学习型城市建设的意见》对学习型城市建设工作提出了要求、作出了部署。

该意见提出,要推进学习型城市建设,必须建立健全全民终身学习体系,发挥政府、企业、学校和社会力量共同参与的作用。在学习型城市中,各类教育资源要实现共享,学习成果要得到认可,市民的学习能力和素质要不断提高。2020年《中共中央、国务院印发〈深化新时代教育评价改革总体方案〉》提出:"遵循教育规律,系统推进教育评价改革,发展素质教育,引导全党全社会树立科学的教育发展观、人才成长观、选人用人观,推动构建服务全民终身学习的教育体系,努力培养担当民族复兴大任的时代新人,培养德智体美劳全面发展的社会主义建设者和接班人。"

本章小结

截至2023年,我国的终身教育理念已由一种思潮转化为可予以具体实施的政策与发展策略,终身教育已成为我国教育事业发展的重要组成部分。本章基于日前出台的有关终身教育、终身学习、服务全民终身学习体制机制的政策文本,从政策文本的收集和整理、综合类政策文本梳理和专项类政策文本梳理三个部分着手,归纳已有政策。通过对政策文本的分析和梳理,形成对终身教育政策背景的整体把握,以期为未来有关终身教育、终身学习、服务全民终身学习体制机制的政策推进提供参考。

推荐阅读

推荐书目	内容简介
《终身学习背景下的教育公平与效率:国际视野》 蓝建等著 上海交通大学出版社 2012年	作者从国际视野出发,首先阐述了教育公平与效率的基本理论、概念及其演变历史。接着,本书探讨了在终身学习的大背景下,如何实现教育公平与效率,并通过实际案例,细致地展示了不同国家与地区推动教育公平和效率的举措。在此基础上,最后一部分针对我国教育提出了可行的策略和建议。

续表

推荐书目	内容简介
《中国终身教育发展的现实基础与宏观路径研究》 汤晓蒙著 厦门大学出版社 2012 年	本书的主要研究内容包括:第一,终身教育发展的外部现实基础,即教育系统外部的政治、经济、文化等环境为终身教育发展提供了何种可能。政治、经济和文化基础研究角度的选取与三个宏观路径相对应。对上述基础的考察,主要是选取上海、北京、福建等终身教育先行发展的地区进行调研、数据搜集和分析,总结出终身教育发展的实然状态。第二,中国终身教育发展的宏观路径,主要研究三个方面内容:通过对国家终身教育体系构建和地方终身教育发展的相互关系和作用方式、终身教育在不同经济发展水平地区的发展顺序与步骤、各级各类教育融入终身教育体系的顺序和方式三个方面的研究,确立中国终身教育发展的宏观路径和步骤。
《我国终身教育体系及其推进策略研究》 贺宏志著 首都师范大学出版社 2013 年	终身教育作为一种理论或观念正在全世界范围内蓬勃兴起,本书正是在这样的背景下对我国在终身教育方面的研究推向深入,从"终身教育本体论""终身教育价值论""终身教育实践论""国外终身教育实践的特点""我国推进终身教育体系的条件分析""我国推进终身教育体系的主要策略"等几个方面对终身教育体系进行了全面的阐述分析,有较为鲜明的学术性和一定的实践应用价值。
《长宁终身教育能力建设研究》 上海市长宁区推进学习型城区建设指导委员会办公室、上海市长宁区终身教育指导服务中心编 上海科学技术文献出版社 2015 年	本书着力反映 2014 年长宁区在终身教育能力建设方面的新探索。第一部分为"治理能力:发挥示范效应"——由于增强了治理能力现代化必要性、紧迫性的认识,加快了由办教育转变为治理教育、微观管理转向宏观管理、直接管理转向间接管理,各方广泛参与,社区教育示范区的效应进一步显现;第二部分为"服务能力:推进项目建设"——转变政府职能,就要提高服务能力,在相关的项目建设中做得实、做到位、做出成效;第三部

续表

推荐书目	内容简介
《长宁终身教育能力建设研究》 上海市长宁区推进学习型城区建设指导委员会办公室、上海市长宁区终身教育指导服务中心编 上海科学技术文献出版社 2015 年	分为"凝聚能力:打造学习型组织"——创建学习型组织的关键是组织学习,组织学习目标的适宜确定、组织学习内容的科学设计、组织学习方式的变革都需要优化凝聚的能力,各类学习型组织的创建和发展需要综合性的能力,凝聚的效应有利于适应新常态、打造各类学习型组织;第四部分为"践行能力:夯实教学点基础"——教学点规范化建设要在第一线做大量基础性工作,教学点全覆盖要完善社区教育三级网络,需要反复践行、提升能力;第五部分为"创新能力:深化探索研究"——展现了相关专家和我区终身教育工作者在实证研究方面的新成果,从中可以反映创新能力的提高。
《学会生存:教育世界的今天和明天》 联合国教科文组织国际教育发展委员会编著 中国人事出版社 1996 年	本书是一份教育报告,从国际现实的角度出发,批判了传统教育制度的弊端,提出了新的教育理念和建议。这本书主要分为序言、研究的结果、未来和向学习化社会前进四个部分。从历史的角度回顾教育的发展,教育在不同的历史时期都有其独特的挑战和趋势。在当今世界,教育面临着许多挑战。本书主要探索实现教育革新的　些策略和方式,如何在国际合作的背景下建成学习化社会。作者用历史的眼光审视着教育,同时又结合当今时代背景提出新的教育挑战,整理出理性且具时代特色的文献为未来教育发展提供参考,对现代教育有着不可磨灭的作用。
《教育:财富蕴藏其中》 联合国教科文组织总部编 教育科学出版社 2001 年	本书是联合国教科文组织的一份报告,由德洛尔担任主席的国际 21 世纪教育委员会提交。国际 21 世纪教育委员会致力于从教育与文化,教育与公民权利义务,教育与社会团结,教育、工作与就业,教育与发展,教育、研究与科学 6 个方面来研究教育的发展方向,并涉及传播技术、教师与教学过程、经费筹措与管理等横向专题,并以此为基础写成报告。为了实现以上职能,教育须作

续表

推荐书目	内容简介
《教育:财富蕴藏其中》 联合国教科文组织总部编 教育科学出版社 2001 年	出相应的改革。要以 4 个"学会"为其支柱:让受教育者学会认识、学会做事、学会共同生活、学会生存。将终身教育的概念发展为"与生命有共同外延"的,不断造就人,不断扩展其知识和才能,以及不断培养其判断能力和行动能力的过程。报告还提出了一些教育改革的方针和具体建议。
《现代终身教育体系论: 中国终身教育发展的路径 与机制》 吴遵民等著 上海人民出版社 2019 年	本书是关于中国终身教育体系建构的路径与机制研究,包括中国终身教育体系建构的机制基础、现代终身教育的发展简史、当代世界发达国家终身教育体系建构的比较研究、中国终身教育体系建构的立法机制、中国公民终身教育现状的实证研究、信息技术在终身教育体系建构中的作用与意义、中国终身教育体系建构的难题破解与对策建议。本书梳理了现代终身教育的历史,介绍了法国、日本、俄罗斯终身教育体系建设的情况,介绍了中国终身教育建设有关法律法规的现状,以北京、上海、陕西的调查数据说明中国终身教育的现状,并且着重厘清终身教育、国民教育、终身学习等概念的关系,最后为中国终身教育体系的构建提出一些建议。
《世界成人终身教育 百科全书》 【英】O.J.苏特纲斯卡编 职工教育出版社 1990 年	这部百科全书探讨了成人教育的理论原理、教育意义及教育方法等以及相当一个非常庞大而广,而且有为,严谨周密,体现了研究和探索的精神。本书不仅提出了许多有关成人终身教育的思想和观点,还设立了许多相应的参照系,便于读者全面了解理论和实践的发展情况,不被一家之言所约束。
《终身教育大全》 【日】持田荣一、森隆夫、 诸冈和房编修 中国妇女出版社 1987 年	本书是一本介绍终身教育相关知识的论文集。本书以"从批判到创造"的精神为基本态度,收集了新近撰写的具有先行研究作用的论文,同时收录了相当数量的批判终身教育的论文,以供学者研究。

续表

推荐书目	内容简介
《新版现代国际终身教育论》 吴遵民著 中国人民大学出版社 2007 年	终身教育概念的提出、演变、深化和发展等问题对于不少人来说，仍然如镜中花、水中月一样模糊不清。本书作者以自己多年的理论学养和教育实践为基础，撷取了国际上众多研究者的精华之处，梳理了终身教育理论的形成与发展过程，剖析了其在各个国家所呈现的不同态势，从而将终身教育理论的风貌完整清晰地呈现在读者面前。

第二章　政策文本评述

一、政策文本的阶段性特点及发展脉络

（一）政策文本呈现"终身教育"政策的探索阶段—"终身学习"政策的确立阶段—"终身学习的体制机制"政策建立的阶段性特点

20 世纪 80 年代，在改革开放的大背景及国际社会对终身教育的大力提倡与推动下，终身学习的观念在我国被广泛传播，并在当时的学术领域激起了热烈讨论，为未来的终身学习政策打下了坚实的理论基础。改革开放以后，随着市场经济的发展，人们的生活水平不断提高，社会对人才素质提出更高的要求。从那时起，我国的教育领域开始重视终身学习的重要性。到了 20 世纪 90 年代初期，随着终身教育观不断推进以及理论研究的不断深入，终身教育逐渐从一种理念的提倡走向了政策化、法治化的轨道，并成为了国家推进的重要发展战略。[①] 通过对相关政策文本梳理发现，我国终身教育、终身学习、服务全民终身学习体制机制的政策文本可以划分为三个显著阶段。第一阶段是政策文本呈现"终身教育"政策的探索阶段；第二阶段是"终身学习"政策的确立阶段；第三阶段是"终身学习的体制机制"政策的建立阶段。

1."终身教育"政策的探索阶段（1980—1996 年）

1980 年 8 月，《关于进一步加强在职中小学教师培训工作的意见》首次在国家文件中使用"终身教育"这一名词，该文件指出"教师进修院校承担着中小学在职教师终身教育的责任"，将终身教育与教师的培训相结合，这不只是简单地突出了学校在教师终身培训中的核心职责，更是展现了我国在阶段性学习和培训观念上的突破，彰显了终身教育思想的前沿性。

---

① 吴遵民.构建终身教育体系的政策、法规和制度（中国篇）[J].江苏开放大学学报,2016(4):84-89.

1993 年,《中国教育改革和发展纲要》提出"成人教育"这一创新的教育模式,象征着从传统学校教育迈向终身学习的革命性飞跃。这一转变不仅对全面提升我国国民素质产生深远影响,而且为推动经济社会的持续发展注入了强大动力。这是中央政府在官方文件中首次正式引入"终生教育"这一概念。这不仅表明国家对终身学习的重视程度,更体现出对我国成人高等教育未来发展趋势的判断与把握。

1995 年,《教育法》以法律文本的形式确立了"终身教育"在我国教育领域中的法律地位,并将构建终身教育体系作为追求的理想目标。《教育法》总则第十一条:国家适应社会主义市场经济发展和社会进步的需要……建立和完善终身教育体系。第十九条:国家鼓励发展多种形式的成人教育,使公民接受适当形式的政治、经济、文化、科学、技术、业务教育和终身教育。第四十一条:国家鼓励学校及其他教育机构、社会组织采取措施,为公民接受终身教育创造条件。"终身教育"在这部重要的教育法律中被反复提及,这为终身教育的发展创造了良好的法律环境。"开展社区教育的实验工作,逐步建立和完善终身教育体系,努力提高全民素质""到 2010 年……基本建立起终身学习体系"[1],这代表着国家不仅着重强调了教育的持续性,也凸显了受教育者学习的持续性,从而促成了终身学习政策的形成。

这一时期的终身教育政策呈现以下几个特点:首先,《教育法》明确规定了终身教育的内容,并对其在法律上的地位给予了明确的承认。其次,终身教育已被正式纳入国家的关键文件中,并且其政策导向的趋势变得越来越明显。最后,终身教育的政策实施变得越来越多样化和丰富。

2."终身学习"政策的确立阶段(1997—2001 年)

1997 年,《关于当前积极推进中小学实施素质教育的若干意见》[2]两次出现"终身学习",重点强调"要为学生获得终身学习的能力打好基础",明确提出并正式采用了"终身学习"的这一说法,并特别突出了学校在培养学生终身学习能力方面所起到的积极影响和重要性。

1998 年,《面向 21 世纪教育振兴行动计划》[3]两次提及"终身学习体系",这

---

① 国务院批转教育部《面向 21 世纪教育振兴行动计划》[J].中等医学教育,1999(5):3-4.
② 国家教育委员会.关于当前积极推进中小学实施素质教育的若干意见[J].教育学报,1997(12):2-6.
③ 国务院批转教育部《面向 21 世纪教育振兴行动计划》[J].中等医学教育,1999(5):3-4.

说明终身学习的概念不是孤立的,而是首次作为一个完整的体系在规划中有所体现。这不仅意味着终身学习的概念在原有基础上得到了扩展,其内涵也变得更加丰富和多元。同时,"终身教育"成为国家发展战略中的重要组成部分。从"终身学习"向"终身学习体系"的演变,揭示了终身学习政策越来越受到人们的关注,其在社会中的地位也逐渐上升。同时,这一过程还将进一步推动教育改革进程和终身教育理念的普及。因此,这个行动方案也象征着终身教育政策的诞生。至此,"终身学习体系"在相关的政策文件中的提及频次持续增加。①

1999 年 1 月 13 日,国务院批转的教育部《面向 21 世纪教育振兴行动计划》中指出:"基本建立起终身学习体系,为国家知识创新体系以及现代化建设提供充足的人才支持和知识贡献。"同时,启动社区教育的实验试点工作,逐步建立和完善终身教育体系。教育开始和开放式网络相结合;改革不仅涉及中小学和中等职业学校等教育类型,还包括社区教育;内容上不仅关系到德智体方面,还涵盖学会做人、求知和生活等方面。终身学习在法律政策文本中的出现标志着其法律地位得以确立,也标志着终身学习迈入了发展的新阶段。

在这一阶段,如"终身教育体系"和"终身学习"这样的概念开始浮现,并在教育相关的决策、方案、建议,以及领导层的发言中被频繁提及。这一阶段是我国终身教育理论发展过程中重要的转折时期。这两个术语"终身教育"与"终身学习"的应用范围划分明确,界限明晰,"终身学习"的定义已逐渐取代"终身教育",而"终身教育"的定义更多的是用来描述教育体系,也就是"终身教育体系"。同时,由于受社会经济发展水平影响,这一阶段终身学习理念逐渐成熟。②终身学习政策的重要性已经被确认,并且与现代教育信息技术的结合使得网络资源得到了更广泛的利用。

3."终身学习的体制机制"政策的建立阶段(2002 年至今)

2002 年,党的十六大报告指出"形成全民学习、终身学习的学习型社会"。在党的重要报告中,首次引入了"学习型社会"这一新概念,与之前的"学习化社会"的描述有所不同,它更加突出了先进性和与时俱进的特点。报告明确提出了要建设一个以全民终身学习为基础、覆盖城乡社区的开放获取型公共文化服

①　桑宁霞,郑苗苗.我国终身学习政策的演化逻辑与展望[J].河北大学成人教育学院学报,2019(2):12-18.

②　莫克翟,马林.我国教育政策使用"终身学习"概念的演变过程及其影响[J].成人教育,2015(8):6-8.

务体系,并将之列为我国今后一段时期推进社会主义现代化进程中一项极为重要的工作内容。此外,这份报告也揭示了在国家层面已经开始更加重视"建立终身教育制度"的议题。

2004 年,《2003—2007 年教育振兴行动计划》进一步明确了终身教育的未来走向和基本定位,进一步规定了终身教育体系的构成和推进措施等,为终身教育的发展提供了更有力的推动力。

2007 年,党的十七大报告持续关注了终身教育政策的发展,报告强调了"终身教育体系基本形成"和"建设全民学习、终身学习的学习型社会"的重要性。这意味着终身教育政策已经得到了国家的长期重视,对终身教育的体系和学习的制度机制进行了深入的研究。同时,终身教育发展方向也朝向构建学习型社会迈进,其重视程度达到了前所未有的高度。另外,终身教育的政策更多强调了为什么构建学习型社会和终身教育体系,也更加强调了怎样进行终身学习体制和机制的建设。党的报告、政府的工作报告,以及五年规划中对其提及的频率持续上升,其所带来的影响和涵盖的范围也在不断扩展。这些都说明我国的终身教育政策已经进入一个快速发展期。例如,在"十五"计划和《中共中央、国务院关于进一步加强人才工作的决定》中,"终身教育体系"被表述为"逐步形成"和"加快建设"。而在《中共中央关于加强党的执政能力建设的决定》和"十二五"规划纲要中,"学习型社会"被描述为"推动建立"和"构建",凸显终身教育体系在政策和法规的演变中的地位正在逐步上升,学习型社会也逐渐成为国家关注的焦点。

《国家中长期教育改革和发展规划纲要(2010—2020 年)》作为深化终身教育的重要政策,不只是再次突出了"终身教育体系"和"终身学习"的理念,还在纲要中详细描述了"终身学习立交桥"和网络服务平台的相关内容。这份纲要清晰地强调,我们需要建立一个完整的终身学习体系,确保学历教育与非学历教育能够和谐发展,职业教育与普通教育之间能够实现有效交流,并确保职前教育与职后教育之间无缝对接。随着现代国民教育体系的进一步完善,终身学习的制度也已基本建立。

2012 年,党的十八大报告提出"完善终身教育体系,建设学习型社会"。从党的十六大到党的十九大,党的报告中连续三次提及"终身教育体系":从 2002年"构建"到"建设"到"基本形成",再到 2012 年"完善"。这表明,在各个发展阶段,终身教育体系都在逐渐丰富、扩展和提升,其内涵体系也在持续升级。

2015 年,《教育法》提到了健全终身教育体系,提高教育现代化水平。2017 年《国务院关于印发国家教育事业发展"十三五"规划的通知》提出了加快构建终身教育制度的目标。2018 年《中华人民共和国老年人权益保障法》提到了将老年教育纳入终身教育体系中。2019 年《中共中央关于坚持和完善中国特色社会主义制度 推进国家治理体系和治理能力现代化若干重大问题的决定》提出了"构建服务全民终身学习的教育体系"。这一决定不仅涉及教育内外系统体系融合,而且涉及线上线下教育体系的互联互通。该体系整合各种正规教育、非正规教育和非正式教育,为服务全民终身学习搭建服务平台,沟通衔接各种教育类型,将终身性、全民性和服务性等理念融入其中。

这一阶段教育政策反复强调"终身教育体系"的构建,开始重视"终身学习的体制机制"的建设。终身教育,这一旨在促进个人持续学习和发展的教育理念,其具体执行方式和相关政策正逐步在实践中深化并升级。伴随着这一进程,相关的法律法规也在不断地被强化和细化,使得终身教育的实施更具操作性和实效性。

(二)政策文本呈现"理念—目标—行动"的逻辑脉络

自 20 世纪 60 年代以来,终身教育理念在得到全球多个国家的广泛接受和形成共识之后,也逐步从一个单一的思潮演变为各国可以具体执行的政策和发展策略。通过对我国终身教育、终身学习、服务全民终身学习体制机制的政策文本梳理与分析发现,我国相关的政策文本发展呈现"理念—目标—行动"的逻辑脉络。

1.理念的提出

我国终身学习政策的思想来源和理论支撑大多来自终身教育相关著作的翻译和传播。早在 20 世纪 20 年代,"终身教育"这个术语是由英国教育家耶克斯利首次提出的,并在联合国教科文组织的推动下,在 20 世纪 60 年代重新吸引了人们的注意。在这样的大背景之下,1972 年出版的《学会生存:教育世界的今天和明天》这本书催生了终身学习的概念,并进一步推动了终身学习概念的传播与发展,终身学习概念逐渐引起各国的重视。[1] 华东师范大学比较教育研

---

[1] 赵世平.终身学习理论的历史发展[J].中国成人教育,1999(8):16-17.

究所翻译出版后,终身教育与终身学习思想在我国引起了广泛的关注和学术界空前激烈的讨论,这为终身教育政策的出现打下了良好的理论基础。

在我国终身教育政策出现的初期,相关政策文本中的"终身教育"还大多停留在理念的层面,如在1980年8月教育部颁布的《关于进一步加强中小学在职教师培训工作的意见》中,首次在国家文件中使用"终身教育"这一名词,这一时期的终身教育政策更多的是作为一种宏观的概念出现,作为一种理念的指导,影响着我国教育观念的变革,对推动成人教育与基础教育的改革起到了很大的作用。

而1993年《中国教育改革和发展纲要》提出,成人教育作为教育体系中的一项创新,代表了从传统的学校教育模式向终身学习模式的转型,这对于持续提升整个民族的教育水平和促进经济与社会的进步都具有显著的价值。有学者指出,这一政策文件首次将终身教育的理念转化为国家层面的具体政策。随后的进展表明,尽管"终身教育"最初是由教育领域专家引入国家政策,但随着对其认识的深化和影响范围的扩大,该理念最终得到高度认可,迅速成为国家教育政策文本的重要内容和指导原则。终身教育从一种思潮及理念上升为具体的国家政策的过程,也正式拉开了其本质转变的序幕。①

2.从理念到目标

在随后的政策文本发展中,终身教育不仅是作为一种理念,而且更多的是作为一项具体的国家教育方针与教育目标来引导着我国教育发展的方向。1995年《教育法》又在第十一条、第十九条及第四十一条中更为明确地规定"国家适应社会主义市场经济发展和社会进步的需要,推进教育改革,促进各级各类教育协调发展,建立和完善终身教育体系";"使公民接受适当形式的政治、经济、文化、科学、技术、业务教育和终身教育";"为公民接受终身教育创造条件"。这些法律条文的明确制定,不仅仅是标志着终身教育已经被国家法律所认可,更是标志着终身教育开始被正式确立为一项国家教育的基本方针。

1999年1月13日,国务院批转的教育部《面向21世纪教育振兴行动计划》中指出:到2010年基本建立起终身学习体系,为国家知识创新体系以及现代化建设提供充足的人才支持和知识贡献。在这份跨世纪的行动计划中,建立终身学习体系明确作为未来十年的国家教育发展的目标被反复强调,为我国21世

---

① 吴遵民.终身教育发展的中国经验改革开放40年终身教育的历史回顾与展望[M].上海:上海人民出版社,2018:8.

纪初的教育发展指明了方向,在很大程度上影响与推动了新世纪的教育改革与发展。

在随后几年颁布的一系列政策中,构建终身学习体系、构建学习型社会等不断被作为我国教育发展的目标被反复提出与强调。如 2002 年,党的十六大报告指出"形成全民学习、终身学习的学习型社会";2006 年,在《中共中央关于构建社会主义和谐社会若干重大问题的决定》中又一次提出要"建设现代国民教育体系和终身教育体系";2007 年,党的十七大报告指出"建设全民学习、终身学习的学习型社会";2010 年,《国家中长期教育改革和发展规划纲要(2010—2020 年)》再一次写入这些相关政策;2011 年,《中华人民共和国国民经济和社会发展第十二个五年规划纲要》把"建设全民学习、终身学习的学习型社会"纳入国家经济、社会发展规划。总之,在这一阶段中,终身教育不再是仅仅作为一种抽象的理念被提出,而是反复地被明确为我国教育的发展目标,同时被纳入国家经济、社会发展规划,不断地引导着我国教育的改革与发展方向。

值得注意的是,《国家中长期教育改革和发展规划纲要(2010—2020 年)》作为深化终身教育概念的关键政策,不仅再次明确了"终身教育体系"和"终身学习"等核心概念,而且还在纲要中对"终身学习立交桥"和网络服务平台等方面进行了详尽的解释和阐述,以此作为深化终身教育理念的关键政策措施。此外,关于不同的教育保障方式,涉及的参与者包括老人、社区居住者、有残疾的人、已经刑满释放的人等,这代表了对终身教育政策深入探讨的方向。

3.从目标到行动

此前虽然一些政策文本也对实施终身教育的具体政策有过一些规定,但提及较少且较零散不成体系。而自 2010 年至今,地方终身教育条例增多,随着终身教育相关政策的持续实施,有关终身教育的法律法规逐渐变得更加深入和完善,其实际操作性也得到了进一步加强。相关政策文本逐渐开始由目标层面向行动层面丰富发展。如 2014 年,《国务院关于加快发展现代职业教育的决定》明确指出,需要构建一个为所有工作者提供职业教育和培训课程的灵活学习机制,以服务于全民的学习需求和终身学习的目标;2015 年,"十三五"规划明确提出了"确保继续教育和终身学习的顺畅通道";2016 年,《老年教育发展规划(2016—2020 年)》推出了一系列的保障措施,以确保老年教育的持续发展,并认为这是促进终身学习和构建学习型社会的关键步骤;2017 年,《国家教育事业发展"十三五"规划》颁布,强调对促进终身学习和构建学习型社会的教育法律法规体系和执法体制机制建设。这些文件不只是强调终身学习的转换,还认为这是一个必须得到实施的制度。它们强调了建立终身学习的重要性,并指出终身教育的政策和法规不仅在理念和目标上得到了党和国家的高度重视,而且在执行策略上也更为深入和全面,愈加地向行动层面扩展与丰富。

（三）政策文本呈现"政策—体系—法律"的层级脉络

根据对政策文本的梳理与分析,我国终身教育、终身学习、服务全民终身学习体制机制的政策文本的层级经历了从政策到体系再到法律的发展过程。

1993年终身教育正式写入《中国教育改革和发展纲要》,以及1999年《中共中央、国务院关于深化教育改革全面推进素质教育的决定》等国家重要文件,其政策化趋势日渐显现。诸如"终身教育体系"和"终身学习"这样的概念频繁出现,并在教育相关的决策、计划、意见,以及领导人的演讲中被多次提及,这表明这些概念的内涵正在逐渐变得更加明确和具体。然而,在这个阶段,终身教育和终身学习的政策文件仍然只是停留在政策的层面,并没有形成一个独立的法律体系。

2002年,党的十六大报告第一次出现"学习型社会"概念,这表明在国家层面上已经开始关注"终身学习"和"构建终身教育体系"这两个概念有关的多个问题。当中国共产党全国代表大会首次提出这些概念时,它们不仅揭示了终身教育更丰富的内涵,也说明了终身教育的相关政策和法规不再仅仅局限于教育领域。此外,这些概念还牵涉到社会的各个层面,并逐渐被纳入党和国家的发展规划中,开始构建相应的政策框架。

在此后的政策文本中,终身教育的发展方向和基本定位进一步明确。2004年教育部颁布的《2003—2007年教育振兴行动计划》提出:为了更好地强化和优化教育立法,我们迫切需要完善具有中国特色的教育法律和法规体系,及时制定《学校法》《教育考试法》《教育投入法》和《终身学习法》是至关重要的。此文件不仅对终身教育体系的构建、推进措施等有了不断深化的要求,还对终身教育的发展产生了更加强大的推动力。在该时代背景下,"终身教育体系构建,建立学习型社会"的政策法规已经逐步成为当前的政策目标和时代趋势,其覆盖的范围也在不断扩大,形成了一套政策体系,覆盖领域进一步走向深广,终身教育体系持续深化。

随着国家层面政策推进力度的不断加强,在地方层面,地方性法规已逐渐成为终身教育政策发展的坚实保障,使得终身教育政策步入了法治化的新阶段。2005 年 9 月《福建省终身教育促进条例》是我国第一部终身教育地方条例。随后,地方性终身教育立法不断出台,如 2011 年 5 月《上海市终身教育促进条例》、2012 年 8 月《太原市终身教育促进条例》、2014 年 5 月《河北省终身教育促进条例》、2015 年 3 月《宁波终身教育促进条例》等 。这些地方性终身教育立法的出台,成为我国终身教育政策开始上升到立法层面的标志。

(四)政策文本呈现"政府为主导的终身教育政策—以人为本的终身学习政策—可持续发展的终身学习体制机制政策"的目标脉络

通过对我国终身教育、终身学习、服务全民终身学习体制机制的政策文本梳理与分析发现,在政策目标上,我国相关政策文本呈现"政府为主导的终身教育政策—以人为本的终身学习政策—可持续发展的终身学习体制机制政策"的目标脉络。

随着"终身教育"这一概念在《教育法》中的明确定义和法律地位的确立,终身教育开始多次被正式纳入国家的重要文件中,并且其发展趋势正逐渐走向政策导向,且在教育相关决定、计划、意见等文件和领导人讲话中频繁呈现。这一阶段的政策文本大多强调"终身教育"而非"终身学习",强调自上而下的由政府为主导的教育,而非学习者自身能动的学习。如 1980 年教育部颁布的《关于进一步加强中小学在职教师培训工作的意见》中指出"教师进修院校承担着中小学在职教师终身教育的责任",将终身教育与教师培训进行结合,这仅仅是单纯强调了学校对教师的终身培训;1993 年《中国教育改革和发展纲要》提出成人教育作为教育体系中的一项创新,代表了从传统的学校教育模式向终身学习模式的转型,这对于持续提升整个民族的教育水平和促进经济与社会的进步都具有显著的价值;1995 年,《教育法》总则第十一条:国家适应社会主义市场经济发展和社会进步的需要,推进教育改革,推动各级各类教育协调发展、衔接融通,完善现代国民教育体系,健全终身教育体系,提高教育现代化水平。第十九条:国家鼓励发展多种形式的成人教育,使公民接受适当形式的政治、经济、文化、科学、技术、业务教育和终身教育。在这一阶段,"终身教育"这个词汇被多次引用,并为终身教育的进一步发展营造了一个良好的法律环境,但由政府主导的终身教育功利性明显,国家政策将终身教育视为职业技能训练、岗位培训和学历提升的重要途径,目的在于培养经济社会发展所需的专门型人才,表现出浓厚的社会本位的价值取向,①缺乏对受教育者的主观意愿与能动性的考虑。

　　进入 21 世纪后,大众的经济水平与物质生活水平显著提升,人们越来越注重精神生活需求的满足,对终身学习的需求越来越凸显。"以人为本"的非功利性的"终身学习"开始在国家的政策中得到体现。终身学习政策强调从个体出发,尊重满足公民多样化的学习需求,注重学习过程的服务性与学习型社会的建立。这一阶段我国的教育政策文件开始更多使用以人为本的"终身学习"概念来取代政府主导的"终身教育"。2002 年,党的十六大报告指出"形成全民学习、终身学习的学习型社会"。在党的重要报告中,这是首次引入"学习型社会"这一新概念,与之前的"学习化社会"的描述有所不同,它更加突出了先进性和时代性的特点。此外,这份报告也揭示了政府在教育政策焦点方面已经有所调整,国家层面已经开始重视以人为本的"终身学习"相关问题。将终身教育的目标从单一地将"服务社会经济发展"转变为建立着眼于"人的全面发展"的学习型社会。

　　在教育政策文件中使用"终身学习"的概念而不再是"终身教育"说明在这一阶段我国开始立足个人,注重学习者自身学习动机与意愿,将终身学习作为学习者个体的一种主动学习行为。"终身教育"把人作为对象而不是主体,强调自上而下施加于学习者,而"终身学习"则充分体现出以人为本的理念,从学习者个人主体出发,充分发挥学习者的主观能动性,让学习者进行自我导向学习,终身教育价值取向逐渐回归本源,开始关注到"人"的价值。

　　随着教育政策文件中从"终身教育"到"终身学习"表述的变化,政府的职能也随之发生了转变,建立"可持续发展的终身学习体制机制"逐渐成为当前我国终身学习发展的政策目标。从政策的角度确保终身教育的观念得到真正实施,并明确学校教育与校外教育之间的各种联系,融合沟通各级各类教育,以人民需要为本,为民众创造更多的学习机会,建立完善的终身教育体系,实现终身学习的可持续发展开始成为政策重点关注的对象。如 2010 年《国家中长期教育改革和发展规划纲要(2010—2020 年)》指出:"构建体系完备的终身教育。学历

---

① 　谢静.改革开放以来我国终身教育政策文本分析[J].终身教育研究,2019(3):22-26.

教育和非学历教育协调发展,职业教育和普通教育相互沟通,职前教育和职后教育有效衔接。"2019 年中共中央、国务院颁布的《中国教育现代化 2035》提出将"更加注重终身学习"作为推进教育现代化的八大基本理念[①]之一;将"建成服务全民终身学习的现代教育体系"置于 2035 年八大教育主要发展目标[②]的首位;将"构建服务全民的终身学习体系"作为推进教育现代化的十大战略任务[③]之一。

二、服务全民终身学习的体制机制政策的文本分析——基于 Nvivo12 的质性分析

最近几年,随着终身教育领域的研究热度不断上升,对终身教育领域的研究持续深化,学术界对该政策领域的关注正逐步增加。然而,目前该领域的研究成果大多基于传统的文字叙述,这为深入揭示并客观描述终身教育政策发展的新趋势和新动向带来了挑战。为此,本研究采用了 Nvivo12 软件(定性数据分析软件)进行质性分析,以运用词频分析的方式全面展示与分析这 20 年(1990—2020 年)来我国终身教育政策的热点,在此基础上挑选出重要政策文本的评价性话语进行编码与分析,进一步揭示研究中存在的问题,展望未来研究趋势和方向。

(一)政策文本来源与研究工具选取

政策文件涉及终身教育、终身学习和全民终身学习体制机制,内容繁杂,覆盖了各个时期、不同地域的法律法规、条例、通知、办法、意见,以及各类指导性报告、发展规划纲要和重要会议文件。本研究通过网络搜集方法,在中华人民

---

① 《中国教育现代化 2035》提出了推进教育现代化的八大基本理念:更加注重以德为先,更加注重全面发展,更加注重面向人人,更加注重终身学习,更加注重因材施教,更加注重知行合一,更加注重融合发展,更加注重共建共享。明确了推进教育现代化的基本原则:坚持党的领导、坚持中国特色、坚持优先发展、坚持服务人民、坚持改革创新、坚持依法治教、坚持统筹推进。

② 2035 年主要发展目标是:建成服务全民终身学习的现代教育体系、普及有质量的学前教育、实现优质均衡的义务教育、全面普及高中阶段教育、职业教育服务能力显著提升、高等教育竞争力明显提升、残疾儿童少年享有适合的教育、形成全社会共同参与的教育治理新格局。

③ 《中国教育现代化 2035》重点部署了面向教育现代化的十大战略任务:一是学习习近平新时代中国特色社会主义思想。二是发展中国特色世界先进水平的优质教育。三是推动各级教育高水平高质量普及。四是实现基本公共教育服务均等化。五是构建服务全民的终身学习体系。六是提升一流人才培养与创新能力。七是建设高素质专业化创新型教师队伍。八是加快信息化时代教育变革。九是开创教育对外开放新格局。十是推进教育治理体系和治理能力现代化。

共和国中央政府和中华人民共和国教育部门户网站上以"终身教育"和"终身学习"为关键词进行检索,限定检索年份为 1990 年至今,搜索包含上述关键词的政策文件标题或正文。通过浏览标题、正文摘要以及检索内容的相关性,最终筛选出 71 篇效力等级高的政策文件进行词频分析。在此基础上,从中挑选 11 部重要终身教育政策文本为研究对象。这 11 部终身教育政策文本是改革开放以来由中央和地方政府颁布的,对政策文本中涉及政策价值的评价性话语进行了编码与分析。

本研究主要使用质性分析软件 Nvivo12 软件对政策文本进行内容分析。首先,对 71 篇政策文件进行了全文阅读,并结合已有的政策分析,提取了主题词。其次,在 Nvivo12 软件中利用其词频分析功能对政策文本进行分析,通过确定关键词在文本中的出现频率来确认主题词。最后,挑选 11 部终身教育政策文件进行了编码与评价性言论分析。

我国学者杨正联从语用学的视角,将公共政策言论的形式划分为"事实""评价""行为"和"后果"四个逻辑过程。评价话语在公共政策话语中指的是政府成员对利益关系状况的价值判断,通常反映了该集体内主导地位的价值观念。[①] 在政策文本中,评价话语通常体现在总则、指导思想、工作方针、战略目标和基本思路等部分。首先,对政策文本中的评价话语进行了逐句一级编码,提取出主要节点。其次,通过比较和分析,将一级编码归类为四个范畴:终身教育的定位、价值与目标、对象和原则,形成二级编码。第三,对这四个范畴的内容进行深入分析和归类,构建了关于终身教育政策价值构成要素的三级编码体系。最后,基于三级编码体系,通过时间线索反复查阅主节点和原始资料,总结了终身教育政策价值构成要素的变迁特征。

(二)政策文本研究结果与解析

1.服务全民终身学习的体制机制政策内容

利用 Nvivo12 软件进行政策文本的词频分析,采用完全匹配方法,选择显示 20 个出现频率最高的词,并设置词语最小长度 3,删除无意义的词汇(例如"进一步""数字"等)和过于宏观宽泛的词汇("教育""学习""改革"等),最后形成了所研究的政策文本的主题词词语云,如图 2.1 所示,并导出相关信息表形成表

---

① 杨正联.公共政策语境中的话语与言说[M].北京:光明日报出版社,2010:27-41.

2.1。字体大小反映了主题词的频次,字体越大,说明该主题词出现的频次越高。

图 2.1　服务全民终身学习的体制机制政策词语云图

表 2.1　服务全民终身学习的体制机制政策高频词相关信息表

排序	高频词	加权百分比/%	排序	高频词	加权百分比/%
1	高等教育	0.53	9	人工智能	0.12
2	现代化	0.32	10	毕业生	0.12
3	义务教育	0.27	11	立交桥	0.12
4	多样化	0.24	12	市场经济	0.10
5	学前教育	0.19	13	计算机	0.10
6	信息化	0.17	14	互联网	0.07
7	国民经济	0.15	15	大学生	0.07
8	老年人	0.15	16	学分制	0.07

　　从图 2.1 来看,高等教育、义务教育、学前教育成为这一阶段终身教育政策的主题词,说明学校教育是终身教育政策的主要内容。

　　学校教育依然是主要的人才培养渠道和场所,为实现人的可持续发展负重要责任。只有通过打下坚实的知识基础、习得学习与生活技能,个人才能为长期的发展打下坚实的基础。学校致力于系统地培育学生的知识和能力,以及他们基本的生存和发展素质,这正是其独特的功能。以教学为核心的学校教育主要通过系统、科学设计的各学科课程,传授社会科学和自然科学知识,激发学生对科学文化的兴趣和学习能力,使其在人生学龄阶段吸收人类文明的核心精髓。

在 Nvivo12 软件中,对政策文本的词频进行分析,采用完全匹配的方式,选择显示 20 个最频繁出现的词,并将词语最小长度设置为 2,最后形成了所研究的政策文本的主题词词语云如图 2.2 所示,并导出相关信息表获得表 2.2。

图 2.2 终身教育政策词语云图

表 2.2 终身教育政策高频词相关信息表

排序	高频词	加权百分比/%	排序	高频词	加权百分比/%
1	发展	3.21	9	社区	0.95
2	社会	2.74	10	教师	0.92
3	服务	1.55	11	学校	0.87
4	职业	1.36	12	国家	0.83
5	全民	1.26	13	开放	0.83
6	继续	1.24	14	现代	0.83
7	培训	1.14	15	成人	0.80
8	建立	1.12	16	素质	0.75

从图2.2来看,职业、继续教育成为终身教育政策的主题词,说明职业、继续教育是终身教育政策的主要内容。

职业教育和继续教育是促进个人持续发展的关键动力。在终身学习理念指导下,教育成为个人终身的活动。随着现代经济体系的快速进步和科技的革新,劳动力质量与企业竞争力之间的联系日益紧密,员工的工作能力、技术技能和专业知识成为企业成败的核心要素。因此,教育的目标之一是提升劳动者的素质,这成为企业发展不可或缺的核心职能。在终身教育的大趋势下,职业教育获得了新的定义,被认为是终身学习的一部分。职业教育的目的不仅是提供合格的就业人才,更重要的是应对科技和经济环境的迅速变化。过去,职业教育在学生就业后就结束了,但在当前的信息社会,技术更新换代快,职业变化的不确定性也在增加。因此,个人早期接受的职业教育需要不断更新、与时俱进。这种更新不是一次性的,而是一个持续的过程。从终身教育的角度看,这就是连续的职业教育和继续教育模式。这种模式鼓励个体在职场中不断学习、适应和成长,以应对多变的工作环境和职业需求。因此,职业教育不再是一个阶段性的学习过程,而是一个与个体整个职业生涯紧密相关的持续发展之旅。

2.服务全民终身学习的体制机制政策构成要素

通过对政策文本的整理,清晰展现出我国终身教育政策的核心价值构成要素,主要涵盖对终身教育的界定、对终身教育目标的描述、对终身教育对象的规定、终身教育原则的厘定等四个方面。从20世纪90年代末期开始,这四个方面的具体内容都经历了变革。

(1)对终身教育的界定

通过对已有11部重要政策文本的分析来看,对终身教育的界定主要从时间和空间两个维度进行(表2.3)。

表2.3 终身教育的界定

主要节点	材料来源	参考点
时间维度	4	6
空间维度	3	3

注:表中"材料来源"指被引用政策数量,考察的是政策的连续性;而"参考点"指被引用次数,考察该节点在政策中的重要性。下表同此。

　　从时间维度对终身教育进行界定,即从教育的纵向阶段出发,将终身教育界定为在学校教育后的再教育,这种界定涵盖了职业教育和继续教育两种形式。例如 1995 年修订的《中华人民共和国教育法》提到,国家鼓励发展多样化的成人教育形式,便于公民接受适当形式的终身教育。再如,《国家中长期教育改革和发展规划纲要(2010—2020 年)》提出,继续教育作为学校教育之后的教育活动,面向全体社会成员,尤其是成人教育活动,是终身学习体系中不可或缺的一部分。

　　从空间维度对终身教育进行界定,即从教育系统的结构出发,将终身教育界定为现代国民教育体系外的教育活动。如 2011 年《上海市终身教育促进条例》将终身教育界定为现代国民教育体系以外的各级各类有组织的教育培训活动。

　　通过对政策文本的深入历史梳理分析,可以注意到政策对终身教育的界定逐步从最初的单一的时间维度转向扩展到时间与空间两重维度并行(表 2.4)。如在 1993 年发布的《中国教育改革和发展纲要》中,我国对教育结构进行了详细的分类,包括了基础教育、职业技术教育、成人教育、高等教育四大类别,并将成人教育视为教育制度的一大创新,这标志着传统学校教育向终身教育的转型。自 2000 年起,我国的教育政策继续重点推动以成人教育和继续教育为重点的终身教育体系,这体现了终身教育在时间上的延伸。同时,地方终身教育的相关规定更加突出了终身教育概念,强调了终身教育理念在空间上的重要性。

表 2.4　终身教育界定的变迁

时间	1980—1994 年	1995—1999 年	2000 年以来
主要节点	时间维度	时间维度	时间维度
		空间维度	空间维度

　　(2)对终身教育目标及价值的描述

　　在政策文本中,对终身教育目标及价值的描述主要体现在三个方面,即终身教育促进社会发展、促进个体发展和促进教育发展(表 2.5)。

表 2.5　终身教育目标及价值

主要节点	材料来源	参考点
促进社会发展	8	26
促进个体发展	8	13
促进教育发展	5	12

终身教育的教育目标和价值在于提高受教育者的素质,从而推动国家和社会的现代化进程。如1998年《面向21世纪教育振兴行动计划》凸显了建立终身学习体系的关键性,其目的在于为国家的知识创新体系和现代化建设提供充足的人才支持和知识贡献。

实现个体的全面发展是终身教育促进个体发展的教育目标和价值。终身教育理念强调,通过满足学习者在不同阶段和不同领域面对的多样化的学习需求来达成这一目标。如2007年《关于大力推进首都学习型城市建设的决定》指出,建立终身教育体制和推进学习型城市的核心宗旨在于坚持人本主义的原则,其目的在于促进首都市民全面发展。构建并基本形成一个全民、全天候、全方位的社会学习环境,保障市民学习的基本权利,市民的终身学习的要求得到基本满足。终身教育体系的建设促进了教育体系的完善,推动了终身教育的发展,促进了教育发展的教育目标和价值的实现。如2011年《江苏省政府关于加快完善终身教育体系的实施意见》提出,终身教育体系应确保学历教育与非学历教育协调发展,促进职业教育与普通教育之间的互动交流,并有效地衔接职前教育与职后教育,以实现教育结构的优化、教育体制的活力、教育质量的保障和教育服务的效能。

通过对政策文本的历史分析,可以看出政策在决定终身教育的目标与价值上有一个演变过程。起初,以推动社会发展为重点的政策逐步演变成既重视社会又重视个体与教育的发展路径(表2.6)。早期教育政策多关注终身教育对社会发展的服务功能。正如1987年《国家教育委员会关于改革和发展成人教育的决定》明确指出:成人教育必须从国情出发,坚持直接有效地为社会主义建设服务的方向,根本宗旨是提高劳动者的整体素质。到了20世纪90年代后期,教育政策则开始从社会、个体、教育三个方向界定了终身教育的价值和目标。2011年,江苏省发布了《省政府关于加快完善终身教育体系的实施意见》,其中明确指出"坚持把加快完善终身教育体系摆在更加突出的位置"。这是推动教育行业向科学方向发展和实现教育现代化的关键任务;是适应人民群众对教育多样化需求、全面提高全民整体素质、促进人的全面发展迫切需要;是打造人力资源强省、推进经济发展方式转变、实现经济结构战略调整等方面的必然选择;是保障和改善民生、促进和谐社会建设、营造更美好幸福生活的重要保障。

表 2.6　终身教育价值及目标的变迁

时间	1980—1994 年	1995—1999 年	2000 年以来
主要节点	促进社会发展	促进社会发展	促进社会发展
		促进个体发展	促进个体发展
		促进教育发展	促进教育发展

（3）对终身教育对象范围的规定

政策对学习群体范围的规定包括青壮年从业者、儿童青少年、老年人、失业者、残疾人士等全体社会成员（表 2.7）。

表 2.7　终身教育的对象

主要节点	材料来源	参考点
青壮年从业者	7	11
全体社会成员	8	25

就职业类型而言，青壮年从业人员涉及面比较广，涉及农民、工人、企事业单位职员、专业技术人员和管理者等诸多领域。正如《河北省终身教育促进条例》（2014）所建议的那样，国家机关、社会团体、企业事业单位等组织要积极开展教育培训，提高在职人员的素质；县级或更高级别的人民政府的农业、教育等相关部门以及科学技术协会等机构，都应该加大对新型职业农民的培训力度，以提高他们的劳动技能和文化修养。

就受教育程度而言，青壮年从业人员文化水平参差不齐，既有文盲，又有大专及以上学历者。例如，《中国教育改革和发展纲要》（1993）就安排了要尽快抓好扫除青壮年文盲的任务。又比如，《国家教育委员会关于改革和发展成人教育的决定》（1987）规定，要对大学专科及以上学历，中级或更高职称专业技术人员、管理人员进行继续教育。

就年龄范围而言，所有社会成员都不局限于青壮年，也涵盖了青少年和老年群体。正如《河北省终身教育促进条例》（2014）所强调的那样，要深入开展青少年校外教育，以促进青少年的全面发展。又如《国家中长期教育改革和发展规划纲要（2010—2020 年）》明确指出：重视老年人的教育。

除此之外,终身教育学习者中的边缘与弱势群体应受到特别重视。正如《福建省终身教育促进条例》(2005)明确提出,要强化对城镇失业人员、农村进城务工人员、失地农民和残疾人的职业技能培训。

通过对政策话语的历史分析,可以看出政策在终身学习群体范畴内的规划经历了一个由重点关注青壮年从业者的精英化向关注全体社会成员的变化过程,并逐渐形成精英群体和弱势群体同时存在的态势(表2.8)。

表 2.8　终身教育对象的变迁

时间	1980—1994 年	1995—1999 年	2000 年以来
主要节点	青壮年从业者	青壮年从业者	青壮年从业者
		全体社会成员	全体社会成员

早期终身教育以成人教育为主,青壮年从业者为主要教育群体。正如《国家教育委员会关于改革和发展成人教育的决定》(1987)在讨论成人教育任务时说的那样,成人教育就是为已走上工作岗位的工人、农民、干部和专业技术人员提供服务,服务的内容有岗位培训、基础教育、专业教育或者继续教育等。在20世纪90年代中后期的政策上,终身教育的学习群体不断扩大,直到将所有社会成员都包括在内,并对弱势群体给予了刻意照顾。正如《中共中央、国务院关于深化教育改革全面推进素质教育的决定》(1999)所要求的那样,要以网络为载体开展终身教育,使社会成员有终身学习的可能,在农村及边远地区开展适合当地教育需要,符合地方需求的教育。

(4)对终身教育原则的厘定

终身教育的原则在教育政策文本中的表述主要包括经济效率和社会效益两个方面(表2.9)。经济效率指投入与产出的比例,强调终身教育的实效性。

表 2.9　终身教育的原则

主要节点	材料来源	参考点
经济效率	4	6
社会效益	4	12

正如《中国教育改革和发展纲要》(1993)所要求的那样,成人教育应坚持

学用结合,按需施教,讲求实效的方针。效益不只是涉及效率中"投入产出比"的含义,它还强调了教育活动成果的本质,也就是说,要确保这些成果能够满足社会和个人的需求。[1] 社会效益关注教育结果性质,着重关注终身教育对社会和个人的影响。如《上海市终身教育促进条例》(2011)和《河北省终身教育促进条例》(2014)中都明确了"多方参与、资源共享"的终身教育原则。它既影响了全社会对终身教育的关注与支持,又使终身教育的发展成果造福于全体社会成员并由全体社会成员共同分享。从一定程度上来讲,上述原则体现了终身教育追求公益性、追求社会效益的愿望。较早颁布的政策更注重终身教育经济效率,如1987年《关于改革和发展成人教育的决定》中指出了贯彻学习和工作、生产的实际需要相结合,以讲求实效为原则。20世纪90年代末期以来,政策中既强调了终身教育经济效率,又强调了社会效益这两个方面的原则(表2.10)。正如江苏省2011年出台的《关于加快完善终身教育体系的实施意见》所提出的那样,要坚持基本公共教育服务均等化的原则,使教育改革和发展的成果为人民群众所分享;加快构建体现公益性、开放性、长期性的终身教育机制,切实提高终身教育服务实效性、针对性。

表2.10　终身教育原则的变迁

时间	1980—1994 年	1995—1999 年	2000 年以来
主要节点	经济效率	经济效率	经济效率
		社会效益	社会效益

(三)政策文本结论与展望

在1965年的第三届成人教育促进国际委员会上,保罗·朗格朗[2]首次正式提交了关于终身教育的提案。他的观点是:终身教育应是为了人的一生不断地提供教育和训练的构造,它又是人们通过各种形态的自我教育,从而达到真正最高水准的自我发展的有效手段。[3] 终身教育应当构建为一个不断为人们提供

---

[1]　刘复兴.教育政策的价值分析[M].北京:教育科学出版社,2003:125.
[2]　"保罗·朗格朗"曾被译为"保罗·朗格让""保尔·朗格朗"等,本文正文采用"保罗·朗格朗"(简称"朗格朗"),其余译名仅出现在已出版的图书或已发表的刊物上。
[3]　吴遵民.现代中国终身教育论:中国终身教育思想及其政策的形成和展开[M].上海:上海教育出版社,2003:20.

教育和培训机会的系统,旨在通过多种方式的自我教育来促进个体达到最优的自我发展水平。终身教育作为一种新的理念已被世界各国所接受并付诸实践。推动终身教育已成为多国及国际组织如经济合作与发展组织、欧洲联盟等关注的焦点。在此进程中,重视人的成长与持续进步逐渐成为终身教育的核心理念。① 因此,终身教育的理念强调了教育权益的平等性,这意味着无论性别、社会阶层、种族或年龄如何,每个人都应享有平等的学习机会;它不仅意味着要让每个公民参与到终身学习中来,而且要求每个社会成员拥有共同的学习资源和机会。此外,它还融入了以学习者为中心的教育民主思想,这意味着在教学活动中,学习者应当拥有独立选择和独立学习的权利,并提倡个性化的教育方式,是一种尊重个人价值和社会需求的教育观。终身教育的核心观念同样涵盖了教育自主权的理念,这表明终身教育构成了一个由众多教育方式组合而成的、开放的系统,任何个体都拥有在任何时间、任意地点自主决定参与或退出的权利;同时也包括了终身学习观念的价值观,认为终身学习应该是一种生活方式,并要求人们不断地进行自我更新和完善,使自己适应社会变化的需要。最后,终身教育的核心理念也涵盖了全方位发展的价值观念,强调终身教育应当覆盖人格塑造、职业技能等多个维度,以促进学习者的全方位成长,达到最优的发展水平。

纵观1980年至今,有关全民终身学习的政策文本在正规教育、非正规教育、非正式学习,以及终身学习的体制机制层面上,在学习主体、阶段和领域等方面都有了一定程度的完善和改进。从教育阶段看,将终身教育的范围扩大为现代国民教育体系外的各级各类教育。政策主题囊括了从学前教育、基础教育到高等教育,以及学校教育后的继续教育这一完整的教育阶段。终身教育的核心目标是在成人教育和继续教育中提供学历的补偿以及职业技能的培训。从教育的种类来看,政策的焦点不仅局限于学校的正规教育方式,还涵盖了如社区教育和老年教育这样的多种非正规教育形式,教育在内容上主要是关于知识更新和技能提升方面的培训。从教育政策的目标群体来看,涵盖了教师培训、成人教育、老年教育,以及针对医学工作者、公务员和妇女等多种人群的教育,这与国际上普遍接受的"终身教育体系应覆盖所有与教育相关的领域"的理念

---

① 国卉男.当代国际终身教育政策的回顾与展望[J].外国中小学教育,2013(1):17-23.

是一致的。同时从政策文本规定中发现终身教育所受益的主体越来越多元、构建学习型的领域也越加广泛,比如2004年教育部颁发的《2003—2007年教育振兴行动计划》中指出"鼓励人们通过多种形式和渠道参与终身学习……开展创建学习型企业、学习型组织、学习型社区和学习型城市的活动。"在随后的2007年国务院转批教育部《国家教育事业发展"十一五"规划纲要》指出"构建学习型机关、学习型企业、学习型社区和学习型乡镇,努力形成全民学习、终身学习的理念和良好社会风尚。"再到2017年,《国务院关于印发国家教育事业发展"十三五"规划的通知》指出:"优先发展教育,构建现代教育体系,建设学习型社会……形成更加适应全民学习、终身学习的现代教育体系,现代职业教育体系更加完善。"此外,随着科学技术的发展和我国教育信息化2.0时代的到来,现代远程教育等非正式学习日益渗透到各行业、各学习阶段和各主体的日常生活并贯穿其中,为终身教育提供了更为全面、细致的服务。

然而,在终身教育这一领域,政策文件通常只关注老年教育、成人教育、继续教育等特定领域的教育进展,而以"终身教育"为主题的国家专项政策却相对缺乏。其次,在非正式学习领域中我国更倾向于数字化、网络化的课程对终身教育发展起到的服务作用,有关家庭教育在终身学习方面的政策较少,尽管在2006年《国务院办公厅关于印发人口发展"十一五"和2020年规划的通知》指出要加强终身学习下基础教育中家、校、社三者的有机融合,共同推动学习型社会建设,但缺乏针对家庭在开展学习型社会中应发挥的作用和具体要求。此外,在现有的有关终身学习的政策文本中,关于终身教育的法律法规仍然是缺乏的,国家层面上关于终身教育的相关立法尚未确立。我国早在2001年《全国教育事业第十个五年计划》中就明确提到建议"调研、起草《终身教育法》,使教育法律体系进一步健全、完善",强调终身教育法制化的迫切性,需要从依法治国的题中之义出发,关注到现实规划的诉求。此后的2012年《关于加快发展继续教育的若干意见》(征求意见稿)和2014年《教育部等七部门关于推进学习型城市建设的意见》都分别强调推进终身学习立法进程的重要性,以明晰政府、企事业单位和个人在终身教育方面的权利、义务和责任。再到2021年《全国人民代表大会教育科学文化卫生委员会关于第十三届全国人民代表大会第四次会议主席团交付审议的代表提出的议案审议结果的报告》指出:"建议制定终身教育(终身学习促进)法。"但时至今日,国家终身教育立法的目标尚未实现,在这二十年的发展过程中始终在法律层面对终身教育的保障不够到位,尽管各省市结合当地发展情况出台了一系列制度规范,但国家层面的立法缺失,依旧难以有效为学习型社会的发展提供坚实的法律保障,在一定程度上限制了终身教育的进一步发展。此外,在终身教育的体制机制建设上,相较于地方,国家政策文本在终身教育的保障机制上仍处于空白状态,存在明显的缺失,缺乏较为健全、系统的终身教育机制。尽管我国在终身学习服务体系、终身学习成果评价体系,以及服务管理机制和督导与检查制度上不断努力,但在终身教育开展过程中的具体运行机制和保障机制还有待进一步完善,需要建设更为系统完善的终身教育体制机制。

本章小结

要构建服务全民终身学习的教育体系,关键在于建立终身教育、终身学习、服务全民终身学习体制机制。本章从政策文本入手,针对终身教育、终身学习、服务全民终身学习体制机制政策文本内容规定的整合与改进,政策文本的阶段性特点及发展脉络,以及服务全民终身学习的体制机制政策的文本分析——基于Nvivo12的质性分析,从这三方面进行评述并在此基础上提出改善的建议,以求构建服务全民终身学习的体制机制,促进政策与实践深度结合,使终身教育体制机制得以发展。

推荐阅读

推荐书目	内容简介
《终身教育导论》 【法】保罗·朗格让著 华夏出版社 1988年	本书是作者朗格让配合国际教育年所著,旨在阐明终身教育思想的各方面重要意义,揭示并说明终身教育作为一种全面的教育尝试所产生的影响和后果。全书分为"前言""终身教育探索""全面综述""论证和实例"四个部分。"终身教育探索"谈了终身教育的探索与形成过程。全书重点在于"全面综述"与"论证和实例"部

续表

推荐书目	内容简介
《终身教育导论》 【法】保罗·朗格让著 华夏出版社 1988年	分。前一部分,作者试图说明终身教育是"合乎逻辑的、有机的发展"。从终身教育产生的背景、推动力、特有的意义、内容和目标作了若干分析,结尾处对教育活动的战略提出了一些设想。后一部分则论证了一些命题并提出若干建议,同时,对终身教育的目标、内容和方法、正规教育的一些问题及其与终身教育的联系等进行了进一步的补充和说明。
《终身教育经典文献》 郝克明,周满生主编 高等教育出版社 2006年	终身教育已成为开发人力资源的重要途径,成为教育改革和发展的必然方向。本书收录了联合国教科文组织、经合组织、世界银行等国际组织和一部分国家有关终身教育理论的经典著作、最新的政策法规和研究报告,具体内容包括终身学习的经济学理论与财政政策、韩国人力资源开发战略、世界银行政策研究工作报告、澳大利亚的终身学习体系、日本关于完善振兴终身学习措施的推进体制等的法律(节选)等。
《职业教育·生涯教育·终身教育:转型期日本职业教育发展及其启示》 谷峪,姚树伟著 高等教育出版社 2010年	本书聚焦于二战以后至日本工业化时期和在20世纪90年代进入知识经济时代的日本职业教育发展情况。这两个时期是日本特定的社会转型期。本书把这两个时期的职业教育作为研究对象,全面且深入地研究了该时期职业教育发展的历史根基、理念变迁、核心特质,以及政策的逐步演进。特别对日本职业教育在步入知识经济时代后的转型以及生涯教育进行了剖析,并从多个视角探讨了中国职业教育在转型期间完善、政策的抉择,以及学校必须构建适应学习型社会需求的终身教育体系,并对如何实现这一目标提出了独到的见解。

续表

推荐书目	内容简介
《终身教育国际论坛报告集萃》 郝克明主编 高等教育出版社 2006 年	本书由教育部教育发展研究中心组织编写,是"世界终身教育研究丛书"之一。全书收集了 2003 年以来在我国召开的终身教育国际论坛中部分专家的重要论文,重点收集了由国家教育发展研究中心、世界银行集团、上海浦东新区人民政府、上海市教育委员会、中国教育发展战略研究会、中国教育国际交流协会于 2004 年 12 月在我国上海浦东联合组织召开的终身教育国际论坛上国内外著名专家的学术报告。本书有助于读者了解我国和国际社会终身教育研究的进展,有助于促进我国构建学习型社会与终身教育体系的研究和实践。
《我国终身教育体系研究——可持续发展视角的分析》 刘汉辉著 人民出版社 2012 年	本书从可持续发展的研究视角出发,从三个层面对我国终身教育的发展进行了深入研究:(一)基本理论层面:终身教育的基本概念及理论。(二)具体视角层面:从经济学视角和非经济视角对终身教育进行分析。(三)实践发展层面:我国终身教育发展的现状分析及构建我国终身教育体系的对策建议。主要解答三个问题:什么是终身教育? 提出和发展终身教育的原因? 我国的终身教育体系要如何发展如何构建?
《心灵的解放与重塑——个性哲学的终身教育论》 王洪才著 教育科学出版社 2011 年	本书从探讨终身教育的基本原理出发,分析了我国建设终身教育体系的基本任务目标,提出了我国终身教育体系建设的根本途径。本书以心灵的解放和重塑作为新的理论基点,构建了服务于生命成长历程的新生活教育论,从而为终身教育体系建设奠定了理论基础,也构建了通往学习型社会的基本路径。

续表

推荐书目	内容简介
《读万卷书 经万件事——一个终身教育工作者的实践和思考》 王伯军著 东方出版中心 2022 年	百年大计,教育为本。终身教育(终身学习)的思想需贯穿从婴儿到老年的各个阶段,体现在家庭教育、学校教育、社会教育中。作者从不同视角论述终身教育(终身学习)与家庭教育、学校教育(特别是思政教育)、社会教育(特别是干部教育)的内容,结合自身工作经历,从家庭教育、学校教育(特别是思政教育)、社会教育(特别是干部教育)三个方面分析了终身教育(终身学习)的重要性。本书汇集了二十篇作者关于终身教育实践和思考的文章。
《终身教育的理论与实践》 何齐宗著 科学出版社 2020 年	终身教育理论在现代诸多教育理论中占有突出的地位,并成为世界各国教育改革的重要指导思想。本书分为上下两篇。上篇为"终身教育的理论",主要阐述古典终身教育理论、现代终身教育理论产生的背景、现代终身教育理论的发展、终身教育的基本理论问题、现代终身教育理论的评价等。下篇为"终身教育的实践",主要分析联合国教科文组织、经合组织、欧盟、国际劳工组织等对终身教育的关注和推动;美国、英国、法国、德国、日本、韩国和中国对终身教育的政策与法规支持及实施成人教育的情况;世界扫盲运动的发展历史、扫盲运动取得的进展与存在的问题,以及印度、泰国、坦桑尼亚、巴西、中国扫盲教育的基本情况。
《终身教育发展的中国经验》 吴遵民著 上海人民出版社 2018 年	本书通过对历史的梳理、政策文本与政策实践的分析、典型经验的总结、研究成果的回顾,清晰地解读改革开放以来影响我国终身教育发展的各种因素与关键举措,同时准确判断和定位我国终身教育的价值目标、整体任务、基本方向、阶段特征以及发展趋势,思考并制定切实有效促进我国终身教育进一步发展的政策举措与推进思路。

续表

推荐书目	内容简介
《终身教育研究手册》 吴遵民主编 上海教育出版社 2019 年	终身教育作为一种指导思想、实践方针和科学体系,对当前教育改革与实践具有不可或缺的影响。本书系统性地汇编了终身教育研究的核心概念、主要组织机构、经典代表性文献和该领域的重要领军人物等,澄清终身教育研究的内容,力求提炼并展现终身教育研究的深邃内涵与全景图。本书也是国内首部有关终身教育研究的手册式著作,对于教育科研人员、行业从业者有很大的实用价值。

第三章　终身教育研究文献及其评述

一、终身教育研究的主要问题域

（一）终身教育概念研究

蒋凯(1996)在《终身教育思想述评》[①]一文中认为,终身教育作为一种内容广泛的教育思潮,其诞生与成人教育的进步及对人学习能力的深入探究紧密相连。每一种教育观念的背后,都隐藏着其独特的社会历史环境。在《终身教育引论》一书中,朗格朗指出了现代人遭遇的一系列挑战(即社会变迁),包括社会变迁加速、人口激增和寿命延长、科技进步和休闲时间增加等九大变化。总的来说,主要有两个因素推动了终身教育的产生,即教育民主化的追求和科技发展的需求。终身教育理念的倡导者认为,教育是一个统一且持续不断的进程。联合国教科文组织强调,未来的社会应当成为"学习型社会",在任何情况下,每个公民都应能够自由地获取学习、培训和自我提升的机会,教育不应再是强制性的义务,而应成为公民对社会的主动担当。教育的社会化主要体现在教育责任和教育手段的社会化。

马良生(1998)在《终身教育——迈向 21 世纪的关键》[②]一文中指出,在当代社会,终身教育的重要性不容忽视,它是推动个人与社会和谐进步的关键途径,同时也代表着对人力资源知识技能更新改造的重要投资。终身教育的核心宗旨在于鼓励社会成员不断学习,以促进人类的自我提升与完善。在经济更新视野下,终身教育成为联结教育战略和经济战略的钥匙。终身教育是指不断向员工提供他们所需的各种机会与服务,让他们获得综合生存技能并自如地处理

---

① 蒋凯.终身教育思想述评[J].现代远距离教育,1996(3):8-11.

② 马良生.终身教育——迈向 21 世纪的关键[J].中国远程教育,1998(6):9-11.

越来越复杂的社会经济生活。未来社会是一个时时学、事事学、处处学的学习化的社会,学成为所有行动的根本和前提。我国在"九五"计划以及 2010 年的远景目标中,绘制了终身教育宏伟的规划,同时社会对终身教育的需求也为终身教育的发展带来了广阔的市场空间。新世纪终身教育将以它特有的优势和适应我国国情的能力得到前所未有的发展。

陈乃林(1999)在《关于终身教育若干问题的思考》①一文中认为,终身教育是贯穿于人的一生的全过程的连续性、统一性、整体性教育。终身教育包含一系列非常具体的理念、试验和成果,是彻底的教育,涉及教育的方方面面,涉及每一个内容,涉及每个发展阶段每一个时刻的有机联系。终身教育是指从个体诞生之日起不间断地进行的教育,直至生命结束。终身教育并非简单地延续传统教育模式。它以全新的态度、观点和方法来解决每个人生活中的基本问题,尤其是关乎生存意义的问题。通过终身教育,我们能够理解和认识到个人生活中涌现的各种新意义,它为那些影响个人和社会命运的重大问题提供了新的解决方案。

顾明远(2000)在《终身教育——20 世纪最重要的教育思潮》②一文中认为,许多人最开始将终身教育等同于成人教育或职业培训,把这两个概念混淆在一起。然而,随着时间的推移,人们逐渐意识到仅仅从职业培训的角度来理解终身教育是片面的。实际上,在更为广泛的教育体系中,终身教育这一思想已经被纳入其中,它无论在内容还是在形式上均与传统意义的教育存在着本质的不同。终身教育思想符合时代要求,是代表先进生产力的教育思想。它改变了传统的教育理念,使教育不再局限于学校教育,而是涵盖了人的一生中可能经历的正规教育和非正规教育、学校教育和社会教育等一切教育形式。《学会生存:教育世界的今天和明天》在定义终身教育时指出:"终身教育就变成了由一切形式、一切表达方式和一切阶段的教学行动构成一个循环往复的关系时所使用的工具和表现方法。"在知识经济时代,终身教育的核心在于不断更新与创新知识,应以这一理念为指引,对当前教育体系进行改革。目标是构建一个全面、多层次的终身教育体系,以满足不同类型和层次的教育需求,真正促进个体的全面成长。

---

① 陈乃林.关于终身教育若干问题的思考[J].江苏高教,1999(4):3-12.
② 顾明远.终身教育——20 世纪最重要的教育思潮[J].中国成人教育,2000(12):6-8.

高志敏(2001)在《关于终身教育与学习化社会理念的探讨》①一文中认为，终身教育的要点可以总结为三点。首先，教育必须作为维系个体一生发展的"精神面包"。食物与精神食粮都是个体一生生存发展的必需品，人生发展需要精神支撑，教育必须成为保障人一生发展的"精神面包"。其次，教育应确保"精神面包"提供均衡的营养。人是一个不断发展的"未完成"动物，同时人还作为身体、情感、性别、社会和精神的存在，因此教育应持续为其提供精神支持，并满足其多元化的发展需求，"精神面包"必须保障"营养平衡"。最后，教育必须建立起高效便捷提供"精神面包"的一体化体系。保罗·朗格朗强调，这是终身教育的核心目标，即整合各种教育资源和机构，为人们提供便利的学习途径和接受教育的机会。

王北生(2001)在《当代终身教育和学习思潮与新教育理念的确立》②一书中认为，终身教育可以从五个方面理解：首先，整体性，即时间空间上的整体性、教育学习内容的整体性和受教育对象的整体性；其次，主体性，即发展他们自我学习、建立学习意愿、形成良好动机与习惯、学会自行安排时间等，掌握学习方法，有发现问题、分析问题、解决问题的本领；再次，开放性，即终身教育应向全体社会成员开放、学校应向全社会提供服务、凡需要教育和学习的人员均可使用各类教育设施、享受教育资源以满足自己的教育需求；从次，教学过程中的编排、教学地点的选定、教学内容的权衡，以及教学方法、技巧和组织形式都具有灵活多样性；最后，是自律性。

高志敏(2003)在《关于终身教育、终身学习与学习化社会理念的思考》③一书中认为，终身教育有两方面的意义：一是人人要实现理想、开发个人潜力、迎接社会的不断挑战。教育不再限于从学校毕业，而要贯穿个人的全生命周期；二是当前教育主要集中在学校，表现出封闭、僵化的特征，未来教育则融合了社会上一切教育、培训机构与渠道，并提供更开放、更灵活的模式，从而使"在它所存在的各个部门中，人们可以按需便利地得到教育"。

杨敏(2004)在《保罗·朗格让的终身教育理论探索》④一书中认为，保罗·

① 高志敏.关于终身教育与学习化社会理念的探讨[J].教育研究,2001(3):52-58.
② 王北生.当代终身教育和学习思潮与新教育理念的确立[J].中国成人教育,2001(6):10-12.
③ 高志敏.关于终身教育、终身学习与学习化社会理念的思考[J].教育研究,2023(1):79-85.
④ 杨敏.保罗·朗格让的终身教育理论探索[J].成人教育,2004(10):15-17.

朗格让,作为终身教育理念早期倡导者之一,认为教育是依托于人类在各个领域所积累的经验,从而推动人的全面成长。终身教育是从教育的全方位和完整性角度出发,包含一系列明确的思想、实际行动和成就体系。也就是说,终身教育囊括了教育所有的内涵,涉及其各个层面和分类,覆盖从生命初期到终点的整个过程,并且持续进化。同时,它还强调了教育发展过程中各个环节和连续阶段之间紧密且有机的内部联系。

吴遵民(2004)在《关于完善现代国民教育体系和构建终身教育体系的研究》①一文中认为,首先,终身教育理念强调教育应贯穿人的整个生活,认为不应局限于年轻人。其次,主张未来国民教育要横跨家庭、学校与社会,涵盖幼年、青少年、成人与老年阶段,建立一体化、和谐统一的教育体系。最后,构建一个有充裕闲暇时间和广阔自由空间的"学习型社会"是终身教育的终极目标。在这个社会里,学习不再仅仅是为了职业或经济利益,而是越来越强调个体基于自主选择的意愿和兴趣,这为实现人的全面发展与追求"生命的真实价值"提供了广阔且多样化的学习机会。

裴桂清(2006)在《论终身教育与创新主体自学能力培养》②一文中认为,终身教育的目的是通过一个不断扶持的过程,激发人的潜力、鼓舞人、赋予权利以获得终身需要的知识、价值、技能以及了解的能力。这一定义强调了终身教育要求个体在人生各个阶段获取知识和学习技能,并将其创造性地应用于各种任务和环境中。因此,培养创新人才是终身教育的重要使命之一。终身教育要求社会建立完善的终身学习体系和机制,以增强个体对环境变化的适应性,并培养其创造能力。因此,培养具备终身学习能力的创新人才成为终身教育的核心理念之一。

黎蓉(2007)在《人的发展:终身教育的理解》③一文中对终身教育进行了深度解析。文章指出,终身教育的理念体现在多个方面。首先,它强调人的持续发展,意味着在整个生命周期中,个体都应不断成长和进步。其次,终身教育注重每个人的独特发展,认识到每个人都有不同的潜能和特点,应该根据个体的

---

① 吴遵民.关于完善现代国民教育体系和构建终身教育体系的研究[J].中国教育学刊,2004(11):39-42.
② 裴桂清.论终身教育与创新主体自学能力培养[J].教育探索,2006(5):15-16.
③ 黎蓉.人的发展:终身教育的理解[J].开放教育研究,2007(3):14-17.

需求和特长进行教育。再次,终身教育致力于满足人们多样化的发展需求,认识到每个人的兴趣、目标和背景都不同,需要个性化的教育方式和资源。并且,终身教育努力推动人们的能力发展,强调个体应该在不断学习和培养技能的过程中实现自我提升。最后,终身教育鼓励人们自主地发展,反对任何形式的偏见和僵化思维,努力构建一个积极、开放的学习环境,鼓励个体自我探索和成长。从纵向的视角来看,终身教育关注个体的持续成长和发展,致力于激发个体的潜能,推动个体自主、自觉地实现进步。而从横向的视角来看,终身教育注重个体的独特性,倡导个体在与他人的交流合作中共同成长,努力满足不同个体的多样化发展需求。终身教育的最终目标在于实现人的全面发展,为每个个体开辟美好的未来。

吴遵民(2008)在《走出理解误区——对当代终身教育理论内涵的深层思考》[1]一文中认为,一方面,终身教育的核心理念就在于强调"统合",其基本宗旨是将各种教育资源统一起来,形成一个涵盖整个个体生命周期的立体化体系,即终身教育体系。另一方面,职业技能培训作为终身教育的一部分,扮演着推动终身教育发展的重要角色,可解决市民再就业、外来人员培训和个人转岗等问题。终身教育并不仅限于学校教育,其目标在于确保所有渴望学习的个体能够共享社会教育资源。最后,在任何学习活动中,学习者应当自主掌握学习进度,并自行设定学习目标。

薛勇民等(2008)在《生命哲学视野下的终身教育价值观》[2]一文中认为,一方面,终身教育有生命,而且是超越性的存在,终身教育体现生命全面性的发展,终身教育的目标是实现生命的可持续性。另一方面,它从生命的角度出发,回归教育的本质,彰显生命的重要性。在生命哲学的视野下,终身教育强调教育应满足个体生命的需求,而非外部压力,强调引导有自我意识的个体在追求和突破中找到生命的充实感。因此,终身教育已经不再只是简单地传授知识,而是更注重个体生命成长的需求,把个体的生命需求看作是其起始点和最终目标。

宋微等(2010)在《终身教育在中国发展的现状及策略》[3]一文中认为,推动

---

① 吴遵民.走出理解误区——对当代终身教育理论内涵的深层思考[J].杭州师范大学学报(社会科学版),2008(3):107-111.
② 薛勇民,王凤华.生命哲学视野下的终身教育价值观[J].教育研究,2008(6):31-34,40.
③ 宋微,程艳,崔蓉.终身教育在中国发展的现状及策略[J].成人教育,2008(10):37-38.

终身教育发展,有助于增强民众的全面素养,推动个体全面发展。终身教育在中国发展的策略包含以下几个方面:首先,要整合各类教育资源,实现资源的真正共享。不仅学校之间的教育资源应该相互开放,学校教育资源与社区资源也应该相互开放。其次,促进各级教育之间的衔接,建立完善的终身教育系统。最后,学校应该注重培养学生的自学能力,教师则扮演引导学生获取知识的角色。伴随着社会的不断进步,人们对于知识的要求越来越高,终身教育、持续学习不但是关系到当前乃至今后人类生存发展的关键性因素,而且是全面建设小康社会所必须解决的问题。

王丽等(2010)在《成人教育、继续教育与终身教育——概念的解读与辨析》[①]一文中认为,教育应当贯穿于每个人的一生,渗透在每个人的生活中,并在任何时候都以符合个人需要的最佳形式提供所需知识。这可谓是终身教育思想最早被广泛采用的体现(1972年由联合国教科文组织提出)。终身教育的概念应被视为一项原则,而非特定的教育体系,从而催生出新的教育理念。教育不再局限于学校,不仅是为了积累知识以备将来生活所需,还是为了建立一个不断进化的智力体系——学会生存。我国学者提出的终身教育概念是一种规范性定义,描绘了终身教育的美好前景,但可能会与"终身学习"的概念混淆。终身教育并非仅限于成人教育,其包含了成人教育,并具有更广泛的内涵。

朱敏等(2014)在《终身教育、终身学习与学习型社会的全球发展回溯与未来思考》[②]一文中认为,终身教育和学习这一术语旨在重建现有教育体系,并创建一个全面的计划,使成年人能够自主选择教育方式、发挥个人潜能。学术界认为,二者最大的不同是终身教育注重从教育角度推动改革与重构教育体系。但在教育学视野中,这一区别实质上又是一致的。一是教育和学习本身就形成一个特定的教育共同体,教育共同体中任何一方缺位都会影响教育学意义上的表述;二是教与学在这个共同体里形成了一个持续不断的统一体,人类的持续进步与发展推动了教育的转型,目标是培养学习者的自主性和独立性,这代表了现代教育改革与发展的主流方向。因此,从这一观点来看,终身教育和终身

---

① 王丽,王晓华.成人教育、继续教育与终身教育——概念的解读与辨析[J].继续教育研究,2010(11):4-6.
② 朱敏,高志敏.终身教育、终身学习与学习型社会的全球发展回溯与未来思考[J].开放教育研究,2014(1):50-66.

学习是紧密相连的,它们本质上是统一的。

张妍等(2016)在《终身教育在我国的独特涵义与研究趋势》①一文中认为,首先,从时间跨度上看,我们的终身教育渗透在个体的整个生命过程中,始终追求心灵的升华,把人的精神境界、道德素质作为核心与终极目标,体现着个体生命过程中的观念与行为方式。个体学习中的自然、社会、精神取向,共同组成我国终身教育中的学习取向。其次,中国终身教育发展过程表明,它深深植根于中国本土教育传统之中,自古以来便表现出中国特色。它既是建构社会完整教育体系中的有机组成部分,又带有明显的我国古代士人"止于至善"的精神,是思想品格与行为实践相融合的具有民族文化的终身教育思想。中国教育哲学认为,这是中华民族精神的核心所在,是通过不同时期的教育引导个体向更高层次的精神迈进,开发其潜能,提高其道德水平。

王琴等(2022)在《逻辑·价值·实践:终身教育赋能教育强国研究》②一文中认为,终身教育不仅是一种价值观念,也是一种教育文化、思考方式和发展策略,它正在积极推动教育强国的建设进程。在很长一段时间里,终身教育被误解为局限于学校教育终结之后的所有教育形式。但事实上终身教育渗透于个体的整个生命之中,从生到死都是一个恒久的学习过程。终身教育作为一种核心的价值观体系、教育模式、思维方法和战略思想,它对学校教育的不足之处进行补充,从而使得学习的时间安排更加灵活、学习方法更加多样化、学习资源供应更加符合个人需求。文章从理念更新、文化塑造、方法确认以及战略规划四个维度,探讨终身教育如何助力教育强国之路:首先,我们必须紧随终身教育的理念,与时代发展同步;其次,培育并维护一种倡导终身学习的文化氛围;再次,明确并实施终身教育的思维模式,提升教育成效;最后,强化终身教育的战略布局,促进教育的质的飞跃和持续发展。

(二)终身教育意义研究

朗格朗(1985)在《终身教育引论》③一书中,试图阐释终身教育如何在各个阶段中逻辑连贯和有机地发展,并且阐述了终身教育思想不断发展变化的重要

---

① 张妍,张彦通.终身教育在我国的独特涵义与研究趋势[J].教育研究,2016,37(8):132-136.
② 王琴,张建友.逻辑·价值·实践:终身教育赋能教育强国研究[J].现代远距离教育,2022(1):91-96.
③ 保尔·朗格朗.终身教育引论[M].北京:中国对外翻译出版公司,1985.

意义。从终身教育产生的背景、推动力、特有的意义、内容和目标做出若干分析,探讨终身教育的产生和发展受到的各种推动力,阐述其内涵与内容,并指出其对整个人类教育活动的影响和可能带来的结果。朗格朗的终身教育理念认为人类知识体系是伴随着社会进步与全球不断发展而变化的,这一深刻洞见在促进人类知识体系动态发展过程中发挥着积极作用。尤其是面对信息化和全球化进程的快速发展所带来的挑战,终身教育承担着确保人们对知识的自由获取与传播的重要任务,推动了知识的共享和应用,有助于建立一个学习型社会。

何秀成(2001)在《试论终身教育及其现实意义》①一文中认为,终身教育具有现实意义。首先,体现了教育对人的终身发展的意义和价值。绝大多数人完善知识结构或技能结构必须依靠成人教育或继续教育等形式。其次,实现人力资源与经济社会和科技的和谐发展。个体的素质是决定生产力发展水平的关键因素,对经济社会的进步发挥着至关重要的作用。终身教育的目标在于培养个人化的才能和提高整体社会的人力资源水平,以满足个人和社会对科技和社会发展的需求,从而实现人与经济、科技的和谐发展。再次,适应个性化和整体化发展的要求。对于个体,终身教育满足个人不断调整工作角色的需求;对于社会全体,终身教育促进人类及社会整体发展。最后,有利于实现教育投入与教育资源利用的市场调节机制。个人出于更新或重构知识技能的教育经费支出会促进教育事业发展,社会需求机制对教育模式的自动调节会促进教育资源合理利用。

霍玉敏(2006)在《陶行知终身教育理论的现代意义》②一文中认为,终身教育理论的现代意义在于其作为学习型社会的基石,这一思想是陶行知在审视传统教育和西方化教育的过程中形成的。为了适应当时中国社会政治、经济、文化进步的需求,陶行知吸收了古今中外的教育思想精华,并结合自己的教育实践经验,进行了一系列总结和提炼。"终身教育是学习型社会的基石"这一理念已经被21世纪的人们所熟知。早在20世纪30年代初,陶行知就预言:科学将成为20世纪的主题,现代科学技术将塑造一个知识型社会,学习将贯穿整个社会生活。40年代,他进一步概括了终身教育的重要特点为:"学习为生活;生活为学习。"他的洞察力在未来得到了验证。如今,终身教育已成为许多国家教育

①　何秀成.试论终身教育及其现实意义[J].黑龙江高教研究,2001(3):35-38.
②　霍玉敏.陶行知终身教育理论的现代意义[J].成人教育,2006(11):24-25.

发展的目标和规划,建立终身教育体系已成为全球教育改革与发展的共同追求。

杨红(2010)在《再议终身教育的理论根源及现实意义》①一文中认为,终身教育思潮所体现的现实意义代表了一种综合教育理念。终身教育把个体一生所获得的全部教育机会和社会所提供的教育机会有机地统一在一起,给个体以不断学习的机会。终身教育思想的推广,让人们认识到了教育是人一生的主题,并坚信教育需要从传统的教育体系中解放出来,以运用各种教育资源来满足各种学习的需要。终身教育涉及教育的多种形式,包括正规教育、非正规教育和非正式教育。终身教育理念对社会的发展、个人的成长都有很大的促进作用。首先,它推动了教育思想和观念的变革。其次,终身教育使教育事业更加有效、公正和人性化。最后,个人的不断完善和发展离不开终身教育,因为人的全面发展必须通过持续学习来实现。

(三)终身教育发展理论研究

持田荣一等(1987)在《终身教育大全》②一书中,比较全面、系统地阐述了终身教育的理论、原则,分析了人的成长与发展,联系当代科学技术的腾飞,进而申明教育必须贯穿于人的一生,指出这是个"终生的过程",不是一次教育而必须是终身学习。纵向上,教育涵盖了不同年龄层次,包括婴幼儿、青少年和中老年人群。横向上,教育也包括了不同形式,如家庭教育、学校教育和社会教育等,既有正规教育也有非正规教育。书中还提出了教育一体化的原则,阐明了教育学研究的新课题、课程改革的设计思想,以及教师作用和师范教育的意义等。

高志敏(2003)在《关于终身教育、终身学习与学习化社会理念的思考》③一文中认为,在探索终身教育、终身学习和学习化社会这三个概念时,我们可以观察到它们之间既有相似之处也有区别。相似之处主要集中在四个核心方面:首先,它们都强调学习和教育过程应该是一个持续不断、贯穿终身的活动。其次,它们都支持教育内容应该广泛而全面,覆盖个人发展和社会需求的各个方面。再次,它们都提倡学习环境应该是开放的,能够反映社会的多元性。最后,这三

---

① 杨红.再议终身教育的理论根源及现实意义[J].中国成人教育,2010(16):13-14.
② 持田荣一,森隆夫,诸冈和房.终身教育大全[M].龚同,林瀛等,译.北京:中国妇女出版社,1987.
③ 高志敏.关于终身教育、终身学习与学习化社会理念的思考[J].教育研究,2003(1):79-85.

种理念都认为教育的目标应该是多维度的,既要满足个人成长的需求,也要考虑到社会整体的进步。从区别方面来看,则主要表现在以下三个方面:首先,三大理念在具体的目标指向上是存有一定的差异的。其次,不同的目标规定着不同的战略选择。最后,不同的目标、不同的战略自然会导致对实践重点的不同定位。综上表明,三大理念在教与学的时限、内容、空间和目的等问题上的看法高度相似,但在具体的目标指向、战略选择和实践重点方面又千差万别。

王保星(2003)在《从"终身教育"到"终身学习":国际成人教育观念的根本性变革》①一文中认为,"终身学习"已经成为当前国际成人教育领域的一个重要议题。20世纪后期,在世界成人教育领域,终身学习运动的迅速崛起和发展,极大地丰富了成人教育的理论基础,最终推动了终身教育向终身学习的转变,成为一种伟大变革。终身学习的基本含义主要有:一是以学习型社会为背景,需要社会给个体终身学习提供机会与条件;二是终身学习是一种贯穿人一生的学习方式;三是推行终身学习要求打破一些教育机构的教育垄断,使社会各领域成为一种学习情景。这一变革不仅是成人教育内诸要素逻辑发展到一定阶段的产物,更是成人教育顺应后现代知识观、全球化发展和学习型社会的必然产物。

贡咏梅(2006)在《终身教育、终身学习、学习社会理念之辨析》②一文中认为,无论是终身教育,还是终身学习、学习社会,三者共同的终极目标都是追求人自身的以"贤、乐、善"为基本内容的人生真正价值的实现,这是对理想社会的期许,也是所有教育活动的崇高追求。终身教育、终身学习与学习社会,在提倡学习的方式方法上具有高度的相似性。这些观点都对传统的学习方法和工具进行了批判,强调了教育和学习过程的连贯性和长期性,并突出了学习方法和工具在此过程中的自觉性、双向性和交互性。然而,在实施重点上,它们各有侧重:终身教育更加关注对现行教育制度的改革,终身学习在实施中更侧重学习者个体,学习社会在实施中更关注整个社会学习氛围的落实。通过理解这三种概念并在其基础上通过比较这三种理念的相似之处和差异,可以更深入地理解和把握它们所蕴含的丰富内涵及不同方面。对深入实际,持久实践,建立终身

---

① 王保星.从"终身教育"到"终身学习":国际成人教育观念的根本性变革[J].比较教育研究,2003(9):67-71.

② 贡咏梅.终身教育、终身学习、学习社会理念之辨析[J].教育探索,2006(11):60-61.

教育体系,促进全民终身学习,建设学习型社会,有着积极的意义。

宋永泽(2007)在《社会基础与逻辑关系终身教育、终身学习和学习化社会的社会基础与逻辑关系》①一文中认为,终身教育、终身学习与学习化社会之间存在着相互作用的关系,互为因果。作为一种具体的教育实践,终身教育和终身学习推动着人的成长,反过来人的成长也推动着社会的前进。建立终身教育体系并推行终身教育发展战略,体现了将人的成长置于中心地位。知识经济时代是一个社会学概念,终身教育体现了政府作为教育者对知识社会所承担的责任,而终身学习则反映了社会成员在知识经济时代中的适应意识。学习型社会必然是知识密集型社会,教育与社会息息相关。高知识含量、高素质人才是知识社会的基石,持续接受教育—终身教育和持续学习—终身学习,是构建学习型社会的关键。这种互动促进着人与社会一起全面、和谐地不断发展。

陈乃林(2008)在《关于终身教育与学习型社会的多维解读》②一文中认为,终身教育和学习型社会两个概念虽然相关,但又有着各自的特点,联合国教科文组织对多种因素进行了综合评估。虽然终身教育和学习型社会的概念及其价值已被广泛接受,但我们仍需深入挖掘和提升对这些概念的理解,拓宽理论视野,深化认知范畴,对其进行系统化整合和总结,以及全面理解和掌握。终身教育与学习型社会的整体需求,需要从多个角度进行探讨和解释。实际上,终身教育和学习型社会融合了终身教育观、教育系统观和终身学习观,为教育改革和发展提供了新的视角和境界。其核心含义是从传统的阶段性教育,转向可持续发展的终身教育。终身教育打破了传统教育的阶段性发展模式,倡导可持续发展理念,满足知识经济时代对创新的需求,并展现出系统化、持续化和终身化的特点。

焦春林(2009)在《我国终身教育、终身学习与学习型社会政策综述》③一文中认为,我国终身教育、终身学习与学习型社会政策具有以下特点。首先,一些教育法律中有关终身教育、终身学习与学习型社会的条款主要体现在《教育法》和《中华人民共和国高等教育法》中。其次,一些教育政策中存在有关终身教

---

① 宋永泽.社会基础与逻辑关系终身教育、终身学习和学习化社会的社会基础与逻辑关系[J].教育理论与实践,2007(6):7-9.

② 陈乃林.关于终身教育与学习型社会的多维解读[J].成人教育,2008(1):13-17.

③ 焦春林.我国终身教育、终身学习与学习型社会政策综述[J].成人教育,2009(6):27-29.

育、终身学习与学习型社会的规定。如《中国教育改革和发展纲要》《面向21世纪教育振兴行动计划》《中共中央、国务院关于深化教育改革全面推进素质教育的决定》等。最后，党的报告中存在有关终身教育、终身学习与学习型社会的论述。如《全面建设小康社会，开创中国特色社会主义事业新局面》《中共中央关于完善社会主义市场经济体制若干问题的决定》《中共中央关于制定国民经济和社会发展第十一个五年规划的建议》等。

谢素蓉（2011）在《终身教育思想演变及其在中国实践中的辨析》①一文中认为，我国自20世纪70年代开始引入现代终身教育思想以来，由于时间推移较长以及理论研究的滞后，终身教育思想在实践层面上出现了许多误区：一是将终身教育简单地视为成人教育；二是将终身教育与职业技能教育等同起来；三是将终身教育误认为是终身学校教育的同义词；四是错误地认为政府应主导终身教育；五是将国民教育体系与终身教育体系视为两个不同的体系。产生的多种理解误区，只有对终身教育的内涵与基本概念做出明确界定，才能使我国在推进终身教育进程中准确把握发展方向，追溯终身教育理念的演变脉络，进而清晰审视我国实践中出现的各种偏差。

朱敏等（2014）在《终身教育、终身学习与学习型社会的全球发展回溯与未来思考》②一文中认为，在20世纪60年代中后期，终身教育、终身学习和学习型社会的理念在西方社会相继提出，这三者的发展相互交织、相互激发，自20世纪70年代以来成为全球教育改革与发展的基本指导思想与原则。文章采用历史和比较相结合的研究方法，系统揭示了这三大理念的基本内涵、主要政策与实践举措的发展和成因。研究结论表明，终身教育、终身学习和学习型社会在理念上存在内在一致性，其根本目的都是促进人的全面发展。虽然它们在实践运作上各有侧重，但又离不开彼此之间的支持与协同。

潘懋元等（2017）在《现代终身教育理论与中国教育发展》③一书中，讲述了西方终身教育理论的发展脉络和现代终身教育理念的基础知识，同时阐释了终身教育的方针政策。该书认为现代终身教育理论主要是为了回答人类工业文

---

① 谢素蓉.终身教育思想演变及其在中国实践中的辨析[J].现代远距离教育,2011(4):33-35,32.
② 朱敏,高志敏.终身教育、终身学习与学习型社会的全球发展回溯与未来思考[J].开放教育研究,2014(1):50-67.
③ 潘懋元,李国强.现代终身教育理论与中国教育发展[M].北京:高等教育出版社,2017.

明进程中的教育现代化问题。在此基础上,通过描绘世界终身教育地图、标示各国教育现代化发展状态,探讨教育与社会进步、经济发展之间的相互关系,寻找中国教育现代化的历史坐标和未来方向,倡导每个人都自信、自觉地参与到教育现代化和学习型社会建设的历史进程中。

何思颖等(2019)在《终身教育百年:从终身教育到终身学习》①一文中认为,"终身教育"历程百年,贯穿了古老观念复兴、现代概念确定、思想与理论体系化发展这条道路。20世纪20—40年代,英国《1919年报告书》将终身教育植入现代教育体系。20世纪50—70年代,成人教育不仅成为终身教育的"火车头",而且丰富和发展了终身教育的概念。罗伯特·赫钦斯、朗格朗等人基于对现代教育弊端的激烈批判,复兴了"终身教育"这一古老观念。20世纪80年代,吉尔皮、纳普尔、克罗普利等人试图构建一个从学前教育、高等教育到继续教育的现代终身教育体系。20世纪90年代,"终身学习"的理念在全球范围内受到普遍认同。从幼儿教育到高等教育,从学习型社会到终身学习的理论和实践都在不断发展。21世纪终身学习既是世界范围内最为普遍分享的教育政策目标,也是教育政策发展的准则。伴随全球政治经济社会的变革,终身学习依然面临包括公民教育、价值观教育、老龄问题、性别不平等,以及社会资本、全球治理、数字化、高等教育和继续教育变革等诸多挑战。但是,终身学习依然是个人生存与未来社会前行的"护照"。

王琴等(2022)在《逻辑·价值·实践:终身教育赋能教育强国研究》②一文中认为,终身教育、终身学习和学习型社会与建设教育强国存在着紧密关系,终身教育和终身学习是互为补充、互为表里、共同发展的。终身教育赋予终身学习以价值取向,终身学习成为促进终身教育的现实依据。学习型社会作为终身教育与终身学习共振耦合的战略,也是教育强国建设的主要表征之一。唯有营造学习型社会良好氛围才是教育强国之路。终身教育以教育全面发展为己任,唤起教育强国内在自主学习能力。由终身教育向终身学习转变,进而建设学习型社会,这是发展教育的基本途径。推进学习型社会有利于加强教育强国建设,凸显教育服务和夯实中华民族伟大复兴的教育基础。

---

① 何思颖,何光全.终身教育百年:从终身教育到终身学习[J].现代远程教育,2019(1):66-77,86.
② 王琴,张建友.逻辑·价值·实践:终身教育赋能教育强国研究[J].现代远距离教育,2022(1):91-96.

（四）终身教育体系研究

1.终身教育体系构建研究

吴福生（1995）在《关于建立我国终身教育体系的几点思考》①一文中认为，我国教育立法的一个重要成就是为公民提供接受终身教育的条件，建立和完善终身教育体系反映了教育进步的趋势，也是教育发展向国际化趋势迈进的重要一步。进一步确立和应用终身教育原则对构建和完善终身教育体系有重要意义，主要体现在：首先，表明终身教育能够全面提高劳动者素质，满足劳动者职业转换的需要；其次，表明我国社会主义现代化建设所面临的当前和长远的客观需求；再者，显示成人教育的规模和内涵正在不断扩展和充实；此外，也体现了教育思想现代化的迫切需求，为未来的教育体制改革指引方向；从次，凸显国家注重满足人民群众不断增长的多方面利益与精神需求，注重并强调人民群众的智慧与情感生活；最后，标志着终身教育事业将逐渐走上法制的轨道。

黄尧（2000）在《关于构建终身教育体系和学习化社会的几点思考》②一文中提出构建终身教育体系的思路：一方面，要加强学校与社区的联系，通过推动社区教育实验、建立社区教育体系、打造终身教育的基础框架、营造学习型社区等方式，逐步推动学习型社会的建立。这就要求教育要注重社区导向，服务于区域的经济与社会发展，充分运用社区教育资源，打造满足社区成员多样学习需求的教育体系。在社区中，要同时重视学历教育和非学历教育，建立包括职业教育、成人教育、高等教育以及社会文化生活教育等多个层次的教育网络。我国的社区学院最初是由李岚清同志在考察美国社区学院时提出的教育形式之一。社区教育与社区的文化、体育、医疗、服务等方面同等重要。另一方面，要将远程教育的实施作为重点。远程教育的推广有助于构建社会化、开放的教育网络，为更多人提供学习机会，并逐步完善终身学习体系。

徐明祥等（2001）在《构建我国终身教育体系的难点及对策》③一文中提出了构建我国终身教育体系的思路：首先，设置终身教育管理机构；其次，推动终身教育的法制化进程，可以通过起草并实施区域性终身教育条例，对现行相关

---

① 吴福生.关于建立我国终身教育体系的几点思考[J].教育研究,1995(8):3-5.

② 黄尧.关于构建终身教育体系和学习化社会的几点思考[J].中国成人教育,2000(2):3-6.

③ 徐明祥,李兴洲.构建我国终身教育体系的难点及对策[J].教育研究,2001(3):59-63.

法规进行更新,以此加深和扩展终身教育的法律框架。在此基础上,提议制定并严格实施国家层面的"终身教育法"。再次,建立终身教育的保障体系,包括加速就业和人事制度的配套改革,拓宽资金来源,并建立全面开放的教育体系。学校应更加开放,充分利用各类教育资源,如学历教育、非学历教育、继续教育和职业技术培训。加强普通教育、职业教育、成人教育和高等教育之间的互动与融合,为学习者提供多次学习的机会。从次,利用远程教育网络,构建一个覆盖城乡,服务于不同社会成员的多级别、多模式的教育开放体系。最后,建立与完善终身教育民间组织。

陈乃林(2002)在《构建江苏终身教育体系研究》①一书中,全面系统地论述了有关构建江苏终身教育体系的一系列理论和实践问题,江苏省终身教育体系的建设在提升全民学习能力和促进经济社会发展方面发挥了重要作用。这种体系建设不仅考虑到了教育资源的均衡分配,也充分考虑了经济与社会发展的现实需求,为其他地区提供了宝贵的经验。优良的教育水平为构建终身教育体系奠定了较好的基础,尊师重教的优良传统为构建终身教育体系提供了思想文化条件。坚持构建江苏省终身教育的基本思路:首先,理论与区域实验相结合;其次,通盘规划长期的体系设计,从社区做起,分区规划;再次,致力于教育制度改革创新;最后,终身教育的体系设计要努力体现中国特色。

袁贵仁(2003)在《构建终身教育体系,加快建设学习型社会》②一文中认为,构建终身教育体系的发展道路包括以下几个路径:首先,对现有的学校教育体系及制度进行革新,完善现有的学制体系,增强教育体系的开放性和灵活性,打造一个布局合理、结构优化、多元开放、平衡发展的现代国民教育体系,确保每位公民都能获得高质量且公平的教育机会。其次,强化职业教育与培训,促进继续教育发展,构建正规教育、非正规教育与非正式教育互补共进。再次,积极发展各种学习型组织,建立一个面向所有年龄段、覆盖城乡的开放教育系统,以支持终身学习。从次,加快教育的信息化步伐,推动现代远程教育的实施,利用现代技术为学习型社会的构建提供支持。最后,建立一个有效的政府和市场结合机制,整合社会各界教育资源,推动终身学习制度化、社会化。

---

①　陈乃林.构建江苏终身教育体系研究[M].南京:东南大学出版社,2002.

②　袁贵仁.构建终身教育体系,加快建设学习型社会[J].中国高等教育(半月刊),2003(22):3-4.

　　张辉(2004)在《构建终身教育体系的价值取向》①一文中,阐述了对终身教育的理解,揭示了其核心理念,并探讨了终身教育追求的重要价值观和目标。首先,终身教育的理念强调个人在社会中的适应能力和全面的自我发展能力,鼓励人们追求生活的真正意义。它重视个人发展的整体性、全面性和连续性,使学习者能够摆脱时间和地点的限制,同时社会也为个人提供了丰富多彩的学习机会和资源。其次,学习型社会指的是一个普遍认识到学习的重要性,并积极参与学习的社会。学习型社会的显著特点是人们普遍愿意终身学习。终身教育、教育的社会化和社会的教育化共同构成了现代教育理念的基础。最后,组织管理模式的创新意味着从传统的"等级权力控制型"向"非等级权力控制型"的转变,这是组织管理模式的一种革新。学习型组织是一个生命共同体,也是一个文化共同体,职工与企业的关系已经超出契约范围,成为一种共同的人生体验。他们拥有一致的价值观和追求的目标,并共享相同的愿景。这些机构都是利益共同体,公司的成长符合雇员个人职业生涯发展的目标,公司协助每一个雇员建立符合公司目标的个人职业规划。

　　吴遵民(2004)在《关于完善现代国民教育体系和构建终身教育体系的研究》②一文中认为,以实现终身教育目标为指向,打造一个新的、科学的、完善的国民教育体系,才能抓住时代给予的机会,实现全面小康的伟大目标。因教育理念的转变、教育重心及关注点的转移和教育功能的转换,自20世纪80年代以来,"终身学习"术语出现并流传甚广。现代终身教育理念的内涵大体可以概括为三点:首先,教育贯穿于人的一生,终身教育提倡的理念是学校不应仅是年轻人的专属领地;其次,终身教育体系应贯穿家庭、学校和社会,纵贯人的全过程发展阶段;最后,建立"学习型社会"是终身教育的目标和宗旨,人们自主追求学习,而非出于经济目的或求职考量,社会学习氛围充满闲暇和自由。

　　周发明(2006)在《论新农村建设与农民终身教育体系的构建》③一文中提出体系的构建思路:一方面,采用人力资本理论来建立农民终身教育体系。要解决我国农村地区突出的"三农"问题,必须增加对农村人力资本的投资。这表

---

① 张辉.构建终身教育体系的价值取向[J].江苏高教,2003(2):105-108.
② 吴遵民.关于完善现代国民教育体系和构建终身教育体系的研究[J].中国教育学刊,2004(11):39-42.
③ 周发明.论新农村建设与农民终身教育体系的构建[J].农业现代化研究,2006(5):349-352.

明我们需要积极推进建立农村的教育体系,包括对青少年的基本职业教育以及对成年人的文化修养和职业技能的培训。构建全面的农民终身教育体系,需要在强化农村基础教育的同时,注重提升针对农村成年人的文化素养与专业技能培训。另一方面,融入终身教育的理念,完善农民终身教育体系。农民终身教育是构建我国终身教育体系中的一个重要环节。伴随着现代科技与社会经济的持续发展,社会对农民也提出了持续学习的实际需求。所以,大力发展农村成人教育、构建农民终身教育体系就成了我国现阶段教育发展中的一个重要课题。

齐幼菊等(2010)在《终身教育体系构架探析》[①]一文中认为,依据我国现行教育格局,可在教育类型、教育形式、教育途径、教育资源及教育内容等几个方面加以设定,使终身教育内涵得到更加全面和完善的反映,满足不同群体的多种终身教育需求,这有利于建立一个完整而又彼此联系的终身教育体系。终身教育的实现及其制度的完善需要社会制度、经济、组织和技术上的全方位支撑。转变教育观念、调整教育结构、革新教育制度,并在教育本质、培养目标、学校及各种教育机构职能等方面作出适当的调整是必要的;还要在教育内容、方式、教学过程及人才培养模式等方面不断探索与革新,以保证多种教育类型与形式保持有效衔接,以激发学习者潜能和适应社会各界终身学习者的多样需求。

吕叡(2010)在《发展继续教育,构建终身教育体系》[②]一文中认为,构建终身教育体系还需大力发展继续教育。首先,继续教育从广义的角度看,已经从正规教育中分离出来,适应时代发展对人才提出的新要求,以满足现实劳动需要。所接受的各种教育包括以技能训练和知识与观念更新为主要内容的训练或深造。从狭义的角度看,泛指具有某种职业或知识基础的客体所需的知识更新与拓展教育。其次,把继续教育和终身教育联系起来。终身教育和继续教育是一种包含和被包含关系。再次,继续教育培养社会主义现代化建设所需的人才。最后,开展继续教育和健全终身教育体系。继续教育是指通过新的教育形式与内容来调动与吸引人通过多种途径接受教育,使其能在高速发展的社会中占据有利位置。

---

① 齐幼菊,龚祥国.终身教育体系构架探析[J].中国远程教育(综合版),2010(11):29-34.
② 吕叡.发展继续教育,构建终身教育体系[J].继续教育研究,2010(8):1-3.

齐幼菊等(2010)在《现代信息技术环境下终身教育体系的构建》①一文中认为,在现代信息技术环境下构建终身教育体系的方法包括以下几个方面。首先,运用现代信息技术对教学形式进行革新,充实教学资源。包括计算机多媒体技术、网络通信技术、超媒体技术和视听技术在继续教育领域中的综合运用,使终身教育体系的发展理念发生转变。其次,现代信息技术赋予终身教育体系全新的发展定位。再次,先进的多媒体技术、计算机网络技术突破了传统课堂教学模式的束缚,带来了新的教学手段,促进了教育信息化的发展。此外,现代信息技术不仅帮助学习者进行自主探究和协作学习,提高其信息素养,还可以方便教师进行教学和信息素养的充分融合。最后,现代信息技术的应用可以构建终身教育的在线学习平台和在线实验平台,从而为学习者提供更加便捷和灵活的学习方式。

翁朱华(2010)在《终身教育体系的整体再建构——中日学者三人谈》②一文中认为,我国政府应扮演终身教育的激励、推动、促进和援助的角色,避免代替市场行动。在我国,推动教育活动的普及,尤其是整合各类教育资源,为公众提供多元化的学习机会,需要从教育体系改革入手。教育机构、设施和其他方面的改革都离不开政府的引导和支持。政府的介入应以民众需求为前提,实现官民互动、尊重学习者的主体性和需求、进行深入研究,从而制定有效的政策促进改革,实现符合我国实际的最佳结果。因此,推动教育活动的普及应采取官民合作的方式,实现上下互动、充分沟通。同时政府需尊重民间意见,民众应通过多渠道表达需求,学者应探索政府与民间达成共识的有效途径,共同找到一条符合我国国情的改革之路。

周西安(2011)在《我国终身教育体系的内容结构与建构原则》③一文中提出我国终身教育体系建构的基本原则。首先,政府在推动终身教育方面应扮演主导角色。其次,社区学院应成为终身教育的核心平台。再次,需要实现各级各类教育之间的协调发展。最后,正确理解国民教育体系和终身教育体系的关系。终身教育体系的构建、学习型社会的实现,是教育观念、理念与实践上的变

① 齐幼菊,尹学松,厉毅.现代信息技术环境下终身教育体系的构建[J].远程教育杂志,2010,28(5):79-83.
② 翁朱华.终身教育体系的整体再建构——中日学者三人谈[J].开放教育研究,2010,16(5):4-15.
③ 周西安.我国终身教育体系的内容结构与建构原则[J].职业技术教育,2011(22):36-39.

革,需要改变传统教育思维与方式。在终身学习体系的建设中,要不断完善现代国民教育体系,将终身教育渗透于人的整个生命过程中。终身教育体系要以全体社会成员为服务对象,以国民教育为基础。如果没有现代国民教育体系的支持,终身教育体系的构建将面临重大挑战。我国终身教育理念还没有得到普遍认同,有必要对其进行进一步的宣传与推广,以唤起民众自觉意识与行为。只有全社会认识到终身教育的重要性,把教育看作生活的组成部分,树立终身学习观念,形成一种自觉积极的学习氛围,终身教育体系才能真正实现。

南海等(2011)在《中国大陆终身教育体系构建中的问题与对策——基于大陆部分省市终身教育体系构建实践的研究》①一文中认为,我国各地构建终身教育体系的实践在广度和深度上不断拓展。上海市率先开始进行终身教育体系的构建,之后,北京市、江苏省、云南省和沈阳市纷纷在终身教育体系建设实践中开展了一系列活动。除了前面提到的省份和城市的实践经验,许多其他的省市也进行了深入的实践研究,并积累了大量有推广价值的实践知识。总结全国各地的实践经验可得出这样一个结论:在社会不断进步与发展的过程中,终身教育体系建设的实践已超出了原来局限于终身教育理念宣传的范畴,各区域终身教育体系建设实践逐渐完善,成为区域经济、社会、文化进步的主要标志。

刘汉辉(2012)在《我国终身教育体系研究——可持续发展视角的分析》②一书中,按照可持续发展的综合视角,依托多学科的理论优势,采取多种研究方法对我国终身教育的逻辑层次和发展脉络进行逐步分析和深入探讨。首先,对国内外研究成果进行回顾、梳理和评述。其次,从新的研究视角出发,对终身教育的基本概念、内涵以及基本特征进行开拓与创新,梳理和发掘终身教育多学科的理论基础,以及对终身教育体系的构架、特征和功能进行论述。再次,从经济学视角和非经济视角,对可持续发展与终身教育之间的内在联系和发展机制进行探讨。从次,对我国终身教育的发展现状和问题、成因进行分析。最后,就构建我国终身教育体系提出相应的对策建议。

周宇等(2012)在《构建湖南省终身教育体系战略研究》③一书中,对终身教

①　南海,王星星.中国大陆终身教育体系构建中的问题与对策——基于大陆部分省市终身教育体系构建实践的研究[J].职业技术教育,2011(22):26-30.

②　刘汉辉.我国终身教育体系研究——可持续发展视角的分析[M].北京:人民出版社,2012.

③　周宇等.构建湖南省终身教育体系战略研究[M].长沙:湖南大学出版社,2012.

育理论进行了系统阐述与梳理,围绕构建湖南终身教育体系的核心目标,着眼于本地实践探索,认为理论与实践必须紧密结合。在明确指出了湖南终身教育发展中存在的制约因素后,如立法滞后、管理体制僵化、教育投入不足、发展不平衡等问题,该书从深入剖析终身教育面临的挑战开始,客观分析了湖南构建终身教育体系的现实条件。在此基础上,针对性地提出了一系列行动建议:一是充分发挥现代国民教育体系在终身教育建设中的基础作用;二是大力发展继续教育以满足社会成员的学习需求;三是积极推动社区教育成为终身教育的主要阵地;四是完善老年教育以促进终身教育体系的结构化;五是加强教育信息化建设以提升终身教育的现代化水平等。这些行动建议为湖南构建终身教育体系提供了有益的思路和启示。

康萍(2012)在《浅析开放大学专业与课程体系设置——基于构建终身教育体系的思考》[①]一文中认为,根据开放大学的建设目标和对专业与课程体系设置的要求,需要做出以下改进。首先,开放大学应当根据当前经济社会的需求,以服务社会、促进经济发展为宗旨,设计专业和设置课程。考虑到我国各地区经济社会发展不平衡和区域经济特点的差异,需要突破原有开放教育"五统一"的限制,允许各省市根据自身的经济发展需求来设计专业和设置课程。其次,要满足构建终身教育体系和学习型社会的需求,必须同时重视学历教育和非学历教育。开放大学在设计专业和设置课程时,应研究社会成员的学习需求,为他们提供从产业发展、岗位技能培训与提升、知识广度拓展,到公民素质提升和生活质量改善等各方面的学习资源。

刘晖等(2013)在《试论各级各类教育融入终身教育体系的时序》[②]一文中认为,自20世纪90年代初,我国便设立了建立终身教育体系的长远目标,并在全国范围内开展了一系列创新和实践活动,取得了重大成就,并推进了终身教育体系的构建。尽管如此,当前我国终身教育体系与理想状态还有一定距离。其中最关键的问题是如何拓展终身教育体系的覆盖面,并将更多层次和种类的教育包含在内。但是,受到各种主客观因素的作用,不同级别和类型的教育融入终身教育体系的难易程度和所需时间各不一样。作者预测,未来我国的终身

---

① 康萍.浅析开放大学专业与课程体系设置——基于构建终身教育体系的思考[J].中国远程教育(综合版),2012(6):35-40.
② 刘晖,汤晓蒙.试论各级各类教育融入终身教育体系的时序[J].教育研究,2013(9):89-94,127.

教育发展将会采取逐渐融入终身教育体系的模式。随着这一进程的不断发展，实际的终身教育体系将更加丰富和完善，其覆盖面也将逐步扩大，最终构建一个涵盖各级各类教育在内的理想体系。

吴遵民(2014)在《中国终身教育体系为何难以构建》[①]一文中认为，自改革开放以来，我国政府高度重视并积极推进终身教育，在理论和实践方面取得了进展，与世界发达国家的差距逐渐缩小。在建立终身教育体系方面，仍仅停留在口头宣传和文件倡议的阶段，缺乏深入推广和突破性成果。目前，我国尚未建立起支持终身教育体系构建所需的政策和法律机制，各教育机构之间的割裂现象普遍存在，教育资源整合不够充分，国家层面推动终身教育的指导管理机构也尚未成立，还缺乏激励全民参与终身学习的奖励机制。这些困难主要体现在以下四个方面：首先，终身教育体系与既有国民教育体系的概念界定仍未明晰；其次，"校外教育"发展面临的体制问题长期得不到解决；再次，终身教育立交桥与各种教育资源的整合仍存在困难；最后，国家终身教育立法难以实现。

余燕芳(2014)在《终身学习平台构建研究》[②]一书中指出，构建终身教育体系、建设学习型社会是我国政府提出的奋斗目标，也是我国全面建设小康社会的一项战略任务，其中市民终身学习平台的建设将起着十分关键的作用。该书还结合浙江实际，提出了浙江终身学习系统建设的构想。依据调查的样本资料以及广泛深入的访谈，对浙江终身学习在线情况进行了大量实证分析和数年的追踪研究，提出了许多富有建设性的建议和思考。

朱永新等(2016)在《中国教育改革大系：终身教育卷》[③]一书中，从终身教育视角对过去30多年我国成人教育、继续教育领域的改革进行梳理、分析和评价，特别是分析改革的社会需求及背景、出台的重大政策及其实施状况、改革目标的实现程度与效果，并且从构建终身教育体系和学习型社会的目标出发，对改革的积极意义和局限性进行讨论。具体内容包括终身教育体系的形成与发展、终身教育体制改革与体制机制创新、独立设置成人高等学校的改革与发展等。

---

① 吴遵民.中国终身教育体系为何难以构建[J].现代远程教育研究,2014(3):27-33.
② 余燕芳.终身学习平台构建研究[M].北京:经济科学出版社,2014.
③ 朱永新,韩民.中国教育改革大系:终身教育卷[M].武汉:湖北教育出版社,2016.

陈志平(2016)在《内蒙古终身教育体系中的开放大学转型发展研究》[①]一书中,从内蒙古自治区区情出发,在终身教育体系框架内寻求作为新型高等学校的内蒙古开放大学的转型发展之路,以内蒙古开放大学为载体改革远程高等教育人才培养模式、创新以社区教育、特色教育为着力点的非学历教育办学模式,探索满足全民学习、终身学习需要,建设学习型社会的地方经验。

于蕾(2016)在《我国终身教育体系构建研究述评与展望》[②]一文中认为,我国终身教育体系构建方向应包含以下两个方面。其一,重点关注对具体实践问题的深入探讨,旨在解决终身教育体系发展中面临的核心难题,如管理架构和评价体系的构建。对于管理架构,研究可从纵向管理层级和横向部门协作两方面着手。一方面,研究涉及不同行政级别的设置、职权划分及其相互关系;另一方面,关注机构间外部联络、沟通协作,以及内部机构职能和合作模式。目前终身教育体系研究被简单分为正规与非正规教育,这一评价体系造成了评价标准的不一致和缺失。其二,研究需强化终身教育的法制建设。为确保终身教育长期目标的实现,建立健全相关法律制度至关重要,这对全体社会成员均有积极意义。

高志敏等(2017)在《中国学习型社会与终身教育体系建设:"知"与"行"的重温与再探》[③]一文中认为,终身教育体系的建设是通过对内涵的理解和实践的推动来实现的。首先,终身教育体系被视为一种新型的教育模式,其指导思想是终身学习,旨在克服当前教育领域的种种问题。在改革教育制度和强化学习文化的作用下,该体系通过推动全民终身学习和学习型社会的建设,以促进个体和社会的协调发展。其核心特征在于开放、灵活,并重视各级各类教育之间的纵向衔接和横向贯通,同时支持各类社会机构的积极参与,以确保全社会获取公平、高质量、可负担得起的终身学习机会。其次,政策的引导对于终身教育体系的构建至关重要,有利于终身教育体系初步架构的探索;最后,终身教育体系以实践经验和积累来推动建设中国学习型社会。如普通教育不断扩容、职业教育迅猛发展、成人教育持续推进、社区教育蓬勃兴起、老年教育异军突起、社

①　陈志平.内蒙古终身教育体系中的开放大学转型发展研究[M].呼和浩特:内蒙古大学出版社,2016.
②　于蕾.我国终身教育体系构建研究述评与展望[J].继续教育研究,2016(5):4-10.
③　高志敏,朱敏,傅蕾,陶孟祝.中国学习型社会与终身教育体系建设:"知"与"行"的重温与再探[J].开放教育研究,2017(4):50-64.

会教育广泛延伸、开放教育繁荣兴盛和学分银行跃跃欲试等。

朱成晨(2018)在《学习型社会与终身教育体系建设:信息化时代的省思》①一文中认为,在新时代建设学习型社会和完善终身教育体制的过程中,我们应采取以下关键措施:首先,深化体制机制改革,以实现现代化治理。具体而言,一是我们需要改革"协同化"治理,通过消除"多头领导"和"条块分割"现象,实现各部门之间的协同合作;二是推动"多元化"组织建设,丰富"物质载体"和"配套设施",以满足不同群体的学习需求;三是实施"职业化"人事改革,废除"职业歧视"和"固定编制",为教育工作者提供更多发展机会;四是推行"贯通化"评价改革,建立"学分银行"和"学业互认"机制,促进学习成果的转换和认可。其次,推进技术平台创新,以实现智能化运行。包括利用先进技术建设在线学习平台、智能教育系统,为学习者提供个性化、高效率的学习体验。最后,为确保学习型社会和终身教育体系的现代化建设,需要实施一系列保障计划。比如,依法治教是基础,必须确保学习型社会和终身教育的政策法规得到切实贯彻和执行。

彭坤明(2018)在《终身教育发展与体系构建——以江苏为例》②一书中,基于江苏省终身教育发展与体系构建的现状,围绕江苏省终身教育发展与体系构建的总体目标,提出要发挥终身教育发展与体系构建的主体功能,形成有机链接的组织架构。作者着重研究如何适应社会公众终身学习的多样化需求,坚持有效服务的原则,激发终身教育体系的内在活力,建立开放灵活的运行机制,创设终身教育发展与体系构建的制度环境,更新发展理念与思维,借鉴世界各国的成功经验,落实党和政府的战略决策,支持开放大学的整体建设。

吴遵民(2019)在《现代终身教育体系论:中国终身教育发展的路径与机制》③一书中,梳理了现代终身教育的历史,介绍了法国、日本、俄罗斯终身教育体系建设的情况,概述了中国终身教育建设领域现行法律法规的发展状况,以北京、上海、陕西的调查数据说明中国终身教育的现状,并且着重厘清终身教育、国民教育、终身学习等概念的关系,并为中国终身教育体系的构建提出一些建议。该书是关于中国终身教育体系建构的路径与机制研究,包括中国终身教

---

① 朱成晨.学习型社会与终身教育体系建设:信息化时代的省思[J].电化教育研究,2018(10):41-46.
② 彭坤明.终身教育发展与体系构建——以江苏为例[M].南京:江苏凤凰教育出版社,2018.
③ 吴遵民.现代终身教育体系论:中国终身教育发展的路径与机制[M].上海:上海人民出版社,2019.

育体系建构的机制基础、现代终身教育的发展简史、当代世界发达国家终身教育体系建构的比较研究、中国终身教育体系建构的立法机制、中国公民终身教育现状的实证研究、信息技术在终身教育体系建构中的作用与意义、中国终身教育体系建构的难题破解与对策建议。

余西亚等(2021)在《构建江苏省终身教育体系的思考与探索》①一文中,以江苏省发展为基点,根据国家颁布的终身教育体系政策法规,并结合本省教育经济发展的特点,以"新江苏"战略目标为依托,建立健全相关终身教育体系的政策法规,促进终身教育理念的发展。从经济实力、人才资源、配套政策、实践经验四个方面构建了江苏省终身教育体系的存量优势,从政府部门的积极推动、社会资源的充分发挥、教育资源的均衡配置和终身教育经费保障及评价制度的决定力量、外部力量、内在力量以及持续力量四个层面,构建了江苏终身教育体系的增量动能。文章提出将信息化纳入终身教育体系中,来激发学习者的学习主动性、满足个性化需求,并能充分利用其交互式学习的优势。同时,采用开放共享的教育理念,突破传统教育的时间限制,提供全新而广泛的学习平台,为所有渴望获取知识的人提供更广阔的学习空间和更完善的学习机会,进而推动江苏省终身教育体系的进一步建设和发展。

赵紫芮(2021)在《我国终身教育体系构建政策的成就、问题与建议——基于〈国家中长期教育改革和发展规划纲要(2010—2020年)〉实施十年的思考》②一文中指出,在过去的十年里,我国为了构建终身教育体系,制定并实施了一系列相关政策。作者对这些政策进行梳理和总结,以窥见我国终身教育体系的建设进程。总体来看,我国的政策正不断完善,以提升终身教育的战略地位、强化终身教育体系的建设,一系列具体政策举措也相继出台,如推动学习型城市建设、开展终身学习活动、加强终身教育体系建设等。在这些政策推动下,我国终身教育体系建设获得显著成效。相关政策在包括重点推进现代职业教育体系建设、推进"老年教育新格局"形成、创建"学习型社区"、建设学分银行、建设学习型城市、改革成人高等教育、立法推进终身教育体系构建等方面日趋健全,以

---

① 余西亚,朱海燕,董鹏.构建江苏省终身教育体系的思考与探索[J].教育理论与实践,2021(21):11-14.

② 赵紫芮.我国终身教育体系构建政策的成就、问题与建议——基于《国家中长期教育改革和发展规划纲要(2010—2020年)》实施十年的思考[J].成人教育,2021(1):8-13.

及其他政策在协同推进终身教育体系构建上取得进展。就构建我国终身教育体系政策存在的专项政策和法律缺失,政策出现断层,以及"终身教育体系"与"国民教育体系"概念界定模糊、两种教育体系并存的问题上,提出建议与展望。首先,加速推动终身教育立法;其次,加强构建我国终身教育体系政策的顶层设计与底层跟进,完善相关体制机制,成立国家最高终身教育领导机构,统筹安排我国终身教育体系构建,协调各个教育类型的发展,同时在宏观政策的指引下,进一步制定详细的跟进政策;最后,加快构建终身教育体系,加大终身教育体系的构建力度,增强高等教育为社会服务的功能,统筹继续教育等各类教育资源,丰富其内容与形式,积极推广社区教育、老年教育等多元化教育模式,为学习者提供更多的学习途径。

朱冠华等(2021)在《教育信息化2.0背景下终身学习体系重构的理念与路径》[①]一文中认为,终身学习体系的研究现状为:终身学习体系元研究、终身学习体系的要素研究和终身学习体系应用研究。教育信息化2.0给终身学习体系建设带来了新的发展契机。文章重点分析了终身学习体系建设面临的挑战以及理念转变,突出网络化、数字化、终身化、个性化及场馆不足等问题,提出要及时进行理念转向,树立终身学习大平台观、终身学习大资源观、终身学习智慧治理观和人的终身发展观。并且给出终身学习体系的重构路径:首先,完善终身学习供给制度和反馈机制,提升学习服务效能;其次,建立"线上+线下混合式"的终身学习网络,丰富终身学习的形式;最后,组建终身学习型组织、知识型组织,促进知识创新。

谢立黎等(2022)在《人口老龄化背景下构建终身教育体系的价值、实践与挑战——兼论高校积极应对的新路径》[②]一文中认为,在人口老龄化背景下,终身教育体系需达到更高要求。提高人力资源素质、丰富老年教育内容、促进代际融合、增强教育公平性是构建终身教育体系的有效方式。目前,职业教育、老年教育和农村教育仍是我国终身教育的三大短板。高校已有的校园基础性建设和理论研究实力在终身教育体系的建设中具有无可比拟的优势,可通过提高

① 朱冠华,张义兵.教育信息化2.0背景下终身学习体系重构的理念与路径[J].教育与职业,2021(18):75-81.
② 谢立黎,韦煜堃.人口老龄化背景下构建终身教育体系的价值、实践与挑战——兼论高校积极应对的新路径[J].贵州社会科学,2022(8):95-102.

高校的战略性地位、发扬终身学习思想、建立专门的统筹管理机构、创新利用网络技术、支持年龄友好高校试点等措施调动其优质资源,充分发挥高校的积极作用,来应对高校在终身教育体系建设中面临的挑战。

2.终身教育体系特性研究

厉以贤(1999)在《终身教育、终身学习是社会进步和教育发展的共同要求》①一文中认为,终身教育是一个涉及多个维度的教育理念和实践体系。首先,它涵盖了生活、终身和教育三个概念,强调教育是贯穿人一生的过程。其次,终身教育覆盖了各个年龄阶段,包括婴幼儿、青少年、中年和老年,以满足不同阶段人群的学习需求。再次,终身教育包括多种形式的教育,如家庭、学校、社区的教育,以及非正规、正规、正式的教育方式,旨在提供多样化的学习机会。而且,终身教育不仅限于学校教育,还需要对传统学校教育进行改造,使之能够与终身教育原则相融合,包括调整教育目标、课程、内容和方法。此外,终身教育涵盖了成人教育,并扩展到了专业性、社会性、文化性和生活性等多个方面。终身教育的活动形式丰富多样,除了传授知识外,还与社会文化活动、个人实际生活环境和个人教育需求相结合。终身教育的理念建立在民主化和普及化的教育观念上,旨在提高人的素质、生活质量,促进社会发展,并建立学习型社会。最后,社区教育作为终身教育的一种形式,在实现和完善终身教育体系中发挥着重要作用。

黎蓉(2000)在《终身教育思想的发展历程及其特性》②一文中认为,终身教育思想具有多方面的特点,包括连续性、开放性、多样性、灵活性、个性化、整体性、民主性和国际性等。这种思想不仅仅是一种抽象的教育理念,更是一系列具体的思想、实践和成就,涵盖了教育的各个方面。对于个人而言,终身教育贯穿于他们的一生;而对于社会而言,它是全体公民乃至全人类的教育任务。构建终身教育体系的目标在于将各种教育机能整合起来,使之成为一个系统,以满足人的全面发展需求。为了实现这种整合,一方面需要充实有利于学习活动的教育资源,另一方面还需要考虑社会各领域现有教育资源的实际情况和条件。同时,研究者还必须深入研究和了解人的各个发展阶段,这将成为今后工作的核心。

---

① 厉以贤.终身教育、终身学习是社会进步和教育发展的共同要求[J].教育研究,1999(7):31-36.
② 黎蓉.终身教育思想的发展历程及其特性[J].现代远距离教育,2000(4):26-29.

余平等(2014)在《数字化终身教育资源结构、分类及标准研究》①一文中认为,终身教育资源的需求特点主要体现在终身教育资源需要具有灵活性,以适应各种不同的学习环境并充分利用。终身教育资源的学习活动应是动态生成的,例如学习者之间的交流和讨论。此外,考虑到终身教育学习资源的易访问性是终身学习的基本要求之一,因此,学习资源的可访问性应该在任何时候、任何地点都能够查找和获取,这对于资源的分类、检索以及资源之间的关联提出了更高要求。

3.终身教育体系意义研究

陈乃林等(1997)在《终身教育略论》②一文中认为,终身教育体系的意义体现在以下几个方面。首先,终身教育是一种新的教育哲学,代表着一种全新的教育理念,它对传统教育思想进行了重新清理、审视和整合,标志着教育观念的深刻变革,为构建现代教育体系开辟了新的思路。它是一种新的价值体系,一种新的意识形态,其目的在于培养新型的现代人。其次,终身教育在社会学领域具有深远影响,它促进了教育和社会的融合,以及学习社会化机制的发展和完善。再次,终身教育的核心在于多元化的价值判断标准,它为个体提供了更为灵活多样的成长路径。相较于传统教育注重知识传授,终身教育更注重个体的全面发展和连续性成长。最后,终身教育的回归式和多样化特征使其更贴近社会生活,更能满足个体不同阶段和需求的学习和成长。

高志敏(2001)在《关于终身教育与学习化社会理念的探讨》③一文中认为,构建终身教育体系、建立学习型社会的现实意义主要体现在以下几个方面。首先,有助于实施“科教兴国”战略方针。其次,有助于应对知识经济时代所提出的挑战。挑战包含生产基础、发展动力、产业结构、劳动力结构、生产方式、效率标准、管理重心、投资方式与结果、发展视野和发展特征等一系列内容。再次,终身教育体系的建立成为当前我国教育改革和提升全民素质的紧要任务。最后,建立终身教育体系、推动学习型社会构建,对于我国社会的整体发展和进步具有积极意义。

---

① 余平,钱冬明,祝智庭.数字化终身教育资源结构、分类及标准研究[J].现代远程教育研究,2014(4):47-55.

② 陈乃林,经贵宝.终身教育略论[J].教育研究,1997(1):11-15,45.

③ 高志敏.关于终身教育与学习化社会理念的探讨[J].教育研究,2001(3):52-58.

刘汉辉(2007)在《论终身教育体系:构架、实现方式及功能》①一文中认为,终身教育体系功能主要包含以下层面。首先,在教育功能上,构建终身教育体系的主要目的在于适应和满足不同人群多元化的教育要求,使每个人都能基于自身的情况和成长需求,挑选合适的教育资源和产品。其次,在经济层面上,该体系的主要贡献在于全面提升人力资源水平,专注于培育符合经济社会发展需求的各种人才。终身教育的发展有助于整合和优化教育资源配置。再次,在人口问题上,终身教育相较于传统教育在控制人口增长和提升人口质量方面显示出更为突出的效果。终身教育的普及不仅提升了整体教育水平,也对人口文化结构的优化产生了积极影响。最后,在社会层面上,终身教育体系的发展对实现社会公平至关重要。教育公平不仅是社会公平的重要组成部分,也有助于推动社会公平的实现,尤其在人类社会政治民主化进程与教育地位提升的背景下,教育公平显得尤为重要。

4.终身教育体系发展研究

李旭初(1998)在《终身教育——21世纪的生存概念》②一文中认为,虽然现代终身教育的理念与传统终身教育的理念在一定程度上存在继承关系,但在当前社会和历史背景下,现代终身教育的思想已经取得了新的进展和更深刻的内涵。现代终身教育已经不再仅仅是教育和学习的一种思想或活动,而是被世界各国政府所接受,并将其作为政策目标加以推行和实践的教育理念。这种教育制度既体现了政府的强制性推动,也强调了教育对象的高度自觉性和主动性,是两者相结合的教育体系。其次,相较于古典终身教育,现代终身教育的内涵更加丰富和广泛;再次,现代终身教育追求的不仅仅是知识的获取,更重要的是个人的全面和谐发展。在现代社会,终身学习观认为教育应是一个不断追求自我完善与发展的旅程,其目标在于协助每个人在其一生中各个阶段充分挖掘并展现自身的潜力。特别是对职场人士的教育,它与劳动力市场及其演变紧密相连,共同构成了一个动态的生态系统,以满足不断变化的社会和经济需求。简而言之,现代终身教育关注个人的全面发展,与劳动力市场需求紧密结合,为个体提供持续的学习和发展机会。

① 刘汉辉.论终身教育体系:构架、实现方式及功能[J].广东社会科学,2007(4):178-183.
② 李旭初.终身教育——21世纪的生存概念[J].华中师范大学学报(人文社会科学版),1998(6):59-64.

黎蓉(2000)在《终身教育思想的发展历程及其特性》①一文中认为,终身教育思想的发展经历了以下阶段。19世纪中叶,英国最早开始了成人教育实践。1989年,21世纪教育国际研讨会在北京成功召开。来自世界各地不同领域的专家们就新世纪对未来人才所需素质的要求进行了深入研讨。考虑到臭氧层的损害、气候的变化、森林的大量砍伐、生物种类的灭绝以及各种形式的环境污染等都是直接影响人类生存的重大问题,大会强烈推崇"学会关心"的思想,并呼吁年轻一代超越个人利益的限制,逐渐培养出"关心他人""关心其他生物""关心社会和国家的经济与生态福祉""关心全球的生活条件",以及"关心真理、知识和学习"等更高层次的关心。会议还提出"以环境问题作为终身课题"的观点。这些新的焦点促进了终身教育观念的提升,由"学会生存"演变为"学会关心"。发达国家把发展终身继续教育领域作为实现可持续发展战略的重要举措。从20世纪70年代开始,众多国家已经通过发布各种报告或采取法律手段,来确保终身教育得到有效执行。1998年,中国在《面向21世纪教育振兴行动计划》中明确指出,计划在2010年之前"初步建立终身学习的体制"。换言之,中国计划在未来的几年内,建立一个全面覆盖、可持续发展的终身学习框架。

杨玉宝等(2002)在《终身教育思潮与世界基础教育改革》②一文中认为,受终身教育思想影响下的基础教育改革可以从以下几个方面开展。首先,各国都在致力于构建和完善终身教育体系,以推动教育普及、提高教育质量、促进社会公平和经济发展。其次,由于教师继续教育体制的建立及其工作的特殊性,教师必须持续更新和提升自身素质。此外,为了构建一个现代化的教育网络,我们需要发展多样化的教育形式。发展多种形式的教育,力求形成现代教育网络。最后,人们对当前学校教育体制的不满是推动终身教育发展的一个重要因素。终身教育理论在当今世界教育改革中扮演了重要角色,其主要影响体现在对现有学校教育体制的改进和优化上。第一,学校更加重视学生的全面发展,而不仅仅是单一的知识积累。第二,在课程设计上,由于终身教育被看作是人们生活的重要组成部分,基础教育课程已经显著地朝着三个方向发展,变得更

---

① 黎蓉.终身教育思想的发展历程及其特性[J].现代远距离教育,2000(4):26-29.
② 杨玉宝,于伟.终身教育思潮与世界基础教育改革[J].外国教育研究,2001(1):28-33.

加基础、多样,并且更加贴近日常生活。第三,在师生关系方面,教师的角色正在从一个传统的知识传递者,逐渐转变为学生在学习过程中的辅助者和指导者。

吴遵民(2002)在《关于现代国际终身教育理论发展现状的研究》①一文中认为,自从现代终身教育的理念被提倡和普及,其在演进过程中,因为支持者的观点和立场差异,形成了多个不同的学派。这些学派随着时间展现出自身的特点。其中,第一种学派是以保罗·郎格朗为代表的理念派,其终身教育的理论主要表现在以下三个方面:理念性特征突出、具有高度抽象性、理想主义色彩浓厚。第二种学派是反体制派,以捷尔比为代表,具有"科学性"和"勤劳者性"的特点。与理念派相比,反体制派在构建现代终身教育理念以及在推动其实践方面取得了更大的进步。第三种学派是基于马克思主义的"社会主义、集体主义终身教育论",强调终身教育理论应是与个人发展、道德提升以及与社会主义社会共同体的有机结合。

胡海云(2003)在《英国终身教育发展概论》②一文中认为,英国在发展终身教育时,将"全民性"和"平等"视为首要目标。首先,公民享有终身教育和终身学习的基本人权,并受到法律的保护。其次,扩大终身教育对象。最后,学习形态在教育领域中呈现多元化特点,同时终身学习的思想已经构建了一个全面覆盖的网络化实施体系。综上所述,英国终身教育思想的形成源于成人教育实践的持续进步,它的发展轨迹与成人教育的实际进展是紧密关联的。英国成人教育经历了从国家层面向社区层面延伸、再由社区层面向社会层面拓展和扩展到整个教育体系的完整历程。在此过程当中,英国政府以及其各个层级的地方政府实施了包括立法在内的众多措施,不仅确保了众多成人能够享有终身教育的权利,同时也推动了终身教育在稳定的社会环境下逐步迈向多样化、网络化的教育形态,形成了富有特色的实施体系。这为其他国家在终身教育领域的探索提供了宝贵的参考。

朱文彪(2004)在《德国日本终身教育的发展》③一文中,介绍了终身教育的

---

① 吴遵民.关于现代国际终身教育理论发展现状的研究[J].华东师范大学学报(教育科学版),2002(3):38-44,61.

② 胡海云.英国终身教育发展概论[J].外国教育研究,2003(11):51-55.

③ 朱文彪.德国日本终身教育的发展[J].外国中小学教育,2004(8):12-14,19.

发展方向。首先,由于全球化观念的传播,德国与欧洲以及全球范围内的教育互动和合作得到了空前的关注和重视。其次,在现代社会中,个体要想实现持续的个人与职业发展,不仅需要树立终身学习的理念和培养终身学习的习惯,更要具备自我导向学习的能力。再次,为了更有效地推动终身学习,德国正努力利用现代化的多元媒体技术,构建一个多元化、虚拟化的学习环境,旨在打破传统学习的时空限制,为学习者提供更多的可能性和便利性。最后,开展学习科技与学校网络教育,搭建一个全方位的终身教育设备网络。日本的文部省利用先进的信息技术,致力于进一步扩展和深化终身学习的网络架构,覆盖各种教育、体育和文化设施,以及与之相关的组织结构。它可以向学生和社区居民提供数据和服务,包括各种课程的教学辅导等,还可提供各个地区现有专家和教育者的资源,帮助他们更有效地获得必要的知识。

韩丹等(2004)在《人力资本,社会资本与西方终身教育》[①]一文中,研究了西方社会提出的可操作的类型学——社会资本对终身教育的影响。爱丁堡大学的斯库勒教授与阿尔斯特大学的菲尔丁教授共同创立了一个独特的类型学,目的是深入研究社会资本对终身教育产生的深远影响。文章提出,社会资本是个人获得职业能力和终身学习技能的重要来源,它决定着一个人能否顺利获得职业或其他资格并最后成为一个有能力从事某项工作的人。科尔曼的立场突出了社会资本在推动年轻一代在学校教育中取得成功的关键作用。美国学者所提出的类型学将终身学习看作是一个整体过程,并从不同维度去考察其效果。英国专家对终身教育的分类研究涉及了教育的多个层面,不仅仅局限于传统学校教育,还扩展到了继续教育、成人教育以及非正式教育等多个领域。科尔曼认为,不同类型的社会资本对学习者的学习结果有着显著影响。以学校里的学生为研究对象,科尔曼观察到:在大多数情况下,较高的社会资本与较好的教育效果之间呈现出正向关联;与此相对,较低的社会资本常常与不佳的教育效果有关。这一发现为我们理解社会资本对教育成果的影响提供了新的视角。

邓永庆(2007)在《终身教育发展的现状与趋势》[②]一文中认为,终身教育发展具有以下现状和发展趋势。首先,作为"思潮"与"理念"形态存在的终身教育。不管是朗格朗提出的"观念"、富尔阐述的"基本理念",还是戴维的"哲

① 韩丹,邓涛.人力资本,社会资本与西方终身教育[J].外国教育研究,2004(12):14-17.
② 邓永庆.终身教育发展的现状与趋势[J].中国远程教育(综合版),2007(10):28-32.

学",他们所倡导的"终身学习"均为理论上的模式,他们所描述的"终身教育体系"也不是理想中的状态。他们对终身教育的描述,尽管在理论层面上产生了深远的影响,但由于其强烈的理想主义倾向,有时会被某些研究者视为理想化的构想,甚至被视为"乌托邦"式的愿景。事实上,"终身教育"作为一个完整而系统的理论体系,它不仅有理想追求的价值取向,而且有现实可行性的内容体系。其次,"终身教育"作为一个具体实践领域,其产生与形成要经过初创期、发展期、成熟期三个阶段。在初始阶段,终身教育主要还是停留在理论构想的层面,对全球各国实际教育政策的制定和法制化进程的推进而言,所提供的参考意见往往缺乏实用性和有效性。在发展阶段,在全球范围内,终身教育的实际应用证明了它已从一个理想化的理念逐步转化为现实。在成熟阶段,随着这种"现实"的不断扩展和加深,终身教育逐渐展现出"活动"或"运动"的特点。它不仅是一个具体的行动过程,更是一项社会实践行为,即通过对各种学习资源进行整合与优化而形成的整体合力。正如朗沃斯这位英国学者所阐述的,终身教育犹如一场洋溢着善意的教育风潮。再次,终身教育类型具有多样性。最后,终身教育价值取向具有多元化。

王晓辉(2007)在《法国终身教育的发展与特色》①一文中提到,在1792年法国大革命时期,著名革命家孔多塞在向国民议会提交的《公共教育的普遍组织》报告中,首次提出了终身教育的概念。而到了20世纪60年代,联合国教科文组织就成人教育的未来发展展开了讨论。在讨论中,他们发现各国对成人教育的称谓存在很大差异,如斯堪的纳维亚国家称为"平民中学",苏联称为"工人教育",英国称为"进修教育",美国和加拿大则称为"继续教育",而法国则称之为"平民教育"。值得一提的是,主持这次讨论的是教科文组织中负责成人教育的法国人保罗·朗格朗。随后,他发表了具有里程碑意义的著作《终身教育导论》,该书几乎成为终身教育的经典之作。1995年10月23日,欧洲部长委员会和欧洲议会共同决定将1996年定为"欧洲终身学习年"。在这个阶段,主导欧洲教育事务的法国前总理克勒松提出"要使人人享有良好的教育",并将之作为国家目标。她特别指出:"为了确保每个人都有机会获得知识,我们必须齐心协力,真正执行终身学习和教育的相关政策。"这表明,终身教育的观念并非仅源

---

① 王晓辉.法国终身教育的发展与特色[J].比较教育研究,2007,28(12):80-84.

自法国,而是现代全球人类智慧的结晶。其提出和推广,受到许多国家政府、学者及社会人士的支持与关注。在此背景下,联合国教科文组织和经济合作与发展组织发挥了不可或缺的促进作用。他们不仅为人们提供大量关于如何进行终身学习的信息、方法和工具等方面的资料,而且还通过举办各种活动来倡导和宣传终身学习的观念,促使终身教育观念在世界各国产生广泛而深远的影响。

卡尔·达尔曼等(2007)在《终身学习与中国竞争力》①一书中,主要从经济方面描绘了终身学习。该书提供了一个框架来帮助认识和理解教育培训体系的需求和各种各样教育培训机构提供的服务,并提出了建设一个更为有效的终身学习体系应采取的政策途径。这意味着政府在终身教育中的角色正在发生转变,它从单纯的教育培训提供者,转变为宏观教育体系的规划者、推动者和监管者。为了实现这一转变,政府需要采取一系列措施来确保教育培训的质量、相关性、效率和公平性。这包括建立健全鉴定和评估机制、职业资格制度,并与劳动力市场保持紧密联系,同时与非政府参与者建立伙伴关系。政府也应当提供对所有参与者的信息服务、发展教育金融市场、引入私人资源来满足日益增多的教育培训需求,发挥远程教育的潜力。

蒋华等(2008)在《终身教育思潮及其在我国的传播与实践》②一文中认为,从20世纪70年代末期开始,我国的学术界对终身教育这一理念进行了深入研究和介绍,这使得这一理念在国内得到了广泛传播,并逐步成为影响我国教育改革和实践的一个重要的思想流派。改革开放以来,随着人们思想观念的改变以及国际社会对于终身学习需求的增加,这一思想也逐步被引入我国的教育领域。在此过程中,联合国教科文组织发布的两篇关键报告扮演了至关重要的角色。华东师范大学比较教育研究所翻译的《学会生存:教育世界的今天和明天》是在1979年由上海译文出版社发行的,而周南照和陈树清翻译的《终身教育引论》则是在1985年由中国对外翻译出版公司发行的。这两本著作是我国学者首次将终身教育概念引入教育领域的尝试,也是他们第一次向中国介绍这一理论思想及其研究成果。这些翻译作品为我国的学者和专业杂志在终身教育方

① 卡尔·达尔曼,曾智华,王水林.终身学习与中国竞争力[M].北京:高等教育出版社,2007.
② 蒋华,何光全.终身教育思潮及其在我国的传播与实践[J].四川师范大学学报(社会科学版),2008(1):29-32.

面的深度研究提供了宝贵的参考资料。到了20世纪80年代,我国的学者和专业出版物对终身教育进行了深度探讨,这为90年代末终身教育观念在我国教育政策中的应用奠定了坚实的基础。此后,国内关于终身教育问题的研究逐渐形成热潮,并成为学术界关注的一个热点领域。上面提到的文献和其所带来的影响,基本上揭示了终身教育在我国从思想观念到社会实践、从学术研究到国家教育政策的吸纳,以及从教育观念到制度框架的演变过程。

孙昭磊(2010)在《美国终身教育的特色》[①]一文中提到美国终身教育发展的状况和特色。一是美国在推进终身教育的过程中,首先关注的是立法保障。通过制定相关法律法规,为终身教育的实施奠定了坚实的法律基础。二是美国在经费方面给予大力支持,来确保终身教育有足够的资源得以发展。三是美国的终身教育机构呈现出多元化的特点,为成人学习者提供了多样化的学习机会。其中,社区学院凭借其独特的办学特色,成为终身教育的主要推动者和实施者,为成人学习者提供了丰富的学习资源和途径。四是终身教育方式灵活多样。在办学层次、入学形式、办学形式、办学地点、教学内容及学制上均作出具体明确的要求。五是终身教育的手段现代化。

陈丽等(2011)在《我国"终身教育"领域研究现状的综述——基于对十年文献的计量和内容分析》[②]一文中认为,在我国的教育进程中,构建终身教育体系具有极其关键的战略意义。终身教育体系是一个开放的系统,具有开放性、动态性与系统性等特点,这就决定了它必须适应时代的要求,不断进行创新。依据党的十六大报告,我国正全力推进全民参与学习和终身学习的学习型社会建设,旨在推动人的全方位成长。随着经济社会的快速发展和人民群众生活水平的日益提高,人们对教育提出更高的要求,也促使我国加快推进终身教育体系的建设步伐。在2010年发布的《国家中长期教育改革和发展规划纲要(2010—2020年)》中,更进一步地设定了一个宏大的目标,即到2020年要基本完成教育的现代化,建立一个学习型的社会,并进入人力资源强国的行列。要实现这些战略目标,必须加快建立与之相适应的终身教育体系,使全体人民都能获得良好的继续教育服务。这些举措不仅彰显了我国对终身教育的坚定承

---

① 孙昭磊.美国终身教育的特色[J].成人教育,2010(6):94-96.
② 陈丽,蒋楠晨,李秋劼.我国"终身教育"领域研究现状的综述——基于对十年文献的计量和内容分析[J].现代远距离教育,2011(5):3-10.

诺,也为实现教育现代化和人的全面发展奠定了坚实基础。

王振杰(2011)在《终身教育体制机制创新探析》①一文中提到,推进终身教育体制机制的改革创新,需要我们在制度创新方面取得新的进展和突破,也需要我们精心选择实现路径,以确保改革有序推进。首先,建立政府、社会、个人"三位一体"的发展格局。其次,搭建各级各类教育衔接与沟通的"立交桥"。再次,建设全民终身学习的网络和服务平台。建设公共服务平台,汇聚优质学习资源,提供高效支持服务。最后,为了有效改善终身教育经费保障不足的现状,我们必须建立健全终身教育的投入保障机制。为了实现这个愿景,我国各级政府在创建学习型区县和学习型组织等方面进行了深入的实践和探索,这些努力已经取得了显著的成果,为完善终身教育体系提供了强大的推动力,共同推动终身教育事业的繁荣与进步。

张昭文(2012)在《关于中国终身教育的发展与政策报告》②一文中认为,在新世纪,中国的终身教育发展主要可以概括为三个方向。首先,是终身教育和学习的推进。包括国家通过法律和政策鼓励终身学习;提供各种培训和教育服务;促进老年教育和社区教育;继续支持企业员工教育;建设学习型组织和社会;扩展成人高等教育,推动大学开放,增加学习者的选择。其次,是终身教育取得的成绩,即基础教育、职业教育、高等教育和成人教育的进步为终身学习提供了坚实基础。最后,面临的挑战和问题,包括人们对终身教育的重要性认识不足,管理体制和机制需要改善,教育培训资源利用不充分,终身教育供给不足,区域发展不平衡,部分地区滞后,资源分配不均和进展不一等。

王琪(2014)在《终身教育体系的衔接问题研究》③一书中,综合运用教育哲学和自组织理论的思想,探讨了终身教育体系中各子系统之间衔接的基本问题,还指出终身教育体系是一个耗散结构的自组织系统。从个体发展的角度来看,教育衔接是为了满足个体成长的阶段性、连续性和多样性的教育需求,为个体在不同教育子系统之间的流动建立起相应的通道;而从教育系统运行的角度来看,教育衔接则是为了加强不同教育子系统之间的开放程度和联系,促进子系统的协同运行,增强终身教育体系的自组织程度。

---

① 　王振杰.终身教育体制机制创新探析[J].福建论坛(人文社会科学版),2011(11):175-179.
② 　张昭文.关于中国终身教育的发展与政策报告[J].中国成人教育,2012(4):5-10.
③ 　王琪.终身教育体系的衔接问题研究[M].厦门:厦门大学出版社,2014.

张妍等(2016)在《终身教育在我国的独特涵义与研究趋势》①一文中认为,在我国,终身教育的理论与实践机制研究是一项庞大且系统的工程,明确其研究方向的针对性和指向性至关重要。首先,需要深入研究并借鉴国外制定和衡量终身教育的标准。其次,构建终身教育的逻辑体系是关键,应以解决当前面临的核心问题为理论出发点,全面探索终身教育思想的内容体系。再次,准确把握终身教育的需求尺度。从传统文化的视角出发,我们可以更加深入地分析和研究终身教育,体现其在我国发展的特色与特殊性。最后,关注农村终身教育的发展。终身教育的目标应覆盖全体公民,而目前农村和乡镇地区的终身教育相对滞后。重视农村终身教育的发展,不仅是为了解决当前农民工的就业问题,更是为了培养新一代知识型农民工,使他们的学习超越就业层面,为农村的可持续发展奠定坚实基础。如何有效推动农村终身教育的发展,成为新时期终身教育面临的重要课题。

王敬杰(2021)在《我国终身教育体系的指标架构、建设成就和优化路径——〈教育规划纲要〉十年回顾与展望》②一文中指出,终身教育体系在建设学习型社会中扮演着核心基石和承载者的角色,它为全民提供持续学习的机会和平台。构建这样一个现代教育体系,不仅是对教育现代化的追求,更是推进教育治理体系和治理能力现代化的内在要求。我国不断构建以继续教育资源建设、公共学习建设、终身教育立交桥、宽进严出学习制度、继续教育学分积累与转化为基本指向的终身教育体系建设指标架构。我国在终身教育体系建设方面取得了显著成就,这体现在理念的具体实施和体系构建的深化,建立了多元融通的"立交桥"体系,资源库的建设更加开放、综合和便捷,服务供给更具主体性和针对性,培训服务系统在不断升级优化等。在优化路径方面,文章提出:首先,推进理念宣讲和认知普及;其次,健全配套政策和支持机制;再次,依托重点项目和实体平台促进内涵发展;最后,指向服务主体和高质量发展,建构协同体系进一步优化发展的措施。

王宪平等(2021)在《我国建设更加完备终身教育体系的战略取向与发展脉

---

① 张妍,张彦通.终身教育在我国的独特涵义与研究趋势[J].教育研究,2016(8):132-137.
② 王敬杰.我国终身教育体系的指标架构、建设成就和优化路径——《教育规划纲要》十年回顾与展望[J].职业技术教育,2021(7):19-24.

络——〈教育规划纲要〉十年回眸与展望之五》①一文中指出,终身教育体系并不仅仅是普通教育、职业教育和继续教育这三个教育系统元素的简单组合,它更是各种教育层次和类型之间的有机结合和整合。我国从改革开放初期开始建立终身教育体系并持续不断地探索完善。在过去的十年中,各级政府都在努力推动终身教育,以实现从基础教育到职业培训的全方位发展。在推进终身教育体系的建设中,我们致力于打造一个互通有无的教育"桥梁",保障各级各类教育之间的流畅对接与配合。这要求我们改革现有制度,推动学历与非学历教育的和谐共进,确保职业教育与传统教育的有效连通,同时加固职前培训与职后学习之间的联系。面对不断变化的环境,扩大开放是唯一的有效方式,能有效提升终身教育环境的应变活力。

5.终身教育立法研究

杨晨(2009)在《我国终身教育立法三难》②一文中认为,终身教育立法的难度主要源自三个核心问题。首先,最突出的问题是关于教育概念的界定——是涵盖广泛的"大教育法",还是仅针对特定教育领域的"小教育法"。在立法过程中,我们可以对终身教育的应用范围进行一个相对明确的定义。在国外,由于各国历史传统、经济发展水平以及社会政治环境不同,对于终身教育的范围和具体含义有着很大差异。韩国在2000年颁布的《终身教育法》中明确指出:"终身教育不仅仅是学校教育,还包括有组织的教育活动。"尽管从严格的学术准则来看,这个定义可能不太科学,但从立法的角度来看,它的边界是明确的,具有很强的可操作性,我国的终身教育立法可以从这个方面吸取经验。其次,立法重点的选择也是一个具有挑战性的任务——是选择"一般法"还是"特别法"。在终身教育立法的过程中,明确其适用范围是至关重要的。一个相对清晰、明确的边界可以帮助法律更好地执行和被人们理解。例如,在韩国的《终身教育法》里,终身教育被明确定义为"在学校教育之外的有组织的教学活动"。这一概念与我国所采用的终身学习定义存在一定差异。尽管从学术的视角来看,这个定义可能不够全面,但从立法的角度来看,它提供了一个清晰且易于实施的框架。最后,规制对象确定之难——是"教育法"还是"学习法"。

① 王宪平,周向伟.我国建设更加完备终身教育体系的战略取向与发展脉络——《教育规划纲要》十年回眸与展望之五[J].中国教育学刊,2021(1):23-27.
② 杨晨.我国终身教育立法三难[J].教育发展研究,2009(13):47-50.

　　黄欣(2010)在《终身教育立法：国际视野与本土行动》①一文中认为,2005年9月28日正式发布并开始执行的《福建省终身教育促进条例》标志着我国首次针对终身教育进行地方性立法。鉴于当前教育发展的不均衡性,这一条例为条件成熟的地区提供了在终身教育立法方面的宝贵经验和参照。它从确立基本原则入手,对终身教育体系构建、经费投入、管理监督等方面作出明确规定。该法律条文的主要目的是确认并确保公民有权接受终身教育和进行终身学习,同时也明确了政府在推进终身教育方面的职责和义务,规定了各类社会组织及个人参与终身教育的基本原则,颁布了鼓励公民积极参加终身学习活动的措施。这对于提高公民的总体素养和鼓励他们积极参与到终身学习中,具有不可估量的价值。上海市作为全国最早实施终身教育制度改革的城市之一,已经为终身教育奠定了坚实的地方性法规基础。随着经济社会发展水平的提高和国家政策扶持力度的加大,未来上海可以考虑通过制定相关终身教育条例来完善这一制度。尽管终身教育覆盖了众多的领域和层次,但在整合和规范当前的教育资源、解决运营中遇到的问题和挑战、整合资金支持,以及将前沿的终身教育观念纳入法律条文等关键领域,仍然需要进行深入的研究和实践。

　　黄欣等(2011)在《终身教育立法的制订与完善——关于〈上海市终身教育促进条例〉的思考》②一文中认为,所谓终身教育,其核心理念涵盖三个主要方面：保障公民的受教育权利、整合与优化教育资源,以及构建学习型社会的基础。终身教育的三个核心理念——作为公民权利的保障、资源的优化整合以及构建学习型社会的基础——不仅是其概念的核心组成部分,而且应当成为终身教育立法的基石和指导原则。这三点理念的融合与体现,对于制定一部全面、科学且具有前瞻性的终身教育法律至关重要。通过立法,我们可以确保每个公民都能享受到终身教育的权利和机会,促进教育资源的合理配置和高效利用,推动整个社会向学习型转变。因此,在制定终身教育法律时,我们必须充分考虑并体现这三个核心理念,以确保法律的有效实施和终身教育的健康发展。

　　王宏(2014)在《我国地方终身教育立法比较及对国家立法的启示》③一文

①　黄欣.终身教育立法：国际视野与本土行动[J].教育发展研究,2010(5)：30-35.
②　黄欣,吴遵民,池晨颖.终身教育立法的制订与完善——关于《上海市终身教育促进条例》的思考[J].教育发展研究,2011(7)：18-23.
③　王宏.我国地方终身教育立法比较及对国家立法的启示[J].开放教育研究,2014(1)：74-80.

中认为,尽管我国还没有出台全国范围内的终身教育法规,但福建、上海和太原等城市已经走在了这一领域的前沿,各自出台了具有地方特色的终身教育法律。例如,2005 年,福建省通过了《福建省终身教育促进条例》,成为内地首部终身教育地方性法规;2011 年,上海市通过了《上海市终身教育促进条例》;2012 年,山西省通过了《太原市终身教育促进条例》。其中,福建省的《福建省终身教育促进条例》虽然只有 22 条,但内容精炼、重点明确,为其他地区的立法工作提供了基础模板。而上海和太原的法规各有 35 条,内容更为详细和全面,涵盖了终身教育的多个方面,从管理体制到热点问题的界定,再到法律责任的落实,都进行了规范。这三部地方性法规在我国的终身教育法律体系中占有重要地位,它们是目前仅有的针对终身教育的法规,更是为未来的国家立法提供了宝贵经验和有益借鉴。该研究基于立法实践,从终身教育立法经验和当前热门话题出发,深入探索国家立法可以吸纳的内容。

黄欣等(2014)在《中国终身教育法为何难以制定——论国家终身教育法的立法思想与框架》①一文中认为,为了切实实现"学习型社会"的构想,为每一位公民的终身教育权予以保障,在立法思想上要坚持以下原则:一是明晰发展终身教育的价值取向;二是明确举办终身教育的责任主体;三是确立公民学习权保障的基本理念;四是在对现有地方性终身教育法规进行深入分析后,国家终身教育法的制定目标应当主要关注满足广大公众对于终身学习机会的期望,并确保每一个公民在终身学习和成长过程中的基本权利得到维护。这意味着立法时需要从人的生命价值和意义的角度出发,深刻理解终身教育在促进个体的生存和发展方面的重要性。同时也要考虑到不同地区、不同人群之间存在着差异,需要有针对性地制定相关法律制度以保证终身教育事业的顺利实施。在明确了这一立法目标之后,依据国际社会在终身教育的理论和实践方面达成的共识,结合我国的具体环境和地方立法实践的成功或失败经验,来构建国家终身教育法的立法框架和具体实施内容。

兰岚(2015)在《我国终身教育立法困境探析》②一文中提到,我国为推广和普及终身教育理念,在立法上和政策上采取了多种尝试。我国政府发布了一系

① 黄欣,吴遵民.中国终身教育法为何难以制定——论国家终身教育法的立法思想与框架[J].开放教育研究,2014(6):36-41.
② 兰岚.我国终身教育立法困境探析[J].现代远距离教育,2015(6):16-23.

列与终身教育相关的政策文件,不仅为我国的终身教育进程提供了清晰的政策方向,而且也为未来的终身教育法律制定工作打下了稳固的基础。进入新世纪,随着我国终身教育内涵的深化与拓展,终身教育又有了新的发展与变化。到 2020 年,我国的教育现代化目标已基本达成,同时学习型社会的构建也取得了显著成果。在这一进程中,我国正在努力打造一个完备且全方位的终身学习体系。该教育体系着重于学历教育与非学历教育的和谐发展,推动职业教育与普通教育之间的深度整合和交流,以实现全体公民在教育、成就和应用方面的全面提升。在这个过程中,与此相关的法规也在逐步完善的进程之中。我国已初步形成了以《教育法》为核心的多层次、多形式的法规体系。在国家级别的专门法律尚未发布之前,地方政府已经进行了大量有价值的立法探索。

刘波(2016)在《终身教育立法的理论与实践:现状、困境及对策》①一文中认为,我国终身教育立法发展主要分为理论建构和实践两个阶段。首先,在我国终身教育立法的理论建构中,明确了终身教育法的名称、原则,从终身教育立法的哲学基础出发回归人性,但终身教育立法的技术有待提升;其次,地方政府在终身教育立法方面的实践为国家层面出台终身教育法提供了宝贵的经验和参考,主要体现在:一是全国人大历次提案终身教育立法;二是教育部在制定终身教育法的前期准备中、在推进终身教育法规的起草工作过程中,严格依照我国的行政管理体系。从对终身教育法律草案的初步探讨、草案的起草到相关议案的形成,教育部均积极参与并扮演了重要角色,并且加入了地方层面终身教育法规的立法实践活动。

刘奉越(2017)在《我国地方终身教育立法比较研究》②一文中认为,立法在终身教育的发展中起到了至关重要的指引、评价和保障作用。因此,在众多的发达国家和地区,强化立法被认为是促进终身教育进步的核心策略。从各国立法实践来看,它们通过制定或修改有关文件来促进终身教育体系建设并保证其有效运行,其中不乏一些成功的典型案例。借鉴法国、美国、日本和韩国等国的经验,这些国家相继出台了涉及终身学习和教育的法律文件。这些文件确立了终身教育执行的核心原则、策略、资金保障,以及对参与各方,包括责任与义务的详细规定,确保了终身教育的良性循环和系统发展。相较之下,在我国,国家

---

① 刘波.终身教育立法的理论与实践:现状、困境及对策[J].中国职业技术教育,2016(23):17-26.
② 刘奉越.我国地方终身教育立法比较研究[J].现代远距离教育,2017(2):10-16.

级的终身教育法律体系构建尚存不足,目前尚无专门针对终身教育的独立法律
文本。目前,一些地方政府已经意识到终身教育在当地经济建设中发挥越来越
重要作用的同时,正在积极探索建立适合本地实际情况的终身教育管理体制。
在 2005 年,福建省成为我国内地首个发布地方性终身教育促进条例的地区,这
代表了终身教育在法律化管理上的初步探索。随后各地纷纷效仿,陆续发布了
自己的法规文件,来指导本地的终身教育实践活动。随时间流逝,上海市、太原
市、河北省以及宁波市等多个省市在 2011 年、2012 年和 2014 年分别发布了自
己的终身教育促进条例,这进一步促进了终身教育体系的建立和完善。目前,
全国各地均已陆续公布或修订了自己的相关法规,并取得了一定成效。这批条
例的实施,不只是将终身教育纳入了法律化的管理流程中,同时也为地方级别
的终身教育发展提供了坚实的法律支撑。

冯鸿滔(2020)在《我国终身教育立法取向研究》①一文中,将我国地方终身
教育立法大致分为初步尝试阶段(1989—2002 年)、集中实践阶段(2003—2014
年)和反思探索阶段(2015 年至今)三个阶段。由此提出我国终身教育立法策
略建议:首先,基本法修订策略应以修改《中华人民共和国教育法》为核心目标。
这一修订工作不仅要贯彻落实终身教育理念,还要以此原则为指引,对我国现
有的教育体系和教育法律体系进行全面而深入的改造。其目标在于使《教育
法》真正成为一部贯彻终身教育原则的法律,而不仅仅是局限于学校教育的范
畴。其次,单行法的完善策略同样重要。它们作为基本法的细化和补充,为整
个法律体系提供了坚实的支撑。在构建国家教育法律体系时,必须遵循融贯性
原则,这意味着不仅要确保基本法自身的平衡性、协调性和全面性,还要保证相
关单行法的界限明确且法律体系本身完善。最后,地方法实践策略。我们要积
极倡导各地区开展多元化的立法实践探索,持续深化对问题的认知,明确发展
思路,并通过不断实践积累宝贵的经验。

兰岚(2020)在《论我国终身教育立法的调整对象、立法目标与立法原则》②
一文中指出,在构建我国终身教育法制体系的过程中,三个核心要素即调整对
象、立法目标及原则,扮演着至关重要的角色。在立法调整对象方面,我国采取

---

① 冯鸿滔.我国终身教育立法取向研究[J].中国远程教育(综合版),2020(2):1-8,31.
② 兰岚.论我国终身教育立法的调整对象、立法目标与立法原则[J].首都师范大学学报(社会科学版),2020(2):179-188.

如下方法。首先,确保对终身教育理念和起源的深刻理解,并在定义上与《教育法》区分开来。其次,鼓励终身教育与不同教育形态实现无缝对接和交流,从而推动终身教育体系的发展。为了实现建立完善终身教育体系与构建学习型社会的目标,必须不断完善终身教育体系并积极营造一个学习型社会。最后,在整个终身教育的立法过程中,始终贯彻公平、公益和开放的原则,以保障立法质量和社会效益。

王连喜等(2020)在《新时代推进我国终身教育立法的战略思考》①一文中认为,终身教育立法理论研究和实践均已取得一定成绩,但国家层面的终身教育立法推进略显迟缓,只有立法才能推进终身教育理论、政策规范化。其战略意义在于:首先,终身教育立法是化解矛盾、促进公平的必经之路;其次,终身教育立法是全民终身学习的学习型社会建设的需要;再次,终身教育立法是新时代教育发展的新要求;最后,终身教育立法是完善中国特色社会主义法律体系的要求。我国终身教育立法不仅面临终身教育理论和立法理念研究不足的问题,还面临着终身教育实践与立法推展相对迟缓的挑战。加快推进我国终身教育立法应从完善立法理念和推动实践发展两方面着手。

靳澜涛(2021)在《我国终身教育立法缘何"难产":瓶颈与出路》②一文中指出,我国教育立法若想改变踟蹰不前、曲折无果的现状,需澄清三个问题:调整对象是"广义法"抑或"狭义法"、立法目标是"教育法"抑或"学习法"和立法技术是"强制型"抑或"宣示型"。为澄清上述三个问题,首先,要从社会教育层面界定终身教育立法的调整范围。法的体系内部要协调一致,终身教育概念在特定历史阶段和社会需要下的呈现应当具象化,国家立法需要观照和汲取地方性法规的宝贵经验。其次,我们使用"教育法"这一名称来突出政府对于学习权利的保护作用。再次,借鉴国际经验并结合我国国情,制定专门的《全民终身学习纲要》,确立终身教育的法律地位。开发和整合终身教育资源不仅是构成终身教育体系的基础,也是确保公民学习权益得以实现的根本。考虑到政府在教育资源保障方面扮演着"统筹、协调、指导和评价"的角色,该法律更适合被命名为"终身教育法"。从次,从宏观层面构建终身教育法律制度框架。最后,我们需要在组织结构、资源的确保,以及监管等领域,加强终身教育法律规定的实施性

① 王连喜,梁红.新时代推进我国终身教育立法的战略思考[J].江西社会科学,2020(7):246-253.
② 靳澜涛.我国终身教育立法缘何"难产":瓶颈与出路[J].中国远程教育(综合版),2021(9):1-7,28.

和责任感。

兰岚(2021)在《构建服务全民终身学习的现代教育体系——政府责任与立法设计》①一文中指出,政府作为推动我国终身教育事业可持续发展的主导力量,其职责范围需用立法形式予以明确。首先,通过立法确立终身教育管理体系,终身教育管理机构要具备专业力量,中央与地方管理力量分配要合理。其次,通过立法确立终身教育经费投入制度。当前,政府投入作为主要力量存在不足,因此,吸引社会力量参与,以丰富学习资源和筹措教育经费成为一种有效的补充方式。同时,鼓励制定和完善职工教育经费的相关制度,以进一步促进教育资源的多元化投入。再次,通过立法推进终身学习公共服务体系建设。既要拓展数字教育力量,丰富终身学习资源,又要建设一支高素养的终身教育工作队伍,同时公共文化设施也应向民众免费开放。从次,通过立法确认终身学习保障制度。统计制度需要信息技术精准参与,表彰与宣传制度需要现代媒体全情投入。最后,通过终身教育专项立法,明晰终身教育的推进体制和运行机制。确立相应的经费投入、公共服务体系和保障制度,有助于推动我国终身教育的立法进程。

6.终身教育域外研究

吴遵民(1999)在《现代国际终身教育论》②一书中,以研究终身教育为核心话题,对现代国际终身教育的各种理论及其演变进行了详细的介绍和评析。在该书上篇,作者基于对国际终身教育理论发展的社会背景、历史进程和理论流派的全面梳理,进一步探讨了现代终身教育的基础理论。下篇则着重讨论西方诸发达国家在实施终身教育及努力提高本国国民素质方面所采取的方针、政策及立法等方面的举措,详尽地呈现了全球各国在终身教育方面的发展状况以及未来实践方向。其中,国际社会提倡的现代终身教育理念不断演变和深化,形成了大致的三种流派,分别为:理念型终身教育论、反体制型终身教育论和马克思主义、集体主义终身教育论。终身教育理论分为三个阶段和三种流派,虽然它们各自主张的观点和侧重点不同,但在如何运用终身教育来增强个人适应社会的能力,以及提高人的素质以应对现代社会急剧变化带来的挑战方面,它们

---

① 兰岚.构建服务全民终身学习的现代教育体系——政府责任与立法设计[J].教育学术月刊,2021(9):3-11.
② 吴遵民.现代国际终身教育论[M].上海:上海教育出版社,1999.

的主张和立场基本一致。

杨民(2002)在《日本教师研修制与我国教师终身教育之比较》①一文中认为,尽管教育和教师职业都存在一定的普世规律,但中日两国在社会制度、经济、文化和教育发展水平上存在差异。因此,我们不能简单地将他国的经验应用于本国。然而,我们可以通过深入研究日本的教师研修制度,并结合我国的实际情况,从中获得一些有价值的启示。在战后,日本成功地实施了"开放型"的教师培养体系,使得全体教师的学历都提升到了大学以上水平。日本通过立法形式,为教师终身研修和进修设定了明确的法律义务。该法规不仅确立了教育机构和教师选聘方需给予专业发展培训的机会与资源,同时也阐明了如何构建专业发展计划、如何委派辅导教师,以及如何通过财政资助和奖励制度来支持教师的专业成长活动。同时,在制度层面上,对教师的继续进修进行严格管理,使之成为一种终身制的义务。法律的强制执行和高效的操作机制共同保障了日本教师终身教育制度的顺畅推行。因此,眼下我们所面对的关键任务包括:进一步完善相关的法律和法规,强化标准化的管理流程,实施有力的策略,并建立一个科学且系统化的教师持续学习体系。同时要建立起一套行之有效的制度保障,保证学校在教师继续教育中发挥积极作用,使其能够真正成为教师学习的基地,最后实现教师的自我发展。这种做法不仅能激励所有教师积极参与到终身学习中来,还能在社会中营造一种推崇学习的氛围,进一步促进学习型社会的建立。

纪军(2003)在《当代美国终身教育的发展论略》②一文中认为,美国终身教育的发展体现在以下几个方面。首先,成人教育走向专业化。这得益于美国成人教育理论体系、团队发展、扫盲运动的深化。其次,终身教育在美国被视为制定教育政策和法律的核心原则。尤其是从 20 世纪 60 年代开始,美国在教育政策和法律制定上明确强调了终身教育的核心地位和其不可或缺的部分。美国通过实施一系列与终身教育相关的政策和法律,从多个方面和视角对公民的终身教育权益、职责和保障措施进行了明确规定,确保终身教育得到国家级别的全面支持和保护。终身教育的资源正在走向更加丰富和网络化的方向。美国作为世界上最早实施终身教育制度的国家之一,其丰富多样的终身教育资源为

---

① 杨民.日本教师研修制与我国教师终身教育之比较[J].中国教育学刊,2002(4):56-59.
② 纪军.当代美国终身教育的发展论略[J].外国教育研究,2003(11):47-50,60.

人们带来诸多便利。在美国的终身教育发展历程中,他们高度重视终身教育和终身学习资源的建设。不仅建立了一个完整的学习资源供应体系,还利用了现代互联网技术,大幅推进了现代远程教育的发展,使其成为构建学习型社会的一个新的亮点。最后,社区学院成为推进终身教育的重要机构。

李亚婉(2004)在《法国远程教育:国家实现终身教育的依托——法国国家远程教育中心主任奥立佛·杜格教授专访》①一文中认为,法国国家远程教育中心正日益成为该国推进终身学习计划的关键支持系统,且在教育领域已经取得了一定的成就,尤其是在提供充分的课程资源方面。该机构每年都会对全国进行一次大规模的调查研究,以了解学习者需求与实际情况之间存在着怎样的差距以及需要什么样的课程。法国的国家远程教育中心提供了丰富多样的课程,这些课程覆盖了从幼儿到成人,从在校学生到在职工作人员的各种教育内容。其中包括各类基础类课程和专业技术型课程,以及针对不同人群而设计的各种专项性培训课程。根据学习的时间长度,这些课程可以被划分为短期和长期两个类别。短期的课程内容通常比较集中,例如语言相关的课程,它们的学习时长通常只有 20 或 30 小时。而对于长期的课程,其深度和持续性更为突出,学员可能需要投入一年乃至几年的时间来完成它。因此,在对远程学习者进行教育时,除了要保证较高的教学效率外,还要兼顾不同层次的学生群体,并根据他们的实际情况制定出合适的教学计划。法国国家远程教育中心专注于满足各种人群的多元化学习要求,其中包括对高级管理人员、教师和学生进行继续教育的远程高等教育项目。该机构不仅提供了与大学合作的学历和职业认证课程,还推出了一系列旨在培养专业技能和更新知识的培训课程。另外,法国国家远程教育中心在教学实践方面也取得了显著成效。举例来说,该中心与多所高等教育机构合作推出的经济管理和法律证书课程,由于其高度的实用性和针对性,赢得了广泛的学习者群体的热情支持。远程教育中心的课程设计旨在兼顾广泛需求和个性化要求,它不仅充分考虑到各大院校和企业的整体需求,而且能够针对个别学习者的特殊需求提供定制化的专业教育和培训项目。

吴全全(2005)在《终身教育导向的德国"双证"一体化模式分析》②一文中

---

① 李亚婉.法国远程教育:国家实现终身教育的依托——法国国家远程教育中心主任奥立佛·杜格教授专访[J].中国远程教育,2004(21):5-7.

② 吴全全.终身教育导向的德国"双证"一体化模式分析[J].中国职业技术教育,2005(17):56-58.

认为,在终身教育理念的引领下,德国的职业教育在与劳动市场的深度交互中,已经经历了众多的改革和实际操作。从传统上看,德国职业教育主要以普通学校为依托,通过实施"双元制"培养模式来促进学生学习技能并获得相应职业资格认证。在此背景下,德国依据普通教育与职业教育之间的交流和等值化原则,成功地将学历证书与职业资格证书进行了高效连接。这种以"通识课程+专业技能"为主要内容的融合模式,成为德国构建完整而开放的职教体系的重要基础。这一过程实际上就是以学生的学习结果来确定他们是否获得相应的职业技能或专业资格认证的一个动态过程。从某种意义上来说,"双证制"就是一种学习成果观或质量观。因此,在德国,所谓的"双证"沟通,实际上是学历证书和职业资格证书融合在一起的一种模式。这种模式对我国正在进行的现代职教体系建设具有重要的启示意义。

吴遵民(2007)在《一部名不副实的终身教育法——简析日本〈生涯学习振兴法〉的制定过程与问题》[①]一文中提到,自日本1990年颁布《生涯学习振兴法》以来,由于立法理念的偏差,在长达数十年的时间内未能有效执行,并未真正推动日本终身教育的完善和进步。该法案以"教育改革"为名,实际上削弱了日本社会教育原有的公共性、服务性和公益性。与日本1899年颁布的《社会教育法》——这部经过多次修订、深植人心的、具有六十载历史的法律——在法理上存在冲突和分歧,严重损害了该法案的声誉。因此,自法律实施以来,实施效果并不尽如人意。终身教育的发展不可能孤立于其他教育形式,它需要包括社区教育在内的所有教育活动的整合和支持。

骆建艳等(2007)在《欧美社区教育经验对构建我国终身教育体系的启示》[②]一文认为,在推进社区居民加入社区教育活动方面,以欧美国家为代表的先进社区教育领域已经积累了丰富的实践成果,这些经验对我国具有非常高的学习和借鉴价值。该研究从三个方面介绍了美国社区教育的实践经验。在欧洲和美国,针对独立社群成员所提供的教育方式,主要可以划分为三个主要类别:一是向学习者传授学习技巧,帮助他们掌握学习的方法和策略,使他们学会

---

① 吴遵民.一部名不副实的终身教育法——简析日本《生涯学习振兴法》的制定过程与问题[J].外国中小学教育,2007(3):1-5.
② 骆建艳,张晓明.欧美社区教育经验对构建我国终身教育体系的启示[J].中国远程教育(综合版),2007(1):72-74.

如何学习;二是积极为学习者提供必要的人力和物力资源支持;三是让学习者亲身体验并认识到经验学习的价值和意义,这种学习方式与正规成人高等教育机构中的教育一样具有实际效果。欧美社区教育经验对构建我国终身教育体系的启示有以下几个方面:首先,强调加大社区教育的宣传和推广力度,以确保终身学习的理念能够深入人心,从而激发社区成员的学习热情和积极性。其次,强调社区教育的本土创新,紧密结合地方特色和社区需求,打造具有独特魅力的社区教育模式。社区教育的特色与社区本身的特色紧密相连,因此,应该因地制宜,发挥各自的优势。最后,鼓励多元化的投资渠道参与其中。另外,政府应当积极发挥引导和扶持作用,加大对社区教育的鼓励与资助力度。

陆建平(2007)在《终身教育理念背景下的澳大利亚职业与技术教育改革》①一文中认为,澳大利亚终身教育体系发展经历了以下阶段。首先,60 年代"知识爆炸"激发终身教育的构想,包括保罗·朗格朗《终身教育导论》的提出、澳大利亚的职业与技术教育摆脱英国模式。其次,70 年代《学会生存:教育世界的今天和明天》拓展终身教育的内涵,包括埃德加·富尔《学会生存》的提出、"坎甘报告"促成澳大利亚技术和继续教育体系(TAFE)的初步设想。再次,80 年代"自我实现"充实终身教育定义,包括联合国专家会议定义终身教育、澳大利亚 TAFE 初步形成职业教育体系。从次,90 年代终身学习延伸终身教育思想,包括联合国教科文组织和经济合作与发展组织关注全球经济一体化、澳大利亚建构职业教育与培训(VET, Vocational Education and Training)管理体制。最后,21 世纪终身教育打造"学习型社会",包括联合国教科文组织寻求"以人为中心的发展模式"、澳大利亚职业教育发展"整体职业"模式。

吴遵民等(2008)在《终身教育立法的国际比较与评析》②一文中认为,在推进终身教育实践与普及方面,全球范围内普遍倾向于加强法律层面的制度建设,这确保了每个公民都能享有终身受教育的权利。就目前而言,世界上仅有五个国家及地区进行了终身教育立法的尝试,在 1976 年,美国国会率先通过了《终身学习法》,这项法案的通过代表了全球终身教育专项立法的首次尝试。从那时起,终身教育的法律体系建设逐步变成了全球各国政府的关注焦点。自 20 世纪 80 年代以来,许多国家先后制定并实施了自己的终身教育法律体系。在

① 陆建平.终身教育理念背景下的澳大利亚职业与技术教育改革[J].高等教育研究,2007(3):67-72.
② 吴遵民,黄欣,蒋侯玲.终身教育立法的国际比较与评析[J].外国中小学教育,2008(2):1-9.

全球的背景下,终身教育的法律实践正在逐步扩大。在美国之后,日本、韩国,以及我国的台湾和福建地区,都开始了对终身教育法律的深入研究和探讨。终身教育已不再只是一个理论问题,而是与现实社会紧密结合,呈现出多样化的发展趋势。这些发展动向揭示了,为了规范和推动终身教育的健康成长,加强专门针对终身教育的法律规定,正在逐渐成为多个国家和地区在推动终身教育进程中的前瞻性和导向性的方向。其中,以终身教育理论为基础,通过制定专门的法律法规来推动和实现终身教育目标是各国普遍采取的做法。中国,作为全球的一个关键的发展中国家,现在正处于一个以终身教育为核心,法律制度作为支撑的关键时期。中国致力于进一步完善其现代化的国民教育体系,并努力构建终身教育结构,目的是培养出更多具有创新能力的人才。

夏鹏翔(2008)在《日本终身教育政策实施现状分析》①一文中,从三个板块阐述了日本终身教育政策的实施情况。首先,终身教育理念的导入和教育政策的调整阶段:在1971年4月,日本提出了要在终身教育理念的指导下,对学校教育和社会教育进行全面改革的建议。这一举措标志着日本教育政策开始进入向终身教育转型的新阶段。在1984年至1987年间,日本连续四次发布了《关于教育改革》的答询报告。这些报告明确提出了教育政策和行政改革的指导方针,并倡导向"终身学习体系化"的方向转型。其次,行政改革和向终身学习体系化的转型阶段:1990年6月,《关于完善振兴终身学习的政策体系的法律》(简称《终身学习振兴法》)颁布。该法案在很大程度上延续了之前各教育审议会的答询报告的核心思想,旨在振兴终身学习的政策体系并进一步完善地方终身学习的条件。最后,终身教育政策实施的意义和产生的问题。

徐又红(2008)在《我国终身教育体系的构建:美、英、法终身教育比较的启示》②一文中认为,构建我国终身教育体系可以采取以下策略。首先,国家法规法令与政策的制定和推广。观察美国、英国和法国在终身教育领域的发展,我们不难发现它们都在积极推广终身教育理念,并通过一系列措施确保这一理念在国家各个地区得到有效实施。其次,设置了终身教育机构,并积极推进终身教育保障机制和监督机制的建立。我国终身教育体系的监督机制可采取以下措施:首先,应依据法律规定,制定科学、切实可行的评估指标体系,为监督提供

① 夏鹏翔.日本终身教育政策实施现状分析[J].日本学刊,2008(2):116-129.
② 徐又红.我国终身教育体系的构建:美、英、法终身教育比较的启示[J].学术论坛,2008(3):202-205.

客观、明确的依据。其次,充分发挥执法机关和行政机构在监督中的作用,确保教育工作在法治轨道上运行。再次,应广泛宣传并倡导社会公众参与监督,激发公众对终身教育的关注和热情。从次,新闻舆论的监督作用也不容忽视,应充分发挥其传播迅速、影响广泛的特点,对终身教育进行持续、深入的监督。最后,加强学校教育制度的改革。

奇永花(2009)在《韩国终身教育的发展与实务运作》[①]一文中认为,韩国为了增强国家在全球化背景下的整体竞争力,政府正在积极推动全民成为持续的学习者。韩国也已开始重视并着手推行"全民学习化"政策,希望借此来促进国民知识技能及生活品质的提高,进而提升整个民族的国际竞争能力。韩国的终身教育进展情况约略可以分为以下几个阶段来说明。成人基本教育形成期:1945年至1950年;政府建立成人及继续教育阶段:1960年至1970年;终身教育制度巩固期:1980年至1995年;终身教育兴盛期:1995年至今。此外,韩国在建立终身教育体系的过程中,逐渐呈现出一个错综复杂的模式,这一模式要求来自各个层次和领域的众多专家共同努力和协同合作。因此,韩国的终身教育体系具有开放性与多样性并存的特征。可以看出,韩国成功构建终身教育制度的核心因素在于其健全的法律体系、高效运作的行政机构,以及积极的社会文化氛围。其次,韩国的教育体制与之相适应并不断完善,这也是韩国成为世界上第一个实现全民免费高等教育的国家的重要原因之一。最后,韩国的终身教育实践包括:学分银行制度,独立的教育机构,以及与终身教育法相结合的终身学习城市。这些都是对韩国终身教育实践进行总结后得出的结论,也可以说是韩国终身教育体系得以形成与完善的主要原因。

黄欣(2010)在《终身教育立法:国际视野与本土行动》[②]一文中认为,随着社会发展的不断深入,终身教育理念目前已经深入人心,上海市政府将制定一项具有实际效用的终身教育地方条例作为优先议程。为了满足社会的快速发展和变化,我国应致力于构建一个与国情紧密结合的终身教育体系。首先,这一体系应融合各级教育资源,消除传统学历教育与岗位培训、普通教育与成人教育、全日制教育与非全日制教育之间的界限。其次,应积极构建统一规范的资格体系。再次,做好普通中等教育、职业教育与培训和高等教育间的衔接。

---

① 奇永花.韩国终身教育的发展与实务运作[J].成人教育,2009(3):10-16.
② 黄欣.终身教育立法:国际视野与本土行动[J].教育发展研究,2010(5):30-35.

从次,积极构建统一的资格证书、学历转换系统。最后,为确保统一学历资格体系的顺利运作,我国需要建立并不断完善与之相关的配套措施。

周建高(2010)在《日本的终身学习:从摇篮到坟墓》①一书中,客观介绍了当代日本的终身学习社会建设事业,以资借鉴,并且以一种事业为样本推演到一般规律,了解日本为了促进终身学习事业的发展是如何行动的。日本教育行政机构中的文部省设立了生涯学习局,并与内阁中的其他14个省厅共同开展相关事业。为了保障这些事业的顺利推进,还制定了一系列法律和政策,其中包括《终身学习振兴法》(1990年)等重要文件。地方自治体,包括都道府县、市町村等,积极响应并制定了各自的终身学习推进计划。在学校教育方面,特别是在初等教育阶段,推广每周五天授业制,以减轻学生的学业负担。同时,加强青少年的课外活动和生活体验,培养他们的学习兴趣。高中则采用学分制,扩大学生的自由选择权。对于大学教育,通过放宽入学年龄、学历等限制,增加公开讲座,开设夜大学,并利用现代技术如函授、广播电视和因特网等,使得学习更加灵活多样。此外,研究生院也设立了多种形式,以扩大学校、校企以及国际合作。在社区层面,通过增加图书馆、博物馆、体育馆等设施,并建立"生涯学习中心",大力发展学校外的社会教育,努力与学校教育形成有机衔接的网络。

国卉男(2013)在《当代国际终身教育政策的回顾与展望》②一文中认为,终身教育政策的核心是人的成长与发展,建立终身教育体系是发展终身教育的政策目标。其他国家在教育政策上的制定对我国终身教育政策有所借鉴与启示:首先,我们将本土的实践经验与国际的终身教育观念相结合,以适应现代终身教育的发展方向,并致力于提升本土终身教育理论的研究质量。其次,为了加强我国终身教育的发展,我们需要进一步推进终身教育政策化的实施力度,积极争取早日实现终身教育的国家立法。最后,为加强终身教育的统筹管理与顶层设计,我们需尽快构建一个独立的行政机构,专门负责终身教育的整体发展。终身教育的观念已经转变为推进教育改革的中心思想。在这样的大背景之下,我国应当结合国内的具体情况,主动学习和吸收国际上的先进做法。该研究认为,构建终身学习体系是一项庞大而复杂的系统工程,需要从政府、学校、家庭以及社区等多方面共同努力来推进其进程。我们应当将注意力集中在社会进

---

① 周建高.日本的终身学习:从摇篮到坟墓[M].天津:天津人民出版社,2010.
② 国卉男.当代国际终身教育政策的回顾与展望[J].外国中小学教育,2013(1):17-23.

步和人的全方位发展上,以终身学习的思想为先导,对整个教育体系进行深入且全方位的规划。与此同时,通过制定强有力的政策和法律保障措施,确保终身教育这一理念能够被全面执行和深入落实。

孙毅(2013)在《国外终身教育立法的经验与启示》[①]一文中认为,国外终身教育立法经验对我国的启示有以下几个方面。首先,保障学习权利。其次,关注社会教育。再次,引导多元投入。政府持续加大投入力度,社会各界不断提升支持力度。终身教育经费的保障主要有三个渠道,一是法律硬性规定的经费支持,二是法律引导社会经费投入以及个人负担,三是可以引导个人教育消费。从次,健全组织机构。再者,建设公共服务体系。通过体系建设、队伍建设和社会资源的开放,并借鉴美、日等教育发达国家和地区的成功经验,我们应积极推动图书馆、博物馆、各级各类学校等教育资源向社区开放。最后,政府主导学分银行设立和推广。学分银行的核心职能在于实现学习成果的互认与账户管理,确保教育资源得到最大化利用。在欧美地区,大学通常依据大学法设立,并遵循统一的质量标准,这种标准化的教育质量保障体系赋予了各学校一定的自主权,从而无需专门设立学分银行,即可实现学分互认。

蒋楠晨等(2013)在《中外终身教育立法比较研究》[②]一文中认为,在立法结构的对比中,韩国的《终身教育法》(2000年)展现出了标准化的章节结构,总共分为五个主要章节和一个附加条款。其中最主要的就是关于终身教育体系中各种机构及组织的设立及其职责分工,并将这些具体制度予以详细描述。我国台湾地区终身学习的相关规定(2002年)虽然结构较为周全,但其以条款形式呈现终身教育相关条文,导致内容的界线不够清晰。在具体制度上,其规定总共包含23个条款,主要从政策法规层面进行设计,而大陆则采用了与之相对应的行政管理措施,其中最重要的就是相关配套文件。《福建省终身教育促进条例》(简称"福建条例")(2005年)总共包含22个条款,在条文数量上虽然较少,但是却涵盖了我国台湾地区及大陆各地有关终身教育的重要政策法规规范,具有很强的代表性,值得借鉴学习。《福建条例》虽体系相对完备,但在结构上与我国台湾地区相似,采用的是条文式的表述方式,从而使得法律内容的层次感不够明显,逻辑性也略显松散。

①　孙毅.国外终身教育立法的经验与启示[J].中国远程教育,2013(10):41-46.
②　蒋楠晨,陈丽,郑勤华.中外终身教育立法比较研究[J].现代远距离教育,2013(5):3-9.

高耀明(2014)在《重铸教育辉煌——欧盟终身学习计划研究》①一书中,在简要回顾欧盟教育合作的演变和梳理终身学习计划的源流基础上,分别研究了终身学习计划的四个主要分计划。第一,伊拉斯谟计划研究。描述了伊拉斯谟计划从第一代至第五代发展的背景与历程,分析了计划的目标和优先事项,总结了计划实施成效及存在的不足等;第二,达芬奇计划研究。回顾了达芬奇计划的发展历程,阐述了第二代达芬奇计划的主要内容,介绍了"欧盟职业培训共同质量保障框架""欧洲资格框架"和"欧洲职业教育学分转换系统"等;第三,夸美纽斯计划研究。探寻了夸美纽斯计划产生的背景和演变过程,分析了计划的目标和主要内容,解读了计划实施的保障措施,概括了计划取得的成效与存在的问题;第四,格龙维计划研究。描述了第一代和第二代格龙维计划产生的背景和演变,比较了两代格龙维计划的主要内容和取得的成果,分析了格龙维计划实施的成效和遇到的挑战。

吴遵民等(2014)在《国外终身教育立法启示——基于美、日、韩法规文本的分析》②一文中提到从国外的终身教育立法中,可以得到以下启示。首先,终身教育的立法目的在于确保民众能够享有持续学习的权利,寻求并开创多元化的学习途径,并向公众提供广泛的学习机遇,全面提升公民的精神文化修养及生活质量。这一目标是全球对终身教育认知的广泛共识,并指引着未来终身教育立法的发展。基于此,我国未来的终身教育立法应清晰地设定目标,并将推动个人自由发展视为其核心的价值观。其次,终身教育的主要任务和目标是全面整合并有机组织不同类型的教育资源,以便为人们的全生命周期提供满足其需要的教育机会和内容。这包括学习的时间、地点、课程设置等方面。只要有教育机构,就必须有相应的设施,并且必须有专门从事教育管理的人员。再次,终身教育的资金来源和分配可以参考在一些已经制定终身教育法律的国家或地区对资金的规定。其中,美国和英国是以法律形式明确规定了对经费进行合理分配比例。最后,在学习成果的认定方面,各个国家和地区都制定了关于学校之外的学习成果认定的相关规定,例如学分银行的建立。

---

① 高耀明.重铸教育辉煌——欧盟终身学习计划研究[M].上海:上海教育出版社,2014.
② 吴遵民,黄健.国外终身教育立法启示——基于美、日、韩法规文本的分析[J].现代远程教育研究,2014(1):27-32.

张伟远等(2014)在《基于资历框架的终身教育体系:澳大利亚的模式》①一文中认为,澳大利亚经过近五十年的持续改革和调整,已经建立了终身教育体系。从高等教育领域开始,该体系对不同层次的高等教育资历进行了整合和衔接。随后,该体系扩展到了职业技术教育和培训领域,构建了一个能够实现各级各类教育有效对接与交流的终身教育体系。文章通过分析澳大利亚资历框架中各个要素之间的关系及相互联系,探讨其在资格认证制度方面的特点及其发展变化。澳大利亚的资历框架涵盖了以下内容:资历的构成和学习的数量、基于绩效的成就评价标准和多样化的资历维度指标,以及资历的衔接、学分的转换和对过去学习经验的认可。我国要借鉴澳大利亚经验,构建以"学历+资格"为基础的终身学习型社会。澳大利亚资历框架中的质量保障体系体现在以下方面:首先,是针对高中教育阶段的质量保证措施。包括学校内部教学质量保障体系和外部社会支持保障机制两个方面。其次,是高等教育的品质保障体系。再次,是继续教育和职业培训的质量保证机制、职业教育与培训的品质保障体系。从次,是其他领域的质量保证机制。最后,澳大利亚的资历名册作为一个全国范围内的官方资历信息数据库,对资历框架内的各种资历进行了详尽记录。文章还介绍了资历证书在澳大利亚的发展情况,并对其进行了简要分析。这些资料涵盖了资历的等级、授权和认证的机构,以及由质量保证机构进行严格评估的资历课程详情。

叶澜(2017)在《终身教育视界的深刻意蕴:全时空性的全人发展———保尔·朗格朗带给我们的启示和价值》②一文中认为,终身教育是一个关于人生时空全覆盖的教育概念。朗格朗除了为"终身教育"提供了具有里程碑意义的定义,还通过批判现实,向公众揭示了"终身教育"不应涵盖的方面。目前,在国家和地方层面上,尚未全面形成和采纳朗格朗所明确阐述的终身教育的"观点与视野"。我们有能力且必须向前迈进,超越现有的界限,绝不能退回到朗格朗所批判的那种过时的教育观念和行为中去。我们提出的"终身教育视界"旨在:促进个体的全面发展与完善,激发他们为创造更美好的世界作出贡献的志向和能

① 张伟远,傅璇卿.基于资历框架的终身教育体系:澳大利亚的模式[J].中国远程教育,2014(1):47-52,96.

② 叶澜.终身教育视界的深刻意蕴:全时空性的全人发展——保尔·朗格朗带给我们的启示和价值[J].人民教育,2017(1):13-19.

力;渗透到个体生命的每个角落,将各类教育资源链接、整合,形成一个全面而协调的教育系统;确保全社会的各种活动都能自觉融入终身教育的理念,并在实际操作中体现出来,这是实现该目标的关键途径。

张伟远等(2017)在《东盟终身教育资历参照框架和质量保证系统的构建及启示》①一文中认为,对东盟终身教育资历框架的研究为我国建立国家资历框架提供了重要借鉴。首先,我国在制定国家级资历框架时,需要考虑如何与地方资历框架有效对接。其次,应思考如何使国家级资历框架与国际资历框架对接。再次,建立国家级资历框架还需注意与区域内和全球资历框架的衔接。在构建我国国家级资历框架时,应关注如何与国际成熟的跨国资历框架对接,以确保我国学习者在国外获得的学习成果能够得到认证和认可,从而推动我国教育国际化及终身学习社会的构建。同时,要充分考虑不同层次教育的特点,建立适应各级教育的资历框架。最后,建立国家级资历框架时,应构建相应的质量保障机制。为确保资历框架的质量,需要制定统一的质量标准或标准体系。终身教育资历框架的质量保障对于建立有效的教育衔接和沟通机制至关重要。只有建立统一且遵循的质量保障体系,认证过程才能公平、公正、透明,使学习者的资格和学分得到互认和转换。资历框架中应明确"合格"与"不合格"的概念及其关系,并将其纳入统一体系。这将有助于提高教育质量,确保学习者获得的能力和技能得到广泛认可。

李国强(2017)在《保罗·朗格朗与终身教育理论——兼论西方终身教育理论对我国教育现代化的启示》②一文中提到,首先,终身教育理论的核心含义在于:西方现代终身教育观念是在欧美成人教育的演进中逐渐形成的。成人教育理论也随着社会经济的变化而不断丰富和完善,并对人类未来发展具有深远意义。保罗·朗格朗依据他在成人教育方面的实际操作经验,总结了成人教育所呈现出的先进特质。他认为成人教育具有三个基本特征,即"终身学习性""灵活性"和"适应性"。这种被称为"真正的教育"的理念已经深入到整个教育系统中,并被命名为"终身教育",其核心思想是强调教育应该伴随一个人的整个

---

① 张伟远,谢青松,王晓霞.东盟终身教育资历参照框架和质量保证系统的构建及启示[J].现代远程教育研究,2017(5):12-20.
② 李国强.保罗·朗格朗与终身教育理论——兼论西方终身教育理论对我国教育现代化的启示[J].教育研究,2017(6):146-150,158.

生命,并持续地推动个体的成长和进步。这一理论也被称为"终身学习理论"。它以一种全新的视角重新审视了传统教育观念,从而推动了成人高等教育改革进程。其次,西方现代终身教育理念的诞生,是在出现社会危机和挑战的背景下逐步形成的。这一理念不仅对传统学校教育的封闭性和保守性进行了批判,同时也是在这种批判中逐渐孕育出来的教育理论。再次,西方现代终身教育思想是以实践理性为基础,注重人的全面自由发展。最后,西方的现代终身教育观念是基于对人性的复杂性和不完美的深入理解而形成的,它鼓励通过教育手段去探寻和塑造一个更加美好的生活环境,以此作为对个体有限性的超越与补偿,用终身学习来实现"人的全面、自由、充分发展"。

张伟远等(2020)在《终身教育资历框架全球化发展的关键议题》[①]一文中指出,在亚欧教育部长会议和联合国教科文组织等多个机构的积极推动下,为全民提供终身学习服务的资历框架在全球范围内逐渐形成,全球人口的流动和在线教育的普及进一步推动了资历框架的全球化进程。关于学习成果的国际参考等级、数字化的学习成果及其数字化处理、以成效为核心的教育与培训,以及非正规与非正式学习成果的认证等方面的重要议题,为各国资历框架发展提供标准和工具,拓宽了国际视野。研究结果对我们的启示有:一是国际的参考等级为我国的职业教育及培训资格认证提供了明确的参考准则;二是全球学习成果数字化助力我国学分银行的创新发展;三是成效为本的理念为我国多元化资历和学分互认提供评价标准;四是非正规和非正式学习成果的认证是发展资历框架的重心。

赵长兴(2020)在《法国终身教育改革发展综述及对我国的启示》[②]一文中指出,法国作为提出终身教育理念的先驱之一,以立法为依据,以政府资助和协调为保障,以企业培训出资为原则,正规学校体系承担初始教育,分担继续教育,劳动部协调组织社会职业培训。法国经验对我国构建终身教育体系的启示有:一方面是终身教育法起草应纳入设立终身教育的统筹管理机制、确立终身教育构架主体、将职业培训活动的组织者企业改为行业以及设立个人培训账户,推动继续教育大众化;另一方面是高等继续教育办学应突出与初始教育的

① 张伟远,谢青松,胡雨森.终身教育资历框架全球化发展的关键议题[J].现代远程教育研究,2020(3):44-50.
② 赵长兴.法国终身教育改革发展综述及对我国的启示[J].中国职业技术教育,2020(21):28-38.

区别;再次,高职应大力发展高等继续教育;从次,公立机构高等继续教育应走向半市场化道路;最后,统一我国资格框架,提升劳动者素质和国际竞争力。

李珺(2020)在《韩国持续修订终身教育法的动因、主要变化及政策启示》①一文中指出,韩国对终身教育法进行了全面修订,主要修订内容体现在以下方面:已经明确了终身教育的具体领域和范围,将成人识字教育纳入了法律体系,新增了针对残障者的学习保障机制,建立和完善了终身教育的促进体系,对终身教育师资的各项制度进行了优化,增加了学习账户制度,并扩大了终身教育机构的覆盖范围。通过对韩国终身教育法的法律沿革及内容变化的梳理和分析,我国从中得到两方面启示:首先,保持终身教育立法与终身教育改革的良性互动关系。及时将改革创新成果以立法形式固化,并主动适应改革形势和经济社会发展的需要,用立法引领终身教育未来改革方向。其次,完善终身教育立法保障范围及相关权责问题。既要明确终身教育的适用范围,又要明确终身教育机构的主体范围及法律地位,还要明确终身教育队伍的组成范围、资格准入及权益保障。

高静(2021)在《自主、循环、共生:终身教育理念下日本高等教育改革探析》②一文中认为,以日本高等教育改革在终身教育理念指导下取得的成效为参考,为我国高等教育现代化发展、建设终身学习型社会提供了依据。首先,激发学生自主意识,促进教学体制转型。为了保障大学生的学习自主权,日本构建了一个循环式的教学质量保障体系,该体系主要包含三个核心部分:确立清晰的学习发展目标、提升课程教学质量、完善学习成果的反馈机制,以确保教育质量并满足学生的个性化需求。其次,构建一个循环教育体系,确保职业生涯多样化发展。日本的大学采取向多个主体招生的政策,实施信息化和开放式的教学模式来建立循环教育体系,目的是满足公民职业生涯多样化的需求。这一体系不仅打破了年龄和经历的限制,还确保了各类人群享有平等的学习机会。通过发展成人继续教育,保障在职人员入学机会;通过建立健全导入学历认证制度,保障无学历者入学机会;通过多渠道降低学习成本,多方面保障教学质量,提高课程实用性等措施,满足公民生涯多样化发展需求。最后,遵循多元共生理念,在地方建设中融入终身教育。以大学引领地方发展,打造社区终身教育

---

① 李珺.韩国持续修订终身教育法的动因、主要变化及政策启示[J].职教论坛,2020(8):110-116.
② 高静.自主、循环、共生:终身教育理念下日本高等教育改革探析[J].高教探索,2021(1):83-90.

基地,以及建立实践型社会合作教育体系,促进大学生生涯发展。

马丽华等(2021)在《日本终身教育立法的思想脉络和价值取向——基于〈终身学习振兴法〉的分析》①一文中,着重介绍日本立法过程中隐藏的众多价值冲突,如"市场化"和"民营化"的经济取向、"行政化"与"分权化"的政治取向、"理念性"与"民办性"的理论取向,以及"协调性"和"主体性"的社会取向。深入探讨日本终身教育立法的思维模式和价值导向,可以为我国在终身教育立法方面提供宝贵的经验参考和风险管理建议。日本终身教育立法注重从制度上确保公民终身学习权和参与权等权利,并在具体实践中形成了一套完整有效的运行体系。首先,为了确保公共利益,国家制定了法律:由中央和地方进行协调和平衡,并建立了国家级的终身教育咨询机构;其次,地方的管理方式更加注重效益:将教育治理的权力下放,并充分利用地方的行政能力;再次,政策的发布旨在增强保障:确保立法的连续性,并对教育的立法框架进行完善;最后,强调以人为中心的主体性:明确终身教育的定义,并确保公民的学习权利。

吴雪萍等(2021)在《法国的终身教育推进机制及其启示》②一文中认为,法国已经构建了一个相对完整的终身教育推进体系,主要涵盖了法律保护、资金募集、技术支持、社会参与、学习激励这五个关键领域,且对于促进法国终身教育事业的蓬勃发展具有重要作用。在法国,终身教育的推进策略展现了其以国家为主导的终身教育结构,对公民终身职业成长的关心,以及对终身教育品质的重视等。在其推动下,法国政府制定和实施一系列政策法规,并将其作为促进本国终身教育事业健康快速发展的重要手段。参考法国的成功经验,我国在构建终身教育的推动机制时,可以从多个方面入手,包括建立终身教育的法律保障、资金筹集、技术支持、社会参与、学习激励、就业服务和质量保证等机制。

7.终身教育视域下各级各类教育研究

(1)终身教育视角下社区教育研究

厉以贤(2001)在《社区教育·终身教育·学习社会》③一文中认为,从某个角度看,社区教育与终身教育之间的联系表现为:终身教育主要关注"实时"的

①　马丽华,娜仁高娃.日本终身教育立法的思想脉络和价值取向——基于《终身学习振兴法》的分析[J].教育发展研究,2021(17):51-60.

②　吴雪萍,李默妍.法国的终身教育推进机制及其启示[J].外国教育研究,2021(11):116-128.

③　厉以贤.社区教育·终身教育·学习社会[J].中国成人教育,2001(11):5-7.

学习和接受教育,而社区教育则更多地强调"无处不在"地学习和接受教育。终身教育就是要培养人们学会适应生活环境的能力,而社区教育则是使人成为能够不断适应环境变化的学习者的过程。社区教育是一种开放的教育体系,它不仅包括学校之外的各种成人教育形式,而且还涵盖所有能够满足人们终身需要的教育活动。在社区中,各种机构、团体和个体都深度参与并对教育表示关心,为其提供必要的支持与援助。通过开展多种形式的活动来促进人们对知识和技能的掌握,提高他们适应新生活的能力。与此同时,教育体系也受到社会各界的监督和积极引导,以便更有效地为社区提供服务并回馈社会。社区教育展现了明确的"三全"属性:"全员参与""全程关注"以及"全过程管理"。

陈乃林(2008)在《终身教育理念参照下的社区教育》①一文中认为,社区教育和终身教育有着密切的关系,推进社区教育有助于普及终身教育。首先,社区教育的进步可以全面提升人的终身发展,体现终身教育对人的终极关怀;其次,推动社区教育的发展,建立和谐文化氛围和促进社会和谐,是终身教育体系发展的关键任务;再次,建立社区学习资源平台和公共服务体系是实现终身教育目标的重要手段;最后,社区教育的发展和学习型组织的建设,是构建终身教育体系和迈向学习型社会的重要组织基础。

沈光辉(2011)在《社区教育是一种区域全民终身教育——社区教育与终身教育、成人教育、学习型组织的关系》②一文中认为,社区教育的核心目标与终身教育的理念是一致的,都是创造一个每个人都可以学习、随时可以学习、到处都可以学习的社会环境,从而达到提高生活质量、增强社会整体素质和满足人们的幸福需求的终极目标。首先,从理论角度来看,终身教育的重要性超过了社区教育。终身教育应被认为是一种现代的教育观念和框架,它为教育提供了持续和连贯的指导原则,而不是一个具体的教育实体。这一内涵使终身教育超越了传统的学校教育观。在终身教育观念的指导下,社区教育成为具体的实践方式和教育实体之一。其次,从教育体系的角度来看,终身教育覆盖了教育过程中的所有阶段和多种教育方法,包括从基础教育到高等教育的所有级别和类型的教育。再次,从形式上讲,终身教育包括学校教育与社会教育两个方面,前者

---

① 陈乃林.终身教育理念观照下的社区教育[J].成人教育,2008(10):16-18.

② 沈光辉.社区教育是一种区域全民终身教育——社区教育与终身教育、成人教育、学习型组织的关系[J].中国成人教育,2011(7):15-19.

以学校为主,后者以社区为载体,二者相辅相成,共同促进人们的全面发展。社区教育作为终身学习体系中的核心部分,为其实践提供了坚实的基础。在现代经济社会发展进程中,社区被视为社会的核心,社区教育是终身学习的具体实践和路径,它可以融合区域内的各种教育功能,为人们提供终身学习的服务。社区教育既包括一般意义上的终身教育,又包含特殊意义上的全民教育。最后,从时间和空间的角度来看,终身教育主要强调时间的连续性,这体现了"时时"接受教育的重要性;而全民教育则强调"人人"都能获得知识,以适应社会发展需要。社区教育主要强调空间的连续性教育,它是一个向大众提供终身学习和终身学习的关键教育场所,体现了"无处不在"的教育理念。

蒋健民(2011)在《终身教育视角下创建特色社区教育的探讨》[①]一文中认为,社区教育不仅是终身教育的基本载体和基石,也是其具体的展现方式和实施路径,它为社区教育提供了理论支撑,并代表了社区教育的整体和最终目标。文章在分析了国内外城市社区教育现状以及我国城市社区教育存在问题的基础上,提出了构建适合本市特点的社区教育模式及运行机制。本地社区教育的独特发展方向是:首先,组织各种形式的社区教育活动,以增强社区教育的针对性和实际应用价值;其次,我们需要对社会教育资源进行整合和优化,同时构建和进一步完善社区教育的网络体系;再次,我们致力于塑造社区教育的品牌形象,以增强其在社区教育中的影响力;最后,执行社区教育的认证程序,为社区创造一个终身学习的软性环境,并提高学习文化的品质。文章以上海市闵行区为例进行了实证分析。通过实施教育认证,我们旨在引导和推动社区教育机构的自我成长和改进,为社区创造一个终身学习的软环境,提高学习文化的品质,最后达到满足社区成员多样化的学习需求,提升社区成员的综合素质和生活品质,从而推动社区的全面发展。

马金东(2011)在《终身教育体系下社区教育实践研究》[②]一书中,将研究成果分为两大板块:"研究与思考""实践与反思",共包含二十个专题,内容涉及对社区学院自身发展的探索和思考、非学历继续教育项目的开发与管理、社区教育需求调查、社区教育课程开发、社区教育管理与运行模式以及开发老年教育等实践探索引发的思考等。制约我国社区学院发展的政策问题包括缺乏社

---

① 蒋健民.终身教育视角下创建特色社区教育的探讨[J].继续教育研究,2011(1):81-83.
② 马金东.终身教育体系下社区教育实践研究[M].北京:高等教育出版社,2011.

区学院专门政策、行政隶属难以支撑社区学院的功能、缺乏专业师资队伍等。只有构建社区学院政策体系,设立专门的行政管理部门,中央与地方联手加大投入和引导开展中国特色社区学院的研究,才能有效促进社区学院的发展。

范宇竹(2013)在《终身教育视野下职业教育对社区教育发展的影响》①一文中认为,终身教育对于职业教育以及社区教育的进步都起到了极为关键的影响。终身教育理念在我国得到了普遍认同并成为社会共识,但如何构建与之相适应的职业教育体系仍然面临着许多问题和挑战。在终身教育的背景下,职业教育不仅是终身教育结构中的重要部分,同时也是全程教育和全民教育的核心议题之一。终身教育视野下的职业教育对社区教育的影响主要体现在以下方面:首先,学习方式的转变:以知识为传递导体;其次,共同教育体的构建:职业教育与社区教育融合发展;最后,构建一个以市场需求为导向,并得到政府支持作为补充的教育体制。这是当前我国职业教育领域面临的新课题。学校与社区的融合构建了院校与社区的共同体。同时也必须考虑到职业教育在整个社会系统中的定位及其所承担的职责,以及如何通过合理设置专业来提高人才培养质量等问题。职业学校应当与社会保持紧密的联系,广泛开放教育设备和设施,促进教育资源有效共享。

常冠群等(2017)在《终身教育理念下社区教育体系构建的实践路径——以长春市为例》②一文中,提到了构建长春市社区教育体系的方法。首先,长春市社区教育基础能力建设包括制度建设、社区教育实验区、示范区建设和社区教育办学体系建设。其次,开放学校资源,建立"学校—社区"资源互动方式。再次,提升社区教育内涵,丰富社区教育的内容和形式。加强社区教育课程资源建设、提高社区教育工作者队伍专业化水平都可以有效丰富社区教育的内容和形式。从次,完善社区教育信息化能力,促进"互联网+"社区教育模式建设。再者,提高服务重点人群的能力。例如大力发展老年教育、积极开展青少年校外教育、加快推动乡镇社区教育发展。最后,建设"学分银行",探索社区教育学习成果转换。

---

① 范宇竹.终身教育视野下职业教育对社区教育发展的影响[J].职教论坛,2013(14):7-9.
② 常冠群,李波.终身教育理念下社区教育体系构建的实践路径——以长春市为例[J].职业技术教育,2017(29):17-20.

黄一鸥等(2020)在《终身教育理念下构建社区学习共同体研究》①一文中认为,社区学习共同体是由社区居民自发组成的以学习活动为主要内容的群体组织,是践行终身教育理念的重要平台,有助于将终身教育理念落实到基层社区,满足居民多样化的学习需求,提高社区成员的素质。实际的发展策略包括:首先,我们需要明确政府的职责,并进一步完善相关的管理与保障体系。一是政府有责任为社区学习共同体的建设提供坚实的法律和制度基础,并主导建立一个多方参与的运作机制,以促进社区学习共同体在运作过程中信息的公开透明;二是加强对社区学习者的引导,发挥其主体作用,提高学习效率和效果。其次,为了打造一个先进的网络平台,需要促进资源整合与互联互通。打造一个高度智能化的社区教育网络平台将极大助力社区学习共同体的成长,帮助其跨越地域限制,从而在更广泛的范围内实现资源共享。同时,加强师资培训,提高教师综合素质。再次,构建学习型社会,提升社区公民素质。政府正在增加对社区教育的资金支持,扩大社区学习共同体的资金来源,同时创建特色项目,根据居民的学习需求进行个性化定制的教育服务。最后,要创造一个鼓励终身学习的环境,培养市民对社区学习共同体的积极参与意识。一方面,从外部环境入手,加强社会力量参与社区教育的力度。另一方面,为了加强社区学习共同体的教师队伍建设,可采用"内部提升"与"外部引进"的策略。

(2)终身教育视角下成人教育、继续教育研究

朗格朗(1985)在《终身教育引论》②一书中为成人教育注入了新的内涵。该书从年龄与教育、青年与成人、教育方法与内容、培训与选拔,以及教育流程的一致性和连续性等五个维度,深入探讨了终身教育的重要性。成人教育的真正含义不应仅仅是学校教育的简单扩展,而应该是基于成人的特性和需求,不是强制性的,而是自由的教育。终身教育是对传统教育思想的超越。在终身学习的观念指导下,成人教育的过程不应仅仅局限于固定的教学内容。相反,我们应该更加重视培养学生的理解力、知识吸收与分析能力、知识整理技巧、处理抽象与具体、普遍与特定关系的能力,以及将理论与实践相结合的能力。在终身学习的背景下,朗格朗持有这样的观点:我们应该采用创新的方式来培养人

①　黄一鸥,王利华.终身教育理念下构建社区学习共同体研究[J].教育与职业,2020(24):79-85.

②　保尔·朗格朗.终身教育引论[M].北京:中国对外翻译出版公司,1985.

们,确保他们在自己的知识探索和文化旅程中能够熟练地应用这些方法。这样的教育理念,无疑为人们提供了一种全新的学习方式,使知识的学习和应用变得更加灵活和有效。

方苗等(2001)在《论成人教育如何在构建我国终身教育体系中发挥作用》①一文中认为,成人教育主要针对成人,其广大的社会属性、全民参与、终身学习和多元性与终身学习的理念高度吻合。要实施终身教育,首要任务是促进成人教育的持续进步。如何适应社会和科技的快速发展,使成人教育与整个国民教育同步协调地向前推进呢? 1997 年,联合国教科文组织在德国汉堡举办了第五届国际成人教育大会,会议的核心议题被确定为:"成人学习是 21 世纪的关键",这次大会对各国成人教育改革产生了重大影响。大会所发布的《汉堡宣言》明确指出:"一个以成人教育为核心,鼓励全民终身学习和温和建设性的时代,正在大步向我们前进。"成人教育作为一种社会现象和文化现象,已经渗透到人类生活的各个领域。在《学会生存:教育世界的今天和明天》这本书中,当提及成人教育时明确指出:"成人教育是教育过程中的正常高峰。""教育本身就是一种有计划地持续不断地进行着的实践活动……所有这些都依赖于教育对象的参与,而不是由教育者自己决定。""成人教育具有特殊的重要性,因为它可能在决定非成人教育活动的成功与否方面发挥着关键性的角色。"②成人教育已成为各国政府关注的问题。

王湛(2004)在《进一步发展我国成人教育促进终身教育体系和学习型社会建设》③一文中认为,成人教育是推动我国教育体系进步的关键因素。作为从传统学校教育向现代教育过渡的标志,它在推广终身教育、构建学习型社会中扮演了核心角色。在我国的国民教育和终身教育体系中,成人教育起到了不可或缺的推动作用。成人教育的发展方向包括:一是继续推进农村扫盲工作;二是大力发展农村成人教育;三是积极进行职工教育和培训;四是深化社区教育的发展,以促进学习型社会的建设。其中,推动社区教育不仅是成人教育在新时

---

① 方苗,梅国荣.论成人教育如何在构建我国终身教育体系中发挥作用[J].江西社会科学,2001(3):172-175.

② 联合国教科文组织国际教育发展委员会.学会生存:教育世界的今天和明天[M].上海:上海译文出版社,1979.

③ 王湛.进一步发展我国成人教育促进终身教育体系和学习型社会建设[J].教育与职业,2004(1):7-9.

代下的主要任务,也是其探索新增长点和发展机会的关键途径。目前,社区教育已获得地方党委和政府的高度重视,相关部门和社区居民也积极参与其中。我们应把握这一良好机遇,促进社区教育在全国范围内广泛而深入地开展。教育部计划进一步拓展全国社区教育实验区,以增加社区教育实验区的覆盖面。

李春香(2006)在《论终身教育理念下成人教育的内涵、特征及发展趋势》①一文中,探讨了在终身教育观念影响下成人教育的新发展方向。首先,强调非学历教育和在职教育的重要性,将岗位培训和继续教育视为人力资源开发和提高劳动效率的关键途径。其次,强调情感、道德和艺术的发展方向。再次,以学生为中心的学习方式将成为未来成人学习活动中最主要的特征。在终身教育的理念指导下,成人教育旨在激发和推动个体在一生中获得必要的知识、价值观、技术和多种能力。它具有教育性、主体性、开放性和发展性的特征。在终身教育的观念中,成人教育代表着人们在智慧、审美、道德和社会认知等多个领域都持有正面的看法。因此,要想提高成人教育质量,必须注重情感因素,即通过对人的尊重、信任、关心以及鼓励来促进成人个体的自我完善和自我发展。我们需要加速成人教育的制度化进程,并将实施成人教育制度视为实现终身学习目标的关键保障。最后,配合国际化趋势。国际化具有如下优点:经济性、应变性、先进性和长久性。

郝丹等(2007)在《着眼终身教育构建开放式人才培养模式——访中央广播电视大学校长葛道凯》②一文中认为,开放教育试点项目有效地促进了电大的整体改革与发展,最突出的贡献在于确立了符合中国远程开放大学特色的人才培育、教学、管理及运营机制,"对我国现代远程教育工程的实施,产生了重大影响",在构建我国终身教育体系、推进学习型社会的建设中,"三个模式、一个机制"的构建,亦为有效且有益的探索。开放式教育发展方向为:首先,开放教育试点,促进电大事业发展;其次,探索三个模式,凸显中国开放大学特色;再次,构建一体化运行机制,确保开放教育质量;最后,不断推进与深化人才培养模式改革。

---

① 李春香.论终身教育理念下成人教育的内涵、特征及发展趋势[J].成人教育,2006(2):18-19.
② 郝丹,冯琳,曹凤余.着眼终身教育构建开放式人才培养模式——访中央广播电视大学校长葛道凯[J].中国远程教育,2007(3):5-10.

王丽等（2010）在《成人教育、继续教育与终身教育——概念的解读与辨析》①一文中认为，成人教育的目的是为具有不同教育背景的成人提供各种级别和功能的综合教育。广泛意义上的继续教育指的是高于任何教育水平的教育，而狭义上的继续教育主要是指个体在完成初始教育阶段后所接受的各种后续教育。从这一意义上来说，成人教育与继续教育都具有相对独立性。成人教育、继续教育与终身教育都属于教育领域中一种特殊类型的教育，它们具有共同的特征。成人教育和继续教育虽然是两个独立的概念，但它们之间确实存在某种联系，并且都是终身教育的一部分，都具有开放性特征。经过对成人教育、继续教育和终身教育这三个概念的深度剖析，我们能够观察到它们之间既有联系也有区别。首先，成人教育包含了继续教育，但这两者之间并不是完全相同的。其次，成人教育具有明显的阶段性和连续性特点。再者，终身教育涵盖了成人教育和继续教育的内容。再次，成人教育和继续教育都是以人为主体而开展的活动。最后，在推动学习型社会建设的进程中，我们主张积极促进包含成人教育、继续教育在内的多元化教育模式的终身学习理念，倡导全民终身教育与学习的体系，并致力于实现这一目标。

郭青春（2010）在《适应终身学习与自主学习需要的开放教育课程平台构建研究》②一书中，基于广播电视大学在课程平台架构方面的探索和研究过程，介绍了项目组设计的开放教育课程平台的基本架构、运行规则、运行机制、呈现模型，以及综合试点和推广应用情况等。开放教育课程平台的搭建是建立在这样一个理念之上：有教无类—学有所教；灵活转换—终身有效。它是指在学校教学中，教师根据学生不同学习需要和特点，通过多种途径开发或整合各类教育资源，形成具有一定规模和特色的教育形式。它将课程内容按照学科体系分为若干个子模块，每个子项又由若干知识点组成。对于开放教育课程平台而言，课程扮演着核心角色。在此平台上，所有课程的设计都需遵循模块化原则，并通过不同层次的互联、多样化路径的选择，以及多角度的互动来实现有效沟通。

---

① 王丽,王晓华.成人教育、继续教育与终身教育——概念的解读与辨析[J].继续教育研究,2010(11)：4-6.
② 郭青春.适应终身学习与自主学习需要的开放教育课程平台构建研究[M].北京：中央广播电视大学出版社,2010.

盛连喜(2011)在《终身教育视野下组建开放大学联盟的战略选择》①一文中认为,终身学习理念和学习型社会的构建基石在于学习机会的普及。我国目前已步入高等教育普及化时代,大众对终身学习的需求日益增长,因此,推进继续教育的发展变得尤为迫切。继续教育是实现终身学习的基石,特别是开放大学作为终身学习体系中的关键枢纽,凸显了其教育对象的广泛性、过程的持续性、资源的共享性和环境的社会性。而我国在开放大学建设方面面临诸多挑战,尽管并不缺乏开放教育的机遇和资源,但高质量的开放教育资源仍显不足。为此,我们需要构建以开放大学为核心的远程教育新体系——开放大学联盟。该联盟通过卫星、电视、互联网等现代信息技术手段,打造和传播公共服务平台,以其广泛的覆盖面和宽松的入学条件,为学习者提供更加丰富和优质的学习环境和内容。开放大学联盟以开放性、平等性、多样性、灵活性为特点,致力于通过广泛的联盟、开放的态度、高品质和多元性的资源,为社会成员的终身学习提供优质教育资源,确保开放大学在终身教育体系中发挥主导作用。

荆德刚(2020)在《基于终身教育视域的开放大学新使命》②一文中指出,在新时代和新起点上,开放大学有能力肩负起构建服务全民终身学习教育体系的多项核心任务。这包括作为教育强国的基础任务、支持全民终身学习教育体系的基础任务、作为"互联网+教育的国家队"的责任、作为互联网大学的先锋角色、作为"面向每一个人、适合每个人"的教育压舱石任务、作为更加开放和灵活的教育体系的定盘星任务,以及作为学习型社会加速器的使命。开放大学是我国终身教育体系中不可忽视的重要组成部分,也将成为推动中国特色社会主义事业的中坚力量和生力军。

(3)终身教育视角下远程教育研究

陈乃林等(1999)在《现代远程教育:终身教育的第一选择》③一文中提到,在发展终身教育体系的过程中,我们必须清晰地意识到,依托现代电子通信技术,现代远程教育这一新兴教育模式正在迅速崛起。它以尖端技术为支撑,展现出公平、民主、开放和灵活的特性,已成为满足终身教育理念和需求的首选学习方式。首先,终身教育的核心理念对现代远程教育提出了特殊的要求。其

---

① 盛连喜.终身教育视野下组建开放大学联盟的战略选择[J].现代远程教育研究,2011(4):8-15.

② 荆德刚.基于终身教育视域的开放大学新使命[J].中国远程教育,2020(3):1-4.

③ 陈乃林,周蔚.现代远程教育:终身教育的第一选择[J].现代远距离教育,1999(2):2-5.

次,现代远程教育的多样化形式能够满足终身教育的多样化需求。最后,现代远程教育的本质特点与终身教育的需求高度契合。教育受众的普及化、教学技术的现代化、教学内容的公开化、学习途径的个性化、教学手段的多样化,以及教育效率的高效化等,这些都是现代远程教育的本质特点。随着科技的快速进步和知识经济时代的到来,远程教育将以空前的速度快速发展,并在构建终身教育体系和学习型社会中起到越来越重要的作用。

常咏梅(2003)在《运用现代远程教育网络构建终身教育体系》[①]一文中提到,要运用远程教育网络构建有中国特色的终身教育体系。构建终身教育体系需分层推进、逐步开放、重点发展和共享资源。现阶段,我国的网络传输方式主要包括卫星电视教育网、中国教育科研网(CERNET)、公众电信网和有线电视网等。这些网络相互补充和整合,形成了一个多样化的远程教育网络体系。在这种网络拓扑结构中,该系统是一个直接服务于家庭的远程教育网络传输平台,它通过卫星传输接入网络,利用有线电视网络或宽带城市网络进行家庭接入,并以英特尔网络作为其补充。它具有投资小、建设快、成本低、覆盖面广的特点,可以实现资源共享、双向教学和远程培训功能。

万朴(2003)在《远程教育的成本分析与终身教育》[②]一文中认为,我国远程教育主要针对的是更广大的受众和社会弱势群体,尤其是农村和偏远地区。在这种情况下,需要一个全新的观念,即建立"面向人人"的学习型社会。远程开放教育作为我国高等教育改革的一项重大举措,已显示出巨大的生命力,其效益也越来越受到人们关注。在打造终身教育体系时,教育应重点关注两大核心议题:一是如何确立适应远程教育的思维模式及技术路线;二是如何合理地对远程教育成本进行分析,并通过降低成本扩大受益人群。远程高等教育应被视为国家创新体系的关键部分。建立一个成本效益较高、自主学习无地域限制的全面、开放的远程教育系统和管理框架,将为我国高等教育普及和加强个性化、创新型人才的培养提供更为优越的条件。

陈丽等(2004)在《网络时代远程教育在终身教育中的定位和作用——"第

---

① 常咏梅.运用现代远程教育网络构建终身教育体系[J].电化教育研究,2003(11):50-53.
② 万朴.远程教育的成本分析与终身教育[J].中国远程教育,2003(7):11-14,58,78.

21 届 ICDE 远程教育国际会议"评述》①一文中认为,在知识型社会中,终身教育占据了不可或缺的地位。远程开放高等教育以其开放性、平等性和高效性等特征成为实现终身学习目标的有效载体之一。但是,考虑到目前许多传统大学的教师都面临着工作压力过大的问题,传统大学不能增加学生的招生数量,这使得传统大学很难真正承担起终身学习的责任。由于网络技术的快速普及,使远程开放教育成为实现终身学习的重要手段之一。远程教育不仅具有丰富的教育资源,而且能够提供大量信息服务,为学习者构建终身学习环境,从而促进个体在知识、能力及态度等方面的持续进步和提升。远程教育将在促进终身学习的进程中扮演两重角色:一是作为一种独特的教育方式,它将有助于教育规模的进一步扩大;二是被视为教学方法的一种革新,从而改变传统的授课方式。在知识经济社会中,远程教育的核心地位得到了这两种作用的共同展现。

陈至立(2008)在《充分发挥现代远程教育在建设人力资源强国中的重要作用——在"纪念邓小平同志批示创办广播电视大学 30 周年暨推进国家终身教育体系建设座谈会"上的讲话》②一文中认为,远程教育的成功实施为终身学习体系的建设提供了宝贵的经验。首先,它探索了一种新的模式,该模式能够适应不同的学习需求,并提供多样化的教育服务。其次,研究如何结合现代技术手段来开展远程教育的创新方法。再次,建立和完善终身教育体系的新思路。从次,建立和完善终身教育服务体系的新机制。最后,现代远程教育在构建人力资源强国的事业中占据核心位置。我们必须要深刻理解它在促进全民族终身学习社会的发展和在推动高等教育大众化进程中所发挥的重要作用,即为实现全面建成小康社会目标提供智力支持。而且,我们需要最大限度地利用现代远程教育在持续教育发展中的核心地位,发挥现代远程教育在提升国民素质和创新能力中的重要作用,即为提高全民族科学文化素质服务。因此,我们必须充分利用现代远程教育在减少教育不平等和促进教育公平方面所能发挥出的关键作用,以实现其最大效能。

---

① 陈丽,张伟远.网络时代远程教育在终身教育中的定位和作用——"第 21 届 ICDE 远程教育国际会议"评述[J].开放教育研究,2004(2):8-15.
② 陈至立.充分发挥现代远程教育在建设人力资源强国中的重要作用——在"纪念邓小平同志批示创办广播电视大学 30 周年暨推进国家终身教育体系建设座谈会"上的讲话[J].现代远程教育研究,2008(2):5-7.

高勇(2012)在《远程教育在终身教育体系构建中的时代使命》①一文中提到远程教育在终身教育体系构建中的功能。一是有关远程教育在构建终身教育体系中扮演的角色及其对体系建立与发展产生的积极影响。它具有的开放共享功能有助于推动终身教育的普及和社会化进程,可以为终身学习者提供各种形式的服务和支持,促进了终身教育的发展。二是有关远程教育与终身教育体系建设之间产生相互关系。其一,远程教育在塑造一个学习型的社会环境中起到了巨大的作用。远程教育是终身学习的重要方式之一,对提高全民素质具有不可替代的作用。其二,通过远程教育,我们可以更好地实现教育的公平性。其三,远程教育为学习者提供了一个全面的学习支持服务体系。其四,远程教育已经为学习者的独立学习打下了坚实的基石。

袁松鹤等(2012)在《终身教育体系下的远程教育质量观》②一文中认为,在我国的继续教育体系中,远程教育占据了关键的位置,它也是构建终身教育结构的重要路径。随着网络技术和信息技术在现代教育领域应用的日益普及,继而对远程教育质量提出了更高要求。确立一个正确的远程教育质量观念,构成了全方位提升远程教育质量的基础条件。从分析当前我国远程教育质量观存在的问题入手,文章提出了以终身学习为中心,实现远程开放教育教学目标的新型远程教育质量观及其内涵和特征。提出远程教育新的质量观的发展方向:首先是在终身教育体制下,推动远程教育向多元化方向发展;其次,需要构建一个系统化且多元化的远程教育质量观;最后,构建开放学习与终身学习相结合的现代远程教育模式。

(4)终身教育视角下家庭教育研究

刘楚魁(2000)在《试论家庭终身教育》③一文中认为,从纵向角度观察终身教育,它在人的生命旅程的每一个阶段都有所体现;从横向角度观察,它已经深入到社会生活的每一个角落。终身教育具有时空统一性。这种在时间维度上的持续存在与在空间维度上的社会整体性的融合,构成了终身教育的核心特质。文章着重从终身教育与家庭教育这两个方面来论述这一问题。家庭教育被视为终身学习的核心部分,为了确保家庭教育的质量,我们必须重视家庭中

① 高勇.远程教育在终身教育体系构建中的时代使命[J].河北学刊,2012(1):244-247.
② 袁松鹤,齐坤,孙鸿飞.终身教育体系下的远程教育质量观[J].中国电化教育,2012(4):33-41.
③ 刘楚魁.试论家庭终身教育[J].求索,2000,20(4):78-80.

的终身教育任务。一方面,要对家庭教育有深入了解。从历史的发展角度看,家庭教育具有继承性与发展性两大特征;从教育的时间角度看,家庭教育从家庭的建立开始,到家庭解散结束,经历了新婚、抚养子女和空巢期等多个阶段;从教育的空间角度看,家庭教育主要是在住宅内进行的,但家庭成员在住宅之外的互相教育也应被视为家庭教育的一部分。另一方面,在教育内容上,要以"德"为主,同时注重智育、体育与美育,并注意培养孩子良好的道德品质和行为习惯;在教育的主体和对象上,我们需要摒弃传统的观点,即长者应被视为自然的教育对象,而幼者则应被视为教育的对象。在教育议题上,我们应确保长幼之间的平等,并视有能力的人为导师;在教育焦点上,我们不应仅仅关注青少年和成年人的教育,也应平等对待他们。总之,家庭教育是整个社会教育网络中不可或缺的一个环节。

　　华伟(2011)在《论慈、爱、孝一体的家庭教育——基于终身教育和全民教育视野》①一文中认为,家庭教育不仅是传承人类文明的重要手段,同时也是促进社会和谐和政权稳固的关键路径。作为中华民族优秀文化之一的孝道文化在现代仍具有重要意义。在当前的教育背景下,我们应该将"孝文化"和"家文化"融入终身教育和全民教育的广阔视野中,重新认识中国传统文化的真正价值,以孝道为中心构建现代家庭伦理思想体系,使之成为一个完整的思想意识形态。当前,我国的家庭教育面临着家庭伦理功能的衰退、孝顺与慈爱之间的不平衡,以及配偶间爱的缺失等问题。究其原因主要是在现代西方文明冲击下形成的价值观导致的。在改革开放之后,中国社会经历了深刻的转变。市场经济逐渐取代了计划经济,这导致了社会结构的巨大转变。一方面,传统的道德观点、利益追求、人与人之间的关系,以及消费习惯都开始呈现出碎片化的趋势,使得家庭的稳定性受到了挑战,伦理功能也逐渐衰退;另一方面,独生子女政策使得许多家长过分关注自己的经济状况而忽略孩子的教育问题,导致孝道淡化,产生了一系列不和谐因素。因此,我们迫切需要恢复慈孝的原始含义。父母应当深入了解孩子,将他们视为拥有完整人格尊严的"人",尊重他们的天性和选择,给予他们应有的关爱和尊重,缩小与孩子之间在情感、信息和时代上的差距。同时,我们鼓励夫妻之间建立一个既合理又和谐的爱情关系,确保彼

---

① 　华伟.论慈、爱、孝一体的家庭教育——基于终身教育和全民教育视野[J].中国成人教育,2011(23):13-15.

此之间拥有真挚和平等。现代家庭教育应当以儒家的伦理观念为核心,恪守并进一步弘扬慈悲、爱心和孝道。我们需要在夫妻和亲子之间建立一条具备"双向互动"和"互利共赢"的、用心理、情感、生命和伦理维系的纽带,致力于打造一个学习型的家庭环境,确保每个家庭成员都能共同经历成长的旅程,从而达到全民的全面教育目标。

孙俊三等(2016)在《家庭教育是基础教育,也是终身教育》①一文中认为,家庭教育与个人的成长紧密相连。这种教导不仅限于父母对子女在 18 岁之前的培养,而是贯穿于一个人整个生命的过程。从时间的角度来看,从出生到生命的终结,家庭教育都扮演着重要的角色;从空间的角度来看,家庭教育不仅限于家庭内部,还延伸至家庭外部的各种环境;从教育的对象来看,无论是小孩还是大人都是家庭教育的对象;从教育的内容来看,家庭教育是一个持续终身的全面发展过程。家庭教育既是基础教育,也是终身教育。家庭教育首先被视为教育学的一个核心观念。自 20 世纪 50、60 年代起,终身教育的理念和实践开始广泛传播,并逐步获得了全球的重视。终身教育是社会的需要,也是个人自身发展的要求。终身教育的核心思想是教育应该伴随一个人的整个生命,而家庭教育恰恰是这种思想在家庭背景下的具体展现。家庭作为社会最基本的单位,对个体的健康成长起着重要作用。无论是社会教育、学校教育还是家庭教育,它们都是持续一生的。一个人的整个生命与其家庭环境是紧密相连的,无论是生命的成熟、全方位的成长还是终身学习,只要家庭存在,教育就会不断地进行。

程豪等(2021)在《我国家庭教育的内涵反思与时代重构——基于"构建服务全民终身学习的教育体系"的视域》②一文中认为,构建服务全民终身学习的教育体系与家庭教育密切相关,家庭教育在实践方面不断丰富着构建全民终身学习的教育体系的理论内涵。家庭教育的实践案例一方面体现了对终身学习体系的践行,表现为家庭共同参与和建构家庭终身学习的过程,另一方面表现为对该体系的进一步深化,具备理论色彩的实践改进和具备实践基础的理论创

---

① 孙俊三,孙松竹.家庭教育是基础教育,也是终身教育[J].湖南师范大学教育科学学报,2016(5):103-107,128.
② 程豪,吕珂漪,李家成,等.我国家庭教育的内涵反思与时代重构——基于"构建服务全民终身学习的教育体系"的视域[J].现代远距离教育,2021(6):3-12.

新是相辅相成的。以构建服务全民终身学习的教育体系的立场,反思家庭教育内涵,发现家庭教育较为凸显家长权威而弱化其他主体,较为遵循单向逻辑而忽视双向作用,较为侧重培养孩子而轻视发展全员。因此,要在家庭教育概念的原意基础上赋予新意、加以改造,家庭教育的实施主体应由年长一代拓展到家庭全员,实施过程应由单向传递进阶为交互联通,实施影响应由指向孩子延伸至全员共长。

(5)终身教育视角下高等教育研究

张必涛等(2009)在《非学历教育在构建终身教育体系中的作用研究》①一文中,探讨了非学历教育在建立终身学习体系中的重要性。首先,非学历教育被视为实现终身学习的关键教育方式。非学历教育不仅凭借其针对性、短暂的时间和迅速的效果,成功地满足了人们追求终身学习的期望,而且能够弥补学历教育存在的不足,使受教育者终身受益。非学历教育为农村的年轻人提供了宝贵的学习机会,这对构建整个社会的终身教育体系是非常有益的。其次,非学历教育提高了受教育者的素质,促进了经济和文化事业的快速发展。非学历教育提高了个人素质和能力,促进了个人全面发展。最后,非学历教育满足了社会进步的实际需求,并满足了大众对终身学习的期望。非学历教育作为一种特殊类型的教育,它不仅具有成人教育的特点,而且还具备成人高等教育的特征。终身教育为非学历教育创造了宽广的发展机会,而非学历教育为终身教育的实践提供了坚实的支撑,并在建立终身教育体系中发挥了至关重要的作用。

龚放等(2001)在《关于终身教育与高等教育的若干思考(上)》②一文中认为,终身教育代表了一个开放且具有灵活性的创新教育模式。从广义的角度来看,终身教育体系覆盖了从幼儿教育到老年大学教育的所有阶段,这不仅包括以时间为中心的初等教育、中等教育、高等教育和成人教育的学校教育,还包括以家庭教育和社会教育为空间范围的两大非学校教育系统。从狭义的角度来看,终身教育就是由家庭、社会、政府等各种不同主体所共同组成的教育网络。在终身教育的整体架构里,高等教育起到了不可或缺的作用,并被认为是整个教育体系中的"领头羊"。其独特之处在于它所拥有自主发展的休闲教育特性。高等教育作为一种特殊类型的教育,其发展不仅能够满足人们日益增长的精神

① 张必涛,郜丽娟.非学历教育在构建终身教育体系中的作用研究[J].成人教育,2009(9):20-21.
② 龚放,萧绍清.关于终身教育与高等教育的若干思考(上)[J].辽宁教育研究,2001(3):14-18.

文化需求,而且还能为个人提供全面、自由的休闲时间。这样的功能确保了高等教育在终身学习和学习型社会中占据了不可替代的地位。因此,如何更好地发挥大学自身的优势,开展好自己独特的闲暇教育活动,是我们面临的重要课题之一。虽然高等教育机构在自主发展的休闲教育上的尝试,目前尚处在起步阶段,但已展现出巨大的潜力和价值。

高体健(2002)在《论高等教育在构建终身教育体系中的地位和作用》[①]一文中认为,在终身教育体系中,高等教育扮演着不可或缺的角色,它不仅是人才培养和知识传播的摇篮,也是社会进步的助推器。我国的高等教育机构作为知识和信息的集散地,拥有众多学科领域的专家、学者和教授,并且配备完善的校舍、图书馆、实验室和丰富的学术资源。这些优势确保了高等教育在构建终身教育体系中扮演了至关重要的角色。其重要性具体体现在以下三个方面:一是由于社会对终身教育的需求不断上升,高等教育通过提供高质量的学习机会,满足社会成员持续学习的需要;二是高等教育资源作为终身教育体系建立的物质基础,其作用不可小觑;三是高等教育所具有的教育功能和社会职能,为它实现终身教育目标提供了坚实保障。

闵维方(2004)在《高等院校与终身教育》[②]一文中认为,在构建终身教育体系和建设学习型社会中,高等院校的地位与作用相当重要。高等学校,尤其是融合了教学、科研和社会服务三大核心功能的研究型大学,通过提供持续教育和终身学习机会,将极大推动知识的创新、处理、传递到实际应用,从而促进经济增长和社会进步。目前,全球众多国家日益意识到高等教育机构在国家社会进步中的核心地位,以及它们在构建终身学习体系和学习型社会中的关键角色。因此,世界各国都制定相应的政策措施鼓励并推动高校参与终身学习,使其成为构建现代国民素质基础结构的一个有机组成部分。近几年,中国的高等教育呈现出旺盛的发展势头,不仅规模不断壮大,质量也在持续提升,这充分体现了国家政策导向和社会发展价值观。在终身教育和学习型社会的背景下,高等教育机构需要肩负起新的责任,这意味着他们必须在办学理念、课程内容、教学策略,以及管理和运营方式等多个领域进行全面的改革和创新。

---

① 高体健.论高等教育在构建终身教育体系中的地位和作用[J].中国成人教育,2002(2):8-12.

② 闵维方.高等院校与终身教育[J].中国大学教学,2004(2):9-10.

陈乃林等(2006)在《终身教育视野下高等教育观念的解构与嬗变》①一文中,探讨了在终身教育背景下,高等教育新理念的演变和重塑。首先,高等教育已从一种终结性的教育模式转变为终身教育体系的一个组成部分。其次,我国当前的高等教育体系正在逐步由传统的精英教育体制向更广泛的大众化教育体制转变。这一转变受到了终身学习理念的深刻影响,进而推动了我国高等教育由注重少数人的优质教育向普及化、多元化的教育方向发展。再次,高等教育的目标群体正在经历显著的转变,且高等教育在人才培养、科学研究和社会服务三大功能方面均出现分化趋势。这体现在:一是正规大学在高等教育中的主导地位已经发生了明显的转变;二是高等教育发展中出现了一些矛盾和问题;三是终身学习的经验导致了高等教育的价值观念发生了转变。终身教育理念在高校中得到广泛认同和接受,并逐渐成为一种主流意识。最后,构建高等教育的新理念是一个涉及文化演变和创新的过程。在这个变革过程中,人的能动性发挥得越充分,就越会对自身进行反思和批判。

陈联(2011)在《终身教育理念下成人高等教育的转型》②一文中认为,成人教育代表了从传统的学校教育向终身教育的转变,它与终身学习之间存在着紧密且不可分割的联系。成人教育在我国具有独特的地位和作用,是实施全民素质教育、促进人全面发展的重要途径之一。但也存在着诸多问题,如办学层次偏低、人才培养模式落后、社会服务能力不足等。成人高等教育的转型途径包括:改变教育观念(从单纯追求学历转向追求学力)、拓展教育途径(从单一办学模式转向合作办学模式)、扩大教育对象范围(从仅提供学历补偿转向成为学习志愿者),以及重视教育质量(从追求经济效益转向追求品牌效益)。遵循终身教育的理念,深化对成人高等教育功能与目标的探究,并通过更新教育观念、丰富教育路径、拓宽服务人群,以及重视教育品质等多元化手段,促进成人高等教育的全方位变革。

付乐(2013)在《终身教育背景下高校非学历教育研究》③一文中认为,非学历教育是一种根据实际需求而开展的教学活动,除学历教育外,它还涵盖了岗位培训、项目培训、专业培训、行业培训和各级继续教育。随着社会对知识和技

① 陈乃林,祝爱武.终身教育视野下高等教育观念的解构与嬗变[J].江苏高教,2006(1):8-11.
② 陈联.终身教育理念下成人高等教育的转型[J].高教探索,2011(1):120-124.
③ 付乐.终身教育背景下高校非学历教育研究[J].职教论坛,2013(23):16-17,23.

能要求的提高,非学历教育逐渐崭露头角。此类教育通常以市场需求为驱动,紧跟经济发展步伐和学习者的实际需求,设计出具有高度针对性、实用性的培训课程,旨在为社会培养大批具备实用技能的人才。非学历教育发展中存在的问题:对非学历教育的重要性认识不够,全国非学历教育发展不平衡,非学历教育教学模式与市场偏离严重和非学历教育质量良莠不齐、缺乏有效监管等。其发展思路:首先,更新办学观念,统一思想,重视非学历教育;其次,加大对非学历教育的资金投入;再次,以市场需求为导向,对非学历教育的教学方式进行创新,以构建具有专业特色的培训品牌;最后,建立多元化的质量保障体系,完善监控制度。

(6)终身教育视角下职业教育研究

孟广平(1999)在《全民的终身教育与培训——通往未来的桥梁——记第二届世界技术与职业教育大会》①一文中提到,职业教育建设方式可以从以下几方面开展。首先,技术和职业教育构成了终身教育的一个重要部分,它们具有开放性,能够与普通教育、高等教育和各种培训进行有效交流和沟通,也具有灵活性,能满足不同层次、不同类型人才的需要,能够适应各种不同的需求和情境,这就要求我们在办学上必须具有开放性、灵活性。其次,技术与职业教育在社会中的地位需要得以提升,改变将其视为普通教育的附属这一传统观点。技术和职业教育的目标应该是为提升个人的生活质量和工作转换技能作更全面的准备,而不是仅仅局限于掌握某一特定职业领域的专业知识和技术。同时,还要通过学校课程改革来培养学生对未来职业环境变化的适应能力,进一步强化基本的文化和教育内容。通过这样一些方式,才能使学习者获得持续发展所需的各种技能和素质。最后,职业指导与就业指导应当被纳入技术和职业教育的核心内容中,并将二者有机结合起来进行设计。职业指导从个体的职业启蒙阶段开始,经过就业阶段,直至其职业生涯达到成熟状态,从而构成一个系统化的发展流程。

吕鑫祥(2003)在《终身教育思想与职业技术教育》②一文中认为,职业技术教育不仅是终身教育结构中不可或缺的一环,也是实现终身教育目标的基础条

---

① 孟广平.全民的终身教育与培训——通往未来的桥梁——记第二届世界技术与职业教育大会[J].职业技术教育,1999(11):16-18.
② 吕鑫祥.终身教育思想与职业技术教育[J].教育发展研究,2003,23(8):62-65.

件。在职业教育的理论研究和实际操作中，实施终身学习的理念变得尤为关键。构建和优化职业教育体系，尤其是高等职业教育体系，是实施终身教育观念的根本。文章提出教育发展的方向：首先，开辟多样化的入学渠道；其次，建立职教合理衔接机制；再次，完善职教与普教的沟通方式；最后，加强职业技术回归教育。各教育机构应当增加教育的机会，开展各种学历和非学历的教育与培训活动，确保学历教育和非学历教育得到同等重视、建立学分累计与转移制度、企事业应提供职工进修教育假和建立学校与相关机构的教育伙伴关系等。

史国栋等（2006）在《高等职业教育与终身教育》[①]一书中，阐述了高等职业教育在构建终身教育体系、实施终身教育方面所具有的特殊的功能、地位，分析了高等职业教育的资源优势和教育潜力，研究了在推进终身教育中高等职业教育的可持续发展的机制和动力。国际上提出了学习化社会的概念，封闭性的学校教育已开始转向开放性的社会化教育，标志着社会对教育功能的要求出现了多元化的趋向。面对学习化社会的趋势，高等职业教育可以在职业能力教育、继续教育和终身教育上做文章并和新兴的社区教育结合起来。开展多形式、多层次的有特色的教育或岗位培训，实现多元化的教育功能，形成区别于普通高等教育的特色教育形式。

余祖光（2007）在《终身教育背景下职业教育的扶贫助困功能》[②]一文中认为，要打破贫困和排斥的恶性循环来建设职业教育。职业教育构建的体系要具备以下功能：首先，帮助弱势群体中的失学失业者；其次，特殊教育职业教育需要特别措施；再次，帮助创业教育，特别是帮助弱小行业、企业做好自营职业的准备。针对小型行业和企业中的员工或独立劳动者的需求进行的创业教育和培训，通常能够提升他们的就业质量，增强他们自主创业和创办小型企业的能力。职业继续教育为处于特定挑战中的个体开启了新一轮及后续的学习机会。职业继续教育对社会经济发展具有重要作用，它既能促进劳动力市场的繁荣，又能推动产业结构升级，还能增加就业机会。职业继续教育是指工作人员在步入职场直至退休阶段，依据岗位晋升、职责更替和技能升级等需求，接受的教育和训练。此类教育对各类有特殊需求的群体均具有积极作用。从维护继续教育机会公平的角度出发，我们应更加关注为处于劣势的群体提供必要的支持，

---

① 史国栋,陈志方,陈剑鹤.高等职业教育与终身教育[M].北京:清华大学出版社,2006.
② 余祖光.终身教育背景下职业教育的扶贫助困功能[J].北京大学教育评论,2007,5(3):23-27.

而非单纯增强职场成功者的竞争力。因此,我们需要合理安排职业继续教育。

高利容等(2007)在《终身教育视角的高职课程改革》①一文中提到,从终身教育的角度出发,高职课程改革的完善可以从以下几个方面进行探索。首先,从课程目标的视角来看,在终身教育的框架下,高等职业教育课程的目标应逐步从单纯职业技能的培养,转变为全面提升学生的职业素养和综合能力,同时,其关注的重心也应由单一的职业岗位需求拓展至更为宽广的职业生涯发展。其次,从课程设计的视角来看,为了更好地培养学生的持续学习能力和积极的学习态度,需要设计一个具备"宽泛的基础,灵活的模块"的课程结构,其核心思想是强调模块化课程的开放性和适应性。这种课程模式可以通过灵活地选择教学内容来达到预期效果,同时还能够满足不同层次、不同类型学生对知识内容的个性化需求。再次,从课程内容的视角来看,在终身教育理念的引领下,课程内容设计致力于将职业性与学术性在更深层次上实现融合,同时重视知识与技能的整合应用。将传统的单一学科化课程体系改造成综合性的跨学科、跨专业的课程体系。此外,从课程执行的视角来看,为了更好地满足学生的独立学习需求,我们需要强调教学方法的多元化,并促进教师与学生之间角色的转型。从次,从教学过程的角度来看,要充分发挥信息技术对学科教学内容、教学方法和教学效果等方面的辅助作用,从而为学生提供更为丰富而生动的信息资源,使其能够更好地理解所学内容。最后,从课程评估的视角来看,为了更准确地评价学生的全面能力和学术成就,我们有必要建立一个能够及时给出反馈的多元化综合评价体系。

冯国锋(2012)在《生涯教育是以职业为核心的综合性的终身教育》②一文中认为,应明确生涯教育内涵。首先,生涯教育是"终身性"教育而不是"阶段性"教育。生涯教育应是贯穿于个人一生成长的综合性终身教育。其次,生涯教育是"职业"教育而不是"就业"教育。生涯教育是以职业为核心,实现人的充分发展的教育。当前,我们应摒弃仅将就业作为生涯教育终极目标的短视思维,而应致力于通过职业成长,使个体的天资与能力得到充分展现,以实现人的全面发展。我们需要站在更为深远和宏观的角度去探讨、推进生涯教育的发展。生涯教育不应被狭隘地理解为某种单一技能的培养,而应是一种涵盖多方

---

① 高利容,王叙红,苏开荣.终身教育视角的高职课程改革[J].成人教育,2007(11):25-27.
② 冯国锋.生涯教育是以职业为核心的综合性的终身教育[J].教育与职业,2012(6):176-178.

面、全领域的教育模式。综上所述,以职业发展为核心的生涯教育,是一种致力于个体充分成长的综合性终身教育。

吴万敏(2013)在《终身教育下的高等职业教育的变革与发展》①一书中,以终身教育理论为基础,在终身教育的指导思想下统筹高等职业教育的相关内容。具体的内容如下:终身教育思想与高等职业教育的关联性、终身教育思想下的高等职业教育的结构性变化、终身教育思想下的高等职业人才培养模式、终身教育思想下的高等职业教育职前教育、终身教育思想下的高等职业教育职后教育、终身职业教育中的职后教育与培训课程设计、终身职业教育中的职后教育与培训师资培养与造就、终身教育思想下的继续教育与培训基地建设模式等。

霍丽娟(2015)在《终身教育理念下现代职业教育体系构建的思考》②一文中,提出了在终身教育理念下构建现代职业教育体系的思路。首先,理论基础为人力资本理论,即人的全面发展理论和学习型组织管理理论。其次,在终身教育的理念指导下,构建现代职业教育体系的核心在于明确以下几个方面:一是职业教育体系内部的衔接与转换机制,二是体系内部结构的构建和融通互认问题,三是职业教育体系与外部环境的关系。再次,体现终身教育理念的现代职业教育体系的关键要素:不断完善的法律体系和政策、制度安排;建立统一的"度量衡";学习认定制度灵活;激励政策适合需求,财政投入逐年增加;专设机构职责明晰,协调整合各方资源等。最后,经济社会发展对构建体现终身教育理念下的现代职业教育体系的诉求,如我国的"一带一路"建设、"京津冀协同发展""长江经济带"等,也蕴含着对各层次、各类型职业教育技术技能人才的现实需求。这对在终身教育理念下的现代职业教育体系构建提出了更新的要求。

姜宇国(2015)在《终身教育理念下的高职院校就业"后服务"模式研究》③一文中认为,在构建高职院校就业"后服务"模式的运行体系时,在考虑高职院校的发展时,需兼顾毕业生与雇主的现实需求,并从长远角度出发,整合来自政府、学校、雇主以及校友等社会各界的资源。首先,我们需要优化高职院校毕业生就业后服务模式的外部环境。其次,我们要加强高职院校就业"后服务"体系

①　吴万敏.终身教育下的高等职业教育的变革与发展[M].北京:高等教育出版社,2013.
②　霍丽娟.终身教育理念下现代职业教育体系构建的思考[J].中国职业技术教育,2015(15):10-18.
③　姜宇国.终身教育理念下的高职院校就业"后服务"模式研究[J].中国高教研究,2015(4):103-106.

与社会就业体系之间的有效对接,这是提高价值的关键策略。就业"后服务"模式旨在打造学生毕业与职场的无间断桥梁,提供职场指南、就业援助、职业实训和继续教育等综合性服务。这一模式不仅为企业提供员工就业后的跟踪支持与专业培训,而且也为校友群体构建一个互动性强的全面资源平台,推动资源交流与利用,助力学校扩展就业领域。此外,需制定高职院校就业"后服务"管理的集成策略,并研究应用信息化手段进行就业"后服务"的管理。

吴峰(2016)在《企业大学:当代终身教育的创新》[①]一文中认为,企业大学为员工提供了大学生涯结束后的终身学习机会,它代表了一种创新的学习方式。企业大学的出现有其深刻的历史原因和现实背景。从所有权角度看,企业大学是一个由企业自行投资创建的机构,其运营主要是为了满足企业的战略发展需求。从为客户提供服务方面看,企业大学不只是专注于为其员工提供服务,还努力扩大其影响范围,为外部的主要客户、供货商和合作伙伴提供教育和培训支持。从运行机制上看,企业大学通过构建学习型组织来实现自身价值。从内容层面上看,企业大学的核心职责在于推动组织形成知识积累与管理。从目标层面上看,其存在旨在通过提升员工的教育水平和专业能力,进而提升员工及企业整体绩效。企业大学通过对员工进行系统全面的培训,帮助他们获得更好的工作表现和职业发展机会,并使之成为企业内部的竞争优势来源。企业大学作为一种学习型组织的创新形式,相较于传统的组织学习方式,所带来的革新不仅体现在组织学习架构的优化和重塑上,更重要的是对组织学习内容的充实和更新,以及对组织学习技术的进步和升级。

叶华乔(2016)在《基于终身教育理念的高职院校继续教育发展》[②]一文中认为,在终身教育的理念下构建的高职院校继续教育体系,不仅可以为高职院校的学生提供相应的岗位技能,还能为其掌握学习方法和利用知识解决技术问题提供必要的支持和策略。同时也是对终身教育体系建设中理论与实践相结合的一次有益尝试。在终身学习的思想指导下,我们为继续教育的课程设计提供了以下发展方向。首先是推动相关政策出台,为教育指明正确的方向。要从国家层面建立完善的继续教育体系,制定相关的法律法规,并对现有的政策法规进行修改与补充。在政府提供的基础设施支持下,全方位地释放政策资

---

① 吴峰.企业大学:当代终身教育的创新[J].北京大学教育评论,2016,14(3):163-174.

② 叶华乔.基于终身教育理念的高职院校继续教育发展[J].继续教育研究,2016(3):19-21.

源,以激励和指导社会各方面的力量积极参与高等职业学院的继续教育活动,进而形成有利于高职院校继续教育发展的社会氛围和趋势,从而有力地保障教育的方向。其次,营造环境,增强学习的意识。再次,多元投入,聚集社会资源。从次,转变观念,提高认识。再者,创新体制,健全制度。最后,教育引领,扩大合作。继续教育不仅是终身教育的具体表现形式之一,也是终身教育不可或缺的一部分,在高等职业学院的成长过程中,继续教育扮演着极为关键的角色。因此,高职院校应当发挥自身的教育优势和特色,在终身教育的理念下,大力地在高职院校推行继续教育,促进教育不断发展,为构建学习型社会做出重要的贡献。

张军平(2019)在《终身教育理念下现代职业教育体系构建模式与完善路径》[①]一文中,提到了在终身教育理念下现代职业教育体系构建的典型模式的发展情况。每种模式都根据自身的特定背景和实际需求,突出其不同的特质和优势,从而共同推动了终身教育理念的深入发展。首先,衔接拓展型。目前我国中等职业学校普遍面临着生源质量下降等问题,而高等职业院校则在办学模式上存在诸多不足。衔接拓展型是现代职业教育体系中的一种关键形式,主张构建一个全面的学历教育体系。为了保证中等职业教育与高等职业教育之间的顺畅过渡,消除职业教育中的"断头"问题,并推动职业教育与更高层次的本科教育的融合,一个拓展性的现代职业教育体系为中高职教育向本科乃至研究生教育的转型创造了有利条件。其次,融通互换型。它是一种灵活的交换模式。融通互换型模式主要聚焦于中等职业学校和普通高中之间的学分互换,以及职业教育学历证书与职业资格证书之间的学籍认可。为确保这一模式的顺利实施,教育部门需要与人力资源和社会保障部门在政策层面上,建立有效的对接,以确保学分互认和学籍转换能够顺畅进行。最后,多级多元型。在职业教育的实施过程中,遵循技术型人才发展的特点,对教育体系进行分层次设计,确保各个层次教育间的对应关系,并促进各层次间的顺畅过渡与交流。通过引入分级教育体系,将学习者的持续性学习和灵活性学习方式相结合,以此推动教育体制及教学管理方法的革新。

---

① 张军平.终身教育理念下现代职业教育体系构建模式与完善路径[J].中国职业技术教育,2019(3):37-40.

杨岭(2020)在《职业教育融入终身教育体系路径研究》①一文中指出,将职业教育整合到终身教育体系中面临着许多实际的挑战,特别是因制度和机制设计方面的不足,出现了职前与职后教育尚未实现一体化发展,难以吸纳整合家庭、社会等教育资源,以及忽视学习者关键能力培养等一系列问题。针对职业教育整合到终身教育体系中所遇到的实际问题,可以采取以下手段:一是采用学分制作为连接手段,以促进职业教育与其他教育模式之间的无缝对接,从而进一步推动终身教育体系的开放性、整合性和融合性发展;二是为了促进职前教育与职后教育之间的流畅对接和整体发展,需要进一步加强学校与企业的合作,并构建一个产、学、研紧密融合的协作体系;三是积极利用信息技术工具,以促进职业教育的开放性,并在家庭、社会、学校教育三者之间构建一个高效的连接机制;四是注重发挥教师在人才培养过程中的主导作用,建设一支结构合理的师资队伍;五是高度重视对学生关键技能的培育,以塑造他们持续学习和不断成长的能力;六是充分发挥政府在职业教育中的主导作用,发挥行业协会在行业企业间联系纽带作用,发挥高校对产业技术进步的引领带动作用。

(7)终身教育视角下发挥图书馆职能的研究

白晶(1997)在《素质教育·终身教育·图书馆利用教育》②一文中认为,图书馆不仅成为素质教育的重要基地,也成为了人们进行终身学习的重要场所。随着我国市场经济的发展和科学技术水平的提高,现代图书馆不仅为人们提供服务,而且还担负着向全社会进行继续教育的任务。在终身教育的社会背景下,公共图书馆成为人们进行终身学习的首选地点。图书馆应采取多种方式,举办多样化的教育活动,帮助读者获取更多知识和技能。在当前的信息化时代,大学图书馆不仅应为学校的教育和研究提供支持,还应通过图书馆来利用好教育资源,充分发挥其终身学习的指导作用。因此,高等教育机构必须加强对图书馆利用教育的重视,改变现有的图书馆利用教育课程的可上可不上的局面,使图书馆的丰富馆藏和场地能够更好地服务于素质教育和终身教育。

武艳华(1999)在《知识经济时代的图书馆教育职能——终身教育》③一文中,提到了图书馆与终身教育的关系。首先,图书馆成为终身教育的最佳场所。

① 杨岭.职业教育融入终身教育体系的路径研究[J].职业技术教育,2020(4):48-53.
② 白晶.素质教育·终身教育·图书馆利用教育[J].大学图书馆学报,1997(5):19-20.
③ 武艳华.知识经济时代的图书馆教育职能——终身教育[J].图书馆,1999(4):44-46.

图书馆作为终身教育系统中不可或缺的一部分,是终身教育系统的重要组成部分。它的主要职责涵盖了保存文件、传递文化和进行教育推广。在此基础上,还可以开展各种形式的培训与辅导活动,以提升馆员自身素养和技能水平,促进读者终身发展。其次,图书馆可以为社区提供信息共享空间,使社区成员能更方便地获得所需的知识与技能。图书馆可通过建立网络虚拟教室、开展阅读推广活动和提供在线咨询服务来促进学习者的自主学习。再次,图书馆还拥有整合各种学习资源和执行远程教育的能力。最后,在终身教育的框架内,图书馆的各种功能还能得到充分体现。通过图书馆传播科学和文化知识,从而提升国民的综合素质,并加强对国民信息素养的培育。

丁雅霜(2000)在《以素质教育为契机把图书馆办成终身教育的基地》[①]一文中认为,在教育转型的关键时刻,图书馆作为培养人才的场所,应该积极适应新时代的需求,利用素质教育的机会,确保图书馆成为青少年终身学习的坚实场所。建议图书馆不仅要变革服务模式,以提升图书馆功能的影响力,还要改革传统的“封闭式”管理,建立开放化、多元化的服务体系。文章提出了以下措施:首先,调整图书馆的开放时间。要充分利用节假日,特别是双休日等有利时机举办各种形式的图书展览,吸引更多的读者来馆阅览。其次,为了提升阅读体验,可以在图书馆内展示名人名单,培育各种花卉,采纳开放式借阅方式,并建立一个融合学习与娱乐功能的电子阅览室,这样青少年进入图书馆后会容易感受到愉悦和一个积极健康的学习环境。再次,提供丰富的馆藏内容以满足不同层次读者需求。最后,选择非常有效的阅读指导方法,例如使用电子阅览室,结合儿童的阅读习惯进行培训,同时组织一个由图书馆员工、学校教师和儿童代表组成的辅导团队。总之,通过以上一系列措施,使青少年对图书产生兴趣并主动进入图书馆。

张立欣等(2001)在《图书馆员的终身教育与图书馆工作创新》[②]一文中认为,以计算机为核心的信息技术在近些年来飞速发展,图书馆面临前所未有的挑战,能否抓住发展机遇,关键在于我们能否在日常工作中持续进行创新。要做到这一点,必须首先提高广大馆员的专业素质,培养其创新能力。而图书馆员的持续教育为他们的工作创新提供了坚实的支撑。工作创新通常可以被划

①　丁雅霜.以素质教育为契机把图书馆办成终身教育的基地[J].图书馆工作与研究,2000(5):72-74.

②　张立欣,周强.图书馆员的终身教育与图书馆工作创新[J].图书馆工作与研究,2001(5):39-41.

分为三个不同的发展阶段:理论准备阶段、理论研究阶段、应用推广阶段。在创新设想的提出、执行和完善过程中,这三个关键阶段都与图书馆员紧密相关,并依赖于图书馆员的主动参与。因此,图书馆员应该通过各种方式来培养自己的创新能力,不断更新知识。图书馆员终身教育的实施将极大地促进图书馆工作的创新和取得进步。

赵建明等(2003)在《终身教育:21世纪赋予图书馆的教育使命》①一文中认为,在终身学习、终身教育的学习化社会中,图书馆需要充分发挥其教育职能。图书馆在21世纪被赋予了特定的教育任务,这是因为图书馆的教育功能与终身学习有着天生的匹配性,图书馆被视为实现终身学习的最佳场地。在学习化社会中,图书馆凭借其特点和优势,成为了终身学习者不可或缺的学习资源、学习环境和现代化手段的提供者。为了响应终身学习的需求,图书馆必须不断扩大其教育职能,创新服务方式,以满足学习化社会的需求。图书馆可以通过与终身教育和学习化社会紧密结合的服务项目来充分发挥其在终身教育体系中的核心作用,为读者提供一个高质量的教育环境。在这个环境中,每位读者都能找到通往成功的金钥匙,实现自我成长和终身学习的目标。

陈荔京(2005)在《图书馆讲座与全民终身教育》②一文中认为,公众讲座是公共图书馆参与终身教育的有效途径。图书馆的基本任务和功能是通过文献资料和各种电子平台为大众提供科学和文化信息。随着科学技术发展和普及,以及人们对精神生活需求的不断变化,讲座越来越受到大众欢迎,并已成为现代公共图书馆重要业务之一。讲座不受传统教科书的束缚,可以是长的,也可以是短的,内容会根据社会的实际需求进行调整,且形式多样,有助于有效沟通和交流,是一种高度互动的方式。因此,开展以普及科学知识和技能为主的各种专题或专题讨论,就成为了公共图书馆服务工作中不可缺少的一部分。图书馆通过举办各类讲座和研讨会等活动,激励公众在知识的海洋中自主航行,这种教育模式具有广泛性,面向全社会,可以满足终身教育的多样化需求。同时也能使图书馆的服务工作更加人性化、个性化,从而满足不同层次读者对精神需求的多元化发展。在推动全民参与阅读和学习方面,以及在促进全民终身教育方面,图书馆具有显著的影响和作用。

---

① 赵建明,马澄宇.终身教育:21世纪赋予图书馆的教育使命[J].图书馆,2003(1):69-71.
② 陈荔京.图书馆讲座与全民终身教育[J].图书馆杂志,2005,24(6):36-38.

罗少波(2005)在《试论终身教育与公共图书馆的教育职能》[①]一文中认为，在终身教育模式下，公共图书馆要想充分发挥其教育职能，不仅需要更新教育观念，还要在图书馆工作的改革与教育方式上进行创新。首先，公共图书馆的人才建设是重中之重；其次，调整馆藏结构，适当增加数字图书的采购比例；再次，加速对馆藏特色文献的开发和数字化；从次，发挥资源优势，多渠道探索和推进传统教育方式；最后，加强对新技术和新方法的应用。公共图书馆可以有效利用其多媒体阅览空间，依托其海量的数字化资源、先进的设施和受过专业教育的员工，打造一个集数字图书阅读、视听内容欣赏、专业数据库查询、互联网信息检索和新技术与软件推广应用于一体的综合性学习平台。构建数字化图书馆不仅丰富了公共图书馆的服务功能，而且促进了现代信息技术与公共文化服务的深度融合。公共图书馆不仅可以创建自己的网站，还可以进行数字化图书馆的建设，利用互联网来实现其教育功能。

李金秀(2005)在《网络时代的终身教育与图书馆建设》[②]一文中，提到网络时代图书馆应如何服务于终身教育的思路。首先，统一思想，提高认识。其次，重视文献资源建设，夯实服务终身教育的基础。再次，加强实体图书馆管理力度，为终身教育营造安静祥和的学习环境。可以运用先进科技成果，加快复合图书馆建设。图书馆在充分运用现代化信息技术和设备武装自己的同时，应及时将网络时代先进科技成果转化为生产力，努力朝着复合图书馆方向发展，全天候地不断满足读者希望快速、高效索取信息的需求(不受时空、年龄、健康等条件限制)。最后，举办各种读者活动，为终身教育提供优质服务。要求图书馆尽可能开展形式多样的读者服务活动，扩大服务范围，提高服务质量，与时俱进，积极创建学习型图书馆。

郑金萍(2010)在《高校图书馆终身教育职能初探》[③]一文中认为，随着高等院校履行教育职能，并加大高校图书馆教育职能力度，终身学习的重要性逐渐上升。随着我国高等教育改革的深入进行，高校图书馆已逐步从单纯收藏型向服务型转变。高等教育图书馆拥有大量的知识储备，并配备了先进的信息技术设备，这使得用户能够通过互联网迅速获取所需的知识和信息。此外，图书馆

---

① 罗少波.试论终身教育与公共图书馆的教育职能[J].图书馆论坛,2005,25(3):225-227,117.
② 李金秀.网络时代的终身教育与图书馆建设[J].图书馆论坛,2005,25(3):222-224,122.
③ 郑金萍.高校图书馆终身教育职能初探[J].现代情报,2010,30(1):121-124.

还可以远程为用户提供新知识和新技术的教育和讲座,从而增强用户的信息获取意识和对新知识的兴趣与接受能力。大学图书馆预计将转变为人们获取新知识和实施终身教育的关键平台,并在终身教育体系中起到至关重要的作用。其丰富多彩的活动也为终身教育提供了全新的学习模式。

颜晶等(2022)在《面向公众终身教育的公共图书馆服务体系构建研究》①一文中认为,公共图书馆要充分发挥自身社会教育的职能,为社会公众提供终身教育。面向公众终身教育的公共图书馆服务体系的典型模型可归纳为:服务主体模块、服务内容模块、服务方式模块、服务客体模块和保障机制模块。在服务体系运行上,有如下建议:首先,服务主体联合协作,促进教育服务共享与发展;其次,服务客体按年龄划分,以满足不同用户需求;再次,丰富服务方式,加强群体特色服务;最后,优化完善管理制度,提供持续服务保障。

(8)终身教育视角下学习方式研究

陈乃林等(2000)在《终身教育理论视野中的闲暇教育》②一文中认为,闲暇教育的实践推动了个体对自我潜能的挖掘,辅助人们培养健康的休闲习惯,从而提升了社会文明水平及生活质量。从这个角度来看,如果忽视了对闲暇教育的培养,那么终身教育也就不够全面。闲暇教育的实施策略包括:首先,学校教育应作为终身闲暇教育的基石,制定符合我国实际情况的教育目标和课程体系,并将其融入多样化的教学活动中。此外,学校不必局限于传统的专门课程模式,而应重视教育的渗透性。其次,成人教育应扮演闲暇教育的主导角色。再次,应当将大众传媒和休闲服务机构转变为闲暇教育的新阵地。最后,要积极推进闲暇教育的研究与实践探索。

杨敏等(2011)在《态势分析法视野下的上海市终身教育学分银行建设研究》③一文中认为,上海在推进终身教育和学习型社会方面不断取得进展的同时,"学分银行"机制逐渐显现,并成为国内终身教育领域的热点议题。目前,中国已在全国范围内建立起包括中央部属高校在内的成人教育学分银行网络。虽然上海尚未建立完整的学分银行体系及其机构,但在不同教育类型间,如学

---

① 颜晶,张新鹤.面向公众终身教育的公共图书馆服务体系构建研究[J].图书馆理论与实践,2022(1):17-21.

② 陈乃林,孙孔懿.终身教育理论视野中的闲暇教育[J].教育发展研究,2000(2):52-55.

③ 杨敏,孙耀庭,顾凤佳.态势分析法视野下的上海市终身教育学分银行建设研究[J].现代远距离教育,2011(2):13-18.

历教育与非学历教育之间,已积累了学分认定、积累与转换的初步经验。文章从政府层面上提出了上海市开展终身教育学分银行试点工作的建议和措施。上海市终身教育学分银行的建设方针是:首先,以国家的中长期教育改革以及发展规划作为主导方向。通过学习发达国家先进的终身教育理念和实践经验,结合我国国情和实际情况,探索出一条具有中国特色的终身教育模式。其次,确立教育部与上海市之间的战略合作项目协议。再次,制定"十三五"期间上海成人教育发展目标及行动计划。最后,上海开放大学正式成立。

李惠康(2012)在《上海市终身教育学分银行的构建》①一文中认为,随着全球范围内终身教育和终身学习观念的不断深化和普及,众多国家已经将构建学分互认和学分存储机制作为实现终身教育理念及目标的有效手段,并将其具体化并应用于实践中。一些发达国家,如美国、英国和澳大利亚等,已经成功建立并运行了各自的学分银行体系,取得了显著成果。目前,推广学分银行机制已经成为全球构建终身教育体系和学习型社会的普遍目标,也是多个国家,包括中国,在全球化的大背景下实施教育改革的重要策略。该研究从我国构建终身教育体系的角度出发,对上海建立终身教育学分银行制度进行了分析研究。上海市的终身教育学分银行运作方式包括:首先,建立学分银行的组织架构;其次,制定学分银行的标准体系;再次,确立学历教育的课程认定标准体系、职业培训证书的认定标准体系、文化休闲教育学习项目的学分认定标准体系;最后,实施学分认定、积累和转换制度,包括学历教育板块、职业培训板块、文化休闲教育板块和建立学习者的学分档案等。

彭飞龙(2013)在《终身学习体系学分银行的原理和技术》②一书中,基于全民学习与终身学习的视角,在广义学习的概念基础之上,提出了全面建设学习型社会的一种发展模式。图书馆致力于打造一个便利、弹性和定制化的学习空间,以满足学习者的需求。在此基础上,它还致力于将学习成果与学分制度相结合,积极探索和实践区域性市民学分银行的运营模式。目前,国内一些省市已经启动了以学业成绩作为毕业标准的区域性市民学分银行试点项目。学分银行建立的一整套体系,包括学习成果的统计与累积、学分的认证与转换、学习激励和对新人的吸纳等方面,不仅打破了传统学习的限制,还得到了市民的广

---

① 李惠康.上海市终身教育学分银行的构建[J].开放教育研究,2012,18(1):46-49.
② 彭飞龙.终身学习体系学分银行的原理与技术[M].北京:高等教育出版社,2013.

泛认可和热情支持。在技术实施方面,学分银行也取得了宝贵的实践成果。以终身学习的基本理论为基础,以学分银行建设管理为重点,着眼于提高数字化学习管理者的实际应用技能,努力满足城乡社区数字化学习管理的运维需求。汲取当代国内外终身教育与终身学习的最新学术观点,并结合我国部分城乡社区数字化学习能力建设的案例,借鉴开发、运行市民学分银行方面所积累的宝贵经验,从学习的概念界定、现代学习体系分析着手,对全民学习、终身学习体系内的学分银行建设进行了系统的原理阐述和技术方案描述。

刘剑青等(2015)在《从终身教育(学习)理念到学分银行建设》①一文中认为,引入终身教育、持续学习和学分银行等概念为完善我国教育发展路径提供了参考。这些已被纳入国家中长期教育改革与发展的规划中,体现了它们的先进性。学分银行是教育和学习领域的"立交桥",将广大学习者与学习资源、学校和社会紧密联系在一起。学习的目的是满足自身需求,包括知识和生存需求。学分银行则通过实现社会认可、打破时间和空间的限制,让学习者能够随时随地学习。

(9)终身教育视角下创新创业教育研究

肖君等(2009)在《面向终身教育的 U-Learning 技术环境的构建及应用》②一文中认为,建立一个终身教育的公共平台对于确保市民的基本学习权益、满足他们的终身学习需求、推动人的全方位成长、提升城市的文明水平,以及构建一个和谐的社会环境都具有不可估量的价值。当前我国正在加快建设学习型社会,在这样的时代背景下,构建终身教育体系成为时代的呼唤和人民群众的迫切愿望。借助现代信息网络技术的强大优势,我们正在构建一个面向广大市民的公共学习平台,并致力于研究和实现基于 U-learning 技术环境的终身教育应用,这对于推动终身教育的进步具有极其重要的意义和巨大的发展潜力。该研究阐述了国内外关于终身教育的相关理论研究成果,并对其进行总结分析。U-Learning 是一个高度智能化的学习平台,允许学习者在任何时间和地点通过终端设备访问各种丰富的学习材料,确保学习体验既高效又具有个性化特点,

① 刘剑青,方兴,马陆亭.从终身教育(学习)理念到学分银行建设[J].中国电化教育,2015(4):132-135.
② 肖君,朱晓晓,陈村,等.面向终身教育的 U-Learning 技术环境的构建及应用[J].开放教育研究,2009,15(3):89-93.

帮助人们获得知识技能、提高能力素质,以促进人的终身学习,是目前最具发展前景的数字化学习工具之一。U-learning 技术环境打造了一个综合性的学习生态环境。在这个系统中,学习平台、丰富的教育资源、多种网络连接方式、便利的学习终端和全方位的学习服务等核心元素都被巧妙地用技术手段连接起来,从而为用户提供了一个无缝连接、随时随地都可以学习的环境。完备的 U-learning 技术环境涵盖了 U—学习平台、U—教育资源、U—网络、U—学习终端和 U—学习服务等多个关键组成部分。

张雪等(2010)在《打开终身教育希望之门的学习方式——泛在学习》①一文中认为,将泛在学习定义为一种 5A 级别的学习方法似乎更为恰当。所谓泛在学习就是学习者能随时随地地获取和处理各种资源,并能够与他人进行交流沟通的一种学习状态或行为模式。更明确地说,任何人(anyone)都可以在任何时刻(anytime)、任何地方(anywhere)通过任何智能终端设备(anydevice)获取所需的所有信息(anything)。它强调以学习者为中心,注重学习者的主动参与和体验。从终身教育的角度看,终身教育意味着从人的生命起点开始,直至生命的终点,涵盖了人的成长的每一个阶段和各个领域的教育活动,简单来说,它是伴随一个人整个生命的教育过程。从广义上讲,终身教育还包括对终身学习者进行知识技能和人格修养方面的培养,以及各种形式的继续教育和职业训练等内容。泛在学习与终身教育之间的联系:首先,泛在学习的广泛存在为终身教育的进一步发展提供了稳固的支撑;其次,泛在学习的流动性特质在很大程度上促进了终身教育的广泛传播;再者,泛在学习所具备的智能互动和以人为本的特质,将有助于实现终身教育中"人本主义"的生活模式;最后,泛在学习时代的兴起将对构建终身学习的社会结构产生积极影响。

鲁武霞(2012)在《高技能人才的终身教育困境及其超越——以高职专科与应用型本科衔接为视角》②一文中,提到我国高技能人才成长面临的三大终身教育难题,包括职业教育观念中能力本位与发展本位的冲突、人才培养标准中功利主义与人文性的对立,以及人才成长的立交桥中升学制度和教育体系的阻碍。实现技能人才终身职业发展应遵循的基本原则为以人为本、科学定位、分

---

① 张雪,李子运.打开终身教育希望之门的学习方式——泛在学习[J].继续教育研究,2010(2):43-45.
② 鲁武霞.高技能人才的终身教育困境及其超越——以高职专科与应用型本科衔接为视角[J].黑龙江高教研究,2012,30(1):91-94.

类指导、系统整合、多元参与、协调统一。为了促进高技能人才的终身职业成长,首先,需要更新职业教育的观念,并专注于高技能人才在职业生涯中的长期发展;其次,我们需要完善相关的制度框架,以确保高技能人才能够得到终身教育的保障;最后,为推动高等职业教育(专科层次)的深入发展,须确保该教育与地方应用型本科教育紧密相连,并以增强学生职业技能为核心,以适应区域产业升级和劳动力市场的变化。高职专科教育的目标是培养应用型人才,因此,将其纳入应用型人才培养的整体框架中至关重要。同时,以职业性为分类依据,将侧重于地方需求的应用型本科教育升级为高级职业本科教育,以更好地满足高层次的职业教育需求。

王平(2014)在《终身教育理念下高校开展创业教育的对策思考》[①]一文中认为,终身学习和创业教育是在20世纪下半叶,在联合国教科文组织等机构的推动下,为了适应全球经济一体化、科技进步、生产力提升和社会发展面临的挑战而提出的新的教育理念。这些理念已经被越来越多的国家和地区视为教育改革和发展的指导原则,对人类社会的发展和教育本身产生了深远影响。该研究从分析终身学习型社会的内涵入手,探讨了我国高等教育大众化背景下高校创业教育所存在的问题及解决途径。在终身教育的理念指导下,高等教育机构的创业教育发展状况如下:首先,实现教育目标的个性化。其次,创业教育的多种实现方式主要涵盖了创业教育的模式、内容、学习方式、教学方法及评价标准的多元化。其中,最重要的是培养学生的创新精神,即通过"导学"式教学促进学生自主学习能力的养成和创新能力的形成,再一次强调了教育参与者的开放性。最后,终身教育要实现时空化。

吴科旭等(2021)在《基于终身教育构建创新创业教育生态体系》[②]一文中认为,创新创业的生态系统涵盖了向学习者传授创业的知识、技巧和观念,旨在帮助他们掌握持续的生活技巧和知识。创新创业教育与终身学习有着紧密的联系。创新创业教育不仅是终身教育的进一步发展和拓宽,也是终身教育体系中不可或缺的一部分。构建以终身教育为基础的创新创业教育生态体系涉及五个主要方面:首先,提升公众对创新创业教育的了解,积极进行创新创业教育

---

① 王平.终身教育理念下高校开展创业教育的对策思考[J].高等农业教育,2014(12):32-35.
② 吴科旭,李朝林,谢绍艳.基于终身教育构建创新创业教育生态体系[J].山西财经大学学报,2021(1):98-100.

的宣传活动,以便让人们对创新创业教育给予更多的重视;其次,优化与创新创业教育相关的法律及政策框架,立足于终身学习和创新创业教育的现实成长需求,加强管理与运行机制建设,保障创新创业教育有序、持续地进步;再次,建立一个符合创新创业教育的教学模式,涵盖从传统的、单一的教学模式转变为更贴合市场变化的教学模式,注重理论与实践相结合的教学模式,以及从特定时间的课程学习转向终身学习的教学模式等;最后,目标是建立一个高质量的教师团队,并积极培育适应我国实际情况的创新创业教育领域的教师。

(10)终身教育视角下非正规教育研究

陈乃林等(2000)在《非正规教育与终身教育》①一文中认为,所谓的"非正规教育"指的是与"正规教育"不同的教育形式。这种教育形式不同于传统的正规教育、家庭教育和社交教育。正规教育是指由教育部门认可的机构或学校提供的教育服务,这种教育具有明确的目标、有序的组织、周密的计划,并由专业人员负责,其目的是全面、系统地影响学生的身心发展。这种教育通常在教室或课堂环境中进行,按照既定的教学大纲和教材进行教学,其主要特征是统一性、连续性、标准化和制度化,同时也有明确的入学和毕业标准。非正规教育虽不属于正规教育范畴,不是正式制度安排下的教育形式,但在终身学习体系中所扮演的角色无可替代。它拥有正规教育无法取代的独特功能,并对终身学习的理念进行了生动解读和推广。我国当前应大力开发和利用好非正规教育资源,促进终身教育体系的形成与完善。为了积极推动非正规教育的快速发展,并致力于终身教育体系的构建,首先要加强对非正规教育传统观念的认识,以消除存在的偏见;其次要采取有效措施,来鼓励和扶持非正规教育的发展;最后要加强与正规教育的沟通,协同发挥教育效益。

杨娟等(2012)在《终身教育视野下的非正规学习成果认证:理念与形式》②一文中认为,终身教育的观念颠覆了传统上将人生划分为学习和工作两个部分的看法,它将非正规和非正式的教育方式纳入其中,并认为教育是一个伴随人们一生的持续活动。构建终身学习的"立交桥",需要对非正规学习成果进行评估。首先,需要认识到对非正规学习成果进行认证的重要性和其进展情况。其

---

① 陈乃林,孙孔懿.非正规教育与终身教育[J].教育研究,2000(4):20-23,80.
② 杨娟,苑大勇.终身教育视野下的非正规学习成果认证:理念与形式[J].现代教育管理,2012(10):83-87.

次,非正规学习成果的认证是连接正规学习和非正规学习的重要桥梁。最后,这种认证有助于推动终身学习的实现。非正规学习成果的认证可以采取过程导向、结果导向和交流导向等多种形式。

8.各类群体终身教育研究

(1)终身教育视角下国民教育体系建构研究

吴遵民(2004)在《关于完善现代国民教育体系和构建终身教育体系的研究》①一文中认为,构建终身教育体系旨在满足个体在不同生命阶段的需求和应对社会发展带来的挑战。这一体系整合了多种教育类型,包括现代国民教育、终身学习和继续教育等分支。尽管现代国民教育和终身教育有交集,但它们由不同的元素和结构组成。现代国民教育着重于特定的教育模式,如学校教育和社会教育,涵盖了正规和非正规教育。它包含了丰富的成人教育形式,但并不意味着现代国民教育就是一个完整的终身教育体系。因此,完善现代国民教育和建立终身教育体系并不是简单的合并,而是要基于终身教育的理念,打造一个既能满足现代社会和经济发展,又能促进个人终身发展的全面、多元和综合的国民教育体系。

张天波(2011)在《终身教育维度下的现代国民教育体系结构和层次分析》一文②认为,基于终身教育的理念,现代国民教育体系确立了八大基本目标,涵盖知识传授、人才培养、科技研究、社会服务、心灵塑造、和谐维护、人生优化及国际协作,并构筑了六个不同的级别或层次。该体系由四个核心部分组成,即义务教育、普通教育、职业教育及泛在教育,这四部分共同构成了现代国民教育体系的框架。泛在教育包括了继续教育、社区教育、自学考试、远程教育和行业培训等多个领域,它与传统教育和职业教育相辅相成。现代国民教育体系呈现出开放性、多样性、层次性、系统性和发展性等特征。为了建立一个完善的现代国民教育体系,我们不仅需要注重职业教育与普通教育的融合,以及中高职教育的协调发展,还应重视成人教育和多样化培训。这三大领域共同构成了一个类似"山"字结构的教育体系,三者相互协作,共同推动教育的发展。在高等职

① 吴遵民.关于完善现代国民教育体系和构建终身教育体系的研究[J].中国教育学刊,2004(11):39-42.
② 张天波.终身教育维度下的现代国民教育体系结构和层次分析[J].职业技术教育,2011,32(22):31-35.

业教育体系中,应提供更高层次的教育,包括技术本科和高级技能型人才的专硕教育。在中等职业教育领域,应增强对中职毕业生的技能培训,以增强其就业能力和竞争力。在高等职业学院培养专业硕士研究生时,可以实行"导师三位一体"和"经费三源合一"的培养模式。在这个模式中,学生是培养的核心,本科院校、高职院校和行业企业各自选派一位导师负责培养学生。在资金方面,政府应提供一定的财政支持,高等教育机构也应该投入资金,而企业则可以贡献具体的培养方法。

(2)终身教育视角下教师群体的研究

曾洁珍(1998)在《终身教育与教师的继续教育》①一文中,提出教师教育体系的构建思路,即在21世纪,基于终身教育理念构建教师终身学习体系是教育改革和发展的核心需求。秉持终身教育观念,我们需确立教师终身培训的原则,并据此建立一个终身制的教师教育框架。此外,必须创立一个支持教师在职终身学习的保障体系。这个体系应通过立法确保教师持续教育的可持续性,实现制度化,并对现有的师范教育体系进行内部结构调整,创建综合性的教师培训基地。为了实现这一目标,我们可以采取以下步骤:首先,对师范教育体系进行内部结构调整,消除师范教育内部的隔阂,建立统一的管理机构,整合师范大学和教育学院等资源,来共同参与教师培养工作,从而提升师范教育机构的整体运作效率。其次,实施师范大学与教育学院的资源整合改革,实现资源共享、师资共享,优化教育功能布局。再次,加强与中小学校的合作关系,使中小学校成为教师培训的重要基地,同时,邀请中小学的杰出教师参与教师继续教育工作。最后,组织多机构科研力量,建立一个包含理论专家和实践专家在内的教育研究及教育改革实验中心,以促进教学改革,培养高素质人才,并最终通过优质人才和高质量教学推动建立起高质量的教师继续教育体系。

马仁海(2003)在《特教教师在职培训要走终身教育的道路》②一文中认为,特教教师也是教师的一员,但不像普通教师,特教教师具有一定的特殊性。目前特殊教育存在如下问题:特教教师职前培养与职后培训相脱离、特教教师培训的内容单一和特教教师在职培训缺少连续性。深化特教教师的继续教育和全方位强化特教教师队伍的建设,不仅是推动残疾儿童重新融入社会主流的关

①　曾洁珍.终身教育与教师的继续教育[J].现代教育论丛,1998(3):28-31.
②　马仁海.特教教师在职培训要走终身教育的道路[J].中国特殊教育,2003(4):88-92.

键途径,也是一个长期、根本且具有战略意义的重大任务。特教教师的职业特点决定了其必须要进行终身学习。特教教师在职继续教育的重要性在于只有建立了完整的特教教师队伍结构,才能保证特殊教育事业的顺利实施,才能更有效地构建教师教育体系的整体框架。特教教师的在职继续教育不仅是教师教育体系的一个补充,还能通过构建和优化教师教育体系来实现其进一步的发展。

雷丹(2004)在《终身教育思想对教师教育内涵及发展模式的要求》[1]一文中,分析了在终身教育思想下教师教育的发展方向。首先要确定的是培养的目标。现代教师教育的培养目标主要集中在培育具有研究或探究能力的教师,强调教师的持续成长能力和创新精神,这也涵盖了专业与个性的持续性发展。其次是确定教师的教育制度。再次是确定教师教育课程体系的改进方式。教师教育的一体化不仅是开放式教师教育的必然需求,而且是构建教师终身学习体系的重要基石。最后是确定教师的培训方法。培训方法可以基于教师教育的培训目标、制度规定和现代化的教育技术工具来确定。目前我国已经形成了以国家终身教育中心为主导,各级各类学校为主体,社会组织与企业等多元参与的"大课堂"教师培训模式。

杨荣昌(2006)在《教师继续教育课程体系研究》[2]一书中认为,经过深入研究我国课程体系的现状,我们发现了一些主要问题,并确定了未来改革的重点,同时,我们对教师继续教育课程体系也提出了一些新的构想。在参考国外教师继续教育课程体系建设的经验,并结合我国实际情况以及现代课程理论、教师专业化理论和学习理论的基础上,我们提出了一套构建教师继续教育课程体系的方案。这个方案包括了对课程目标、课程结构、课程执行与评估的创新性思考,同时在构建课程体系时,考虑了四个核心依据、六大基本原则、六个主要内容领域和三种可能的实施方法。

李军(2008)在《终身教育视角下的教师教育体系》[3]一文中,从终身教育角度对现有教师教育体系的缺失进行了分析,并由此提出终身教师教育体系的构建方法。文章认为教师教育体系在以下方面存在缺失:一是体系封闭,教师教

---

① 雷丹.终身教育思想对教师教育内涵及发展模式的要求[J].中国成人教育,2004(6):6-7.
② 杨荣昌.教师继续教育课程体系研究[M].北京:中国文联出版社,2006.
③ 李军.终身教育视角下的教师教育体系[J].教师教育研究,2008(3):8-11.

育具有滞后性;二是效率诉求和技术至上,教师教育质量偏低;三是与教师生活隔离,教师教育缺乏激励性、主动性;四是保障体系不健全,教师教育缺乏可持续性。针对这些问题,文章提出了终身教师教育体系的构建方法。首先,建立开放的教师教育体系;其次,建立现代教师教育制度,逐步形成自主管理、自主发展、社会监督的机制;再次,改革教师教育的内容和方法,推进教师专业化进程;从次,调动教师个体主动学习、终身学习的积极性;最后,完善教师教育的保障机制。

漆新贵(2008)在《终身教育理念对教师专业发展的影响》[①]一文中,提出了教师教育体系的构建思路。首先,随着我国教师培训逐渐转向多元化和开放的模式,为了确保教师的教学质量,我们需要在终身教育的理念下,对教师的职前培训、在职培训、在职进修进行全面的规划和设计。从国家层面上,构建与之相适应的教师教育体系是当务之急。其次,将教育理念从传统的"一次性教育"转变为"终身教育",有助于建立和完善贯彻终身教育理念的教师培育与培训系统。教师在职期间接受继续教育是实现终身教育目标的重要保障。教师的培训和培养应当基于教师的终身教育体系来进行。从宏观方面来看,确立教师教育的战略地位,加强对中小学教师职业能力与素质提高的重视程度,促进教师职前、职后一体化教育体系的形成。在终身教育思想的引领下,教师教育应被视为一种可持续发展的教育模式。从根本上看,终身教育理论为我们提供了一条促进我国教师教育改革与创新的正确思路。最后,必须唤起教师个人追求主动学习和持续学习的积极性,而教师终身教育的关键在于培养教师个人主动寻求专业成长的意识。

李景华(2010)在《终身教育理念下高校体育教师继续教育的探讨》[②]一文中,探讨了构建高校体育教师的继续教育方式。首先,改变领导思维并刷新工作理念。其次,鼓励体育教师更加积极地参与继续教育活动。再次,加强对体育教师继续教育内容及形式的研究,提高继续教育效果。最后,建立一个高效的继续教育课程内容框架。文章在分析研究国内外体育教学现状基础上,结合学校实际情况提出了适合本校特点的教学内容,并对其进行优化设计,使之符合学生的需求。在我国的教育体制改革中,建立高校体育教师的终身教育体系

---

① 漆新贵.终身教育理念对教师专业发展的影响[J].教学与管理(理论版),2008(10):45-46.
② 李景华.终身教育理念下高校体育教师继续教育的探讨[J].中国成人教育,2010(2):100-101.

显得尤为关键。其中,继续教育被视为终身教育的核心环节和关键步骤,通过对继续教育的进一步补充和完善,旨在更好地服务于终身教育的目标。在新时期,如何建立适应时代需求的普通高校体育继续教育体制和机制,成为了广大学者共同研究的方向之一,构建终身教育体系仍是一个长期且充满挑战的任务。

徐微等(2016)在《终身教育视野下的高校教师教学能力培养》①一文中认为,在终身教育背景下提升高校教师教学能力是教育大众化、信息化、国际化发展的需求。在终身教育背景下,高校教师需要具有引导学生利用现代科技获取知识来改善学习方式、提高解决学习问题的能力;要具备一定的国际交流能力和国际视野;在终身教育理念的指引下,能够持续不断地通过各种渠道获取专业领域的新技术、新知识,并将自身能力的提升转化为教学能力的增强。在终身教育的背景下,高校教师教学能力培养的路径有两条。一是从自主发展入手,这是培养教师教学能力的核心和根本路径。因为,终身学习是能力提升的基础,要树立终身学习的理念,将教学能力的提升与终身学习有机结合起来,激发学习的动力和自主学习精神,及时调整自己的学习内容以及学习方法,在最短的时间内实现最大的学习效率;反思经验是能力提升的关键,教师要进行教学内容、教学实践、教学效果的反馈与调节反思活动。二是立足学校,这是培养高校教师教学能力的良好平台。这就要求高校应成立"教学发展中心",培养常规教学能力;构建绩效考核制度,制定科学合理的绩效考核制度,突出实践教学的重要性,加大实践教学比重,引导教师合理分配时间和精力;拓宽培训渠道,完善师资培训环节。

(3)终身教育视角下老年群体的研究

陈乃林等(1998)在《终身教育的一项紧迫课题——关于我国老年教育的若干思考》②一文中认为,提升老年教育水平不仅是对抗社会老龄化的策略,也是评价一个国家或地区文明程度的重要尺度。随着老龄化的加速,中国即将转变为老年型国家,这对老年教育提出了新的挑战和更高的期望。老年教育具有多重积极影响:一是发展老年教育能更有效地挖掘老年人群的知识和经验;二是

---

① 徐微,闫亦农.终身教育视野下的高校教师教学能力培养[J].教育与职业,2016(5):53-55.
② 陈乃林,孙孔懿.终身教育的一项紧迫课题——关于我国老年教育的若干思考[J].教育研究,1998(3):65-68.

提升老年教育的质量不仅有助于提高老年人的闲暇生活水平,还能推进社会文化发展;三是推动老年教育的进步不仅是完善国家终身教育体系的需要,也是构建学习型社会的关键要素。发展老年教育有利于丰富文化生活,满足人们精神需求。老年教育不仅有助于延缓衰老,还能推动老年人的个人成长和完善。在现代经济社会中,老年教育与其他社会群体一样都处于一个不断变化之中。因此,推进老年教育既是对终身教育的延续,也是对终身教育体系的完善。目前,我国在大力发展老年大学的同时,应加强对老年教育的研究和指导。在构建老年教育时,我们需要根据老年教育的独特性、固有规律和当地的具体情况,精心选择和确定老年教育的办学方式、规模、课程内容和管理结构,确保其适应不同的地理、时间和学校环境。

司荫贞(2001)在《开展老年教育,建立终身教育体制》[①]一文中认为,针对老年人的教育,通常被称为老年教育,它在整个教育体系中扮演了至关重要的角色。老年教育不仅是终身学习理念的终极阶段,还对老年人重归社会、提高生活质量起到了不可或缺的作用。老年教育应包含退休准备的教育、退休后的教育和对待死亡的教育。历史上神学、哲学和医学等领域都对此进行了深入研究,近二三十年来,心理学和社会学也加入了这一讨论。鉴于老年人对死亡话题的特殊关注和理解需求,向他们提供相关的教育是至关重要的。教育内容涉及对死亡的态度、个人与周围环境的关系、人际交往,以及对世界整体价值和理念的认知。

焦佩(2016)在《从积极老龄化看终身教育中的老年教育转型》[②]一文中认为,尽管老年教育是终身教育的重要组成部分,但其在长期的定位中存在一些误区。随着人口老龄化进程的加快,传统老年教育已经不能满足老年人对知识与技能需求日益提高的现实需要,迫切需要转变思路、创新模式、探索新路径。当前,我国老年教育体系的发展明显适应了积极老龄化和延迟退休的需求,这不仅体现在对老年人生命质量的提升,也符合国家政策和社会价值观的发展方向。为了适应这一时代的发展趋势,并考虑到未来的老龄化趋势,以及各国在老年教育领域的成功实践,文章针对我国老年教育目前的相对落后状况,从四个关键方面提出了转型建议。首先,要坚持整体性和针对性的原则,确保老年

①　司荫贞.开展老年教育,建立终身教育体制[J].职业技术教育,2001,22(1):42-44.
②　焦佩.从积极老龄化看终身教育中的老年教育转型[J].中国成人教育,2016(4):130-133.

教育能够贯穿人生的每一个阶段,并有针对性地设计教育内容和教学方法。其次,我们需要全面调动和融合所有积极的元素,这涉及政府、社会团体以及个体的集体努力。政府在老年教育领域起到了核心作用,但民众的主动参与和创新精神也同样不可忽视。此外,还应加强对老龄工作队伍的建设与管理,建立一支稳定可靠的专业人才队伍,并制定相关政策鼓励其参与老年教育领域。最后,如何点燃老年群体的学习激情,以及如何协助他们战胜负面情绪和对学习的反感,也构成了一个错综复杂的议题。

徐敏华等(2020)在《终身教育视域下老年教育师资队伍发展现状与策略——基于对上海市老年教育机构的调研》[①]一文中,指出上海市老年教育师资队伍发展现状,并提出发展策略。目前,上海市老年教育师资队伍的发展现状表现为:一是师资组成和来源途径具有多样化和复杂性;二是教师执教体量适度,授课类型丰富,符合老年学员身心特点;三是薪资待遇一般,但认同度较高,队伍建设存在部分问题;四是教师队伍往往职业热爱度高,专业背景契合,大部分具备相关职业资格;五是业务知识学习较好,文化知识掌握良好,个别实务能力略有欠缺。总体来说,上海市的老年教育教师团队在师资管理、职业准入和培训方面展现出了强烈的活跃性和巨大的成长空间。然而,教师队伍结构存在不平衡问题,缺少明确的入职标准,并且培训体系需要进一步完善和优化。另外,由于上海是全国率先进入老龄化的城市之一,其老年人口占上海总人口比例大,因此对从事老年教育工作的人员数量及质量要求较高。基于前面的分析,为了满足上海市在构建终身教育体系和学习型社会方面的紧迫需求,我们要从加强教师队伍建设、建立科学的入职机制、提升教师的专业素质和完善培训体系等多方面出发,以促进我国老年大学(学校)的教师队伍建设和发展。

(4)终身教育视角下弱势群体的研究

方俊明(2014)在《努力构建残疾人终身教育体系》[②]一文中认为,应在非义务教育阶段推进特殊教育的发展。首先是鼓励普通幼儿园为残障儿童提供更好的接纳环境。对特殊困难家庭适龄儿童实施免费托育、随班就读等优惠政策,鼓励特殊教育学校新设学前教育班级或其附属的幼儿园,逐步实现普通中

---

① 徐敏华,梅兵,裴建华.终身教育视域下老年教育师资队伍发展现状与策略——基于对上海市老年教育机构的调研[J].成人教育,2020(11):34-42.
② 方俊明.努力构建残疾人终身教育体系[J].中国特殊教育,2014(2):19-20.

学向特殊学校转化。其次是扩大残疾学生在高中阶段的教育机会。对特殊困难家庭子女实行资助政策,使他们公平而平等地享有接受优质教育资源的机会。再次,为了更充分地适应残疾人士追求高等教育的愿望,高等院校应当有针对性地在学校内部构建无障碍教育体系或者开设对应的学科领域。这些机构需要保障残疾学生能够顺畅地接受成人高等教育,并提供必要的学习支持和服务。最后,加强对特殊群体的职业技术教育。发展方向是普通教育机构和特殊教育机构需要同步采取措施。这表现为:在初中教育阶段,要求学校应开设专门针对残疾学生的学科课程并建立相应的学习评价体系,使他们能获得更好的发展机会;在高中教育阶段,结合社会经济的发展需求以及残疾学生的特点,对专业课程结构进行适配调整,从而为残疾学生群体扩展更多教育资源和学业选择;在高等教育阶段,将残疾人的高等教育机会与加强他们的职业技能培训相结合,以增强他们的就业和创业能力。大力发展中等职业学校的特殊需要教育,使之成为普通中等学校补充或延伸的一部分。特殊教育在非义务教育阶段的发展是由政府牵头并需得到社会的广泛参与。

白然等(2021)在《残疾人群体终身学习现状的实证研究》①一文中认为,互联网技术的发展为残疾人群体参与终身学习提供了新的契机。通过对北京市794名残疾人终身学习和继续教育现状进行问卷调查后,得到如下结论:首先,残疾人群体对终身学习的认可度较高,但认识程度有待提升;其次,残疾人群体终身学习动机以身心发展为主,职业发展动机不足;再次,残疾人群体终身学习方式和内容趋于多样化,但仍以传统的学习形式为主;从次,残疾人群体使用信息技术工具的熟练程度相对较低,时间、课程和学费问题凸显;最后,残疾人终身学习受到身体性因素和发展性因素的影响。作者建议从加强制度性保障、提供学习指导服务、建立互联网无障碍学习环境和建设多元主体供给模式等方面着手。

(5)终身教育视角下农民群体的研究

谭铁军(2004)在《构建我国农村终身教育体系的意义、难点与对策》②一文中,提出构建我国农村终身教育体系改进方向。首先,设置农村终身教育管理机构;其次,制定农村终身教育法律法规;再次,建立农村终身教育保障机制,即

---

① 白然,谢浩,胡雨森.残疾人群体终身学习现状的实证研究[J].中国远程教育,2021(4):65-75,77.
② 谭铁军.构建我国农村终身教育体系的意义、难点与对策[J].教育发展研究,2004(11):38-40.

改革农村劳动就业制度、拓宽农村教育经费筹措渠道和建立开放多元的农村教育体系;从次,开发农村终身教育资源,充分利用农村学校教育资源、大力加强农村教师队伍建设和加快推进农村教育信息化进程;最后,确立农村终身教育实施方略。在构建我国农村终身教育体系时要遵循以下原则:首先,国家需出台分阶段的宏观战略指导,各级政府应在此框架指导下,结合当地具体情况,拟定相应的分步执行计划。其次,应坚持"试点先行、逐步推广"的策略,通过局部示范带动整体进展,实现从小到大、从点到面的顺利拓展。在推行过程中应采取"由简到繁"的策略,先集中力量解决较为简单的问题,再渐次深入处理更复杂难题,并覆盖条件较弱的地区。最后,贯彻"先建设后优化,先普及后提升"的理念,确保工作的有序进行。

程序(2005)在《中国农民终身教育的历史使命》[①]一文中认为,我国农民人口众多、城乡之间存在巨大差异、粮食低收益、农民对于投资教育,特别是农业技术培训热情和投资能力局限性,以及国家财政支持不足,导致实施终身教育面临诸多挑战。因此,农民的终身教育方式需要得到改变。首先是为那些前往城市工作的农村富余劳动力提供继续教育机会;其次应积极推动以提升质量和增加收入为目标的技术型农业劳动者继续教育;最后需要重新分配有限资源,创新机制,以提高农民的继续教育和培训的效率和效益。

毛尚华(2011)在《终身教育与我国农民职业教育立法》[②]一文中认为,我国已经具备了进行农民职业教育立法的基础条件。首先,党和国家高度重视,并为农民职业教育的立法工作提供了必要的政策支持。其次,农村经济社会和农民自身的变化要求有新的农民职业教育立法。再者,我国农民的职业教育实践为相关立法创造了实际的环境。从次,当前我国农村经济形势对农民职业教育有迫切需求,也是农民职业教育立法必须考虑的因素。最后,虽然我国在农民职业教育的立法方面已经建立了法律支撑,但通过对国内外农民职业教育理论的研究,分析了我国目前农民职业教育立法存在的问题,并提出了七条改进建议。

闫梅红(2021)在《基于终身教育视角的新型职业农民培训体系研究》[③]一

---

① 程序.中国农民终身教育的历史使命[J].中国职业技术教育,2005(20):14-16.
② 毛尚华.终身教育与我国农民职业教育立法[J].成人教育,2011(2):16-18.
③ 闫梅红.基于终身教育视角的新型职业农民培训体系研究[J].教育与职业,2021(6):63-69.

文中认为,新型职业农民不仅是农业复兴和现代农业发展的关键支柱,也是实施乡村振兴战略的不二选择,他们具备终身性、主体性、多样性、职业化和全面发展的多重特质。目前我国的新型职业农民培育存在着法律保障不到位,缺乏有效的激励机制,以及政府支持力度不够等问题。建议构建一个基于终身教育理念的新型职业农民培训体系:首先,完善相关的法律和法规,并进一步完善相应的政策和制度,这是实现新型职业农民终身教育目标的基础。其次,建立健全组织管理机构,保障农民终身接受职业培训的权利,进一步完善与职业教育有关的法律和法规,制定农民的职业入职标准,完善社会福利体系和支持性的政策措施。再次,加大对农村劳动力转移培训力度。为了实现新型职业农民的终身教育目标,需要创新培训方式并推进普职教育的融合。最后,构建多元化的培养体系。一是确保正规教育与非正规教育之间的无缝连接;二是完善农村职业培训体系建设,建立多元化培训资源平台,满足不同层次需求的学员需要。积极倡导如"互联网+"这样的前沿培训方法。支持多样化的培训参与者,激发他们的活力,并为新型职业农民的终身教育提供必要的物质和技术条件。

二、终身教育研究的阶段性特点及发展脉络

（一）终身教育研究呈现"初露端倪—数量增加—范围扩大"的阶段性特点

通过对终身教育相关研究文献的梳理发现,我国终身教育研究可分为三个显著阶段。

第一阶段是终身教育研究"初露端倪"阶段(1992—1999年)。终身教育理论的提出受到了人们广泛的关注,人们最初只是从表面在看终身教育是什么,并没有深入探究其本质与内涵,认为终身教育只是一个教育学的概念。我国第一篇以"终身教育"为题的学术论文是1992年发表的《现代远距离与终身教育》。这一阶段关于终身教育的研究文献增长趋势缓慢,相关文献少,且研究是以理论探索、对未来的展望为主要研究方向,多是以成人教育为切入点,对传统教育向终身教育发展过渡的解读,也有少部分借鉴国外实例来描述对我国的启发。

第二阶段是终身教育研究"数量增加"阶段(2000—2011年)。这一时期终身教育研究开始有显著上升的趋势,虽然中间有所波动,但总体来看一直呈上

升趋势。从文献资料数量的激增可以看出这段时间对我国终身教育的研究进入到了迅速发展的阶段。在众多大学研究里,以华东师范大学文献最多,这一阶段的终身教育研究是以构建终身教育体系为主。

第三阶段是终身教育研究"范围扩大"阶段(2012年至今)。终身教育相关文献的研究开始趋于平缓,但是研究范围开始扩大。首先,在研究者方面,研究终身教育的学者面不断扩大。随着终身教育体系的不断发展和扩大,越来越多的研究机构、社会组织等各行各业的研究队伍开始加入到对终身教育的研究中来。其次,在研究方法上,对终身教育的研究由侧重于对终身教育的思想、形式和重要性的一个解读,或是从自身经验、学识积累出发对相关研究进行的解释阐述,或是参考历史资料从不同时期、不同学科的角度探讨终身教育问题,转变为多采用定性与思辨的方法。最后,在研究内容上,现代远程教育、终身教育立法、建构学习型社会开始受到重视,终身教育理念和思想相关文献减少,各界学者开始从理论层面向实践转移,终身教育研究向终身学习研究、终身教育和终身学习体制机制研究过渡。

(二)终身教育概念逐渐明晰

在对终身教育研究的历程中,终身教育的概念由模糊混乱到逐渐变得清晰。由最初对终身教育的认识:"终身教育是当代社会的一种绝对必要的,是全体人民在未来得到和谐发展的唯一途径,是更新劳动力知识技术的战略投资。"①演变为"只从职工教育的角度来理解终身教育是不够的,需要把整个教育系统纳入到终身教育的体系之中。"②终身教育"包括了正规教育和非正规教育、学校教育和社会教育等一切教育形式,并贯穿于人的一生。"③"终身教育是通过不断地支持过程来发挥人类的潜能,它激励并使人们有权利去获得他们终身所需要的全部知识、价值、技能与理解,并在任何任务和环境中有信心、有创造性和愉快地应用它们。"④再到关注终身教育的生命属性,"终身教育强调人的持续发展,重视人的独特发展,满足人的多样化发展,致力于人的能力发展,

---

① 马良生.终身教育——迈向21世纪的关键[J].中国远程教育,1998(6):9-11.
② 顾明远.终身教育——20世纪最重要的教育思潮[J].中国成人教育,2000(12):6-8.
③ 陈乃林.关于终身教育若干问题的思考[J].江苏高教,1999(4):3-12.
④ 裴桂清.论终身教育与创新主体自学能力培养[J].教育探索,2006(5):15-16.

推动人自主地发展。"①"终身教育理念提倡'教育应贯穿于人的一生',主张'学校不应成为年轻人的专利'。它强调未来的国民教育体系应是连接家庭、学校和社会,以及纵贯人的幼儿期、青少年期、成人期和老年期的一种统合而协调的体系。终身教育的最终目标是期望建立'学习社会',而这种学习型的社会即是一种充满余暇时间和自由空间的社会。"②终身教育的核心理念就在于强调"统合",终身教育也并不只是提倡终身接受学校教育③。如今认为"终身教育作为一种价值理念、教育文化、思维方法和发展战略,对于推动教育强国建设具有积极的重要作用",弥合了学校教育的不足,为实现学习时间灵活化、学习方式多元化和学习供给个性化等提供了可能。④ 终身教育概念的明晰对终身教育意义的明确有着重要的作用。

（三）终身教育意义得以明确

学者们在研究终身教育的道路上走得越来越宽阔,进而对于终身教育意义的界定也更加完整清晰。主要表现在以下几个方面⑤:

首先,终身教育促进了教育观念和思维方式的转变。在现代社会中,终身教育是指人们从开始受教育时起就受到各种形式的影响,包括家庭教育、社会教育、学校教育等。传统的教育观念是,一个人在接受完学校教育后,即意味着已经完成了所有的学习,并随后投身于工作,将所学的知识应用到一生中。这种认识显然不能适应现代社会对人才素质提出的更高要求,因而必须进行改革,把培养"全能型"人才作为新时期人才培养目标之一。相较于传统的教育方式,终身教育是一个从诞生到生命的最后一刻都持续进行的过程,它与各个特定的阶段和发展阶段有着非常紧密和有机的联系。也就是说,终身教育不是从儿童时期就开始的教育,而是随着人们生活水平不断提高而逐渐形成的一种新的教育理念和模式。简而言之,这意味着在一个人的生命中的每个时期,都可以通过多种方式来学习各种知识和技能,从而使教育成为一个连贯和统一的系

① 黎蓉.人的发展:终身教育的理解[J].开放教育研究,2007,13(3):14-17.
② 吴遵民.关于完善现代国民教育体系和构建终身教育体系的研究[J].中国教育学刊,2004(11):39-42.
③ 吴遵民.走出理解误区——对当代终身教育理论内涵的深层思考[J].杭州师范大学学报(社会科学版),2008,30(3):107-111.
④ 王琴,张建友.逻辑·价值·实践:终身教育赋能教育强国研究[J].现代远距离教育,2022(1):91-96.
⑤ 杨红.再议终身教育的理论根源及现实意义[J].中国成人教育,2010(16):13-14.

统,这不仅限于学校教育,还涵盖了家庭教育和社会教育等多种方式。从这个角度说,终身教育不仅强调学生个体的全面发展,而且也注重培养学生的终身意识、创新能力和实践能力。另外,终身教育不仅在其教育受众中具有广泛的适用性,而且在教学内容和方法上也表现出丰富和多样的特点,对于提升个体的自我发展具有不可忽视的重要性。随着人类社会生产力的不断增长和科学技术的不断进步,现代工业文明对人才素质要求越来越高,这就为终身教育提供了更为广阔的舞台。正是由于这个原因,终身教育不仅改变了人们对教育的传统观念,还加快了教育现代化的步伐。

其次,终身教育使教育成为一个高效、公平且充满人情味的过程。终身教育的基本原则就是"一切为了每一个学生",即为每个学生提供学习机会和发展条件,以使他们能够获得充分发展的可能性。只有当教育在行动的实质、空间和时间上都经历了巨大的转变,只有当它采纳了终身学习的理念,它才能真正成为一个高效、公平和人性化的事业。这意味着,教育必须从一种"被"状态转变为一种"自"状态,即由一种被动接受变为主动参与。教育应该是一个持续终身的过程,并且需要在所有现有的环境和条件下进行。

再次,终身教育使每个公民都能获得一种自由,这种自由就是个人能够自主地选择适合其需要的教育方式。这种方式下,教育将展现其真正的核心价值,那就是提供完整且持续一生的教育,并突破了千百年来对其施加的各种机构、流程和方式的束缚。从本质上看,终身教育就是对全体公民实施的一种有组织、有步骤的教育体制。在实际的社会背景下,弱势群体可以通过接受教育来改善他们的生活状况。终身教育体系的构建和扩展为弱势群体和所有有学习需求的人提供了一个优质的教育基础。终身教育的理念要求每个公民都必须成为一个学习者,而且每一位公民都应该参与学习过程。因此,终身教育的进步为社会中的弱势群体提供了学习的机会,使教育成为一个既有效又公平的过程。

最后,终身教育有助于个人的持续进步和成长。终身学习是一种社会历史现象,它与人类自身有着密切的关系,并随着人类认识的不断深化而不断丰富着自己的内涵。在人的整个生命中,通过不断地学习来完善自己是至关重要的。因此,在整个社会中只有不断接受继续教育,才能满足人类对知识更新、技能提高和身心全面和谐发展的需求。联合国教科文组织强调,高等教育应当通过多种方式为各个年龄层提供服务,并以多种方式让人们受益;而终身学习就是为了使每个人在其整个生命过程中都能不断得到新的经验,并最后成为一个具有独立个性且全面的社会成员。这类教育特别强调持续的自我革新和个人成长。教育不仅使受教育者能够适应社会变化,而且能不断满足社会需求。教育的目的不仅仅是获取知识,更重要的是推动个体的成长和发展。教育应致力于使每一个学生都能成为有成就的学习者。因此,首先是构建合适的体系和策略,以确保人们在其一生中能够持续地进行学习和培训;同时还要为每一个人提供必要的环境以使他们得到充分发展。鼓励每个人通过各种方式进行自我教育,从而在真正的层面上达到自我成长。终身教育作为一种全新的教育思想、模式和理论已为许多国家所接受,并取得了良好的效果。终身教育被视为一种能够培育全方位发展的教育方式,它贯穿于人的整个生命周期,有助于消除一次性教育可能导致的失败和痛苦,为每个人提供了一个发展和完善自己的机会,从而真正达到全面发展的愿景。

(四)终身教育体系初步建立

经过多年的理论研究和实践探索,我国终身教育体系得以初步建立。我国已基本形成了一个指标体系,其核心目标是推进终身教育,包括继续教育资源的开发、促进公众学习、构建终身教育的综合体系、放宽入学和毕业条件,以及建立继续教育学分积累与转换机制等。各个学段的教育都在均衡和协调地发展,终身教育的理念和体系建设也在不断地深化和落地。在此基础上,提出进一步加强各领域统筹协同、促进终身学习型社会形成等建议。在我国,各种级别和类型的教育在横向和纵向上的整合越来越深入和实际,同时,沟通和协调的机制也在逐步得到完善。继续教育服务经济社会的能力得到显著提升,终身学习社会氛围进一步形成。我国的终身教育观念已经得到了有效的实施和落地,同时,终身教育体系的建设也在稳步前行并持续深化。随着制度和政策的持续改进,"立交桥"的建设变得更加灵活和多样化。终身教育服务能力不断增强,覆盖城乡范围逐步扩大。通过优化政策框架和制度建设,我们为创建一个全民学习、随时随地学习的体系奠定了坚实的制度基础。这同样指引着我们将终身教育发展成为一座更加多元、知识融合、策略科学、范围广阔且成效显著的"桥梁"。资源条件得到了充分的挖掘和应用,使得资源库的建设变得更为开放、综合和便利。终身教育体系构建离不开资源的支持与服务。资源状况不仅是组成教育元素的核心要素,同时也是实施教育观念、构建教育结构和达成教育目标的关键支撑。作为一种社会现象,终身教育系统本身就是一个具有开放性且复杂的系统。从一个特定的角度看,终身教育体系是由众多相互关联、相互影响且依赖的元素构成的复杂整体,同时它也是一个具备特定职能的有机体。其中,教育资源作为最基础的生产要素,对构建终身教育体系起着至关重要的作用。从终身教育体系的建设和发展的视角来看,它明显是由场地、教师资源、经费和其他设施等融合多种资源条件共同组成的。因此,构建与完善基于共享平台、资源共享机制和开放互动模式下的新型终身教育服务体系已成为当务之急。我国已经基本形成了一个更开放、综合、智能化和以服务为导向的终身教育资源体系,这为面向全民以及为全民终身发展提供终身学习的服务提供了有利条件及核心支撑。服务的提供与学习的需求相匹配,使得育人的主体性更加明确和有针对性。终身教育体系建设要以学习者需求为本,突出培养适应时代要求的人才,实现人的全面发展。终身教育理念及其体系构建着重于服务全体社会成员,关注每个人的全面发展和终身学习,这一核心思想确立了终身教育体系建设的基本出发点和核心任务。职业培训的数量和质量都在同步提升,同时培训服务体系也在不断地进行升级和优化。从国家层面上看,大力发展职业培训是推动我国经济高质量增长的关键抓手之一,是实现产业结构调整、促进就业创业、推进社会治理能力现代化的重要途径。在过去的几年中,党和政府推出了众多的政策和措施,旨在激励更多群体参与职业技能培训。通过这些措施,从业者得以提高自身的技术水平,以满足经济发展、社会变革和产业升级的需求。这不仅保障了他们的收入待遇稳步提升,还赋予了他们更多实现终身发展和成功的机遇。与此同时,政府高度重视职业培训工作,积极推进国家职业技能发展计划。职业院校作为职业技能培训的核心场所,在推进学历教育与培训相结合的职业教育模式,以及构建全民终身学习现代教育体系中,发挥了不可或缺的作用。

（五）域外终身教育研究为我国终身教育研究带来启示

我国对域外终身教育研究主要体现在终身教育思想研究、终身教育立法研究以及终身教育体系构建这三方面。

在终身教育思想研究这方面给我国终身教育研究带来的启示[①]:一是要激发学生自主意识,促进教学体制转型;二是建立循环教育体系,保障生涯多样性发展;三是遵循多元共生理念,在地方建设中融入终身教育;四是以大学引领地方发展,打造社区终身教育基地;五是建立实践型社会合作教育体系,促进大学生生涯发展。

在终身教育立法研究方面带来的启示[②]:首先,立法目标是确立保护公民终身学习的权利,探索多样化的终身学习路径,提供各种终身学习的机会,并全方位地提高普通公民的精神文化修养和生活品质。其次,明确终身教育体系中各要素之间的法律关系及建立起科学有效的评价机制,是保障和促进终身教育发展的基础条件。在终身教育的立法过程中,我们始终坚守以政府为核心、学习者为中心的原则,并严格遵循公益性、公平性和非功利性的准则。再次,制定国家层面和地方层面有关终身教育法律制度的基本框架和制度体系。全面融合各类教育资源,并通过有组织的途径,为人们的整个生命周期提供符合其需求的教育机会和内容,这不仅是终身教育所需完成的关键任务和使命,也是立法过程中的核心议题。在进行教育时,其一,我们必须确保有相应的设备和设施,并且必须有专门负责教育管理的人员;其二,完善法律保障措施,确保终身教育实施的顺利进行;其三,明确终身教育资金的来源和如何分配;其四,制定终身学习者资格标准和学分银行制度等一系列法规政策。最后,为了推动终身教育的发展,有必要设立一个专门负责协调和推动的机构,对于在学校之外参与的学习成果进行确认。我国目前还没有形成系统而完善的终身教育体系,在理论和实践上都存在着一些问题。

在终身教育体系建设的研究中,我们得到如下启示:一是为了满足社会的发展需求,我们应当致力于建立一个终身教育的体系;二是努力构建一个统一且标准化的资格认证体系;三是确保普通中等教育、职业教育、培训以及高等教育之间的无缝对接;四是建立一个统一的资格认证和学历转化系统;五是加强对中等职业学校学生进行继续教育,提高其综合素质。为了确保统一学历资格体系能够正常运行,需要建立并不断完善相关的配套措施。

---

①　高静.自主、循环、共生:终身教育理念下日本高等教育改革探析[J].高教探索,2021(1):83-90.

②　吴遵民,黄健.国外终身教育立法启示——基于美、日、韩法规文本的分析[J].现代远程教育研究,2014(1):27-32.

三、终身教育研究的共词可视化分析

在 21 世纪,人类社会生活将面临巨大转变,迈向知识密集型社会。教育领域也正在经历前所未有的变革。终身教育和持续学习已经成为社会进步和教育革新的共同追求,越来越受到人们的关注,相关研究成果也在不断丰富。为更好地探究我国终身教育研究状况,利用 Bicomb2.0 软件和 SPSS22.0 软件对中国知网(CNKI)中收录的终身教育领域的核心期刊论文进行数据处理和可视化分析,进而揭示我国终身教育领域的研究热点,以期为新时期的终身教育研究提供参考和借鉴。

(一)终身教育研究文献来源与研究工具选取

通过中国知网(CNKI)数据库,以篇名为检索条件,将期刊年限设定为 1992—2022 年,指定期刊类别为 SCI 核心期刊、CSSCI 来源期刊、EI 来源期刊、北大核心期刊,以篇名为检索条件,设定"终身教育"为检索内容,共获得相关文献 1 269 篇,本研究采取去除书评、期刊介绍、会议通知、丛书介绍、年会综述、会议纪要等非研究型文献的方法,最后得到 1 197 篇有效文献。

本次研究以 Bicomb2.0 软件和 SPSS22.0 软件作为研究工具,通过仔细筛选,系统整理出相关数据、关键词统计、结果提取、共词矩阵热点分析和共词矩阵结果导出。具体操作为:首先,利用可视化分析软件构建项目,自主命名项目编号,新项目格式种类"CNKI·XX·xml",并从本地文件夹中导入 697 份有效文献到"选择文件"中,然后再次抽取。其次,我们进行了关键词的统计分析,最终发现总数为 4 289 个关键词。出于研究的需要,我们选择了词频大于或等于 21 的 16 个关键词作为高频出现的关键词。随后我们构建了高频关键词的共词矩阵,并进行了聚类分析,之后将其导入到 SPSS22.0 软件中。通过使用统聚类技术,我们生成了关键词的树状聚类图,并对这个共词矩阵进行了多维尺度的分析,以进一步揭示数据间的复杂关系。最后通过综合分析得出解析结论并绘制终身教育讨论热点的知识图谱。

(二)终身教育研究文献研究结果与解析

1.高频关键词词频统计与解析

关键词是从文章的主题中提炼出来的,分析关键词能够检测出本领域研究的热点并揭示出学术研究的发展脉络和方向。[①] 关键词出现的频次越高，说明与其相关的研究成果越多，研究内容就越集中。[②] 借鉴相关词频估算方法，对高频关键词设置阈值，使其出现频率高于或等于 21。最终识别出高频关键词 16 个，其频次分布情况见表 3.1。

表 3.1　16 个高频关键词排序

序号	关键字段	出现频次	序号	关键字段	出现频次
1	终身教育	805	9	老年教育	27
2	终身教育体系	169	10	终身教育思想	27
3	成人教育	87	11	职业教育	23
4	学习型社会	86	12	成人高等教育	23
5	终身学习	83	13	高等教育	22
6	继续教育	57	14	远程教育	22
7	终身教育理念	33	15	学习化社会	21
8	社区教育	33	16	终身教育理论	21
合计 1 539 频次					

可以看出，这 16 个关键词共出现 1 539 次，占总频次的 35.89%。通过对这 16 个关键词进行频次统计，呈现出我国终身教育研究领域的热点和趋势。其中，前五位关键词出现的频次均大于 80 次，前五位关键词分别为终身教育（805），终身教育体系（169）、成人教育（87）、学习型社会（86）、终身学习（83），另外 11 个关键词的出现频次均大于或等于 21 次。这一统计结果表明，我国终身教育的研究和关注重点主要集中在终身教育、终身教育体系、成人教育、学习型社会和终身学习等方面，并基于此展开研究。不过，仅仅通过高频关键词的频次计算，难以深入揭示这些词汇与讨论主题之间的内在联系。为了解决这一问题，笔者采用了共词分析软件来对这些关键词进行了更深层次地解析和研究。

2.高频关键词的相异矩阵及分析

高频关键词的 Ochiia 系数相异分析的基本原理是："相异矩阵中的数字表

① 李文兰,杨祖国.中国情报学期刊论文关键词词频分析[J].情报科学,2005(1):68-70,143.
② 郭文斌,方俊明.关键词共词分析法:高等教育研究的新方法[J].高教探索,2015(9):15-21,26.

明数据间的相异性,其数值越接近1,表明相应的两个关键词之间的距离越远、相似度越小;反之,数值越接近0,则表明关键词之间的距离越小、相似度越大。"①首先使用 Bicomb2.0 软件对高频关键词进行词篇矩阵生成。其次将词篇矩阵引入 SPSS20.0 软件进行系统聚类,并在方法上选取度量标准 Ochiia 系数,进而获取高频关键词相似矩阵,构建多维尺度分析中高频关键词的相异矩阵。利用相异矩阵等于1的相似矩阵生成相异矩阵。其值愈趋近于1,则说明关键词间关系愈远。结果见表 3.2。

表 3.2　高频关键词 Ochiia 系数相异矩阵(部分)

	终身教育	终身教育体系	成人教育	学习型社会	终身学习	继续教育	终身教育理念	社区教育	老年教育
终身教育	.000	.965	.732	.761	.803	.832	.988	.847	.858
终身教育体系	.965	.000	.959	.842	.890	.888	.987	.987	.926
成人教育	.732	.959	.000	.942	.988	.858	.888	.981	1.000
学习型社会	.761	.842	.942	.000	.775	.929	.962	.925	.958
终身学习	.803	.890	.988	.775	.000	.956	1.000	.885	.958
继续教育	.832	.888	.858	.929	.956	.000	.954	.977	.975
终身教育理念	.988	.987	.888	.962	1.000	.954	.000	1.000	1.000
社区教育	.847	.987	.981	.925	.885	.977	1.000	.000	.866
老年教育	.858	.926	1.000	.958	.958	.975	1.000	.866	.000

通过表 3.2 能够得到所有关键词分别与终身教育距离由远及近的顺序,依次为终身教育理念(0.988)、终身教育体系(0.965)、老年教育(0.858)、社区教育(0.847)、继续教育(0.832)、终身学习(0.803)、学习型社会(0.761)、成人教育(0.732)。这一结果表明,研究终身学习时,更多的是与学习型社会、成人教育联系在一起。通过表 3.2 可以发现,终身教育理念、终身教育体系、老年教育、

---

① 郭文斌,陈秋珠.特殊教育研究热点知识图谱[J].华东师范大学学报(教育科学版),2012(3):49-54.

社区教育、继续教育等关键词与终身教育关系都不紧密,较为疏远。

3.高频关键词聚类分析

"聚类分析主要基于对共词出现频率的分析,把关联密切的主题聚集在一起形成类团,它是共词分析常用方法之一。"①"聚类结果能反映关键词之间的亲疏,是以图形的形式更加直观地反映终身教育研究的研究热点及其分布。聚类分析的是以关键词在同篇文章中成对出现的频率(共词)为分析对象,参照聚类的统计学方法,把紧密度高的关键词进行聚集并形成类团。"②关键词类似,其距离越近,相反则越远。利用 SPSS22.0 软件对系统聚类分析关键词相似系数矩阵,所得聚类结果如图 3.1 所示。

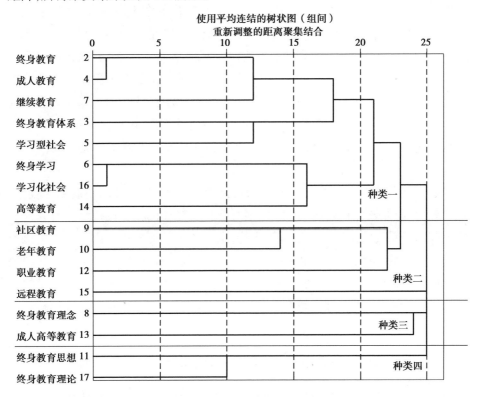

图 3.1　终身教育研究高频关键词聚类结果

---

① 钟伟金,李佳,杨兴菊.共词分析法研究(三)——共词聚类分析法的原理与特点[J].情报杂志,2008
   (7):118-120.
② 丁雪阳,程天君.21 世纪以来我国教育公平研究的热点与未来趋势——基于共词矩阵的知识图谱分
   析[J].中国远程教育,2019(1):9-17,46,92.

从图 3.1 中聚类分析结果所显示的聚团连线由近及远可以直观看到国内终身教育研究中的热点有四个领域。

种类一集中在构筑终身教育体系以及推进学习型社会的形成。这一领域的核心词汇包括终身教育、成人教育、继续教育、终身教育体系、学习型社会、终身学习、学习化社会和高等教育等。

学习型社会这一新型社会形态是一个较终身教育、终身学习更广泛、更上位的理念。[①] 终身教育是学习型社会的基石,全民终身学习是构成学习型社会的现实基础与核心内容。[②] 学习型城市的发起与促进展示了教育理论向实践操作转化的渐进过程。2013 年,全球"首届国际学习型城市大会"提出学习型城市的特征框架。[③] 随着知识化、信息化、智能化时代的全面来临,决定了学习型社会建设必然是当今社会大趋势,而学习型城市建设是实现学习型社会的重要步骤与衡量标准。[④] 终身教育体系的构建与发展、学习型社会的到来,使得我国成人教育和继续教育等经历着一系列深刻的变化。我国正在积极开展学习型城市建设工作,北京市、上海市和广州市作为试点先行,并得到了党和政府的重视和统一指导,在全国范围内开展学习型城市建设工作,彰显区域特色,终身教育体系建设得到了前所未有的推进,一个人人向学、处处可学的城市风气正在初步形成。[⑤]

种类二关注的焦点是终身教育的可持续发展研究,关键词涵盖社区教育、老年教育、职业教育和远程教育。我国对终身教育理论和实践机制的研究是一个宏伟而又系统的工程。由于政策支持,全国各级各类教育机构都表现出勇于改革和创新的精神,进而促进终身教育蓬勃兴起。社区教育是促进教育和社会、社区有机结合和协调发展的根本途径,也是实现全民终身教育最理想的方式之一。[⑥] 在借鉴国外社区教育的基础上,普通高校通过资源共享,远程教育网

① 朱敏,高志敏.终身教育、终身学习与学习型社会的全球发展回溯与未来思考[J].开放教育研究,2014(1):50-66.
② 宋永泽.终身教育、终身学习和学习化社会的社会基础与逻辑关系[J].教育理论与实践,2007(6):7-9.
③ 李兴洲,陈宁,彭海蕾.论学习型社会建设中成人教育的社会治理功能[J].中国远程教育(综合版),2019(6):8-12.
④ 孙立新,乐传永.成人教育研究的新进展与未来趋势[J].教育研究,2015(6):79-84.
⑤ 叶忠海,张永,马丽华.中国学习型城市建设十年:历程、特点与规律性[J].开放教育研究,2013(4):26-31.
⑥ 甘饴.城乡统筹背景下社区教育趋势与对策[J].江苏社会科学,2019(3):116-120.

络平台和校外教育惠民基地为中介,为社区教育提供了物质和人才的支持。①
老年教育是构建终身教育体系、建设学习型社会的重要组成部分。2016 年国务
院办公厅印发了《老年教育发展规划(2016—2020 年)》,该规划的实施极大地
促进了全国范围内老年教育的快速发展,促进形成新的发展格局,在政策支持、
供给主体、办学范围、办学方式等方面呈现出新的发展特点。② 终身教育的最大
特点是体现教育的延续性、一贯性和整体性,职业教育是终身教育的重要组成
部分,始终贯穿于终身教育之中,促进了高等教育和成人教育发展。③ 我国从
1999 年开始提出现代远程教育工程的建设,先后在清华大学、浙江大学和湖南
大学等几所高等学校开展试点工作,为大规模个性化学习的开展提供全方位的
支撑服务体系。④

　　种类三为终身教育理念下的成人高等教育研究,主要包括终身教育理念和
成人高等教育两个关键词。终身教育理念给我国成人高等教育带来了巨大挑
战与良好机遇,成人教育和终身教育之间存在着密不可分的紧密联系。成人教
育因其形式与内容的丰富性而孕育出终身教育的理念,它所具有的广泛社会
性、全民性、终身性和灵活性,使之与终身教育具有高度相似性,在各种教育形
式之中,它符合终身教育理念。⑤ 在思想上,终身教育理念指导成人高等教育,
成人高等教育指导终身教育理论实践;在机构设置上,成人高等教育机构为终
身教育理念提供基石和载体;就观众而言,有一些人为自我提升和发展而有意
识地加入终身教育研究队伍。⑥ 随着终身教育理念的不断深入,对社会和教育
的各方面都提出了新要求,在终身教育的发展历程中,普通高等学校发挥着极
其重要的作用,学校应该调整组织和工作方式以主动适应并促进终身教育的发
展,进而实现普通高校成人教育终身化。

　　种类四为终身教育思想和理论的影响研究,主要包括终身教育思想和终身

---

① 邢泽宇,郎益夫.高校参与社区教育的模式与对策研究[J].黑龙江高教研究,2016(5):55-58.
② 徐旭东,杨淑珺.新时期老年教育特点与体系构建的思考[J].职教论坛,2020(1):118-122.
③ 禹明华,刘智群.终身教育与职业教育的关系探讨[J].教育与职业,2007(30):147-148.
④ 陈丽,林世员,郑勤华."互联网+"时代中国远程教育的机遇和挑战[J].现代远程教育研究,2016
　　(1):3-10.
⑤ 陈联.终身教育理念下成人高等教育的转型[J].高教探索,2011(1):120-124.
⑥ 姜琳琳.终身教育理念下成人高等教育教学模式改革的思考[J].教育观察(上半月),2017,6(2):
　　138-139.

教育理论两个关键词。终身教育理论是在人类社会化、社会现代化的基础上产生和发展起来的一种新型教育形态。终身教育理论符合时代发展需求、符合教育发展规律,并具有超强的理论概括和分析能力,逐渐成为世界范围内教育事业迅猛发展的思想武器和理论基础。[①] 从终身教育理论产生之日起,就逐步与教育优先发展、人力资本理论融为一体,并共同形成世界上影响深远的三种现代教育思潮之一。一些发达国家也采取了立法措施,推动终身教育实施。[②] 终身教育思想在国内传播之后,引起人们对传统教育观念进行深刻反思,并促使人们对教育的性质、功能和内在规律进行重新思考,反映出教育适应现代社会迅速变革的需要。终身教育思潮的广泛传播影响了我国教育的各个方面,极大地推动了我国教育的改革与发展,促进了终身教育体系的建立,为教育赋予了全新的认识和理解。

4.我国终身教育研究热点知识图谱与解析

为了更深入地挖掘高频关键词间隐含的关键信息,我们使用 SPSS22.0 软件对由 49 个关键词组成的相异矩阵进行了多维尺度的分析,并产生聚类分析图,进而绘制出终身教育的研究热点知识图谱(见图 3.2)。在这张坐标图上,关键词的位置是通过 个小圆圈来表示的,关键词之间的关系越紧密,它们所代表的圆圈之间的距离就越近;反之亦然。在多维尺度坐标轴所分割的四个象限内,研究主题在第一象限之间表示关联密切并处于研究网络的中心;在第二象限,研究主题之间的结构相对宽松,并且还存在进一步拓展的可能性;第三象限的研究主题间联系紧密、明确,代表有研究机构对其进行正规的研究;第四象限主题领域是整个工作研究的边缘领域,重要性不高。[③]

从我国终身教育研究热点的分布可以看出,热点领域大部分位于第一和第四象限,这意味着学习型社会的研究已经成为终身教育领域的焦点,并且研究成果相当丰富,但与学习型社会相关的其他研究则显得相对滞后;热点领域二分别位于第一、第二和第四象限,这说明终身教育研究成果中对社区教育的研究较多,对职业教育和远程教育的研究还有进一步发展空间,对老

①　胡瑞波.终身教育理论视角:高校师范专业课程体系建构探微[J].中国成人教育,2017(23):104-106.

②　蒋凯.终身教育思想述评[J].现代远距离教育,1996(3):8-11.

③　祁占勇,陈鹏,张旸.中国教育政策学研究热点的知识图谱[J].教育研究,2016(8):47-56,98.

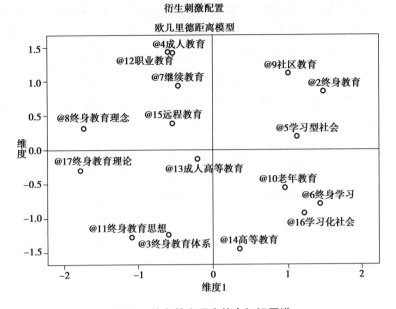

图 3.2　终身教育研究热点知识图谱

年教育的研究涉及较少,相比于其他研究还不成熟;热点领域三基本处于第二象限,说明其还需要学术界进一步深入探索;热点领域四分别处于第二和第三象限,说明对其的研究成果较多,但是仍然需要学术界继续研究,有待于深入挖掘。

（三）终身教育研究文献结论与展望

依据共词分析的理论和方法,研究表明终身教育研究热点主要集中在四个方面,这些研究既推动了终身研究的繁荣与发展,它还为完善不同层次和不同类型的教育政策提供指导,并为推动我国教育科学化、民主化和制度化提供理论根基。教育信息化的全面推进正深刻影响着教育改革,这要求我们需要积极行动起来,通过制定相关政策并开展实践活动,深入贯彻并践行终身教育的理念,促进教育的可持续发展。

1.创新国内终身教育研究视角,进行跨学科研究①

目前,我国正在进入全民终身学习教育体系建设的关键阶段,对终身教育

---

① 邵剑耀,毛立伟.国内外终身教育研究:主题透视、热点识别与趋势研判[J].开放学习研究,2021(2)：21-29.

的研究提出更严格、更迫切的需求,需要对终身教育进行多层面讨论。例如在讨论终身教育的必要性时,综合分析不同学科领域的观点。从经济学视角,阐述终身教育如何为个人和社会带来经济优势,探讨教育资源在终身学习中的投入与回报关系,以及与人力资本形成之间的互动。从社会学角度,突出终身教育在推动社会边缘群体平等获取教育资源方面的关键作用。此外,从历史学角度,回顾现代终身教育的理念,深入探讨中国传统文化中的终身教育思想,包括儒家文化及其他多种文化传统。为了更好地推动终身教育在中国的实施,宜采用多样化的学科理论和方法,如管理学、统筹学、计量学、行政学、法学、博弈论和系统论,进行教育政策的跨学科研究。丰富教育政策学科的研究成果,并促进其发展与繁荣。同时,通过这种全面的研究,可以构建一个符合中国实际情况、具有中国特色的学术体系和风格。今后终身教育研究既应继续参照有关自然科学研究格局,也应注重把量化研究引入终身教育实践层面。

2.拓宽终身教育研究内容,构建终身教育研究体系

建设全民终身学习现代教育体系要求终身教育不囿于教育领域,而是向社会治理和民生改善等领域渗透。政府决策和文化改革在许多层面上,成为跨领域关注的焦点。首先,对当前研究课题需要进行深入的精细化探讨,比如对目前的高等教育研究领域,有必要进行更为深入的探究。这包括基于现有教育理论,考量疫情等公共卫生危机对社会环境造成的影响,进而对如医学与心理学等学科领域进行详尽探讨,并对它们未来的发展方向进行预测。其次,未来学术探讨应当聚焦于终身学习的资源分配及其学习能力的发展。在分配资源的过程中,应特别留意包括城市流动人口、乡村居民、少数民族、残疾人和老年人等群体对于终身教育需求的满足,并在分配时赋予他们更多的关注。在培养能力方面,要重视学习者早期的教育阶段,并从学校教育的目标、教学内容和课程设计等内部因素着手,同步关注学生核心素养的培养与发展。未来的终身教育研究应依据不同地区的实际情况,深入开展现场调查,全方位掌握各地终身教育的理念和实践情况。同时,还应借鉴欧美先进的教育体制,通过法律法规的方式促进各地区、各级教育之间的衔接,构建一个整合而完善、具体而全面的终身教育体系。

3.拓展终身教育研究的深度

终身教育在许多国家已被确立为一种国家战略,其持续发展将不断推动整

个教育体系朝着更加灵活、开放、便捷、弹性、人本和融合的方向迈进。尽管中国在终身教育的基础理论研究领域取得了丰硕的成果,并且相关文献资料极为丰富,但对于终身教育的核心理念、前进路径、价值支撑,以及建立终身教育体系所需的关键融合机制等问题,依然存在分歧,未能形成统一的看法。这一现状不仅对中国构建终身教育体系及实施机制提出了挑战,也使得近年来中国终身教育学术领域缺少了一些新的研究焦点。这可能是由于终身教育涉及多个领域、涵盖广泛,因而在理论探讨和实践应用方面存在一定的复杂性和多样性。因此,需要深入研究终身教育的各个方面,以推动学术界和政策制定者就该领域的认识达成更深层次的共识,促进我国终身教育体系的发展和完善。[①] 深入的学术研究需要对终身教育的核心概念进行更清晰的界定,并深入探讨它们之间的相互关系和联系,以确立共识并为实践提供指导。这些研究成果将为终身教育的进一步发展和政策制定提供宝贵的参考依据。未来研究需强化终身教育的实践性和实用性探索,持续研究如何高效整合各类教育资源,架起学校教育与校外教育之间的桥梁,为国家终身教育立法提供理论依据和建议,从而推进终身学习和学习型社会的建设。这需要学者们的共同努力和持续不断地深入研究。

本章小结

目前,终身教育概念已得到广泛应用,在不同社会环境和不同学者的阐释下出现了多种认识。本章通过总结和评述多位学者从不同角度对终身教育的相关观点,集中在对终身教育研究的主要问题域:终身教育概念研究、终身教育意义研究、终身教育发展理论研究、终身教育体系研究、终身教育研究的阶段性特点及发展脉络、终身教育研究的共词可视化分析等,依据这些研究成果,可以理解到终身教育研究的一般思路。创新国内终身教育研究视角,进行跨学科研究,以及拓宽终身教育研究内容和研究深度,构建终身教育研究体系,是有效深化终身教育研究的方式。

---

① 高晓晓.改革开放四十年我国终身教育研究的发展历程[D].上海:华东师范大学,2019.

推荐阅读

推荐书目	内容简介
《社会转型期成人教育、终身教育研究》 高志敏、蔡宝田著 首都师范大学出版社 2007 年	本书是研究"社会转型期成人教育终身教育研究"方面的专著,主要围绕终身教育、终身学习和学习化社会这三大理念,进行了广泛的思考和探讨;以成人学习为主要论域,分析了其发生机理、内在机制、支持要素;以成人高等教育为中心话题,在梳理和分析成人高等教育实践层面出现的问题的基础上,探讨了其未来的发展路向;对成人教育研究进行了必要的反思和批判,并借鉴现象学等理论,对成人教育研究进行了展望;展现了欧、美、日等国家以及一些国际组织在成人教育、终身教育领域的理念和实践等方面的内容。
《终身教育体系下社区教育实践研究》 马金东主编 高等教育出版社 2011 年	本书基于终身学习的理念,以社区教育实践项目为核心,着重总结实践经验,充分展示了北京市朝阳社区学院在社区教育领域的实践与理论成果。该文分为两大部分,分别是研究与思考,以及实践与反思,共包括二十个专题。内容包含了社区学院自身发展的探索与反思、非学历继续教育项目的设计与管理、社区教育需求的调查、课程制定、管理模式等方面的实践经验,同时也对公务员培训、社区工作者培训、家政服务员培训、幼儿科学教育、职工素质教育、本地居民教育服务及流动人口教育培训等十项社会服务项目进行了深入反思。
《终身教育体系中社区学校实体化建设的研究》 金德琅主编 上海社会科学院出版社 2007 年	在社区教育发展的历程中,社区学校应运而生,它在终身教育体系的构建中是不可或缺的重要一环,在学习型社会的建设中是独具优势的宽广平台。本书的一个特点是进行了实证性质的社区学校办学调查,在此基础上进行科学的数量化分析,以便对社区学校的实体化建设现状有一个数量化的把握。本书认为,离开这种数

续表

推荐书目	内容简介
《终身教育体系中社区学校实体化建设的研究》 金德琅主编 上海社会科学院出版社 2007 年	量化把握,对社区学校实体化建设的认识总会流于肤浅和粗糙。本书的调查是针对普陀区进行的,普陀区社区学校应该是上海市社区学校实体化建设的一个缩影,其所得的调查结果具有普遍意义。另一个特点是摒弃了空泛理论的表述,扎根于社区学校丰富的办学实践。在社区学校展示的令人喜悦的教育成果,使人们深刻感受到社区教育的勃发生机和可持续发展的强大动力。在这些素材面前,人们可以感受到实体化建设已经取得的累累硕果,同时也发现实体化建设持续发展的契机。
《成人学习者(第 7 版)》 【美】马尔科姆·S·诺尔斯著 北京师范大学出版社 2016 年	本书分为三个部分:第一部分,成人教育学的根源,它追溯了成人教育理论的发展,提出了成人学习者学习的核心原则。第二部分,成人学习的进步,介绍了更多对于成人教育理论的新发展,新的实践领域的研究,以及如何在不同的情况下应用。第三部分,成人学习的实践,选择了成人教育学在实践中的特定方向和内容进行详细说明,包含了战略实施的核心假设、根据个体差异制订学习、在组织中如何实施成人学习等。最后提供了成人教育理论研究的历史线索及成人教育学的国际研究基础及对成人教育实践的启示。
《创建学习型城市的理论和实践》 叶忠海著 上海三联书店 2005 年	推广终身教育并朝着构建学习型社会的方向前进,已经普遍成为 21 世纪初全球教育和社会发展的重要趋势。同时,这也符合我国在教育和社会发展方面的策略与追求。要科学而有效地建立终身教育体系和创建学习型城市,对此必须首先要有科学的理解。这就要求从理论和实践结合上系统研究终身教育体系和学习型城市。本书采用 4 个结合:专题研究和综合合成研究相结合;理论分析和实证研究相结合;宏观把握和微观剖析相结合;研究和实践相结合,边研究,边实践,边推进。本书结论科学,论据充分,思路具有前瞻性,分析具有针对性,对策具有实用性。

续表

推荐书目	内容简介
《迈向学习社会——美国成人教育思想与实践的传统和变革》 赵红亚著 中国社会科学出版社 2004 年	成人教育是终身教育的重要组成部分,也是形成学习化社会的主要途径,其战略性意义越来越为世界各国所重视。本书在翔实资料基础上,通过阐述和分析了现代美国成人教育思想和实践的历史渊源,介绍了美国成人教育领域的主要代表人物思想、典型事例和重要的政策法规。从理论体系、专业团体等视角论述了美国成人教育专业化的过程,分析了美国建构学习社会的策略,概括了美国成人教育的特征、存在问题以及对我国的启迪。
《上海企业教育模式研究》 上海市学习型社会建设与终身教育促进委员会办公室编 中国人民大学出版社 2012 年	企业教育已客观成为终身教育体系的一个教育供体,这就有必要对上海企业教育的模式进行研究。本书主要包括总体报告、专题报告和上海企业教育最佳实践研究三部分内容。本书对上海市各类企业所开展的以满足企业内需和战略发展为主的各类教与学的活动进行了回顾、总结和展望,从大量企业教育实践中提炼、总结出一些理念、思路和具体的操作方案,以期达到促进企业职工教育的发展、创新人才培养的模式、为社会主义现代化建设更快地培养更多更好的实用型人才的目标。企业教育是有个性的教育,具有很强的自主性。但它又同国家的教育体系相衔接,是职业教育、继续教育和高等教育在企业这个特定领域的延续和发展。
《实践终身教育论:上海市推进终身教育的路径与机制研究》 吴遵民、黄欣编著 上海教育出版社 2008 年	本书是我国首部以探讨和研究终身教育是如何在实践中具体推进并发挥作用为目的的专著。该研究就终身教育基础内涵及基本流派进行了阐述,并通过评述三个国际都市终身教育发展状况及特点,探讨了世界范围内有关立法问题。本书在以作者多年研究终身教育理论的基础上,为终身教育最终推动社会进步与发展,为造福千千万万普通民众的学习与精神生活,在政策机制、实施途径、组织运营等方面,具有积极意义。

续表

推荐书目	内容简介
《终身教育体系的衔接问题研究》 王琪著 厦门大学出版社 2014 年	本书综合运用教育哲学和自组织理论的思想,探讨了终身教育体系中各子系统之间衔接的基本问题。首先,介绍了终身教育体系衔接的基本理论研究;其次,运用自组织理论探讨终身教育体系衔接的宏观机制;再次,选取了教育目的、教育内容、教育资源以及教育制度四个要素分析终身教育体系衔接的微观机制;从次,探讨我国当前教育体系衔接的状况及存在的问题,并从教育目的、教育内容、教育资源以及教育制度四个方面,对澳大利亚学历资格框架在其教育体系的衔接上所起的作用进行了分析。最后,从系统运行的角度总结了终身教育体系衔接的本质,并提出我国终身教育体系建设中加强各子系统衔接的对策思路。
《终身教育学通论》 叶忠海著 学林出版社 2020 年	本书系"终身教育学研究"课题的研究成果,全书由导论篇、理论篇、体系篇、阶段篇、展望篇组成。本书创建了终身教育学的基本构架和内容,提出了终身教育学的基本理念,从终身教育的本原性、原理性、运行性、共享性等视角概括了终身教育的基本特征,提炼了终身教育的新形态;分析了终身教育发展的目标节点、运行过程及阶段,阐明了影响终身教育运行的诸因素及其相互关系;首次揭示出终身教育运行的规律,指出了构建终身教育体系的基本原理,论述了终身教育体系内在整体化的构建,以及与外部环境系统的协调发展。

第四章　终身学习研究文献及其评述

一、终身学习研究的主要问题域

（一）终身学习与终身教育概念辨析研究

万明春（1997）在《学习社会与终身学习》①一文中指出，终身学习和终身教育在其核心价值和对人的成长所起的推动作用上是相似的。终身学习主要侧重于学习者个人的积极进取和不懈努力，要求每个个体主动进行自我更新，不断提高自己的知识水平、能力水平、素质水平，使个人获得全面发展。同时，终身学习还要求人们必须不断接受新知识，并能将之应用于实践。从某种程度上说，倡导终身学习不仅对于终身教育的进一步拓展具有正向的影响，而且是终身教育体系中不可取代的一环。在现代科学技术迅猛发展的今天，任何一个个体都不可能孤立地完成自己的全部活动，每个人都要通过一定的途径来获得知识和技能。然而，就像一个人不可能从人类社会中独立出来一样，个体的学习过程也离不开社会的援助和支持。同时，受经济条件、政治地位等方面因素的制约，个人在进行终身学习时又必须得到来自外界的各种必要的帮助和支持。教育是这种帮助和支持中最为关键的部分，特别是对于社会中的绝大部分人，如果没有全社会的终身教育保障，他们的终身学习目标就很难真正达成。正因为这个原因，我们认为终身教育的理念是不应被终身学习的理念所替代。

陈乃林等（1997）在《终身学习论略》②一文中提出：终身学习是终身教育的基础，终身教育是终身学习的指导；终身学习是终身教育的最高境界；终身学习是学习社会化的标志。

---

① 万明春.学习社会与终身学习[J].教育研究,1997(7):34-39.
② 陈乃林,孙孔懿.终身学习论略[J].江苏高教,1997(6):5-11.

　　李兴洲(1998)在《终身学习和终身教育之比较》①一文中认为,终身教育与终身学习在本质上是紧密相连的,它们在某些方面存在共通之处。首先,它们都是一个整体,都强调教育应该面向所有人,将社会的每一个成员视为一个整体,每个人都有接受教育的权利和义务,并且重视培养受教育者的能力和素质,培养适应现代化建设需要的高素质人才。其次,它们都着重于将所有具备教育功能的组织或学习机构紧密联系在一起,以全方位地推动全体公民在文化知识和技能方面的提升。再者,它们都重视培养人的各种能力和素质,都要求人们通过自己的努力去获得新的知识。它们的主张是持久的,主张将人的整个生命视为一个学习和受教育的旅程,并倡导为每个人提供进一步学习和知识积累的机会。它们也是开放的,主张在现代社会的大背景下,将教育和学习纳入讨论和实践中,同时强调教育的平等性和教育体系的开放性。最后,这两种方式在终极目标上是相符的,都期望能够塑造出一个"教育(学习)社会化,社会教育(学习)化"的完美模式。文章还探讨了我国构建终身学习型社会中应该如何借鉴国外终身学习与终身教育理论及实践经验。然而,尽管终身学习与终身教育在很多方面都有相似之处,但它们之间的微妙差异不能被忽略,即它们在概念的内涵上有所不同,在对概念的理解上有所不同,以及关于指导教育实践也有所不同。

　　高志敏(2003)在《关于终身教育、终身学习与学习化社会理念的思考》②一文中指出,三大理念在内涵上既有相似之处,也存在差异。从一致性的角度看,都强调教与学的连续性和终身学习的重要性;都一致认为教学内容应该具有广泛性和全面性;都普遍支持教育空间的开放和与社会的互动;都强调了教学目标的双重重要性。从差异性的角度分析,在战略选择方面存在差异,终身教育将构建一个面向所有公民的开放终身教育体系作为其战略的首要选择;学习化社会是以建设学习型国家为战略首选;终身学习的核心思想是引导每位公民把终身学习视为"生活的责任和方式",并将增强他们的学习自觉性和学习能力作为首要的战略目标。

　　吴遵民(2004)在《终身学习概念产生的历史条件及其发展过程》③一文中

---

①　李兴洲.终身学习和终身教育之比较[J].中国成人教育,1998(1):17-18.
②　高志敏.关于终身教育、终身学习与学习化社会理念的思考[J].教育研究,2003(1):79-85.
③　吴遵民.终身学习概念产生的历史条件及其发展过程[J].教育评论,2004(1):48-52.

指出,终身教育概念的产生是终身学习理念形成的基础,学习社会理论的兴起是终身教育向终身学习转化的重要契机。随着终身教育观念的出现,人们对教育的理解经历了深刻转变。在这一转变过程中,终身教育思想被引入教育领域,并成为现代教育观的重要内容之一。教育的意义已经超越了仅仅局限于学校某一特定时期或某一群体的特权,它应该涵盖社会中的每一位成员,并在他们的生命旅程中起到关键作用。因此,终身教育观被正式提上日程并成为当代教育理论发展的主流方向之一。从那时起,传统的教育方式将人的整个生命过程简单地分为学习和工作两个阶段,彻底颠覆了"教育即学校教育"的观点,终身教育理论应运而生。终身教育的核心思想是教育,它主张教育应该是一个连贯的整体,期望通过融合一个人在其一生中所经历的各种教育形式,最后实现一个以学习为中心、强调人性价值的学习社会。这种新教育观无疑会给我们带来许多积极影响,同时也存在一种内在的矛盾,虽然学习和教育有时可以相互替代,但它们终究是属于两个不同的领域。学习作为一个独立存在的系统,而非是教育中不可或缺的部分,这让人们对学习的认识也发生了根本性变化。关于如何平衡"终身教育"与"学习社会"的不同之处,直接催生了一个与终身教育紧密相连但含义各异的新观念——"终身学习"。

贡咏梅(2006)在《终身教育、终身学习、学习社会理念之辨析》①一文中认为,终身教育、终身学习和学习社会有内在联系和相近之处。首先,产生的背景相同,三者都在后工业社会产生;其次,终极目标相同,三者的终极目标都是追求人自身的以"贤、乐、善"为基本内容的人生真正价值的实现;最后,所提倡的学习方法和手段一致,它们更加强调教学过程的连续性和终身性,以及在这个过程中学习方法和工具的内在自觉性、双向性和互动性,这些都对传统的学习方法和工具提出了批评。另外,终身教育、终身学习和学习社会的不同之处在于:首先,具体目标不同。终身教育的目标指向于对现行的教育体系的超越,是对已有的僵化、封闭、一次终结的现行教育制度的批判和摒弃,呼吁建立起一种充分从人的发展和社会的需要出发的持续、开放、终身的理想教育体系;终身学习的目标指向于对现有的教育范畴的拓展;学习社会的目标是相对于传统的教育权利和公平提出的,指向于对现行社会形态的改变。其次,战略出发点不同。

---

① 贡咏梅.终身教育、终身学习、学习社会理念之辨析[J].教育探索,2006(11):60-61.

终身教育更多地从国家及社会团体的角度出发；终身学习更多地从个人的角度出发；学习社会的出发点则是把"学习权"上升到"人权"的高度。最后，执行时的重点有所区别。继续教育在实施中更加注重对传统教育体制与机制的革新，而以非学历教育为主的成人教育则更为关注有关人的素质和能力提高的途径和方式方法。在终身教育的执行过程中，更多的关注点被放在了对当前教育体系的改进上；在终身学习的执行过程中，更多地将焦点集中在学习者这一个体上；在学习社会的执行过程中，更倾向于将关注点集中在全社会的学习环境上。

吴遵民等（2007）在《当代终身学习概念的本质特征及其理论发展的国际动向》①一文中认为，终身教育与终身学习是同一事物的两个不同方面。前者主要集中在教育服务、条件和机会的提供方面，主要是政府行为的体现；后者的侧重面则更多地表现为在社会组织或个人对其成员进行培养的过程中所发生的一系列改变，更全面地反映学习者的个人行为和学习模式。

宋永泽（2007）在《终身教育、终身学习和学习化社会的社会基础与逻辑关系》②一文中认为，终身教育和终身学习这两个观念在内涵上存在差异。首先，终身教育是一个持续培养个体、不断扩充其知识和才能，以及不断加强其判断力和行为能力的持续过程；终身学习则是指人们在获得了某种知识之后，能够通过继续进行新知识学习来获取更多的知识，以达到更新自我知识、提高自身素质的目的。终身学习不仅是个体独立进行的生活实践，也是社会成员在面对知识型社会时，持续自我提升和持续成长的一种永无止境的学习过程。两者都强调了个体对自我价值的追求。其次，如果终身教育是从与学习者相对的客体性出发的，终身学习则是从人的学习的主体性而言的。最后，通过"学习化社会"，可以明确认识到终身教育、终身学习和学习化社会是三个截然不同的概念和社会现象。终身教育将人的全面发展置于所有发展活动的中心位置，并从教育服务社会的责任角度来解读教育问题，从促进和服务于人的全面发展的视角来定义教育；终身学习涉及学习者，也就是社会成员，如何适应社会进步的挑战，它是基于高级动物的天性以及它们的自我成长和完善来定义的；学习化社会则强调在知识爆炸时代，人类要学会用知识更新自己的知识结构，并不断提

---

① 吴遵民，谢海燕.当代终身学习概念的本质特征及其理论发展的国际动向[J].继续教育研究,2004(3):31-36.

② 宋永泽.终身教育、终身学习和学习化社会的社会基础与逻辑关系[J].教育理论与实践,2007(6):7-9.

高自身的综合能力,从而获得更好的生存与生活质量。

刘雅丽(2008)在《终身教育、终身学习与人的生命完善之思考》①一文中指出,当我们探讨终身学习时,终身教育和学习型社会的概念是不可避免需要被提及的。这三个因素之间有着紧密的联系,它们生动地描绘了现代社会的各种特质、由社会提供的各种保障手段,以及个体应对各种情况的战略。在西方,终身学习理论最早由德国哲学家、社会学家,并被称为"现代教育学之父"的朗格朗提出,他明确指出"终身教育即教育"这一概念涵盖了教育的所有层面和范围,包括从生命活动的开始到结束的持续发展,以及教育进程中的各种特性和连续各个阶段之间有机的内在联系。与终身教育相匹配的社会必然是一个以学习为核心的社会。学习化社会是一种新的社会形态,它不仅指人们通过各种途径获得知识或技能,而且还要求人们能够适应这种变化。我国台湾学者胡梦鲸持有这样的观点:一个学习型的社会将建立在终身教育的基石上,把学习者放在首位,确保每个人都能享受到终身学习的机会。从某种意义上来说,我们现在正处于这样一种状态之中,即学习化社会——这一人类社会进步的最基本标志之一正在形成。在探讨终身教育、学习型社会及终身学习之间的联系时,富尔直言不讳地强调:每个人都应该持续不断地学习,因为终身教育构成了学习型社会的核心。因此,学习化是终身教育最基本、最重要的特征之一,它使终身教育成为现实。"学习化社会"的理念进一步拓展了人们对终身教育的认识,并将终身教育的根基从教育机构转移到社会及其成员本身。从这个意义上说,终身教育就是一种学习。终身学习的观念正是基于这个前提而逐渐形成和壮大的。

陈乃林(2008)在《关于终身教育与学习型社会的多维解读》②一文中提出,尽管终身教育和终身学习在本质上是相同的,但它们也存在明显的差异。首先,从这两个概念的核心特性来看,它们实际上揭示了同一教育观念在不同发展阶段和不同发展层次上的深层含义。其次,从其产生和发展过程看,二者又都经历了一个由萌芽状态到成熟状态再到现代形态的演进历程。普及终身教育是实现终身学习的基础条件,而终身学习的实现则是终身教育发展到一定阶段的结果。只有当终身教育的观念得到广泛传播,终身教育的制度得到完善,

---

① 刘雅丽.终身教育、终身学习与人的生命完善之思考[J].湖南师范大学教育科学学报,2008(3):63-65.
② 陈乃林.关于终身教育与学习型社会的多维解读[J].成人教育,2008(1):13-17.

以及终身教育所需的条件都齐备时,终身学习才可能成为社会各成员的日常实践。但这两者之间也存在着差异。终身教育的核心参与者包括国家、政府、社会、教育部门及其下属的教育机构,其中国家和社会有责任为学生提供教育的机会、条件和服务。对学生而言,受教育实际上是他们的一项基本权利。而终身学习的理念强调社会成员是学习的主体,学习不仅是公民的权利,同时也是公民自身的义务和责任。为了实现终身的生存、发展和完善,公民不仅应该,而且必须自觉地进行学习和终身学习。此外,作者还认为人的主体性和能动性是终身学习的核心和灵魂所在。终身学习的过程是个体在其一生中通过不断学习来获得观念、态度、情感和行为变化的过程。这种内化在本质上是一种感受、体验和升华。终身学习是不断提升其知识、素养、经验和能力的过程,也是发生持久变化的过程,更是人生体验和完善的过程。

贾凡(2010)在《三大理念解析:终身教育、终身学习与学习化社会》①一文中指出,"终身教育""终身学习"和"学习化社会"这三种全新的教育观念,在当前时代已经引起了国际社会的普遍关注。这三大理念是在对当代西方教育思想进行深入考察的基础上逐渐形成的。首先,从深层次的内涵出发,保罗·朗格朗、埃德加·富尔和罗伯特·赫钦斯这三位最具代表性的人物,结合他们的理论洞察和实际经验,为终身教育、终身学习和学习型社会提供了深入的阐释,以一种崭新的姿态影响着当前的世界教育格局和人类生活方式。再者,从历史的发展轨迹来看,20世纪60年代和70年代形成的三大核心埋念,不仅有着相似的起源背景,还各自展示了其独有的成长轨迹。最后,从终身教育和终身学习的关系来看,它们之间存在明显的区别。只有在一个学习型的理想社会环境中,这两者才能真正实现和谐共存。保罗·朗格朗对终身学习与终身教育进行了较为深入的研究。他指出,终身学习和终身教育在根本上是相互补充和一致的。尽管终身教育强调政策的推进和政府的倡导,但如果个体成员缺乏学习的意愿和能力,那么整个社会的终身教育建设就无法实现;同样地,终身学习作为一种理念,其最终目的是促进人们的全面发展。从另一个角度看,终身学习更注重学习者的积极进取和不懈努力。学习型的社会实际上是终身教育和终身学习的综合体现。从这个意义上说,我们应该把"学习化社会"看作是对终身教

① 贾凡.三大理念解析:终身教育、终身学习与学习化社会[J].职教论坛,2010(16):26-28.

育和终身学习关系的重新定位。尽管终身教育和终身学习在"终身"这一维度上有着相似的方向,但前者更多的是从社会的视角进行自上而下的改革,更多地强调"教育"的重要性;而后者则是从个体的视角出发,采取自下而上的变革方式,更多地关注于"学习"的方面。

朱敏等(2014)在《终身教育、终身学习与学习型社会的全球发展回溯与未来思考》[1]一文中指出,关于三者之间的联系,初步得出了这样的观点,即学习型社会是一个超越终身教育和终身学习的更广泛和更高层次的观念。作为一种创新的社会模式,它的核心目标是让全体公民通过终身教育和学习实现全方位的发展。为了实现这一目标,社会应该提供全面的制度支持,并以此为基础推动社会的整体进步。在构建学习型社会的过程中,终身教育和终身学习都具有同样的战略重要性。更为关键的是,二者需要在即时有效的沟通基础上达成高度的协同和理解,以便共同推动社会的进步。

钟周等(2015)在《Citespace Ⅱ 支持的终身学习研究分析》[2]一文中指出,在20世纪60年代中后期的西方社会,终身学习、终身教育和学习型社会的思想逐渐浮现。这三种理念的发展是紧密相连的,它们相互激励、相互作用,并对当前全球的教育改革产生了深远的影响。目前,我国学术界对其理论研究尚处于起步阶段,但已初步形成了一些共识,取得了一定的成果。一些学者指出,终身学习和终身教育这两个概念的共同之处在于"终身",即它们都强调在时间、空间和内容上延长和开放教与学的过程。但是,"终身学习"这个词更符合"以人为本"的理念,它更加关注学习者的需求,强调学习者通过主动学习来提升自身能力和适应社会。

徐莉(2017)在《终身学习思想的重要理论贡献——郝克明学校教育系统变革思想评述》[3]一文中提出,终身学习和终身教育是因为传统的学校教育系统已经不能满足人类社会变革的需求而产生、发展起来的。终身教育与终身学习之间的主要差异在于:终身教育的核心参与者包括国家、政府、社会、教育部门及其下属的教育机构;终身学习则以个人作为学习主体,其目的是每个人都获取

[1] 朱敏,高志敏.终身教育、终身学习与学习型社会的全球发展回溯与未来思考[J].开放教育研究,2014(1):50-66.
[2] 钟周,韩双淼.Citespace Ⅱ 支持的终身学习研究分析[J].中国远程教育(下半月),2015(2):32-37,79.
[3] 徐莉.终身学习思想的重要理论贡献——郝克明学校教育系统变革思想评述[J].终身教育研究,2017(6):47-51.

自己终身发展所必须具备的能力。

靳澜涛(2021)在《我国终身教育立法缘何"难产":瓶颈与出路》①一文中指出,"终身教育"和"终身学习"在定义、提出、主体、重点、推进方式等各个方面都有很大的不同。因此,它们的立法目标和制度设计自然也会有所区别。终身教育法更加强调政府和办学者在教育资源分配中的权利和职责,而终身学习法则主要关注学习者的地位和权利。

孟思宇等(2021)在《我国服务全民终身学习的规模、特点与改进策略》②一文中提出,终身教育更倾向于从"供给侧"的角度来看,它通过为教育制度、教育体系、教育内容、教育模式和环境建设等关键要素提供资源,旨在为国民提供终身教育的熏陶和建设性的支持。终身教育重视从"供给方"的层面出发,强调在政府、企业、学校以及社区的共同努力下,形成全覆盖、多层次的全民教育网络。终身学习着重于从"需求侧"的视角进行思考,强调个体的成长需要有一种强大的内部驱动力。终身学习重视从"需求方"的层面出发,强调通过自我实现的自觉性来推动多样化的学习需求,持续追求个人的全方位成长,从而实现自我价值的实现。

吴遵民等(2022)在《终身教育立法中应关注的几个问题——由"终身教育"还是"终身学习"的立法争议谈起》③一文中指出,终身教育的观念首次被提出时,所带来的影响是推动人们对于教育的理解发生了深刻的转变。这种观念上的改变使人们从关注知识的传承转变为关注学习本身。人们逐渐意识到,教育应当是一个连贯的整体,它以持续的学习为基础,并以人的一生的成长为追求目标。这种观念的改变使终身教育成为一种可能和现实。随着对教育方式认知的逐渐转变,我们对学习的本质也有了更深入的了解。这意味着学习不仅仅是青少年在学校的一次性活动,而是应该伴随一个人的整个生命过程。因此,学习的时间和空间的定义、范围也扩展得更广泛了。同时,在传统教育观念及现代社会信息化程度等因素的影响下,终身教育理念得以迅速普及和推行。从内涵角度分析,"终身教育"和"终身学习"在推广初期的理念内涵差异并不

---

① 靳澜涛.我国终身教育立法缘何"难产":瓶颈与出路[J].中国远程教育,2021(9):1-7,28,76.

② 孟思宇,丁学森,孙绵涛,夏博书.我国服务全民终身学习的规模、特点与改进策略[J].中国教育科学(中英文),2021(3):28-37.

③ 吴遵民,邓璐.终身教育立法中应关注的几个问题——由"终身教育"还是"终身学习"的立法争议谈起[J].教育发展研究,2022(21):29-34.

显著,甚至在大多数情况下,学术界对这两个概念的定义存在很多重叠之处。因此,在这两个概念的发展筹备阶段,它们并没有表现出明显的相互排斥或对立性质。

(二)终身学习背景下学习型社会建构研究

郑惠强(2000)在《建立终身学习体系构建学习型城市》①一文中认为,要打造一个学习型的城市,关键是要构建一个终身学习的体系。终身教育是以人为主体,由个人或家庭进行自我培养与发展而形成的一种社会文化现象。

李春生等(2002)在《终身学习背景下学校和社区关系的重建》②一文中认为,学校和社区作为教育实践中的关键场所,经历了三个不同的发展时期(分别是学校与社区的隔离、学校为社区提供服务、社区与学校的紧密结合以及学校社区之间的合作)。在终身学习的理念驱使下,它们持续地向对话和整合方向发展。文章基于对当前学校与社区关系的深入思考,以终身学习和"成人"教育的理念为导向,提出了学校与社区融合的新方向。文章提出,学校与社区的发展仍然不够完善,并且在合作的过程中,两者之间的关系模式还存在不足。首先,学校核心的思维观念依然深入人心。其次,资源的开放策略仍然是保守的。再者,社区与学校之间的合作关系背后存在着深远的冲突。最后,学校和社区之间缺乏有效的沟通渠道。基于此,文章提出了关于学校与社区之间关系的新思路,即学校与社区的融合。这种新型的学校和社区关系将为学生、教师以及整个社会带来新的希望。通过学校与社区的整合,可以真正将教育与日常生活融为一体。学校可以被视为一个社区,教师和学生不仅是在学习,同时也是在生活和个人成长。学生从课堂走向社区,教师从学校回到社区,成为共同的教育者、服务者、管理者、参与者,并通过各种方式参与到社区资源中去。社区可以理解为学校,整个社区被视为一个大型教育机构,其中所有的社区成员都被视为这所学校的教育资源,他们既是教师也是学生。教育资源在社区内部和社区之间都是相互流通和共享的,而教育活动则是基于平等和合作的原则进行交流和互动。因此,学校社区一体化不是简单地将学生从校园中解放出来,而是要使他们融入真实的生活之中。教育的方向应当是面向实际社会生活的全面

① 郑惠强.建立终身学习体系构建学习型城市[J].教育发展研究,2000(5):36-37.
② 李春生,康瑜.终身学习背景下学校和社区关系的重建[J].比较教育研究,2002(4):44-47.

开放,因此只有将学校与社区融为一体才能使学生成为真正意义上的学习者,才能够有效地促进他们的发展。随着学校和社区达到"全面开放"的状态,一个以学习为核心的社会也即将到来。

黄雅丽(2003)在《终身学习社会背景下教师的角色定位》[①]一文中提出,终身学习社会对学校教育尤其是教师的角色提出了严峻的挑战。教师的角色需要重新定位:教师必须成为学生未来成长的参谋与顾问、学生学习的引导者和促进者、教育教学的研究者、新型的社交家。为达成上述角色的转化,教师角色的定位应具备专业化的价值取向,教师角色的成熟应着眼于自我效能的拓展。在终身学习的社会环境下,学校被期望在教育改革中扮演关键角色,而教师则被期望成为这一改革进程的核心。教师希望通过不断参与各种课程改革来提升自己的教学水平,从而促进学生学业进步并获得更多成功。为了更好地促进教师的职业成功,学校必须重视教师的角色转变。鉴于终身学习社会给学校和教师带来的巨大压力,全球各国都在重新审视教师的角色定位,并修订适用于新型教师的培训、聘用和薪酬标准,以提升教师的专业水平,满足未来社会对教师的期望。

孙先民(2003)在《远程教育与终身学习体系的构建》[②]一文中指出,党的十六大提出了要"全面建设小康社会""形成比较完善的现代国民教育体系""形成全民学习、终身学习的学习型社会,促进人的全面发展"。建设学习型社会要以终身学习体系的构建为前提,终身学习体系的构建要通过完善的国民教育体系来实现。

顾明远(2003)在《形成全民学习、终身学习的学习型社会》[③]一文中认为,学习型社会将教育与社会紧密结合,为人们的全方位成长提供更为优越的环境,并将进一步提升人们的综合素质,对当前乃至未来中国教育事业的走向有着深远而重大的影响。十六大报告中关于"形成全民学习、终身学习的学习型社会"的新观点,集中反映了在未来一段时间里,我国教育改革和发展将以人的全面成长为中心的整体战略方向。这一点对于我们准确理解教育在社会主义

---

① 黄雅丽.终身学习社会背景下教师的角色定位[J].福建师范大学学报(哲学社会科学版),2003(5):120-122,127.
② 孙先民.远程教育与终身学习体系的构建[J].现代远距离教育,2003(1):10-12,23.
③ 顾明远.形成全民学习、终身学习的学习型社会[J].求是,2003(4):42.

现代化进程中所承担的历史责任,具有至关重要的指导作用。

张力(2006)在《全民终身学习与职业教育新定位》①一文中提出,为了在我国建立一个全民参与、终身学习的学习型社会,职业教育无疑将成为这个社会中最具活力和多样性的一部分。在构建学习型社会的大背景下,我国职业教育的新方向和定位应当贯穿于人的整个生命周期,在成功达到国际视野下的全民教育目标(尤其是普及义务教育)后,我国应该逐步将焦点转向"确保全民的基本技能",并逐步从"学历社会"向"学习型社会"进行根本性的转变。职业教育需要对其发展策略进行全方位的调整,以满足市场的需求并展现其独特之处。

李惠玲(2006)在《简论教师的终身学习》②一文中提出,党的十六大明确提出要实现"形成全民学习、终身学习的学习型社会,促进人的全面发展"的宏伟目标,这不仅是教育的历史使命和崇高任务,同时也为教育的进一步发展创造了有利的条件。"百年大计,教育为本。教育大计,教师为本。"在传授人类积累的关于自身和自然的知识方面,在开发人类创造力方面,以及在传播某些理念方面,教师将始终是主要的责任者,始终起主导作用。教师经过职前教育走上工作岗位后,还要随着社会的发展、课程内容的变化、随时学习、更新自己的知识。教师可采用自学的方式,如多读书看报,并善于从自己的教学体会中、从他人的教学经验和教训中、从学生的反馈中,捕捉自己需要加强的信息能力,还要掌握自学的基本方法,以便确定学习方向和内容,使自己学习到应有的知识。在此基础上还可采用如下一些方式:在职学习、脱产进修、短期培训等。

刘雅丽(2008)在《终身教育、终身学习与人的生命完善之思考》③一文中指出,在探讨终身教育、学习型社会以及终身学习之间的联系时,富尔鞭辟入里,认为每个人都应该持续不断地学习,因为终身教育是学习型社会的核心。这一论断深刻揭示了现代终身教育与学习型社会之间存在着内在的必然联系,同时也为我们研究和实践终身教育奠定了理论基础。"学习化社会"的理念进一步拓展了人们对终身教育的认识,并将终身教育的根基从教育机构转移到了社会及其成员本身。

---

①　张力.全民终身学习与职业教育新定位[J].中国职业技术教育,2006(2):26-27.
②　李惠玲.简论教师的终身学习[J].中国成人教育,2006(6):100-101.
③　刘雅丽.终身教育、终身学习与人的生命完善之思考[J].湖南师范大学教育科学学报,2008(3):63-65.

刘超等(2009)在《作为终身学习评价体系的澳大利亚资格框架》[①]一文中提出,要想构建一个终身学习的社会,建立一个针对个体学习成果的综合全面的评价体系是不可或缺的。澳大利亚资格框架是在终身学习需要不断增长的条件下建立起来的,它涵盖了传统的正规教育和职业教育与培训,使各种资格可以相互比较与衔接。它还通过评价先前学习认定的非正规和非正式的学习成果,扩展了传统的评价范围,在塑造未来的终身学习社会中起到了至关重要的作用。

张德明(2011)在《建设上海开放大学,服务市民终身学习》[②]一文中指出,上海开放大学在全国首个挂牌成立,是上海推进学习型社会建设和构建终身教育体系的创新举措,引起社会各界高度关注。文章从上海开放大学的建设背景与深远意义、总体构想与目标、实施步骤与规划,以及保障措施与策略这四个维度出发,全面探讨如何有效推进和成功运营开放大学。经过十年的不懈努力与实践,上海终身教育体系逐渐成熟和完善,市民对学习的热情日益增强,终身教育资源不断丰富,教育形式也日趋多样化,为市民提供了更加丰富多彩的终身学习机会。然而,受限于当前的教育体制,现有的教育资源目前仍处于相互独立和封闭的状态,彼此之间缺乏有效沟通与衔接,导致资源无法高效聚集和优化整合。这种状况远不能满足学习者多样、灵活及公共化的学习需求,给市民的终身学习带来了诸多不便。同时,上海的经济社会正经历着迅猛的发展和剧烈的转型、外来人口迅速增长、老龄化趋势不断加剧、家庭消费支出结构明显变化等。这些因素共同对整个城市的终身学习服务能力提出了新的挑战。为此,急需构建一个新型的平台,用以整合教育资源、提供终身学习的场所,并完成构建学习型社会的历史重任。上海开放大学的建设不仅是实施教育规划纲要和"部市战略合作协议"的关键步骤,也是上海构建终身教育体系和学习型社会的必然要求,更是深化上海教育体制改革的重要突破口。

袁松鹤(2013)在《搭建终身学习"立交桥"的四个关键问题——基于国际比较的视角》[③]一文中提出,一些专家持有这样的观点:终身学习的"立交桥"实

① 刘超,高益民.作为终身学习评价体系的澳大利亚资格框架[J].比较教育研究,2009(3):30-34.
② 张德明.建设上海开放大学,服务市民终身学习[J].开放教育研究,2011(2):22-27.
③ 袁松鹤.搭建终身学习"立交桥"的四个关键问题——基于国际比较的视角[J].现代远程教育研究,2013(3):104-112.

际上是一套制度安排,旨在为广大社会成员提供一个开放、多元和灵活的教育或学习路径,以确保各种学习成果能够得到适当的认可和有效的衔接。参考国际上在学习成果认证等领域的实践经验,我国在构建终身学习的"立交桥"时,应特别关注学分、学习成果认证与学分转换、学分转换与积累的标准和框架,以及质量保障这四大核心问题,其中学分研究是基础,学习成果认证与学分转换、积累及兑换是核心和难点。学分虽然有工作量和学习成果两种计量方式,但以学习成果进行学分计量,更有利于学分的互认与转换。事实上学分主要用于学习成果的量化、记录和积累,而学习成果才真正在学分体系中起互认和转换的作用。非正式学习成果认证旨在认定学分,正式学习成果重在学分转换,两者面临的共同问题是质量保证。非正式学习成果的真伪鉴别和正式学习成果的透明度与学分价值对等是质量保证的难点。两者的共同基础或可行途径是以学习成果为导向的、基于标准课程体系或资格框架的课程认证。课程认证应作为终身学习"立交桥"搭建的重要突破口。

余善云(2014)在《终身学习研究与实践》①一书中从国际和国内两个维度,对终身学习的起源进行探索,审视其发展的历史进程,解读终身学习发展的时代特征和法制环境,展望终身学习发展走势;从理论和实践两个方向,对促进终身学习、发展终身教育、建设学习社会的理念、政策、条件、技术、资源、途径等进行全面、系统的分析,提出相应措施。

郑勤华等(2014)在《北京市成人"终身学习素养"现状及特征分析——基于2012年大规模抽样调查数据的探讨》②一文中提出,在终身学习的过程中,我们应该更加注重人的能力的培养,这是终身学习的核心,同时也突出了学习者掌握学习方法的关键性。在终身教育理念下,将学习视为生活的一部分而成为了人们共同追求的目标之一,这要求我们从更深层去理解和认识学习者及其学习活动的重要性。然而,目前我国许多地区的居民却面临着诸多困境。因此,在构建和发展学习型城市和学习型社会时,必须首先明确学习者的基础准备状况。否则,终身学习的基础设施和资源供应将与公民个体的实际需求和学习能力存在显著的不匹配,从而难以达到预期的学习效果。从目前我国各地区开展

---

① 余善云.终身学习研究与实践[M].北京:光明日报出版社,2014.
② 郑勤华,马东明,陈丽,等.北京市成人"终身学习素养"现状及特征分析——基于2012年大规模抽样调查数据的探讨[J].现代远距离教育,2014(1):3-15.

的终身教育实践来看,终身学习已经成为一个普遍共识和现实选择。从一个角度看,国家和政府对终身学习资源的投入成为实现终身学习目标的关键支撑;从另一个角度看,公民的终身学习素养构成了他们持续学习、不断提高自己的知识和技能、加强自我修炼,以及更好地实现自我价值和融入社会的关键基石。从某种意义上讲,公民个体的终身学习素养状况决定着整个社会的终身教育质量。推动终身学习的进程,无疑需要外部的终身学习资源和支持与公民的终身学习行为之间的紧密互动。在此背景下,作者采用问卷调查法对北京城区居民开展了一次关于公民个人终身学习素养的调查,对这次大规模的样本调查结果进行了整合和深入分析,发现北京市成人的"终身学习素养"在以下几个方面有明显的特点:一是终身学习的整体素质在不同性别之间表现出了显著的差异;二是在教育类型上存在显著的城乡差别,"非技术工人"与"农民/牧民/渔民"这两个群体在终身学习方面属于较为弱势的群体;三是学历层次的高低与终身学习素养的相关性并不显著;四是终身学习素养呈下降趋势的拐点趋于年轻化。

顾登妹(2014)在《学习型城区共同体——杨浦区资源整合新追求》①一书中提出,杨浦学习型社区共同体的经验与模式的共同点是"联动"。通过"联动"实现了基于城区特点的终身教育工作的核心理念:首先,大学校区、企业园区与公共社区之间的教育合作,以校区为源泉,促进知识和创新融合;其次,以园区为载体,促进知识和创业融合;最后,以社区为平台,促进知识与生活融合。

范华等(2016)在《终身教育理念下学习型社会建设——山东社区教育数字化探索》②一书中,从山东全省视野,探索社区教育发展的策略制定与服务指导、资源建设与共享、高用户体验的自主式数字化学习平台、线上线下有机结合的混合学习模式、项目示范、学习管理支持服务"一条龙"的综合性社区教育架构。

刘爱玲(2018)在《学习型社会建设中的终身德育研究》③一书中,从学习型社会和终身德育的关系入手,就其发展脉络和研究范畴进行了梳理,提炼出思想政治教育视角下的终身德育概念。该书指出终身德育是道德教育与时俱进

---

① 顾登妹.学习型城区共同体——杨浦区资源整合新追求[M].上海:上海教育出版社,2014.
② 范华,谢明浩.终身教育理念下学习型社会建设——山东社区教育数字化探索[M].南京:江苏凤凰教育出版社,2016.
③ 刘爱玲.学习型社会建设中的终身德育研究[M].北京:中国社会科学出版社,2018.

的产物,因此终身德育的研究既要体现社会发展的现实需要,又要凸显道德教育发展的前瞻性。展望终身德育的未来发展,要体现三个"向度",即终身德育的人学"向度"、终身德育的生态"向度"和终身德育的生活回归"向度"。

苑大勇等(2020)在《终身学习推进可持续发展路径及实现:从秩序共存到螺旋上升》①中认为,在一个强调终身学习的社会中,它的社会结构必然是学习型的,随着社会变革的加速,每个人都有终身受教育的迫切需求。学习型社会是在对传统工业文明反思后提出的一种全新的现代社会观,是一个把学习放在核心位置,并通过学习来寻求进步的社会。在这一过程中,人的主体地位得以确立,个体成为学习活动的主人,不再仅仅是知识的容器。这个社会通过重新审视人类及其生活环境的价值观和变化趋势,引导社会价值观向人的全面成长、发展和完善方向转变,通过推动教育改革为所有人的持续学习提供制度性的保障。从这个意义上说,在未来社会中,学习不仅成为每个人获得成就的基本手段,也成为人们实现自我超越的重要途径之一。未来的社会将特别重视与社会资源相关的议题,包括生活质量、健康状况、环境保护以及教育和培训等关键社会因素。要想实现学习型城市的持续发展,就必须动员所有部门的资源,深挖市民的内在潜力,进而推动个人成长、维护社会整合并促进社会繁荣。学习型城市的建设离不开终身学习理念与行动的指导和推动。因此,在推动学习型城市建设的进程中,终身学习的理念和实践起到了至关重要的作用。

张炜(2021)在《学习型社会进程中高等教育的发展演变》②中提出,打造一个学习型的社会,它既有时代的标志,也有特定的阶段特征。高等教育作为国民教育体系重要组成部分,是建设学习型社会的主要力量。现阶段,我国不仅需要应对构建高等教育强国这一新的任务和要求,还需要解决迅速进入高等教育普及化阶段所带来的新挑战和矛盾。建设学习型社会是全面建成小康社会的必然要求,也是构建现代国民教育体系的重要支撑,更是加快协调推进"四个全面"战略布局的迫切需要。此外,还需要完善终身教育和终身学习的制度,增强职业技术教育的适应性和灵活性,深化职业与普通教育的结合、产业与教育的融合,以及学校与企业的合作。扩大高等教育的受众范围、丰富教育内容、改

---

① 苑大勇,沈欣忆.终身学习推进可持续发展路径及实现:从秩序共存到螺旋上升[J].中国远程教育,2020(8):1-6,14.
② 张炜.学习型社会进程中高等教育的发展演变[J].中国高教研究,2021(3):1-6.

进教育方法和提高教育质量,以更好地满足经济社会的发展需求和广大人民的期望,努力打造具有中国特色的社会主义高等教育机构,并为构建学习型社会作出贡献。

周蔚(2021)在《类型学视域下全民终身学习体系的主体及功能构建》①一文中提出,全民终身学习体系的核心是为终身学习提供各种学习机会、资源和活动支持的各种级别和类型的组织或群体。构建以政府为主导、社会广泛参与、个人积极参与的"三位一体"全民终身学习服务体系,需要对不同类型的服务进行分类设计,形成相应的政策工具与实施路径。文章通过应用类型学的研究方法,采用分组和分类的策略,从满足全体公民终身学习的需求以及各个主体的基础特性和功能方面进行了探讨,将全民终身学习体系的主体分为推动者主体、学校教育主体、社会资源主体、公共资源主体和学习参与者主体五类,并在此框架下探讨、重构主体功能,以进一步认识主体的本质内涵,深化主体责任意识,发挥主体系统功能,扩大和提升终身学习供给的规模与质量,加快推进终身学习体系和学习型社会的建设。

於伯君(2022)在《终身学习理念下社区教育体系的构建路径分析》②一文中认为,根据目前的实际状况,构建社区教育体系显得尤为关键和重要。这需要相关人员能够将终身学习的理念与社区教育体系相结合,以满足人们的学习和成长需求,进而构建一个学习型的社会环境。终身学习理念是一种全新的学习观念,其内涵较为丰富,包括终身教育、自我实现等方面。终身学习的核心思想是将日常生活与学习紧密结合,让学习不仅仅是为了满足人们的基本生活需求,而是变成了人们生活中不可或缺的一部分。社区作为终身教育发展过程中非常重要的组成部分,对于推动全民素质提高具有积极作用。因此,在终身学习观念引领下,社区教育需要持续地进行改革和提升,以吸引更多人积极参与社区教育活动。

侯怀银(2022)在《论构建服务全民终身学习教育体系的研究》③一文中指出,构建服务全民终身学习的教育体系,需充分重视并发掘各级各类教育之间的合力,打通各级各类教育之间的联系。就教育体系在全人类面向、全需求导

---

① 周蔚.类型学视域下全民终身学习体系的主体及功能构建[J].终身教育研究,2021(6):10-17.

② 於伯君.终身学习理念下社区教育体系的构建路径分析[J].知识文库,2022(1):13-15.

③ 侯怀银.论构建服务全民终身学习教育体系的研究[J].教育科学,2022(5):23-30.

向、全领域指向等方面的重要作用及相互关系等问题展开研究,认为体系的构建有助于学习型社会的建设。

(三)终身学习体系发展研究

吴忠魁(2000)在《关于我国终身学习体系建设的若干思考》[①]一文中提出,从世界范围看,自20世纪60年代终身教育这一观念被明确提出以来,随着包括高等教育在内的各类学校教育的迅速扩张和现代科技的飞速发展,尤其是知识经济时代的到来,构建终身学习体系已经变成了越来越多国家在构建21世纪教育体系时的首选方案。目前,世界各国都把建设学习型社会作为促进经济增长、提高综合国力和国际竞争力的重要途径之一,并将其列入重要议程,以确保人类社会能够持续稳定地向前发展。我国在构建终身学习体系的过程中遭遇了一些挑战。首先,受到市场经济规律的影响,国有大中型企业在转型过程中,由这些企业运营的职业技术教育机构大部分都面临着巨大的压力,许多企业已经无法继续推进企业教育的进一步发展。其次,目前我国的受教育群体面临着巨大的压力,教育资源和学习机会都严重缺乏。由于历史上的种种原因,我国中小学教师学历偏低,且分布不均,这不仅不利于提高国民素质,而且也制约了经济的进一步发展。再次,由于受到传统思维的束缚,教育资金严重短缺,许多部门和政策制定者并未完全意识到,在知识经济时代,大脑资源是最宝贵的,教育是持续发展的关键,而教育的投资则是最具回报的。除了对已有学校的投资,政府在社会教育机构的建设上的投入也显得非常不足。同时,缺乏完善的终身教育系统,尤其是以社区为载体的社会学习型组织尚未发育成熟。最后,目前还没有专门的机构来有效组织和推动终身学习体系的建设,无论是具体的战略发展规划还是实施方案,都还没有完全形成。因此,构建终身化教育体系,不仅具有重大而深远的战略意义,也具有现实可行性。在这一进程中,有几个核心的指导原则和政策问题亟待解决:其一,我们必须从终身学习的角度和建立终身学习体系的目标来看待我国的教育改革与发展,这要求我们从新的角度审视传统的教育模式,重新构建终身化教育理念。其二,为了实现学校资源在社会上的共享,有必要对学校的封闭性进行改革。其三,要转变政府职能,把政府的责任落实到社区和家庭,促进终身教育体系的构建。加强社会教育的

---

① 吴忠魁.关于我国终身学习体系建设的若干思考[J].教育科学,2000(2):1-4.

发展,使其焕发新的活力,并整合社会性教育的资源。其四,政府应加大支持力度,为终身学习提供必要的物质保障,增强社会成员对于终身学习需求的认识和指导。其五,构建并不断优化终身学习成果评估体系。

郑惠强(2000)在《建立终身学习体系,构建学习型城市》[1]中认为,建立终身学习体系构建学习型城市需要在多方面努力。首先,我们需要开创多样化的入学途径。学校在终身学习的旅程中扮演着关键角色,因此,入学途径应当更为开放和灵活,以便更好地服务于社会,特别是成人教育。同时,也要考虑到学生的实际需要,不能过于严格地限制孩子的发展空间。其次,要改变以往单纯注重知识传授和技能培养的观念,强调对学生创新精神、实践能力及综合素质的培养,促进学生全面发展。另外,为了促进终身学习体系的发展,除了学校和企业,还需要大力推动社会上各类学习型组织的蓬勃发展,促使人们在人生的任何阶段都有机会更新和丰富自己的知识,确保终身学习得以实现。现代教育手段的运用,不仅突破了教育的时空限制,还深刻改变了教育的理念、模式和方法,为人们提供了前所未有的终身学习机会。最后,建立终身学习机构,要整合和优化终身教育资源,加强不同类型教育之间的联系和协作,从而确保终身学习体系的有效实施和运行。

高益民等(2001)在《终身学习与世界高考制度的变革》[2]一文中提出,在21世纪的当下,受到终身学习观念的引导,全球范围内的教育实践已经得到了广泛的推广,一些国家甚至将构建终身学习体系作为其教育改革的核心理念。随着终身教育观念和学习型社会的逐步确立,各国都面临着如何构建与之相适应的教育体系的问题。在当前的教育结构中,高等教育在提供高品质的继续教育服务上展现出了其不可替代的优势。而高考作为高等教育的一个入口,也需要与时俱进,满足新时代的需求。从目前来看,美国等西方发达国家已经初步形成了较为完善的终身教育体系和相应的考试制度,但中国社会正在经历一个快速发展的阶段,尽管还存在许多未满足的条件,但构建终身学习的教育体系无疑是中国教育领域应当追求的目标。同时,由于我国人口的老龄化问题日趋严重,如何提高老年人口的文化素质,使他们能够享受到现代化所带来的成果成为全社会关注的焦点。鉴于当前的背景,对高考进行比较性研究显得尤为重

---

① 郑惠强.建立终身学习体系,构建学习型城市[J].教育发展研究,2000(5):36-37.
② 高益民,叶赋桂.终身学习与世界高考制度的变革[J].比较教育研究,2001(12):11-15.

要。因此,文章从终身学习对高等教育的期望出发,深入探讨了高考改革的必要性。结合各国中等教育的实际情况,分析了传统高考在构建终身学习体系时的局限性,并进一步探索了全球高考改革的主要特征和方向,旨在为中国的高考改革提供有益参考。

吴忠魁(2001)在《论终身学习与学校教育资源的社会共享》[①]一文中提出,终身学习的核心思想是:学习是一个人一生中主要且持续的活动。终身学习制度是社会发展到一定阶段后所必然产生的一种新的教育管理制度。学校为人们提供了一个主要的学习环境,但随着终身教育理念的深入发展,现代社会需要有一个与之相适应的学校管理制度,来保证学生获得知识并形成能力。进入21世纪终身学习时代,工作、学习和生活已经转变为人们生命中的交替阶段,而传统的学校体制也正在经历并将不可避免地经历深远的变革。为了适应这种新形势,世界各国都在积极研究构建终身化学习服务体系。《面向21世纪教育振兴行动计划》(1998年)明确指出,到2010年,我国将逐渐形成一个终身学习的体系,终身教育体系建设的一个重要环节就是要实现学校资源向社会开放,让更多的人接受教育。这一教育体系是否能够有效满足社会整体的学习需求,与学校教育资源如何被有效利用和整合有着密切的联系。从一定意义上说,终身教育系统的构建离不开学校教育资源的开发与利用。学校拥有最为集中和充足的教育资源,这些资源是为了满足广大社会成员的教育需求而设计的。推动这些教育资源在社会上的共享,对于构建终身学习的教育体系具有极其关键的作用。随着知识经济时代的到来,人们越来越认识到教育在经济发展中的基础作用,教育资源作为教育过程的载体,其配置状况也成为影响整个社会经济发展的关键因素之一。从现实来看,目前在推进教育资源的社会化过程中还存在一些问题。为了实现学校教育资源在社会上的共享,教育管理部门必须出台相关的政策和激励措施,强化对学生的引导,同时加大宣传力度,改变学校的教育理念和办学方式,确保资源共享真正得到实施。

白彦茹(2002)在《终身学习与教师培训》[②]一文中认为,终身学习已成为人类社会的发展方向,而教师则是构建学习型社会的关键人力资源。因此,加强教师培训,提升自身的素质和能力,成为了一项具有战略意义的基本任务。世

---

① 吴忠魁.论终身学习与学校教育资源的社会共享[J].教育研究,2001(5):37-40.
② 白彦茹.终身学习与教师培训[J].比较教育研究,2002(7):25-28,58.

界各国都非常重视对教师队伍的培养与建设。在全球范围内,终身教育和全民教育运动正面临着日益增长的挑战,其中教师的角色和形象显得尤为关键。因此,建立一个有效的师资队伍建设体制,已成为世界各国教育界共同关注的课题。随着现代社会以及未来社会的多元化、复杂化、现代化、经济全球化和经济时代化的发展趋势,劳动者的教育水平需要持续提升。为了适应这种需要,世界许多国家都把发展职业教育作为实现这一目标的主要途径之一,并将其列入国民教育体系之中。在终身学习的教育体系中,教师被视为推动教育现代化和提高教育质量的关键人力资源。仅仅依赖教师的职前培训远远不够,也需要教师的在职培训。通过持续地再学习和再培训,教师可以不断充实自己,更新自己的思维方式,掌握最新的技术和技能。同时,建立一个有组织、有计划且高质量的师资培训体系,对所有的教育制度也是至关重要的。在终身教育的框架下,教师的角色和影响将经历众多新的转变,其中最主要的变化是:首先,教师成为了有创意的知识传递者,也是教学过程的设计者。其次,教师扮演着推动学生成长的关键角色,也是学校管理的执行者。最后,教师被视为终身学习的模范。因此,作为终身教育重要组成部分的师范教育也必将发生变化。在终身教育体制中,教师角色和地位的转变,使得传统的师范教育和教师培训方式需要进行必要的改革。终身教育对师范教育提出了更高的要求,现代社会需要高素质的人才,而高素质的人才培养必须建立在高质量的师范师资队伍基础上。当前,我国的师范教育体系存在着诸多问题,包括体系过于单一和封闭,学科内容不够丰富,学术水平相对较低,知识范围有限,创新能力不足,以及实际操作技能较弱等。这就需要对现有的师资培训模式进行调整和改进,使其适应未来社会发展的需求。

孙先民(2003)在《远程教育与终身学习体系的构建》[1]一文中指出,在现代社会中,远程教育已经成为国民教育体系的一个关键要素,其角色正日益凸显。社会主义制度强调人民群众接受教育的权利,而优质的教育不仅满足人们生存和发展的基本需求,更是一种持久受益的资产,对一个人的未来发展起着决定性的作用。

尹新源(2003)在《终身学习与图书馆》[2]一文中提出,构建终身学习体系是

① 孙先民.远程教育与终身学习体系的构建[J].现代远距离教育,2003(1):10-12,23.
② 尹新源.终身学习与图书馆[J].图书馆理论与实践,2003(1):18-19.

指打造一个包含不同教育机构和场所的框架,营造有利于学习的环境,并为社会成员提供各种学习选项的体系。这一体系不仅包括大学和学院、远程教育和成人教育机构,还涉及文化设施。其中的图书馆在终身学习中扮演了核心角色,它既是知识宝库,也是学习研究的理想场所。在信息时代背景下,随着人类知识体系的快速扩展,传统的学校教育在适应知识迭代方面往往与社会进步的步伐不太匹配。与此形成对照的是,图书馆不断更新知识宝库,及时采集新信息并向公众开放,有效满足了社会的知识需求。图书馆坚守其服务于公众的宗旨,不对访问者进行学历或职业的限制,为所有人提供终身学习的场所和机遇。这种开放性对提高国家教育水平、促进个体全面发展起到了关键作用。

刘国权(2003)在《终身学习体系中的动力机制探析》[①]一文中认为,全民的终身学习既要有静态的网络维系系统,又要有动态的推动系统。既要保证公民有随时随地接受教育的机会,又要确保公民愿意学习,或在不愿学习的时候,有一种外在力量约束他们,迫使他们融入学习的阵营中来。在构建终身学习体系时如何把它设置成动力体系,这是需要着重考虑的。外在系统应该在公民想学、有时间学、有条件学的情况下,为学习者提供各项保障条件;在公民没有条件学习或不愿学习时,创造条件或敦促公民学习,这些措施应该是多方面、系统化的。

吴雪萍(2004)在《构建我国终身学习体系的策略探析》[②]一文中提出,建立和完善终身学习体系,推动学习型社会的构建,已成为我国在21世纪教育发展道路上的重要使命,同时,这也是我国实现全面小康社会的关键目标之一。通过借鉴发达国家的先进经验和从我国的基本国情出发,来构建我国的终身学习体系。可以从建立法律保障机制、政策调控机制、经费筹措机制、技术支撑机制、社会参与机制和学习激励机制等方面入手。首先,构建一个完善可持续的终身学习体系,确立法律框架。第一,基于国家现行的法律框架,出台具体的终身学习执行方式;第二,依托科学研究和实证调研,出台国家级的终身学习专项法律。其次,形成有效的政策调控机制亦不容忽视。终身学习体系的构建是一项跨部门、跨领域的复杂工程,在当前的教育体系建设中,我们不仅要看到教育部门的责任,更应认识到这是全社会共同面对的课题。此过程需与其他社会机

① 刘国权.终身学习体系中的动力机制探析[J].湖南商学院学报,2004(1):115-116.
② 吴雪萍.构建我国终身学习体系的策略探析[J].高等教育研究,2004(4):38-43.

构共同深度参与及协作,以激发不同领域的积极性和自发性。为实现这一目标,法律的支持与强制性是必不可少的,同时,政府的政策引导亦要发挥关键作用。再次,我国目前的经济与教育资源状况,决定了对教育的国家投入在短时间里不会出现大幅增长。因此,我国在构建终身学习体系的过程中,不应单纯依赖政府的财政支持,而应探索多元化的资金筹集路径。从次,国家需加速信息化教育建设,以期为公众提供更加便捷的学习途径。在此过程中,应积极倡导和激励社会各界参与,确保终身学习体系拥有广泛而坚实的社会支持。最后,建立和完善学习成果的评价与认可体系,这不仅涉及正规学历教育,也应涵盖非正规、非学历教育。

陈学军等(2005)在《欧洲终身学习质量指标述评》①中指出,在应对"新"社会剧烈变革时,欧洲人提出了构建学习社会的策略,而建立终身学习机制成为构建学习社会的关键环节。欧洲的经验为我国终身学习质量指标体系的建构提供了很好的范型,对我国的终身学习质量指标开发具有以下几个方面的启示:首先,需在观念和政策层面深刻认识到开发终身学习质量指标的紧迫性和重要性。理论研究者需要积极培养指标开发与设计的意识,而决策者则应当鼓励和支持指标开发的实践与研究;其次,在指标开发过程中,我们需要汇聚各方力量,保证开发的严密性、科学性和合理性。再次,在构建终身学习质量指标时,应重点关注那些能够体现持续发展能力的过程性指标。这些指标不仅关注"做了什么",更侧重于"如何做的"。这种对"做法"的关注,将直接关联到终身学习体系的可持续发展能力;最后,应在理论和实践之间找到恰当的平衡点。在开发指标时,既要基于理论框架全面、系统和科学地解析终身学习的本质和需求,也要保证所选取的指标能够深入、精确和敏锐地反映出实际问题。尤其是对具体指标所需的数据资源的可获得性。否则,即便制定了指标,若缺乏必要的数据支持,也无法有效地揭示和说明问题。

郭宝仙(2005)在《提高成人自我导向学习能力,促进成人终身学习》②一文中提出,塑造学习型社会的理念,已经成为全球教育领域和社会发展的关键议题。众多国家正致力于推行一系列措施,以期为公众提供更为广泛的学习机遇。终身学习体系的构建所依赖的要素:一是保障学习机会的适当,二是激发

① 陈学军,邬志辉.欧洲终身学习质量指标述评[J].外国教育研究,2005(7):45–49.
② 郭宝仙.提高成人自我导向学习能力,促进成人终身学习[J].成人教育,2005(6):10–11.

学习者的内在动机,三是培育学习者终身学习的综合能力。在学习过程中,个体的自我导向学习能力显得尤为重要。此种能力是指个体主动寻求和利用学习机会的素养,它是成人学习成功的关键。因此,对成人的教育和培训,若要达到预期效果,就必须建立在个体自我导向学习的基础上。实际上,自我导向学习已经成为了成人学习的主导形式,它不仅体现了成人学习的自主性,也揭示了学习与个人发展之间的内在联系。所以,鼓励和帮助成人进行自我导向学习,不仅是对其学习能力提升的有效手段,也是促进成人终身学习不可或缺的一部分。

郝克明(2006)在《跨进学习社会——建设终身学习体系和学习型社会的研究》[①]一书中,通过深入分析我国在科技、经济、文化和社会领域面临的挑战,前瞻性地绘制了从当前至 2020 年,实现该目标的具体任务、路径与方法。书中不仅包含了与之相匹配的制度创新构想,还针对性地提出了确保政策实施效果的系列措施。该书作为一部极具洞察力的研究著作,为我国在终身教育体系的完善和学习型社会的构建方面产生了深远影响。

吴晓义(2007)在《终身学习视野下学校教育与社会培训的沟通及衔接》[②]一文中提出,终身学习理念源自终身教育思想,着重于学习者的主动,并提倡为所有人提供量身定制的学习服务。这一理念的普及与执行,需要发挥社会各界的作用,促成教育体系与校外培训之间的交流与融合。为此,既要学习发达国家的成功经验,注重政府推动及法制建设,充分利用各种社会资源,建立学习成果评价与互认制度,提供研究与支持服务;又要从中国的国情出发,将国家行政干预与市场调节机制有机结合,作为现阶段构建我国终身学习体系的路径选择。文章提出,我国学校教育与社会培训沟通及衔接的路径选择可以从如下几方面入手:首先,建设开放式学习教育系统;其次,建立多元化社会培训系统;最后,建设制度化终身学习保障系统。

杨广晖(2007)在《终身学习评价机制:构建终身学习体系的核心》[③]一文中指出,终身学习体系的构建是一个系统工程。但就社会个体而言,每个学习者

---

① 郝克明.跨进学习社会——建设终身学习体系和学习型社会的研究[M].北京:高等教育出版社,2006.
② 吴晓义.终身学习视野下学校教育与社会培训的沟通及衔接[J].北京大学教育评论,2007(3):32-41.
③ 杨广晖.终身学习评价机制:构建终身学习体系的核心[J].继续教育研究,2007(2):19-21.

所具备的学习能力是整个终身学习体系结构中不可欠缺的基础条件;每个学习者的所学如何终身评价则是一个根本;终身学习成果与能力的评价是贯穿每个学习者整个人生的重要结构环节,也是衡量终身学习体系构建的重要指标。

冯琳等(2007)在《理念与实践:终身学习体系和学习型社会——中国教育学会常务副会长谈松华访谈录》①一文中提到,不论是从教育发展战略来看,还是从社会发展总目标来看,终身教育、终身学习、学习型社会等相关问题的探讨都具有非常重要的意义。而也正因为其重要性,如何从理念落到实处,如何由正确的政策选择落实到深层次问题的解决、各个相关领域和环节的实质推进,就更值得关注。中国教育学会常务副会长谈松华在专访中对终身教育、终身学习和学习型社会的概念与内涵做了梳理,从构建终身学习体系的视角提出了教育发展中一些深层次问题,并进行了对策分析。首先,在构建学习型社会的语境中,个体的转变是核心。只有当个体将学习内化为自身的驱动力,而非仅仅依赖外部强制,才能催生出追求学习的社群。此类社群构成了学习型社会的基石,其健康发展不可或缺。进一步地,打造一个成熟的终身教育体系,这是一个渐进的过程,涉及多维度的制度创新和人才培养模式变革。这要求我们突破传统的学历导向,赋予学习者更大制度上的自主性和灵活性,以便于终身学习理念的贯彻。

韩民等(2007)在《终身学习背景下培训与继续教育的公平及其政策课题》②一文中提出,在我国终身学习体系的完善与构建过程中,培训和继续教育发挥着极其重要的作用。这一过程不仅推动了专业技能型人才的诞生,还有助于形成一支技术熟练的劳动力大军,从而提升我国的整体实力。此外,培训和继续教育的提升,可以促进发展模式的转型。同时,这也是能减少城乡、区域及不同群体间的技能和收入的差异,是推进社会公正的关键策略之一。然而,培训和继续教育与正规教育体系相比,其成长还相对滞后,迫切需要得到进一步加强。虽然,当前的教育普及率显著提升,无论是基础教育还是成人教育,均取得了长足的进步,特别是扫除文盲、职工在岗培训、再就业培训以及农民工转移

① 冯琳,张爱文.理念与实践:终身学习体系和学习型社会——中国教育学会常务副会长谈松华访谈录[J].中国远程教育,2007(2):5-10,20.
② 韩民,郝克明.终身学习背景下培训与继续教育的公平及其政策课题[J].北京大学教育评论,2007(3):2-10.

培训等方面,进展尤为突出。并且这些成就在缩小知识鸿沟、推动教育均等化方面发挥了不可忽视的作用。但是,我们必须认识到,由于发展的不平衡,在城乡之间、区域之间及不同社会群体之间仍然存在差距,这一差距带来的挑战需要我们深入分析和采取措施解决。

居峰(2010)在《终身教育向终身学习转化的思辨——兼论教师终身教育体系的构建》①一文中认为,在当今终身教育观念的深远指导下,我国教育体系正在逐步采纳并实施终身教育理念,以保障教师的专业技能和知识能够同步于时代的迅速演进。审视我国教育体系中教师面临的现状,当务之急便是构筑一个能充分满足教师职业发展需求的终身教育体系。但目前,我国尚未完全建成这样的体系,其建立和完善仍需假以时日。其中一个重要的问题在于教师想要提升的愿望常常因资金不足而难以实现,他们渴望进一步学习却常因经济原因受限。此外,评估和激励机制亦需进一步优化。这些因素共同导致了终身教育体系的形成和发展受阻。其核心问题在于,教师在终身教育中的角色不甚明朗,以及政府和教育管理机构未能提供充分支持。这导致教师们的积极性未能得到充分发挥,且在一定程度上限制了我国教师队伍整体素质的发展。综上,我国教师教育体系的完善需要关注以下几个关键点:首先,应当对教师的终身教育进行全局性的规划,并将其制度化,以确保教育的连贯性和有效性。其次,教师教育资源应当得到开发和扩充,包括教育设施的改善,以便为教师提供更好的学习和培训环境。最后,应尊重教师自主发展的意识,激发他们的内在动力,从而提高教师队伍的整体素质。

辜芝兰(2010)在《构建教师终身学习体系——日本第三次教师教育改革的实践及启示》②一文中提出,现在处在关键的转型期,教师教育领域所面临的环境既是挑战也是机遇。为了塑造具备高水平专业能力的教师队伍,不断优化和改革国内教师教育体系显得至关重要。在这方面,日本在第三次教师教育改革中所作出的努力,尤其是其对教师持续研修体系的完善,为全球教育者提供了宝贵的经验。首先,在当前信息技术快速进步的时代背景下,教育改革逐渐将

---

① 居峰.终身教育向终身学习转化的思辨——兼论教师终身教育体系的构建[J].成人教育,2010(1):32-33.

② 辜芝兰.构建教师终身学习体系——日本第三次教师教育改革的实践及启示[J].继续教育研究,2010(5):13-15.

终身学习的理念视为其根本基石。为了适应这种时代的变化,全球范围内正积极推进终身学习的教育大革新。构建终身学习体系,已经变成教育改革的重中之重。终身学习不仅成为了学习型社会的核心思想,同时也为教师教育提供了全方位的指导。因此,教师教育改革需要与终身学习的理念进行深度融合,以确保能够培养出适应终身学习的学习型社会的教师。其次,对教师专业成长的理念进行深入研究后,我国对教师进行全程培养、选拔、提升的规划与设计,是教师教育一体化的核心。这一过程不仅涉及对教师的终身学习能力和素质的逐步培养,还要求我国教师教育体系在各方面实现完美融合,从而形成一个完整的成长路径。

郝克明(2010)在《中国终身学习的进展与制度建设》①一文中认为,良好的学校教育是学习者终身学习和建立终身学习体系的基础。这些年来中国把基础教育特别是普及九年义务教育摆在教育发展和建立终身学习体系最重要的战略位置。中国促进终身学习的制度建设应从以下几方面入手。首先,以终身学习的理念来指导改革学校的教育内容、教育方法和教育制度。其次,加强继续教育的制度建设,促进继续教育的发展。这包括改革继续教育领导管理体制,加强继续教育的激励机制,改革继续教育的人才培养模式。再次,充分利用信息技术手段,搭建国家终身教育公共服务平台。最后,构建通过各种学习渠道成才的"立交桥"。这包括进一步促进普通教育与职业教育的相互沟通和衔接,扩大学习者的教育选择机会;完善继续学习成果的评价、认证和转换制度。

郝克明(2012)在《终身学习与"学分银行"的教育管理模式》②一文中指出,在当今知识经济时代,终身学习已成为推动社会发展的重要动力。对于传统教育体系而言,终身学习理念的引入,无疑是一次深刻的革新。这场革新对教育管理体系、制度和模式提出了前所未有的挑战与要求,主要集中在以下三个关键领域。首先,我们应当关注工作者和研究机构在不同教育阶段之间是怎样搭建起桥梁,使学习者能够顺利地从传统教育过渡到终身学习。其次,非学历、非正规学习成果的认证问题亦不容忽视。这种认证不仅是对学习者努力和成就的认可,更是对其知识、技能提升以及社会能力发展的激励。最后,终身学习体系还需应对普通教育与职业教育融合所带来的挑战。在传统的体系中,普通教

---

① 郝克明.中国终身学习的进展与制度建设[J].教育研究,2010(11):36-38.
② 郝克明.终身学习与"学分银行"的教育管理模式[J].开放教育研究,2012(1):12-15.

育和职业教育各自独立,但在终身学习的理念下,两者应当打破界限,实现资源共享和优势互补,为学习者提供更加灵活广泛的学习机会。因此,文章认为在当前终身学习观念的引领下,现有的教育架构必须打破固有的框架,探索并实践新颖的教育模式。而在面对多元化的学习成果评价与认证需求中,传统教育体制及其培养机制已显不足,迫切需要建立一个能够对各种学习轨迹所获得的成就予以认定、积累及交换的系统。在这样的背景下,"学分银行"得以诞生,该机制极大地推动了学习成果的流动与转换效率。由此,学习成果的认可变得更加广泛和灵活,学习者得以在更为宽广的教育领域内进行知识的积累和转换,满足个性化的学习和发展需求。

杨黎明(2012)在《终身教育和终身学习条件下各级各类课程衔接与转换模式研究》①一文中提出,为了构建一个可持续的终身教育体系,并在此基础上形成一个灵活的"立交桥",关键在于深入理解和把握课程在其中的核心地位,以及如何使课程间能够实现无阻碍地相连。教育领域的研究人员和从业者在全球范围内长期投身于这一议题的研究,并提出了众多促进学习成果互认与转换的方法,尤其是那些来自欧洲和北美的模式,由于它们展示出了显著的实效性,而得到了广泛的认可和推崇。文章对我国教育体系中职业教育与基础教育阶段的课程衔接问题进行了深度剖析,覆盖了从职业技能培训到高中教育阶段的基础。经过广泛对比分析、研究揭示,尽管在教育目标、课程规划理念、课程总量、课时分配,以及理论教学与实践教学的比重等方面,中等职业教育与基础教育、高等职业教育之间有一些区别,但它们之间却有着许多固有的紧密联系和共通的教学内容。这些共性为不同教育阶段和类型之间的顺利对接提供了重要支撑。此外,这种紧密联系的一个显著特点就是,各种资格证书在一定条件下能够实现相互认证和转换,这无疑增加了课程衔接的灵活性和教育体系的连贯性。针对当前教育体系中课程衔接与转换的难题,文章提出了一种创新模式,旨在更契合我国实际情况。新模式强调从顶层设计出发,对各级各类教育的课程框架及相应的衔接课程进行系统规划。这种前瞻性的规划可确保各级课程之间能够顺畅过渡,从而在实施过程中极大简化了衔接和转换的复杂性。为实现该框架转换或整体转换模式得以顺利进行,文中指出需克服两大关键技

---

① 杨黎明.终身教育和终身学习条件下各级各类课程衔接与转换模式研究[J].开放教育研究,2012
(1):50-51.

术挑战:一是构建一个包含多项技能和发展目标的完整教学计划;二是必须建立一个机制,能够将课程学分从传统的学分体制转化为标准化学分以及有效学分。此模式的推广应用,将对我国教育体系的结构优化和质量提升产生深远影响。

袁雯(2012)在《构建终身学习体系,迈向学习型城市》①一文中提出,在深入研究上海终身教育体系及其成效时,我们可以明显看到,这一体系通过打造多样化的终身教育平台,为广大市民开启了广阔的学习之门。且这一体系的教育范畴并不局限于传统教学,还涉及举办各类文化活动,以满足大众的需求。为提升学习的便捷性,该体系提倡建立信息化平台,确保市民无论身处何地,都能进行学习。在此背景下,《上海市终身教育促进条例》的发布,为终身教育体系的构建提供了法律依据。通过深度剖析上海终身教育体系在构建过程中可能面临的挑战和考验,对其未来发展作出了周密的规划。

朴仁钟(2012)在《终身学习型社会与韩国的学分银行制》②一文中提出,在塑造学习型社会的宏伟蓝图中,可以明显看到,深化高等教育的普及、加强正式与非正式学习间的互动,以及完善先前学习成果的认可机制,是推进教育发展的三大关键策略。因此,韩国的学分银行制度随之产生,它不仅是应对知识经济时代挑战、适应人口老龄化及低生育率趋势的战略部署,更是一个具有里程碑意义的创新项目。韩国学分银行制度的成功,得益于其与教育机构的协作,这种协作确保了制度的广泛覆盖和深入人心。同时,灵活的课程设计满足了不同学习者的需求,丰富的学习项目开发为公众提供了多样化的选择。而其中最为核心的元素,是对学习者先前学习成果的充分认可,这一机制极大激发了公众的学习热情,使学习成为一种终身追求,为构建学习型社会奠定了坚实的基础。

周德春(2012)在《终身学习体制创新研究》③一文中认为,在当今社会,人们对终身教育及终身学习的追求因教育理念的革新而日益迫切。随着社会人才竞争的升级,构建终身教育体系和优化终身学习机制已成为现代教育改革与发展中不可或缺的一部分。这一趋势反映了教育理念的不断创新,旨在满足人

---

① 袁雯.构建终身学习体系,迈向学习型城市[J].开放教育研究,2012(1):42-45.
② 朴仁钟.终身学习型社会与韩国的学分银行制[J].刘音,译.开放教育研究,2012(1):16-20.
③ 周德春.终身学习体制创新研究[J].长春理工大学学报:高教版,2012(2):111-112.

们日益增长的终身学习需求。在当代中国,以科学发展观的视角审视,构建和谐社会的一条关键路径是推动终身学习机制的创新与完善。这一机制的建立,是对现有教育资源和条件的一种发展,且正逐步得到优化。特别是在最近几年,我国在终身学习体系的构建上已取得了明显的进步。其中,学校教育体制的发展尤为突出,已经达到了一个较高的水平。为了打造一个更卓越的终身学习环境,推动教育体系改革的核心在于加大推动终身学习机制的建立和完善。这要求我们深入研究教育,构建一个以学生为核心的教管系统。此外,整合并充分利用远程教育技术资源,推动终身学习体制的多元创新,这对于终身学习机制的建立和完善同样重要。

杨亭亭等(2013)在《终身学习理念下学习成果认证组织与管理体系建设的研究》①一文中提出,我国继续教育学习成果认证、积累与转换制度的建设正在起步。在多元化学习成果认证体系的语境下,深入探究国际上数个国家在学习成果认证领域的具体实践,对我们吸收国际先进经验、拓展视野,以及推动我国体系进步具有极其重要的战略价值。他们研究我国继续教育学习成果认证组织与管理体系的建设,界定了学习成果认证组织的组织性质,为其成长和进步指明了方向。此外,他们还细致地规划了管理架构、运作流程和管理实务,保障了认证过程的公正性、透明性和高效率。这一系列的创新成果将为我国教育成果认证体系的健全和进步提供强有力的支持。

于莎等(2013)在《成人终身学习能力建构的逻辑起点》②一文中对成人终身学习能力做了研究,并认为成人终身学习能力是成人的众多学习能力中最关键、最核心的能力。对于这种能力的构建性研究,需要重新审视成人学习的本质、内部机制以及它们之间的相互作用,而不仅仅局限于传统的方法,即仅从个体认知的角度研究,还需要采取将个体认知视角与实践导向视角相结合的研究方法。因此,研究成人终身学习能力形成的内在机制的实质,需探讨认知、调节、互动三种学习机制之间的内在联系,以及这三种机制与学习过程存在的联系,从而奠定成人终身学习能力体系架构的逻辑基础,确定其能力项划分的质的基本维度。在基本维度中对能力项进行量化细分,由此探寻一种具有普适性

① 杨亭亭,刘兴国,邓幸涛,等.终身学习理念下学习成果认证组织与管理体系建设的研究[J].中国远程教育,2013(23):34-40,95-96.
② 于莎,李盛聪.成人终身学习能力建构的逻辑起点[J].现代远程教育研究,2013(6):77-84.

的成人终身学习关键能力项的理论根据。

丰云(2013)在《农民工对终身学习的认知、需求与实践调查——以长株潭532名农民工为例》①一文中对长株潭532名农民工进行深入调查后的结果表明,农民工群体在终身学习的道路上显示出积极的态度和坚定的信念,他们对于不断提升自我具有强烈的愿望,并且对未来的学习旅程报以乐观的态度。他们认同学习的理念,表现出正确的学习动机,并愿意投入时间和精力进行自我提升。这种积极的学习态度在需求层面体现为学习需求,他们渴望获取各种知识和技能以适应不断变化的社会和工作环境。尽管如此,农民工在终身学习的认知和实践层面仍面临挑战。具体来说,他们在终身学习的实际参与度和参与范围方面存在明显的不足。学习参与率的低下和参与面的狭窄,表明尽管内心有学习的愿望,但在实际行动中,农民工的参与度和活跃度并不高。此外,对终身学习的相关内容和服务的不满意度也影响了他们的学习积极性,这可能与学习内容和服务的实际提供有关,需要进一步研究和分析。文章提出了相应对策,即想要提升农民工终身学习参与力度与学习效果,就必须从观念、政策、制度与管理等角度多管齐下,共同配合。为了在农民工中推广终身学习的理念,我们需要在多个层面采取措施:首先,在意识形态层面,我们应提升宣传的力度,使之树立正确的终身学习观。其次,在政策制定层面,需对现行的农民工终身学习进行细化和优化,以期构建一个完善的政策框架。再次,在制度设计层面,要细心规划,分步骤地建立起一个支持农民工终身学习的制度体系。最后,在管理执行层面,要加强各方的交流合作,确保为农民工终身学习提供有效的服务支持。

饶从满(2014)在《信息社会背景下的教师终身学习体系建设——20世纪80年代中期以来日本教师在职教育改革与发展》②一文中提出,教师的在职教育在教育改革深化的大背景下扮演了重要角色,它不仅是提高教师专业素质的根本途径,而且是促进学校创新转型的核心动力。自20世纪80年代以来,全球纷纷将教师在职教育作为一个战略重点,认为其是衡量教育改革和发展的指

---

① 丰云.农民工对终身学习的认知、需求与实践调查——以长株潭532名农民工为例[J].职业技术教育,2013(25):63-68.

② 饶从满.信息社会背景下的教师终身学习体系建设——20世纪80年代中期以来日本教师在职教育改革与发展[J].外国教育研究,2014(3):100-109.

标之一。在这方面,日本起到了表率作用,它理解了教师在职教育的重要性,并实施了一系列有效的政策。在 20 世纪 80 年代中后期,日本教育领域迎来了一次深远的教育改革。在职教师教育体系的革新成为了此次浪潮中的亮点,它预示着一个以塑造教师终身学习理念的新时代正式拉开序幕。这一历史性的转变,具体体现在"在职研修"(Ongoing Professional Development),这一概念被日本临时教育审议会所接纳,并迅速渗透至全国教育体系之中。不难发现,日本的经验和教训对今日之中国无疑提供了宝贵的参考和启示。

季明明(2014)在《中国特色的终身学习理论探索与创新——重读郝克明的〈跨进学习型社会〉》①一文中指出,在现代社会,构建终身学习体系已成为一个重要议题。该体系不单单是时间和空间上的延伸,它更是教育观念更新和变革的象征。这场变革,继封建社会时期的古代学校和工业革命时期的近代学校之后,标志着人类教育迎来的第三次重大跃进。这场变革的深远影响,首先反映在教育观念的革新上,它迎合了新的教育理念。此外,教育结构体系的完善也受到了重视,这包括制度的灵活性、个性化、多样化等方面的进步。总的来说,终身学习体系的建立,不仅是对教育范围的拓展,更是对教育观念的创新和变革。这一进程将对教育发展产生深远影响。文章指出,教育改革不仅仅代表着教育工作者与学习者之间观念的深刻转变,它更是一个涵盖社会制度、组织结构、科技进步等多方面因素的系统工程。在终身教育的理念指引下,我们见证了社会各领域,包括教育本身,都在经历着前所未有的变革。为了达成这一宏伟目标,必须凝聚教育工作者与社会各界力量,共同将终身学习的理念转化为实际行动。终身学习,不仅是推动社会发展的不竭动力,它更是实现经济战略性结构调整的核心关键。

张伟远(2014)在《我国终身学习立交桥的搭建:基于国际的视野》②一文中提出,构筑一个全面、互相联结的终身学习体系,为不同领域的人员提供终身学习的途径,这一理念是全球教育改进和发展的关键,也是我们努力的方向。然而,实现这一愿景面临许多挑战。尽管如此,这一梦想的实现,背后隐藏着巨大的机遇。文章以国际上二十余载的经验与教训为基石,对我国构建终身学习

---

① 季明明.中国特色的终身学习理论探索与创新——重读郝克明的《跨进学习型社会》[J].北京大学教育评论,2014(1):172-182.

② 张伟远.我国终身学习立交桥的搭建:基于国际的视野[J].中国远程教育(综合版),2014(6):28-32.

"立交桥"的迫切需求、实施策略及路径进行了全面而系统的剖析,并对我国学分银行面临的难题进行了深度解读。文章指出,建议我国必须建立整合的资格框架,规范不同资格的标准,树立以效果为导向的教育观念,建立质量保证和评审的统一制度。其关键是,我们应当建立一个得到政府支持、为所有教育和培训系统所认可的质量保证与评审机构。若未能打下这些基础,我国学分的建设恐难以前行,学习者通过学分银行所获得的资历和学分,将难以达到预期水平和标准,更将难以获得正规教育机构和社会的认可。这可能会导致各级教育之间难以实现有效横向联系和纵向对接,从而阻碍终身学习"立交桥"的构建及其有效运行。

吴南中等(2017)在《以学分银行为支架的区域性终身学习体系构建研究》①一文中提出,社会经济伴随着互联网影响的深入正在转型发展,改变了人们的工作方式和工作内容,亟待终身学习体系的支持。以学分银行为支架的区域性终身学习体系建设就是在这样的发展环境中,以终身学习理念为指导,根据地方特色,发挥学分银行的沟通作用。区域性终身学习体系构建的着力点是学校体系的建设、教育壁垒的突破、学习积极性的激发、支持体系的建设和学习体验的优化。区域性终身学习体系的构建,需要通过机制建设实现明确主体、优化层级、责任到人;通过体系建设实现核心明确、框架流畅、重点突出;通过实践推动多元开放、质量保证和成效为本理念的落实;通过保障体系建设实现区域内全要素的调动。

韩民(2019)在《终身学习体系概念研究》②一文中认为,终身学习体系是学习型社会的载体和基石,是全民终身学习的物质基础和重要保障。建立终身学习体系作为我国的战略方针之一,尚未形成广泛的共识,对其定义仍存在混淆和误区。这种不确定性反映在相关政策的连贯性不足上,从而在一定程度上削弱了构建终身学习体系的实际效果。文章指出,终身学习体系应视为一个全面涵盖各级各类教育的有机整体,其中正规教育、非正规教育以及非正式学习等元素相互融合、相互联系。因此,协调和连接这些不同形式的教育,是推进我国终身学习体系发展的重要任务。

---

① 吴南中,夏海鹰.以学分银行为支架的区域性终身学习体系构建研究[J].中国远程教育,2017(11):63-69.
② 韩民.终身学习体系概念研究[J].宁波大学学报(教育科学版),2019(6):41-48.

吴遵民(2020)在《服务全民终身学习教育体系构建的路径与机制》①一文中指出,"十四五"时期教育体系构建的关键词,体现在两个方面:"服务"和"融合"。政策目标应定位于服务全民终身学习现代教育体系的构建。具体抓手是在继续完善前期终身教育体系构建的基础上,开始转为对终身教育的直接受众——各种学习群体或个体的不同学习需求给予支持与满足。为了推动终身教育体系的发展,我们需要采取三个主要策略。首先,应该促进线上与线下教育资源的整合,建立一个综合性的学习平台,从而实现内容的无缝对接与交流。其次,需要从政策层面建立专门的终身学习推进机构,这些机构将负责实施精确化服务策略,确保教育机会的公平性。最后,培育专业的终身教育团队,包括定制专业人才的培训体系、设定专业岗位的资格准则,以及执行定期的专业水平评审机制,以保障教育品质的持续提高。

陈廷柱等(2021)在《分层分级构建服务全民终身学习的教育体系》②一文中提出,构建服务全民终身学习的教育体系,是新时代我国教育事业发展的重要目标。长期以来,我国有关终身教育或终身学习的政策目标表述模糊,实施策略与举措大同小异,要基于分层分级的理念来探讨和推进服务全民终身学习的教育体系建设。服务全民终身学习的教育体系可以区分为资源、机会与供给导向,能力、素养与自主学习导向,意愿、收益与人力资源导向,以及价值、发展与生活方式导向等四个不同层级的版本,并加快探索分级建设标准、加强顶层设计和注重发挥各级各类学校教育的作用,如此才能澄清有关问题和有效引领服务全民终身学习的教育体系建设进程。

周蔚(2021)在《类型学视域下全民终身学习体系的主体及功能构建》③一文中提出,终身学习体系的构建是一项涉及广泛层面、多种类别的组织(群体)所共同参与的系统工程。其核心宗旨是为广大民众提供全面、持续的学习机会、资源及活动,以促进终身教育的实践与发展。文章借助类型学研究范式,通过分组归类方式,将其分为推动者主体、学校教育主体、社会资源主体、公共资源主体和学习参与者主体五类,并在此框架下探讨、重构主体功能,以进一步认识主体的本质内涵,深化主体责任意识,发挥主体系统功能。

---

① 吴遵民.服务全民终身学习教育体系构建的路径与机制[J].中国电化教育,2020(5):6.
② 陈廷柱,庞颖.分层分级构建服务全民终身学习的教育体系[J].终身教育研究,2021(6):3-9.
③ 周蔚.类型学视域下全民终身学习体系的主体及功能构建[J].终身教育研究,2021(6):10-17.

张栋科等(2021)在《推动高校开放办学构建终身学习体系:德国路径与特色——基于2011—2020年"开放式大学"行动计划的解读》①一文中提出,德国于2011—2020年间实施了"通过教育促进发展:开放式大学"行动计划,从完善法律保障体系、形成多元参与机制、搭建开放性学习网络、丰富课程内容体系、支持混合式学习模式、强化课程应用循环更新、加大短期项目开发力度、推动学习成果评估认证等方面,引导地方高校开放办学来构建高质量终身学习体系。由此,从塑造区域开放式大学、建构立体式课程开发机制、实施项目化课程运作方式、完善学分认定与积累制度等方面,为我国构建高质量终身学习体系提供参考借鉴。

沈欣忆等(2021)在《"互联网+"时代基于生态观的终身学习体系变革》②一文中提出,随着终身学习理念的不断发展和完善,已经在国内外众多实践案例和理论研究中获得了充分的体现。这一理念不仅体现在制度设计上,还涉及教学方法、队伍建设以及课程内容等多个方面,显示出其广泛的应用和深入的影响。然而,这些努力在整体上仍旧显得分散,缺乏系统性和集成性。构建一个完善、和谐且能持续发展的学习系统,成为当前教育领域亟待解决的难题。在此背景下,引入生态观念对于理解和学习体系具有重要的启示作用。从生态学的角度来搭建终身学习架构,有助于实现资源与力量的优化配置,确保各项要素之间协同共生,进而释放学习体系的最大效能。

周洪宇等(2022)在《论建设高质量教育体系》③一文中指出,随着我国社会经济不断发展,迈入崭新的历史篇章,我们国家的人民对于终身教育体系的构建有了更深层次的理解和报以更高的期盼。这种理解与期盼,成为推动政府不断进取的动力。政府应着力将终身教育体系推向新的高度,以迎合人民群众多样化和持续性的学习需求。当前,终身学习体系的建设,需要更加注重多元化和包容性,以及开放性和灵活性,使其能够更好地与其他教育体系相互衔接和沟通。为了加速推进教育现代化进程,并在2035年之前构建一个能够面向全民提供终身学习服务的高级教育体系,迫切需要对终身学习架构进行全面升

① 张栋科,王泽,陈娜娜.推动高校开放办学构建终身学习体系:德国路径与特色——基于2011—2020年"开放式大学"行动计划的解读[J].外国教育研究,2021(11):96-115.
② 沈欣忆,史枫,关成华."互联网+"时代基于生态观的终身学习体系变革[J].中国电化教育,2021(7):30-35.
③ 周洪宇,李宇阳.论建设高质量教育体系[J].现代教育管理,2022(1):1-13.

级。首先,设置一个专门的机构来负责领导和管理终身学习,这个机构将承担起统筹规划终身学习体系构建的重任。其次,加快推进终身学习立法工作,组织制定终身学习促进法。最后,加强薄弱环节建设,构建更加完备的终身学习体系。

吴遵民等(2022)在《数字化时代终身学习体系的现实挑战与生态构建》[①]一文中指出,在全球范围内,数字技术的浪潮影响着各个领域,教育领域也不例外,教育治理体系的转型与创新正在受到数字革命的深刻影响。在这场技术变革中,我国正致力于将终身学习体系实现数字化转型,这不仅是适应教育现代化的需求,更是实现教育治理能力现代化的必由之路。人工智能与学习的融合正在催生新的数字化全民终身学习服务模式,为教育组织的形态变革、运行机制的创新、治理体系的联通,以及教育资源的整合提供了实践路径和理论突破。同时,必须认识到科技进步带来的正面与负面影响并存。虽然技术的深度融入为持续教育开启了新篇章,但同时也发现对技术过度依赖和工具理性的潜在危险,以及存在隐私和数据安全问题。为应对这些挑战,打造一个开放、普及且数字化的终身学习架构显得格外关键,而技术的力量可以显著推动终身学习体系的数字化变革。这种变革不仅仅是教育方式的变化,它更是教育观念的进步。在未来教育模式中,技术将扮演促进学习者全面成长的核心角色。

(四)现代信息技术学习平台服务终身学习研究

孙先民(2003)在《远程教育与终身学习体系的构建》[②]一文中提出,在当代中国,远程教育作为促进教育机会均等的重要手段,在服务农村及边远地区的居民方面具有巨大潜力。尽管学术界在远程教育和终身教育体系建设方面取得了一些进展,但对于实践中的应用形式,尤其是人才培养模式的探讨则相对缺乏,而这一点在实际操作中又显得尤为重要。为了实现以学习者为中心的教育理念,必须依托远程教育对人才培养模式进行创新设计。

孟丽娟等(2005)在《网络教育与终身学习》[③]一文中认为,跨入 21 世纪以来,终身学习成为当今社会发展的必然趋势,终身学习使人充实、使人进步。网络教育能极大满足人们对终身学习的各种需求,它将充分调动学习者的积极

---

① 吴遵民,蒋贵友.数字化时代终身学习体系的现实挑战与生态构建[J].远程教育杂志,2022(5):3-11.
② 孙先民.远程教育与终身学习体系的构建[J].现代远距离教育,2003(1):10-12,23.
③ 孟丽娟,隋信祥.网络教育与终身学习[J].理论探讨,2005(6):169-170.

性,发挥个性化和协作学习的优势。网络教育是实现终身学习的最好方式,其重在提高质量,为终身学习提供满意的服务。培养和提高网络素养,能为终身学习提供支持。

严冰(2010)在《发展社会化公共支持服务,构建全民终身学习平台——广播电视大学的功能拓展与探索空间》①一文中提出,建立远程教育公共服务体系是我国现代远程教育工程的核心内容,也是广播电视大学战略规划的核心。从2001年起,教育部利用广播电视大学的系统,研究和实践社会远程教育公共服务支持体系。中央广播电视大学在公共服务体系的建设上也取得了突出成绩,例如建立首个国家级远程公共服务体系、推动"数字化学习港"项目的实施和示范应用,以及建立数字化学习示范中心,这些都是对广播电视大学教育功能扩展的创新尝试。远程教育公共服务体系将展现出更强的生命力,迎来更广阔的发展机遇,同时也面临许多挑战。不断发现、提出、研究和解决这些问题,是发挥其在学习型社会建设中应有作用的关键。

康宁(2010)在《探索建设全民终身学习服务体系》②一文中提出,在遵循教育部对国民教育体系、终身学习体系的构建,以及职业教育和信息技术在教育中的应用等战略方针的前提下,我们致力于打造一个创新型的教育新媒体学习超市平台。该平台的设计与实施,均已充分满足并积极推动教育部的相关政策导向。目前,学习超市平台的架构体系已形成,其特色之一在于采用了"云教育"技术作为其底层支撑,旨在构建一个能够横跨各个学习阶段,纵贯终身教育体系的立交桥机制,极大促进了社会知识的广泛共享与传播。平台还成功构建了以"知识关系"为核心的网络学习环境,它有效地满足了终身学习中学员对非正式学习的特殊需求。同时,通过"创新关系"网络平台,正在打造一个面向青少年的"三创"科普知识社区。平台在学习支付方式上,借鉴了"淘宝支付"的模式,使得学习资源的获取更为便宜和便捷,这无疑将极大促进优质教育资源的共享。这一平台不仅是对教育部战略规划的响应,更是对教育新媒体领域的创新实践。

---

① 严冰.发展社会化公共支持服务,构建全民终身学习平台——广播电视大学的功能拓展与探索空间[J].中国远程教育,2010(1):15-20,26.
② 康宁.探索建设全民终身学习服务体系[J].中国教育信息化(高教职教),2010(9):11.

孙立会等(2010)在《信息技术环境下终身学习体系构建研究》①一文中提出,应构建一个以信息技术为支撑的终身学习应用框架。文章简要阐述了终身学习体系的内在含义,并对终身学习架构进行了剖析,同时阐述了践行终身学习的重要性。在此基础上,文章还介绍了信息技术如何推动学习方法变革,并为学习者营造出更有吸引力的学习环境等内容。

王蠡等(2011)在《面向社区成人终身学习的数字化资源设计研究》②中认为,以满足学习需求为目的,从学习需求、内容设计、模块设计、工具选择、使用评估五个方面对数字化学习资源进行设计,力图缓解社区成人学习过程中的各种矛盾。在数字化时代的光照下,E-Learning技术的广泛应用正改写着成人学习模式。它以灵活性和多样性为特征,为社区成员开启了一扇新的学习之窗,进而激发了其对终身学习理念的深刻转变。社区教育因此得到推动,并在持续发展中获得了新的动力。

张赛男等(2011)在《面向个人终身学习的数字化学习服务模式中用户模型的构建研究》③一文中提出,在信息迅猛发展的时代,知识经济正以前所未有的速度扩张,一种早已在20世纪60年代提出的理念——终身学习,发展成为全球范围内被广泛认可的理论框架与实践标准。数字化学习服务模式,作为终身教育体系中不可或缺的一环,其核心宗旨在于满足学习者多元化的学习需求,引起他们的热情,并保持其学习的不竭动力,以期最大化提升成效。在这一服务模式中,构建用户模型显得尤为关键,它是实现个性化知识推荐和服务定制的基础。在此基础上,用户模型的研究和开发,已经引起了国内外学者们的广泛关注。在数字化学习服务模式中,用户模型的构建精细度对提升推荐内容与用户需求的相关性起着决定性作用。因此,打造一个涵盖多维度的综合用户模型是实现终身学习数字化学习服务模式的根本。基于这种理解,作者在前期研究的基础上,对用户模型进行了扩展,新增了认知能力、学习兴趣和学习偏好这三个层面。另外,对用户模型的各个维度进行了全面定义,并详细阐述了这些维度的判断以及修订的办法。

① 孙立会,张爽.信息技术环境下终身学习体系构建研究[J].现代教育技术,2010(9):15-18.
② 王蠡,陈琳.面向社区成人终身学习的数字化资源设计研究[J].现代教育技术,2011(8):66-69.
③ 张赛男,赵蔚,梁子娟,唐群.面向个人终身学习的数字化学习服务模式中用户模型的构建研究[J].现代远距离教育,2011(6):68-72.

　　李琛(2011)在《数字图书馆为终身学习提供学习支持服务研究》①一文ⁱ
提出,终身学习是一种不断追求提升知识、技能和素质的生活方式,而数字图书
馆正是这一目标的关键支柱。数字图书馆凭借其庞大的资源库和多样化的服
务,为终身学习提供了有力的保障。数字图书馆的学习支持服务形式丰富,它
利用网络和高性能计算机技术,在终身学习中发挥着举足轻重的作用,为终身
学习提供了坚实的支持,而终身学习的发展也推动了数字图书馆的不断进步。

　　亢春艳(2011)在《终身学习理念下的 U-learning 环境设计》②一文中指出,
泛在学习的产生和发展为构建终身学习型社会提供了契机,促进和推动了终身
教育的发展,成为未来实现终身教育的重要手段。文章以泛在学习的内涵和理
论基础为依据,探讨了泛在学习为终身学习带来的变化,分析了泛在学习环境
的功能,构建了一种面向终身学习的泛在学习环境,提出了构成泛在学习环境
的多个要素,期望对未来泛在学习环境的设计提供启发和借鉴意义。

　　陈琳等(2012)在《终身学习信息资源建设的战略意义与模式创新》③一文
中提出,网络信息资源是我国构建全民学习、终身学习的学习型社会的重要保
障。要将网络信息资源的理论潜力转化为实际优势,必须从时代发展的视角出
发,对我国当前终身学习信息资源建设的状况进行深刻洞察与分析。在提炼国
内信息资源建设的成功经验基础上,我们应当积极开展国际交流,吸取其他国
家在终身学习信息资源建设方面的先进做法和经验。进一步地,我们倡导构建
一个以公共资源建设为基础,大家共同享有的终身学习信息资源体系。在该体
系中,视频资源应发挥核心作用,学分银行机制应得到推广,以便建立一个综合
性的、统筹规划的图书馆系统。此外,应开发直接通达的学习门户网站,并以学
科建设为引领,从而为学习提供优质的学习信息资源。通过这样的模式,我们
能够有效整合各类资源,打造一个高品质的终身学习体系,进一步推动终身学
习科学、健康、可持续地发展。这一策略不仅符合我国终身教育的发展方向,也
是建设学习型社会的重要步骤。

①　李琛.数字图书馆为终身学习提供学习支持服务研究[J].图书馆工作与研究,2011(1):28-31.
②　亢春艳.终身学习理念下的 U-learning 环境设计[J].现代教育技术,2011(10):83-86.
③　陈琳,王矗,陈耀华.终身学习信息资源建设的战略意义与模式创新[J].现代远程教育研究,2012
(4):41-46.

在《基于云计算的终身学习平台构建研究》①一文中提出，不开终身学习平台的支撑。研究发现，终身学习平台应定位规模效益；其服务模式重点是 SaaS 和部分 PaaS 应用，体现为面人开放、面向各类教育资源开放、面向多样化的消费方式开放；在服上，应以学习者为中心，以终身学习超市和终身学习社区为重点，建设包粒度静态课程资源和课程整合与推送服务的学习资源池，建设由互动资源、学习辅导服务和学籍管理服务组成的支持服务池；在服务机制上，应建立注册会员制，关注学习和教学过程，完善学习辅导机制和资源共享机制。

张赛男等（2012）在《面向个人终身学习的数字化学习资源生态化发展模式研究》②一文中提出，数字化学习资源在终身学习体系中扮演着重要的角色，它以其内容的多样性、服务的共享便捷性、对个性化需求的适应性，以及能够实现动态更新等特点，与教育生态学的理论相吻合，从而在终身学习环境中占据了不可替代的地位。在我国，教育资源分布不均、共享程度低、资源浪费现象普遍。针对这些问题，作者在"面向个人终身数字化学习服务模式研究"的前期研究基础上，提出了一种创新性的数字化学习资源生态化发展模式。该模式以终身学习为导向，旨在构建更加高效、适应性强的新型教育服务体系。

肖君等（2013）在《终身学习公共服务平台运行模式研究》③一文中提出，伴随着教育信息化和现代服务业的发展，借助终身学习公共服务平台，开展终身学习成为推进学习型城市建设的有力支撑，而终身学习公共服务平台的运行模式对其持续、稳定发展具有重要作用。基于对国内外终身学习公共服务平台运营模式的深入分析与参考，探究终身学习公共服务平台的运作机制及其组成部分，其研究范围包括政府支持与引导、平台运作机制、资源整合方法、学习支持服务系统、学习模式设计、质量评价体系等多个方面。其中，政府的支持与引导是推动终身学习公共服务平台持续发展的核心动力，只有建立健全的运作机制，才能保障平台的高效率运行。另外，整合性资源建设模式对平台的可持续发展极为重要，它能有效为平台提供必需的资源支持。同时，功能完备的学习

① 袁松鹤，薛海峰.基于云计算的终身学习平台构建研究[J].现代远距离教育,2012(5):65-72.
② 张赛男，赵蔚，孙彪，等.面向个人终身学习的数字化学习资源生态化发展模式研究[J].现代教育技术,2012(1):83-87.
③ 肖君，王民.终身学习公共服务平台运行模式研究[J].教育发展研究,2013(19):14-17.

支持服务系统在保障终身学习公共平台的有效运行方面也极为关键。灵活多变的学习模式有助于提高平台用户的学习效率。而全方位质量评价体系的建立,则有助于确保终身学习公共服务平台的有序进行和持续发展。

顾凤佳(2013)在《终身学习视野下的微型学习课程设计原则研究》①一文中认为,微型学习和移动学习融为一体,为提高学习效率和质量提供了保证。然而,从目前的现状来看,对微型学习课程设计原则的研究非常有限。要充分发挥微型学习"短小、精悍、实用"的特点,尤其需要针对成人学习的特点以及移动设备的特征对课程设计原则进行深入研究。通过对移动学习的相关学习理论、已有的课程设计原则进行研究和分析,提炼微型学习课程设计的原则和要素,为形成符合成人移动学习特点的课程设计提供参考,使成人学习者能够利用"零碎"时间进行学习,发挥移动设备和技术的特点和功能,使在新媒体技术支持下的学习变得更加高效。

沈光辉等(2014)在《基于移动互联网技术推进数字化学习社区建设的探索与实践——以"福建终身学习在线"为例》②一文中提出,数字化学习社区建设在理念、手段与方式上被赋予了全新内涵,它为社区居民提供了灵活、开放、多样化与个性化的学习环境。以福建为例,"福建终身学习在线"运用现代互联信息技术,在整合优质资源、探索推进数字化学习社区建设的途径中,积累了一定的实践经验,为社会成员提供了有力的学习支持与服务,使学习型社区建设更具生机与活力。未来学习型社区建设将进一步走向完善学习网络、丰富学习资源、优化学习平台、贯通线上线下、培育专业队伍、完善机制保障等路径。

余燕芳等(2014)在《终身学习平台建设的理念与架构——从 Web2.0 到 Web3.0》③一文中探讨,从 Web2.0 到 Web3.0 的发展脉络出发,旨在探索并实现学习自主化、个性化、互动性、多样化、资源高效共享等核心理念。建立一个符合 Web2.0 及 Web3.0 精神的终身学习平台,实现资源的高效共享与智能检索功能,使得学习过程变得更加愉悦。构建这样一个平台,不仅是实现"任何时间、任何地点、任何人都能学习"的学习型社会的核心追求,而且也标志着教育技术

---

① 顾凤佳.终身学习视野下的微型学习课程设计原则研究[J].远程教育杂志,2013(4):60-66.
② 沈光辉,吴盛雄,熊月林.基于移动互联网技术推进数字化学习社区建设的探索与实践——以"福建终身学习在线"为例[J].中国远程教育,2014(1):74-78.
③ 余燕芳,葛正鹏.终身学习平台建设的理念与架构——从 Web2.0 到 Web3.0[J].电化教育研究,2014(8):57-63.

235

……）在《今天你学习了吗——网络时代终身学习新视野》①一……信息时代和"互联网+"背景下全球终身学习的新发展和新视野。……括：国际终身学习五十年回顾、网络时代终身学习新理念与新方法、……育资源（OER）与终身学习、"慕课"（MOOC）与终身学习、企业大学与终……习、终身学习中的个人知识管理和 21 世纪终身学习新技能。

宋其辉（2016）在《"互联网+"视野下区域数字化终身学习平台建设研究——基于上海市数字化学习平台建设的调查分析》②一文中提出，全国各地已经有 61 个区被确定为"全国数字化学习先行区"，逐步形成了可持续发展机制。但是，在区域数字化终身学习平台建设过程中仍存在一些瓶颈问题，如数字化终身学习平台建设缺乏顶层设计和长远规划，资源与平台重复建设，各个平台之间各自为政，资源使用效率低下，缺少配套的绩效评估体系等。要破解这些瓶颈问题，着手打造一致的数字化终身教育资源构建标准至关重要。并且创立一个功效评估体系，用以评价用户实际利用数字化终身学习资源亦不容忽视。除此之外，为提升资源效率，有必要设计一个促进不同学习平台间共享资源的策略。

乔爱玲等（2019）在《互联网时代老年群体终身学习现状调查报告》③一文中以北京市 2 500 位老年人为样本，调查互联网时代老年群体终身学习现状，分析老年群体在互联网时代终身学习的需求及困难，并进一步探究信息技术对老年群体终身学习的影响和作用。研究发现：随着信息技术在现代社会的不断发展，其对于推动老年人终身学习的作用越发凸显。然而，目前老年人在信息技术应用上的满意度仍有提升空间。此外，我们可以从提高他们的信息化学习能力，制定并完善相关法律法规，以及实施弱势群体保护角度入手。鉴于这一现状，文章提出在互联网时代要更深入研究老年群体的学习特征，从而更有效地开展针对性的信息技术培训，进一步充实学习资源，并构建一个适应互联网时

---

① 梁林梅，赵建民.今天你学习了吗——网络时代终身学习新视野［M］.北京：北京交通大学出版社，2015.

② 宋其辉."互联网+"视野下区域数字化终身学习平台建设研究——基于上海市数字化学习平台建设的调查分析［J］.中国成人教育，2016（15）：10-12.

③ 乔爱玲，张伟远，杨萍.互联网时代老年群体终身学习现状调查报告［J］.电化教育研究，2019（7）：121-128.

要在终身教育学习的理念下开展。文章分析了终身学习同高职教育之间的关系,以终身学习为视角,提出了高职教学体系构建的原则,并从目标体系、内容体系、资源保障体系和评价体系四个方面对教学体系构成要素进行解析,希望能够对高职教学体系的构建与完善提供一定的帮助。

李德显等(2018)在《基础教育阶段学生的终身学习学力的内涵、表征及培养》①一文中,对终身学习理念下的三种学力作以阐述并对基础教育阶段如何培养学生的终身学习能力提出了具体的有效措施,即推动教育改革政策介入,设计丰富的课程类型,创新综合实践活动,改善学习共同体生态等。

古丽娜·阿扎提(2021)在《大学生终身学习意识与能力培养浅析——以新疆高校文科专业为例》②一文中提出,随着我国高等教育进入普及化阶段,终身学习受到重视,成为一种个人在经济、社会地位、能力等方面提高的必然选择。作为国民教育的重要组成部分和步入社会前重要的能力培养阶段,相对于义务教育阶段,全日制普通高等教育阶段的大学生进入了专业学习,思想更加开放,交流、互动、创新等实践活动增加,从而成为培养终身学习意识和能力的黄金时期。随着我国从高等教育大国向高等教育强国转型,在人文社科专业学生培养方面,需要在教学内容、教学方式、教学管理、学科融合等方面进行改革,以德智体美劳全面发展为目标,以实现人文专业学生更好适应新时代经济社会发展的需要。

史波(2022)在《终身学习视角下职业教育标准化研究》③一文中提出,我国在大力发展教育行业的同时,提出了终身学习的教育理念,这就要求构建终身学习的体系,以此提升我国的国家实力。文章以在终身学习视角下职业教育政策研究为例,分析职业教育和终身学习的概念和关系,研究完善职业教育政策的措施,保障职业教育的水平,以此为学习型社会的建设提供助力。

林可等(2023)在《通往终身学习"乌托邦"的实践之路——联合国教科文

① 李德显,曾佑来.基础教育阶段学生的终身学习学力的内涵、表征及培养[J].教育理论与实践,2018(31):12-16.

② 古丽娜·阿扎提.大学生终身学习意识与能力培养浅析——以新疆高校文科专业为例[J].继续教育研究,2021(10):14-16.

③ 史波.终身学习视角下职业教育标准化研究[J].中国标准化,2022(2):188-190.

组织〈让终身学习成为现实的手册〉述评》①一文中提出,开放大学作为推广终身学习理念的重要载体,在全球教育体系中扮演着至关重要的角色。通过其宽松的入学条件、多样化的学习模式、丰富的课程设置,以及灵活的学习时间和地点,为不同背景的学习者提供了接受教育的可能。终身学习理念的实现,不单单是高等教育机构传递提高技能,其更深远的意义在于,它吸引了更广泛的学习群体,从而推动了教育机会的均等化和社会结构的多元化。

(七)终身学习视域下非正规教育研究

宗秋荣(1998)在《终身学习与家庭教育》②一文中认为,在探索现代家庭教育的作用及其在终身学习中的重要性时,发现家庭作为社会的基本单元,对于个体的成长和学习具有不可忽视的作用。家庭不仅是终身学习理念得以灌输的初始场所,也是学习型社会构建的重要纽带。随着社会的发展和生活水平的提升,现代家庭正逐渐向小型化转变,文化素质的提高和教育意识的加强也为家庭教育带来了诸多有利条件。在这样的背景下,家庭教育的作用愈发显著,它对于个体的终身学习和学习型社会的构建具有不可替代的重要性。

包国庆(2000)在《21世纪教育的新视野—学习型社区——关于终身学习的一个社区模型》③一文中,论述了网络时代社会与教育的协同发展问题,认为社区教育在未来的发展中,预计将扮演五大重要角色。社区教育和远程教育的结合,有潜力成为建立21世纪教育体系的两大基石。未来社会在时间和空间上,除了物质层面,网络作为虚拟的时空概念,将为我们的日常生活和工作带来崭新方式。

张艳(2001)在《终身学习全球化趋势下的教师职后培训与角色定位》④一文中认为,当今世界中的终身学习已呈现出全球化发展的显著趋势,在此特定的时代背景之下,投身于终身学习浪潮之中的广大教师必须积极参加职后培训并树立起正确的角色认识,方可有效适应这一巨大的历史变革,从而获得自身

---

① 林可,王默,焦帆.通往终身学习"乌托邦"的实践之路——联合国教科文组织《让终身学习成为现实的手册》述评[J].开放教育研究,2023(5):14-25,73.

② 宗秋荣.终身学习与家庭教育[J].教育研究,1998(8):54-59.

③ 包国庆.21世纪教育的新视野—学习型社区——关于终身学习的一个社区模型[J].高等教育研究,2000(2):20-22.

④ 张艳.终身学习全球化趋势下的教师职后培训与角色定位[J].比较教育研究,2001(5):49-52.

素质的不断发展与提高,并大力促进学生的完满发展与社会的全面进步。

"面向 21 世纪中国社区中的终身学习的调查与研究"课题组(2002)在《社区终身学习理念与我国社区教育转型——关于我国社区教育现状、问题及发展对策的调查研究》[①]一文中提出,当前社区教育研究亟须方法上的创新。课题组以小城镇社区教育为调查研究对象,运用类型比较研究法,根据实际调查资料、数据的统计分析,探索我国社区教育的现状及未来发展问题。研究结果表明,目前中国的城镇社区教育正处在从"以学校为中心、依赖行政体系"模式向"社区导向、社会参与"模式转变的过程中。为了顺畅地完成这一转型,我们必须构建以终身教育为核心的理论框架,明确并制定合理的区域社区教育发展目标,并推动社区教育管理体制的创新,以达到社区教育与社区建设和发展的深度融合。

厉以贤(2004)在《建设社区学院开展终身学习》[②]一文中提出,我国教育体系长期存在着与实际社会需求脱节的问题,这种状况导致教育资源分配不均,教育机会获取途径有限,尤其是对于非正规及非正式教育领域的忽视,这在一定程度上限制了国民教育的全面均衡发展。为了改善这一状况,我国教育改革的方向在于构建一个完整的终身体系,以此来实现教育的持续与全面发展。在这个体系中,社区学院起到了关键作用。它的成长与壮大,与当地的社会经济、文化、教育体系以及人们的需求密切相关。因此,社区学院的办学理念应当是以服务社区为根本,不断满足社区成员的教育需求,促进其全面发展。

朱红(2005)在《搞好家长终身学习,提高家庭教育质量》[③]一文中提到,《中共中央、国务院关于进一步加强和改进未成年人思想道德建设的若干意见》指出,家庭作为未成年人思想道德建设的根本环节,其教育实施者——家长的素质良莠不齐,使得教育效果的稳定性和可信度面临挑战。为改善这一问题,在学校教育体系中小学和幼儿园可以利用其资源优势,建立家长学校。这一措施不仅能提高家长的教育意识,增强其教育技能,还能为家长在执行家庭教育时提供必要的支持和指导,从而有效提升家庭教育的整体水平。

---

① "面向 21 世纪中国社区中的终身学习的调查与研究"课题组.社区终身学习理念与我国社区教育转型——关于我国社区教育现状、问题及发展对策的调查研究[J].教育研究,2002(11):40-45,50.
② 厉以贤.建设社区学院开展终身学习[J].中国远程教育,2004(8):69.
③ 朱红.搞好家长终身学习,提高家庭教育质量[J].成人教育,2005(3):47-48.

厉以贤(2007)在《终身学习视野中的社区教育》①一文中认为,为了提升全民的教育水平和人力资源的质量,普遍认为每个个体都应拥有自我发展的机遇。这种发展是一个不断延续的进程,涵盖了终身学习和教育的多个方面。在此过程中,正规教育与非正规教育应当相互连通,职业培训与社区教育也应紧密结合。这样的融合对于增强全民素质至关重要,同时也是构建高效人力资源体系的必由之路。在这一背景下,社区教育扮演着至关重要的角色,它不仅是提升全民素质的有效手段,也是形成高质量人力资源的重要渠道。

秦钠(2008)在《中日都市社区教育比较研究——以上海静安寺街道社区学校和大阪大开市民终身学习室为例》②一文中提出,自改革开放政策推行以来,现代社区教育的概念在中国逐渐成形。在此过程中,特大型城市的政府机构,通过街道和居民委员会有效促进了社区教育的扩展。文章认为,尽管国内在引入和解释发达国家城市社区教育的理论和经验方面有较多的文献翻译和介绍,但基于实证研究对教育实践和现实变革进行全面分析,并在此基础上进行有针对性的借鉴和转化的工作还远远不够。

高文书(2009)在《终身学习视角下的中国继续教育现实需求分析》③一文中认为,从终身学习理念的视角出发,利用调查数据和统计资料,从自我发展、"文凭补课"和技能提升等方面阐述了中国继续教育的现实需求。文章还描述了中国继续教育的发展现状,并从关注社会公平、终身教育立法、转变政府职能、开放办学体制等方面,提出了促进中国继续教育发展的政策建议。文章提出了若干建议:首先,规划制定《终身学习法》。其次,促进政府在发展继续教育过程中的职能转变。再次,建立开放性的办学体制。最后,关注继续教育中的公平问题。

郭青春(2010)在《论开放教育实现终身学习学分银行理念的可行性》④一文中认为,为了满足全民学习和终身学习的需求,我国于2006年提出了中央广播电视大学"开放教育课程平台"的教学改革目标。该目标的核心是以课程为

---

① 厉以贤.终身学习视野中的社区教育[J].中国远程教育(综合版),2007(5):5-12,48.

② 秦钠.中日都市社区教育比较研究——以上海静安寺街道社区学校和大阪大开市民终身学习室为例[J].社会,2008(2):181-209.

③ 高文书.终身学习视角下的中国继续教育现实需求分析[J].继续教育研究,2009(5):1-4.

④ 郭青春.论开放教育实现终身学习学分银行理念的可行性[J].开放教育研究,2010(3):156-159.

基础,分层次地设置课程体系。这个体系包括不同学历层次的课程,它们相互衔接,涵盖了从低到高的各个层次。此外,该平台还涵盖了岗位培训、证书教育等多种非学历教育课程,这些课程与学历教育课程相互认可。通过这种方式,我国搭建了一个全面、开放的教育平台,为全民学习和终身学习提供了有力的支持和保障。

田小梅等(2011)在《终身学习视角下我国社区教育研究综述》[①]一文中认为,自 20 世纪 90 年代以来,我国围绕社区教育开展了广泛的研究。从终身学习的视角看,社区教育研究的现状并不令人满意。在目前学术界的研究中,终身学习的理念虽然已被一定程度地讨论,但对这一领域深入、全面和专业的调研仍然较为少见,并且理论与实践的结合也还不够充分。20 世纪 80 年代中期,在国家大力倡导、各级政府积极推动和社会民众的支持下,具有现代意义的社区教育形成,社区教育实践在全国各地得到了蓬勃的发展,围绕社区教育进行的理论与实践层面上的研究也日渐深入。随着知识经济时代、学习型社会的到来,终身学习理念受到世界各国的关注的背景下,社区教育研究应加强终身学习理论的指导,以使其在全民学习、终身学习的学习型社会的构建中发挥更大的作用。

王永红(2012)在《终身学习理念下社区教育体系的构建》[②]一文中提出,为了推动远程教育的广泛传播与提升教育质量,以广播电视大学为基础,致力于扩展开放的远程教育平台。该平台旨在构建一个社区学院网络,社区内设立教学站点,以便更好地服务不同区域的学习者。重点培养一支专业的社区志愿者团队,并通过完善的服务网络,进一步提高社区教育的普及率和教育效率。通过这些措施,希望能够建立一个更加健全、更具灵活性的终身体系,满足社会成员的不同学习需求。文章提出在终身学习理念下社区教育体系的构建要从如下几点入手:首先,更新思想,形成社区终身学习理念。其次,优化社区资源配置,建立社区教育资源共享机制。要优化社区教育资源配置,需要政府主导社区教育资源的整合,学校向社区开放,实现学校与社区教育资源的共享。再次,整合社区内的教育资源,发挥各自的优势。最后,建设社区志愿者队伍,完善社区志愿者服务网络。

① 田小梅,刘刚.终身学习视角下我国社区教育研究综述[J].继续教育研究,2011(7):70-72.
② 王永红.终身学习理念下社区教育体系的构建[J].中国成人教育,2012(1):41-43.

李光等(2013)在《终身学习视域下的员工培训与开发》①一文中提出,终身学习理念正被社会广泛接受和运用,而知识经济时代的知识型员工作为现代企业价值的主要创造者,对终身学习也有着强烈需求。在当今的商业环境中,不断吸引和保留专家人才对于提高企业品质和核心竞争力非常关键。因此,企业的员工培训应当贯彻以终身学习为中心的理念,培训内容能够触及知识型员工的内在需求。文章讨论了在终身学习的大背景下,员工培训与发展的必要性和面临的挑战,并提出一套系统的培训与发展策略,以促进员工培训朝着终身化和实用化的方向发展。

甘琼英等(2013)在《为全民终身学习服务:我国继续教育发展方式的转变》②一文中提出,为推动我国终身教育的持续进步和模式转变,关键是要以服务全民终身学习为核心。我们要致力于打造一个多元的教育框架,覆盖不同的类型、层次和形式结构。同时,应以学习者为本,对教学模式进行革新。政府应发挥其统筹作用,强化跨部门协调,优化终身教育的管理体制。终身教育的推广不应仅限于城市,还应扩展到农村,积极开展社区教育,快速建设学习型组织,实现全民学习、终身学习的社会理念。在发展过程中,我们需要从结构、技术、制度三个维度审视终身教育面临的问题,并针对这些问题提出有效的解决策略。制度创新是终身教育发展的重要路径之一。总的来说,我国终身教育要实现全民终身学习的目标,必须进行结构、技术和制度三个方面的综合改革,不断转变其发展模式。

王仁彧(2014)在《终身学习观照下的老年教育现状与展望》③一文中提出,随着社会生活水平的提高,以及老年人口总量的增长,越来越多的老年人选择参与老年教育活动。如何在终身学习理念的指引下,确保老年教育在稳步发展的过程中,不断规范老年教育发展的指导思想,有效破解老年教育发展中的困境,提升老年学习者的终身学习能力,是确保我国老年教育健康发展的关键要素。文章认为,教育内容要以提升老年学习者的终身学习能力为目标,并且在教育形式上要以面对面的课堂讲授为情感联络纽带。

---

① 李光,白琳.终身学习视域下的员工培训与开发[J].职教论坛,2013(27):41-44.
② 甘琼英,何岩,褚宏启.为全民终身学习服务:我国继续教育发展方式的转变[J].教育发展研究,2013(7):27-31.
③ 王仁彧.终身学习观照下的老年教育现状与展望[J].职教论坛,2014(36):44-48.

上海终身教育研究院(2015)在《2014 上海终身教育发展报告》①一书中提出,新世纪以来,我国社区教育在政府主导推进下成就显著。社区教育的重要性逐步得到认同,社区教育从中心城市向全国城乡推进,基本建立了具有中国特色的社区教育管理体制和运行机制,初步形成了社区教育网络体系,在社区教育队伍建设、制度建设、数字化学习平台建设、课程资源建设、理论研究等方面积累了许多经验。此外,随着终身学习理念在全球日益深入人心,成人持续学习与发展的重要性日渐凸显,服务于成人学习的专业工作者应运发展,其队伍的专业化建设成为国际终身教育领域共同关注的研究课题和政策议题。

李娟(2015)在《基于终身学习理念的社区教育品牌建设探析》②一文中认为,社区教育品牌作为推进终身学习和社区教育发展的重要载体,有其独特的内涵。文章选取两个社区教育品牌作为案例,深入分析了社区教育品牌构建的多个层面的问题,涵盖了定位与构思、基础与支撑、内容与形式、效果与作用等关键内容,旨在为我国社区教育品牌建设提供策略性的参考。社区教育品牌在促进全民终身学习、推动社区教育发展和社会和谐方面起到至关重要的作用。它能够吸引更多的市民参与终身学习,提高终身学习活动的知名度、影响力和声誉,使活动的特色和优势得到广泛认可。社区教育品牌可以通过终身学习的方式实现其潜力,为市民提供更加多样化的学习资源、更多的学习环境和更优越的学习条件,以适应市民不断增长的欲望,建立积极的学习文化,推动人的全面发展。因此,我们需要主动整合社会教育资源,创新教育模式,举办体现地区特色的学习教育活动,从而强化社区教育品牌的引领作用。

孙冬喆(2016)在《通向终身学习的路径与机制:中国学分银行制度建设研究》③一书中,深入剖析了中国学分银行体系的逐步扩展与成熟,追踪了该体系在国内的演进轨迹,借鉴了国际上的成功范例,并以终身教育学分银行为核心进行了精细分析。并且通过实证分析结合数据驱动的洞察和批判性思维,该书探讨了制度设计中的核心要素,并基于研究发现提出了务实的策略。

①　上海终身教育研究院.2014 上海终身教育发展报告[M].上海:上海人民出版社,2015.
②　李娟.基于终身学习理念的社区教育品牌建设探析[J].中国职业技术教育,2015(14):83-86.
③　孙冬喆.通向终身学习的路径与机制:中国学分银行制度建设研究[M].上海:华东师范大学出版社,2016.

李兆允(2016)在《终身学习视野下的社区教育发展策略》[①]一文中认为,随着社会的快速发展,让人们对学习有了全新的认识与理解。终身学习与社区教育有着密不可分的联系。社区在开展教育工作的过程中,需不断完善领导管理机构,强化社区终身学习观念,对社区教育资源共享机制进行有效整合,同时还要开展多元化的教育活动。

陈丽等(2017)在《论继续教育质量观》[②]一文中指出,继续教育是我国构建终身教育体系、建立学习型社会、建设人力资源强国的必然路径。当前,继续教育面临体系完善与质量建设的双重任务。树立科学合理的质量观是继续教育实践的逻辑起点,必须予以高度重视和深入研究。而在现实中,继续教育质量观在认识上的偏差导致了质量建设实践的偏离。继续教育质量观亟待重塑已经成为一种社会共识。继续教育必须以提升劳动者跨学科知识应用的创新能力为核心使命,建立集统一和服务于一体的多样化质量观。

叶莉等(2021)在《基于学分银行的职业教育终身学习机制研究》[③]一文中提到,国家提出加快推进职业教育国家学分银行建设,要求高职院校积极参与试点。高职院校开展基于学分银行的职业教育终身学习机制研究具有重要意义。问卷调查结果显示,我国职业教育学分银行还存在普及程度低、缺乏统一管理、学分互认操作困难等问题。高职院校在参与职业教育国家学分银行试点时,应该制定公共选修课程学分认定标准,推进"1+X"的有机衔接和融合,建立职教联盟实现同领域内课程学分互认,实现不同行业企业开发课程学分与学分银行对接,实现"慕课"(MOOC)等线上优质教学资源教学课程与学分银行对接、与应用型本科院校对接,以促进基于学分银行的职业教育终身学习机制的构建。

於伯君(2022)在《终身学习理念下社区教育体系的构建路径分析》[④]一文中认为,社区教育的转型与升级,必须在终身学习的理念指引下进行,这样才能真正实现教育的创新和发展。通过这种方式,我们可以将学习和日常生活紧密

① 李兆允.终身学习视野下的社区教育发展策略[J].成人教育,2016(3):83-85.
② 陈丽,赵刚.论继续教育质量观[J].继续教育研究,2017(3):10-13.
③ 叶莉,张芳,王秋香.基于学分银行的职业教育终身学习机制研究[J].武汉职业技术学院学报,2021(6):16-19.
④ 於伯君.终身学习理念下社区教育体系的构建路径分析[J].知识文库,2022(1):13-15.

结合,使教育不仅仅是为了生存,还是人们生活中不可或缺的一部分。因此,我们需要相关人员积极探索,将终身学习理念与社区教育体系完美融合,为构建学习型社会贡献力量。

(八)终身学习视域下非正式学习研究

王利(2001)在《网络环境与终身学习》①一文中认为,在网络环境中,自主学习的重要性凸显,个体可以通过访问网络资源独立获取知识。此外,通过网络平台,个体可以与分布在不同地点的其他学习者进行协作学习,这种同步或异步的交流方式有助于促进知识共享和技能提升。在协作过程中,经验较为丰富的同事、上级或导师能够为学习者提供宝贵的指导和经验分享,而学习者同样可以将其所学传授给其他同事,这种互动互助的学习模式不仅极大丰富了学习内容,还成为了与信息时代同行的重要方式。网络学习资源的丰富性、信息提供的多角度、内容的时代性、技术的创新性等特点,为学习者提供了前所未有的学习机遇。学习者在追求知识的过程中表现出自我驱动、目标导向和接受新知的特性,这些因素的共同作用,促进了个人能力的持续增长。随着网络技术的不断进步,终身学习已成为人们维护自身竞争力和生存发展的基本权利。

顾小清等(2009)在《微型移动学习资源的分类研究:终身学习的实用角度》②一文中提出,微型移动学习资源,作为一种适应成人终身学习需求的教学工具,它通过为学习者提供简短且实用的知识内容,满足了成人学习者对非正式学习的渴望。其优势在于:首先,它提供了针对成人实际需求的教学材料,这些材料短小精悍并注重实用性;其次,考虑到成人学习者对灵活学习时间和地点的需求,微型移动学习利用移动设备作为学习平台,确保学习者在任何方便的时刻都能够接入学习资源。但终身学习包含了多元化的学习目标和多种学习方法,还需要各式各样的课程资源和教学路径。微型移动学习虽然是达成终身学习目标的有效途径之一,但它只能在有限的范围内为学习者提供实用性的学习机会,并不能涵盖所有类型的知识内容。

---

① 王利.网络环境与终身学习[J].中国电化教育,2001(11):29-31.
② 顾小清,查冲平,李舒愫,等.微型移动学习资源的分类研究:终身学习的实用角度[J].中国电化教育,2009(7):41-46.

王民等(2010)在《面向终身学习的 u-Learning 框架:城域的终身学习实践》①一文中提出,随着通信技术的迅速发展而日益成熟的 u-Learning(泛在学习),为建立面向终身的学习体系提供了更多的可能性。为此,需要首先解决如何在泛在技术可达的领域建立 u-Learning 学习环境并开展终身泛在学习实践的问题。在终身教育的大背景下,围绕 u-Learning 模式进行了深入探讨。通过详尽的国际发展现状调研,文章阐述了构建一套包含 u-Learning 支持模块终身学习技术系统的重要性。该系统设计方案涵盖了学习资源、服务及门户的设计,旨在为 u-Learning 提供全面支持。研究中对 u-Learning 的技术框架和学习环境框架进行了细致分析,并在此基础上,展望了在城域范围内,尤其是在泛在技术覆盖的区域,u-Learning 的发展趋势和潜在应用。文章还探讨 u-Learning 在支持终身教育方面的优势和前景,为相关领域的技术发展和教育改革提供了新的视角和建议。

赵蔚等(2010)在《开放式 e-Learning 解决方案个性化推荐服务——一种面向终身学习的数字化学习服务模式的探索思路》②一文中认为,个性化 e-Learning(电子学习)系统一直是数字化学习研究的重要主题。然而,在终身学习环境下,个性化 e-Learning 系统必须要考虑如何提高学习者兼容性、资源充足性、智能挖掘性和推荐整合性,才能最大限度地满足海量的差异化学习者的要求。构建一个开放式 e-Learning 个性化推荐服务,通过向学习者推荐完整的 e-Learning 解决方案,提出多种个性化机制,构建开放性学习社区,并通过 Web 数据挖掘技术挖掘解决方案,来解决传统个性化 e-Learning 系统所面临的这几个挑战。

刘涛(2010)在《基于社会性网络服务(SNS)的终身学习模式的研究》③一文中提出,随着信息技术的进步,特别是互联网技术的突飞猛进,为终身学习环境的构建提供了更加宽广的舞台。在这个环境下,衍生出的社交网络服务成为了终身学习载体,极大提升了学习效率。这种服务平台的日益完善,为终身学

① 王民,顾小清,王觅.面向终身学习的 u-Learning 框架:城域的终身学习实践[J].中国电化教育,2010(9):30-35.
② 赵蔚,余延冬,张赛男.开放式 e-Learning 解决方案个性化推荐服务——一种面向终身学习的数字化学习服务模式的探索思路[J].中国电化教育,2010(11):110-116.
③ 刘涛.基于社会性网络服务(SNS)的终身学习模式的研究[J].现代教育技术,2010(1):91-94.

习向一种更加社交化的学习模式转变提供了可能,使得学习过程更接近于一种交流共生的共同体。终身学习,不再仅仅是通过课程学习知识或技能的传统模式,而是变成了我们日常生活中不可或缺的一部分。

范如永(2013)在《终身学习理念下我国远程教育研究的热点、前沿和发展趋势分析》①一文中提出,在终身教育体系中,远程教育扮演着关键角色,它利用信息技术为学习者提供灵活的学习机会,从而加速了终身教育的发展进程。文章通过对文献的可视分析,以及对远程教育的热点问题、发展趋势进行探讨,揭示了远程教育的最新研究动态。此举旨在帮助研究者更直观地把握远程教育的进展和趋势,为进一步的研究和应用提供了宝贵的参考。

肖岩(2019)在《学习型城市、终身学习与老年人生活——以上海长宁区社区学校为例》②一书中提出,中国的老龄化使得日益增长的老年群体逐渐成为社会关注的热点,老年学习也成为终身教育探究的方向之一。自中国的学习型城市建设以来,建立了更广泛的学习网络,为老年人提供了更多学习的机会。该书使用个案研究法,对上海社区学校的老年学习者进行了访谈,主要从老年人退休前后生活状态、产生的学习需求、提供学习支持的外部条件、参与到学习中的过程等方面,在对老年学习的现象进行了描述的基础上,对老年学习进行了深度分析与解读,向读者展现了一个完整的、有真实情境的老年学习与老年生活景象。该书为推动老年学习发展的学习型城市建设提供了建议。

钱小龙(2022)在《全民终身学习视野下我国在线教育体系的构建研究》③一书中提出,首先,作为传统教育体系的重要补充,在线教育体系具有顽强的生命力,能够在复杂环境下满足人民群众日益增长的教育需求,因而发展完备的国家在线教育体系迫在眉睫。其次,通过对全民终身学习视野下我国在线教育体系的现状分析,掌握其主要特征和重要任务。再次,依据在线教育体系的元素组成,从资源建设、模型建构、运作机制、环境设计、质量保障进行深入细致的分析,实现对掌握全民终身学习视野下国家在线教育体系构建的整体把握。从次,通过开展调查研究,用科学的数据分析来评价全民终身学习视野下国家在

① 范如永.终身学习理念下我国远程教育研究的热点、前沿和发展趋势分析[J].中国电化教育,2013
(2):34-37.
② 肖岩.学习型城市、终身学习与老年人生活——以上海长宁区社区学校为例[M].北京:电子工业出版社,2019.
③ 钱小龙.全民终身学习视野下我国在线教育体系的构建研究[M].北京:人民出版社,2022.

线教育体系构建的实际情况。最后,作为研究的收尾,有必要全面审视全民终身学习视野下国家在线教育体系的历史和现状,以便于更好把握未来的发展愿景。

张伟远等(2023)在《推进数字时代终身学习制度体系建设的中国方案》①一文中提出,应构建一个以非正规教育和非正式学习的学习成果认证为核心的基于质量保障机制的体系。政府应当认可第三方权威机构,并在此设立专门部门。此外,一个公正并且广泛认可的认证体系,不仅能够对学习者的努力给予肯定,还能够避免资源的浪费,促进教育效率的提升。建立一个不分地域、不分国界的成果认证机制,是实现学习成果互认的基础,也是推动终身学习理念深植人心的重要机制。

叶长胜等(2023)在《非正规、非正式学习成果认证——联合国教科文组织终身学习研究所的研究》②一文中指出,为了加速非正规及非正式学习成果的认证体系这一领域的发展,除了可以借助立法和政策的引导,激发群众的热情加入外,我们还可以把握构建国家资历框架的机遇,将其作为推动认证系统成熟的突破口。此外,数字化技术的应用也至关重要,可以借助在线认证平台和学分转换系统等科技手段,实现各项能力的提升。同时,我们还应深入挖掘我国本土特色,与国际文化接轨,构建一个互助的"生态圈",助力人们实现终身学习的可持续发展,确保学习过程具有包容性、融通性和保持高质量。通过这些举措,我们将建立一个更加成熟的非正规及非正式学习成果的认证体系,为我国人才培养和社会进步贡献力量。

二、终身学习研究的阶段性特点及发展脉络

(一)终身学习研究呈现由"终身教育研究—终身学习研究—学习型社会建构研究"转向的阶段性特点

"终身学习"的研究性文献与我国教育政策内容与发展方向密切相关。自20世纪80年代以来,在国际社会的大力提倡与推动下,有关终身学习的思想传

---

① 张伟远,谢青松,谢浩,杜怡萍.推进数字时代终身学习制度体系建设的中国方案[J].中国电化教育,2023(4):7-15.

② 叶长胜,江娜.非正规、非正式学习成果认证——联合国教科文组织终身学习研究所的研究[J].世界教育信息,2023(1):65-73.

入我国并引起国内社会各界的关注与讨论,相关的研究性文献开始发表。随着国家政策关于"终身教育""终身学习""学习型社会"问题出台相关政策后,有关三者间的研究显著上升,在此过程中终身学习研究呈现由"终身教育研究—终身学习研究—学习型社会建构研究"转向的阶段性特点。

1.终身教育研究阶段

起源于 20 世纪 60 年代的终身教育概念,随后逐步广泛传播,并在全球众多国家获得认同,随着我国改革开放发展对教育事业越加重视,终身教育与终身学习在我国得以发展,我国关于终身学习的研究性文献以国家教育政策发布为依据。从 1980 年教育部发布的《关于进一步加强中小学在职教师培训工作的意见》中,首次在国家官方文件里提出"终身教育"这一概念,到 1995 年《中华人民共和国教育法》正式将"终身教育"纳入我国教育体系的法律法规之中,正式确立了其在国家教育事业中的法定地位,并明确了构建终身教育体系的目标。随后依据国家政策规划,有关终身教育的研究性文献陆续发表。

从学术论文研究趋势看,第一篇以"终身教育"为题的学术论文出现在1992 年的《现代远距离与终身教育》上。从 1996 年开始,研究开始呈显著上升的趋势,此后虽有所下降,但总体看也一直逐步上升。早期终身学习研究性文献多以围绕终身教育概念进行探讨,随后才开始对终身教育体系建构开展研究。马良生[1](1998)认为,终身教育理念的核心宗旨在于推动社会成员不断进行终身学习,以实现个体自我发展和完善。其基本目的是通过教育过程的持续和全面发展,促进学习者在各个生活阶段不断提升自身的知识、技能与素质,以适应不断变化的社会与职业需求。陈乃林[2](1999)认为,终身教育是指在个人整个生命周期中持续的、连贯的、全面的教育活动。顾明远[3](2000)认为,终身教育思想是符合时代要求的,是代表先进生产力的教育思想。它改变了传统的教育理念,使教育不再是学校教育的同义语,而是包括了正规教育和非正规教育、学校教育和社会教育等一切教育形式,并贯穿于人的一生。在终身教育体系建构上,徐明祥等[4](2001)提出了构建我国终身教育体系思路:首先是终身

① 马良生.终身教育——迈向 21 世纪的关键[J].中国电大教育,1998(6):9-11.

② 陈乃林.关于终身教育若干问题的思考[J].江苏高教,1999(4):3-12.

③ 顾明远.终身教育——20 世纪最重要的教育思潮[J].中国成人教育,2000(12):6-8.

④ 徐明祥,李兴洲.构建我国终身教育体系的难点及对策[J].教育研究,2001(3):59-63.

教育管理机构的设置;其次是终身教育的立法与法治;再次是终身教育的保障机制;最后是终身教育民间组织的建立与完善。吴遵民[1](2004)提出:制度化的教育,它以知识的传授为核心,以正规的学校教育为载体,提供系统化、规范化的学习路径;而非制度化的教育,它强调自主性、自愿性和自由性,以个性化和灵活性为特点,主要由校外的非正规教育和非正式教育构成,旨在满足不同学习者的多样化需求。

2.终身学习研究阶段

1997年,国家教育委员会在《关于当前积极推进中小学实施素质教育的若干意见》文件中,首次正式提出了"终身学习"的概念。随后,在1998年,教育部颁布的《面向21世纪教育振兴行动计划》中,两次提及"终身学习体系"。这标志着终身学习概念在终身教育理念的基础上得到了进一步的充实和发展,"终身学习"开始代替"终身教育"的表述,研究性文献由"终身教育"逐步转向"终身学习"。

中国知网(CNKI)中检索到的关于终身学习的最早中文文献发表于1995年,名为《终身学习——教育面向21世纪的重大发展》。该文是由吴咏诗[2]教授参加于1994年11月30日至12月2日在意大利罗马举行的"首届世界终身学习会议"后撰写发表的,与会者对终身学习、教育改革、政府政策制定,以及社会发展的重要影响多加关注,并就如何应对这一挑战提出了切实可行的策略。会议成果丰硕,不仅为21世纪的终身学习制定了行动纲领,而且还成立了世界终身学习促进会。早期阶段的终身学习研究主题主要聚焦在终身学习的理论研究上,对于什么是终身学习进行了研究与定义。一些学者引用并解读了罗马会议同意的终身学习的定义:"终身学习是通过一个不断的支持过程来发挥人类的潜能,它激励并使人们有权力去获得他们终身所需要的全部知识、价值、技能与理解,并在任何任务、情况和环境中有信心、有创造性和愉快地应用它们。"[3]如吴咏诗[4](1995)认为,终身学习对于高等学校、基础教育、企业政府以及社会

---

[1] 吴遵民.关于完善现代国民教育体系和构建终身教育体系的研究[J].中国教育学刊,2004(11):39-42.

[2] 吴咏诗.终身学习——教育面向21世纪的重大发展[J].教育研究,1995(12):10-13,9.

[3] 欧洲终身学习促进会.终身学习——教育面向21世纪的重大发展[C].意大利罗马:首届世界终身学习会议,1994.

[4] 吴咏诗.终身学习——教育面向21世纪的重大发展[J].教育研究,1995(12):10-13,9.

团体都提出了新的要求,对它们施加重要的影响。陈乃林等①(1997)提出:"终身学习首先是一种观念。'终身学习'的中心词是'学习'。""终身学习"中的"学习"则是广义的。终身学习也是一种发展着的社会化学习体系。它包括接受式学习、有指导的自主学习、完全的自主学习等多种类型。二者试从更具体的层面上把它分为正规学习、非正规学习和非正式学习三种类型,认为"终身学习的三种类型各有特点,又有相通之处并将逐渐渗透融合。"文章还提出终身学习的特征有:终身性、全民性、个别性、自主性。而陈晓力②(1999)认为,"终身学习"作为现代教育理念的核心,不仅冲破了传统学校教育的边界,更对学校教育进行了重新审视、深度拓展和升华。最初,这一理念着眼于发展强调个人在整个人生过程中的自我完善与知识积累。随着终身教育概念的进一步扩大,它指向整个社会,意味着教育不再局限于青少年时期,而是人的一生。终身学习的内容不断发展演变,其丰富和成熟的历程,正体现了人类对教育真谛的不断探索和领悟,引领着教育理念与实践的革新与进步。

随后2002年党的十六大报告强调了"建立全民和终身学习体系"的重要性,标志着国家高层对于终身学习和建立终身教育体系等议题的关注,2003年教育部发布的《2003—2007年教育振兴行动计划》,指出"努力实现党的十六大提出的历史性任务,构建中国特色社会主义现代化教育体系,为建立全民学习、终身学习的学习型社会奠定基础",并提出适时起草《终身学习法》。这使得2003年终身学习发文量达到一个峰值。2007年教育部发布的《国家教育事业发展"十一五"规划纲要》,纲要中强调了构建现代国民教育及终身教育体系的必要性。与此同时,欧盟开展一项新计划,该计划旨在全面涵盖从幼儿至老年各个年龄段的人群,以促进持续的学习和发展。这些举措均体现了对终身教育的重视和推广,标志着教育体系向着更加全面和包容的方向发展。这些都引起了学者们的广泛关注,使得已经呈下降趋势的发文量从2007年开始迅速回升。

得益于《面向21世纪振兴行动计划》(1999年)中提出的政策要求,即到2010年要在全国范围内基本建成终身学习体系,从而使得在2010年学术界对终身学习的关注达到了前所未有的高潮。在这一阶段的研究中,有关终身学习

① 陈乃林,孙孔懿.终身学习论略[J].江苏高教,1997(6):5-11.
② 陈晓力.终身学习:确立现代文明生活方式的教育行动(上)[J].教育理论与实践,1999(6):18-21.

概念问题的研究占比开始逐渐减少,在概念研究中开始探讨学习型社会与终身教育、终身学习的关系。而更多的焦点开始集中在如何促进终身学习这一内容上,如尹新源①(2003)提出,建立终身学习体系,就是建立各种教育机构和场所,创造相关的条件,提供各种学习机会,为各类社会成员提供多层次、多样化的教育服务。同时有大量研究开始从国际比较的角度,深度剖析国际终身学习模式,汲取澳大利亚、丹麦、德国、加拿大、美国、日本等十多个国家和国际组织的先进经验,特别是聚焦欧盟与日本的终身学习发展路径,提炼其精髓,为我国终身学习体系的完善提供宝贵的参考和启示。另外,在这一阶段,已经有研究开始具体聚焦到某个群体的终身学习研究,其中教师群体的终身学习研究是最受关注的,如李丹青等②(2004)提出,在构建终身教育体系及推进学习型社会的道路上,公众的目光日益聚焦于教师这一群体,特别是其专业素养与能力。教育质量的高低,在一定程度上取决于教师质量的高低。在知识爆炸性增长的当下,作为知识传播者的教师,终身学习成为了其职业发展的必修课。培训计划自然不可或缺,但更为关键的是教师本人对于品格修养、业务能力提升以及教学方法创新的自觉追求。终身教育的理念要求教师不断整合教育资源,而在此过程中,教师既是终身教育体系的建设者,又是支撑该体系可持续发展的关键人力资源。

2012年,党的十八大报告提出"完善终身教育体系,建设学习型社会"使得终身学习的研究再次成为热点,2013年以"终身学习"为篇名的核心期刊文献达到了目前为止年发文量的顶峰。这一阶段的研究仍以如何促进终身学习为主并对其进行了进一步深化,关于终身学习教育体系的研究兴盛,逐渐开始重视将教育体制与教育机制的研究置于终身学习与终身教育的环境中。有关终身学习的研究逐渐从终身学习本身转向终身学习的体制机制研究、关于终身学习背景下教育体制和教育机制的阐释,以及教育体制和教育机制之间关系的阐释,将教育体制与教育机制合在一起分析问题,从而构建系统、完整、合理的理论体系。同时,见证了多个新兴研究领域逐渐成为热点,其中包括学分银行系统的构建、学习立交桥的构筑、资历框架的制定,以及终身学习能力的提高等关

① 尹新源.终身学习与图书馆[J].图书馆理论与实践,2003(1):18-19.
② 李丹青,李逸凡.确立终身学习理念提高教师群体素质[J].黑龙江高教研究,2004(9):65-67.

键议题。如宋孝忠①(2011)提出,终身学习理念获得了联合国教科文组织、经济合作与发展组织,以及欧盟等国际组织的热情倡议与深度关注。这些组织不仅在众多报告及政策分析中对其进行了严谨的论证,而且在实践领域不懈地推进终身学习体系的认证工作。其核心宗旨在于构筑各类教育形式的互动,以促成它们的互联与交融。

　　3.学习型社会建构研究阶段

　　随着终身学习体系研究的不断深入与发展,教育学习全民化、社会化发展引起了大家的重视。2002年党的十六大报告指出"形成全民学习、终身学习的学习型社会",这是在党的重要报告中第一次出现"学习型社会"概念,标志着我国服务全民终身学习的教育体系进入发展期。学习型社会政策从终身教育政策演化而来,随后研究性文献也呈现从"终身学习研究"转向"学习型社会建构研究"的阶段性特点,教育视野逐步扩展到社会领域。

　　早期关于"学习型社会建构"的文献多在与"终身教育""终身学习"的关系中出现。比如在其与终身教育的关系上,宋永泽②(2007)认为,终身教育是学习型社会的基石,全民终身学习是学习型社会形成的实践基础和核心。陈乃林③(2008)认为,终身教育与学习型社会,是两个既紧密相连又各具特色的理念,联合国教科文组织巧妙地将它们融合在一起进行深入探究。这两个概念,从根本上来说,是对终身教育观、教育系统观、终身学习观的综合体现,它们代表了教育改革与发展的全新视角和更高境界。徐莉④(2017)提出,终身教育既关乎国策,又涉及社会每一个角落。终身教育是一个共同而有责任的使命,体现了我们对每个个体成长和发展的深切关怀,旨在为构建学习型社会、推动全民教育进步奠定坚实的基础。终身学习在意的则是个体本身,它启示人们为了实现自我完善,必须不懈地追求知识,持续地获得技能,塑造正确的价值观,并有效地将这些宝贵的人生资本运用到实践中去。这一理念主要关注的是学习者的主观能动性。而构建学习型社会则是站在整个社会发展的高度,以实现人

①　宋孝忠.国际组织视野下的终身学习认证[J].中国远程教育,2011(21):34-37.
②　宋永泽.终身教育、终身学习和学习化社会的社会基础与逻辑关系[J].教育理论与实践,2007(6):7-9.
③　陈乃林.关于终身教育与学习型社会的多维解读[J].成人教育,2008(1):13-17.
④　徐莉.终身学习思想的重要理论贡献——郝克明学校教育系统变革思想评述[J].终身教育研究,2017(6):47-51.

的全面发展、充分发挥每个人的潜能为核心目标。

随着社会化程度加深,教育视野逐步扩展到社会领域,使得终身学习研究逐渐渗透到学习型社会建构中,有关"学习型社会建设"的研究多与职业教育、社区教育、终身学习体系和网络信息平台建设相联系。比如田小梅等①(2011)认为,随着知识经济时代、学习型社会的到来,终身学习理念受到世界各国的关注,在此背景下,社区教育研究应加强终身学习理论的指导,以使其在全民学习、终身学习的学习型社会的构建中发挥更大的作用……社区教育要在理论和实践上关注人的终身学习,促进我国学习型社会(城区)的构建。於伯君②(2022)认为,构建社区教育体系显得尤为紧要和至关重要。朱敏③(2014)认为,我们必须将终身学习的先进理念与社区教育框架有机地结合起来,从而充分迎合广大人民群众多样化的学习需求和不断成长的期望。学习型社会作为一种新的社会形态,是比终身教育和终身学习更为宽泛和上位的概念。关于其建设方面,更倾向整个终身学习体系的发展对学习型社会建构的影响的研究与探讨,如韩民④(2019)认为终身学习体系是学习型社会的载体和基石,是全民终身学习的物质基础和重要保障。同时结合时代发展需求,袁松鹤等⑤(2012)提出,学习型社会建设离不开终身学习平台的支撑。值得注意的是,在学习型社会建构中各主体的发展也受到了关注,比如针对教师群体,李丹青等⑥(2004)提出,在向学习型社会发展的进程中,教师作为社会终身教育体系的重要人力资源,其群体素质和能力为公众所关注。张婷⑦(2019)提出,在终身学习理念下要提升教师的教育专业知识储备,使教师要对终身学习理念有深刻的认识,以及建立完善的一体化培训机制等教师教育改革策略。

(二)终身学习概念在与终身教育概念的辨析中得以丰富和完善

早期关于"终身学习"的研究文献多以其价值内涵、与"终身教育""学习型

① 田小梅,刘刚.终身学习视角下我国社区教育研究综述[J].继续教育研究,2011(7):70-72.
② 於伯君.终身学习理念下社区教育体系的构建路径分析[J].知识文库,2022(1):13-15.
③ 朱敏,高志敏.终身教育、终身学习与学习型社会的全球发展回溯与未来思考[J].开放教育研究,2014(1):50-66.
④ 韩民.我国终身学习体系形成发展的回顾与前瞻[J].终身教育研究,2019(1):11-18.
⑤ 袁松鹤,薛海峰.基于云计算的终身学习平台构建研究[J].现代远距离教育,2012(5):65-72.
⑥ 李丹青,李逸凡.确立终身学习理念提高教师群体素质[J].黑龙江高教研究,2004(9):65-67.
⑦ 张婷.终身学习理念下教师教育改革[J].中国教育学刊,2019(1):222-223,229.

社会"关系等研究内容出现,终身学习概念也在其与终身教育概念的辨析中得以丰富和完善。

　　首先是明晰了终身学习是以人为研究的主体,主张人作为学习主体开展自主学习,以满足自身发展需求。如宋永泽①(2007)提出,终身学习作为一种生活哲学,体现了个体自我驱动和不断进取的精神。在这个知识迅速更新的时代,终身学习是应对变化和追求卓越的关键。与终身教育理念相比,终身学习更加重视学习者的主体地位,强调个体在自我完善和持续发展道路上的不懈追求。而终身教育作为一种服务理念,其本质在于服务个体,进而服务社会。它体现了教育的根本宗旨:以人为本,服务至上。陈乃林②(2008)认为终身教育和终身学习虽然紧密相关,但二者之间存在着显著的区别。终身教育着重强调国家和社会有责任为受教育者提供教育机会、条件和优质服务。而终身学习的主体则是社会成员本身,强调公民应自觉地、持续地进行学习,将终身学习作为一种不可推卸的使命。

　　其次是终身学习强调学习者自身学习精神、创造精神和进取精神在学习过程中的作用,突出了人的主体地位,主张"以人为本"的价值内涵和把终身学习作为一种生存方式的理念。如李兴洲③(1998)指出,终身教育这一概念,若从字面上解读,易被误解为国家对个体施加的一种强制性要求,让终身学习变成了一种消极的、由国家意志操纵的过程。但是,当我们开始推崇终身学习时,情形就截然不同了,人们更愿意将接受教育和自我学习看作一种积极、主动地参与和自我提高的过程。尽管终身学习同样需要教育的支撑,但它更加强调学习者自身的努力和向上的精神。终身学习理念将学习者置于核心位置,将学习行为不仅视为一种社会行为,更视为一种生活态度,极大地凸显了学习者在学习过程中的主体性。与终身教育理论相比,终身学习理论更自然地引导人们作为学习者的主观能动性和积极参与精神这类"教育软件"的建设,真正激发个体的学习热情和生活动力。

　　最后是从研究出发的角度丰富了终身学习的内容。如贾凡④(2010)指出,

①　宋永泽.终身教育、终身学习和学习化社会的社会基础与逻辑关系[J].教育理论与实践,2007(6):7-9.

②　陈乃林.关于终身教育与学习型社会的多维解读[J].成人教育,2008(1):13-17.

③　李兴洲.终身学习和终身教育之比较[J].中国成人教育,1998(1):17-18.

④　贾凡.三大理念解析:终身教育、终身学习与学习化社会[J].职教论坛,2010(16):26-28.

一方面,终身教育是自上而下地从社会角度发起的变革;另一方面,终身学习则是自下而上地从个体角度引发的转变。而朱敏等[①](2014)认为,终身教育着重于从教育供给的角度出发,目的是对现行教育体系进行改革与重构;相对而言,终身学习则更关注学习者个体的角度,旨在强调学习者在学习过程中的核心地位。

（三）搭建了"上下衔接、左右融通"服务全民终身学习的"立交桥"

随着我国对终身教育体系研究的不断丰富,各阶段、各级教育得到了衔接,使搭建的"上下衔接、左右融通"服务全民终身学习的"立交桥"得到了完善。

早期研究多以终身学习、终身教育及其体系构建为主,有关终身学习"立交桥"的主题涉及较少。随着对终身学习体系的认识,有关各级教育的衔接问题和学历认证得到了越来越多的关注。21世纪初,有关终身学习"立交桥"建设问题的研究开始发表,早期的关于终身学习"立交桥"问题研究主要与国外继续教育、职业教育与高等教育衔接有关。比如王建[②](2003)分析了澳大利亚在职业教育和培训与高等教育的衔接上是如何构建终身学习的"立交桥"的。随着我国《国家中长期教育改革和发展规划纲要(2010—2020年)》(2010年)将"终身学习立交桥"纳入纲要中并加以具体阐述,关于服务全民终身学习的"立交桥"的相关研究文献发表量快速上升,对研究"上下衔接、左右融通"服务全民终身学习的"立交桥"搭建问题认识越加深刻。

在当今时代,世界各国都在努力构建终身学习体系,以实现不同级别和类型教育的顺畅对接与交流。在国际上,这一体系被称为资历框架,而在中国,我们形象称之为终身学习"立交桥"。[③] 我国在终身学习"立交桥"建设中,多以学习国外资历框架建立的经验为主。正是在研究澳大利亚职教与高等教育衔接问题、欧洲高等教育资历框架的搭建和实施以及分析其终身学习资历框架的内容和运作、新西兰资历框架发展经历及其管理和运作等西方发达国家资历框架建立与管理的经验上,我国在建立各级各类教育衔接和沟通的终身学习"立交

① 朱敏,高志敏.终身教育、终身学习与学习型社会的全球发展回溯与未来思考[J].开放教育研究,2014(1):50-66.
② 王建.构建终身学习的"立交桥"——澳大利亚职业教育和培训与高等教育的衔接[J].世界教育信息,2003(11):4-14.
③ 张伟远,段承贵.终身学习立交桥建构的国际发展和比较分析[J].中国远程教育,2013(17):9-15.

桥"上有了更深的发展。

　　我国在对终身学习体系建设与研究过程中搭建了"上下衔接、左右融通"服务全民终身学习的"立交桥",认识到搭建终身学习"立交桥"的目的与关键要素,为后续研究提供方向指引。袁松鹤①(2013)指出,继续教育领域作为适用范围,旨在推动不同教育阶段和类型之间的有效对接与交流。该模式追求的效果是实现教育资源的优化配置和利用,增强教育的连贯性与灵活性。当前,我国在构建终身学习体系的过程中,应着重注意几个核心问题,包括学分制度的完善、学习的认证与转换、转换机制的标准制定及质量控制等方面。只有解决这些关键性问题,才能确保终身学习体系的健康发展,提升教育整体质量。此外,在资历标准统一、资格体系建构,以及促进教育衔接、成果评价认证和建设学分银行上有了更深层次的认识。郝克明②(2010)致力于打造一座融合多元学习途径的"知识立交桥",促进普职的深度交流与无缝对接,大幅扩展学习者的教育选择范围。并且,建立一个知识、能力与技能全面发展为核心的国家资格体系,其中学历资格与职业、技能资格之间实现互认和互动,为学习者提供更为广阔的发展空间和职业晋升途径。张伟远③(2014)认为,我国需要建立国家层面的统一的资历框架和标准要求,建立统一的质量保证机制和评审制度。认识到若未设立一致的资格评定与审核机构,学习者通过学分银行所获得的资格及学分,将难以获得广泛的认可,这会直接导致不同教育阶段和类型间缺乏有效的衔接,从而对构建这一目标形成阻碍,影响其有效实施。值得注意的是,在发展规划中与终身学习"立交桥"问题同时纳入纲要中具体阐述的还有网络服务平台的问题,而在此后的研究中,我们也认识到信息技术对终身学习"立交桥"建设的促进作用。康宁④(2010)提出,建设教育新媒体学习超市平台加快了终身学习"立交桥"在推进各学历教育、职业教育与普通教育,以及职前教育和职后教育的衔接进程。

　　随着2010年关于终身学习"立交桥"研究的增多,对其认识也得以不断加深。在此过程中,构建完备的终身教育体系,推进学历教育与非学历教育协调

---

①　袁松鹤.搭建终身学习"立交桥"的四个关键问题——基于国际比较的视角[J].现代远程教育研究,2013(3):104-112.

②　郝克明.中国终身学习的进展与制度建设[J].教育研究,2010(11):36-38.

③　张伟远.我国终身学习立交桥的搭建:基于国际的视野[J].中国远程教育(综合版),2014(6):28-32.

④　康宁.探索建设全民终身学习服务体系[J].中国教育信息化(高教职教),2010(9):11.

发展,职业教育与普通教育相互沟通,职前教育与职后教育有效衔接的"上下衔接、左右融通"服务全民终身学习的"立交桥"的搭建,以及在统一资历标准和方法、资格体系建构和成果评价认证等方面得到了完善与发展。

(四)完善了服务全民终身学习的"学习成果认证"制度

通过对终身学习研究性文献的梳理与分析可以看出,在服务全民终身学习建设过程中终身学习的"学习成果认证"制度得到了完善与发展。

2007年的经济合作与发展组织(OECD)报告《资格认证体系:通向终身学习的桥梁》就已经明确指出,学习成果的认证体系是终身学习政策制定与实施中的核心要素。这为后续我国服务全民终身学习的"学习成果认证"制度建设提供了借鉴。服务全民终身学习"立交桥"的搭建离不开学习成果认证制度的完善,在报告书指出终身学习的学习成果认证制度的重要性和发展要义后,有关学习成果认证的研究性文献在继续教育学习成果认证组织与管理体系的建设上,以及各学历证书、资格证书制度健全上不断完善了服务全民终身学习的"学习成果认证"制度。比如,杨娟等①(2012)指出,以过程取向、结果取向和沟通取向的非正规学习成果认证的实现形式,并在成人高等教育学历证书制度、高等教育自学考试学历证书制度,以及职业资格证书制度等内容建设上完善了学习成果认证制度。杨亭亭等②(2013)界定了学习成果认证组织的组织性质、组织目标;构建了多层次的国家继续教育学习成果认证组织系统;设计了认证组织的管理体制、运行机制和管理业务,为继续教育学习成果认证、积累与转换制度的实施、有效运行打下坚实基础。

(五)丰富了"正规教育、非正规教育、非正式教育"终身学习的教育体系

随着研究的不断深入,有关终身学习研究的领域不断深化,在经历了从终身教育到终身学习的跨越后,终身学习的研究经历从什么是终身学习到如何促进终身学习再到建构完整的终身学习体系的发展。当前国内关于终身学习教育体系的研究逐渐兴盛,对终身学习与终身教育的概念演变、终身学习体系和终身教育体系的构建策略、终身教育与终身学习的教育政策等论题,已经进行

---

① 杨娟,苑大勇.终身教育视野下的非正规学习成果认证:理念与形式[J].现代教育管理,2012(10):83-87.

② 杨亭亭,刘兴国,邓幸涛,等.终身学习理念下学习成果认证组织与管理体系建设的研究[J].中国远程教育,2013(23):34-40,95-96.

了较为充分的研究。在此过程中,"正规教育、非正规教育、非正式教育"终身学习的教育体系也得到了极大的丰富。

古丽娜[①](2021)指出,在正规教育方面,结合终身学习背景下,基础教育较以往更加关注学生新学习观念的树立、自学和独立思考能力的培养,以及课程类型的丰富与综合实践活动的创新上。同时为满足服务全民终身学习的需求,关于人文社科专业学生培养以及教学内容、教学方式、教学管理、学科融合的改革和"终身学习型大学"构建等方面为高等教育发展指明方向。比如杨广晖等[②](2006)提出的构建"终身学习型大学",在终身学习背景下对高等教育资源的利用与发挥其在地方经济建设中的作用进行审视与认定,为在终身学习背景下正规教育的发展提供了思路。此外,在终身学习的教育体系建设下,职业教育的发展越加受到关注,关于职业教育发展研究也逐渐上升。研究在完善职业教育发展模式、满足更多人群学习需求,以及职业教育科研机构建设研究等方面得到不断丰富。如张力[③](2006)认为职业教育必须全面调整发展模式,拓展社会更多人群,满足工人转岗培训、农民职业教育等需求。杨进[④](2014)指出,我国职业教育科研机构要以终身学习理念为指导。叶莉等[⑤](2021)指出,在建构教育体系过程中,有关学分银行建设研究得到发展,国家提出加快推进职业教育国家学分银行建设,要求高职院校积极参与试点,在建立学分互认制度,加强企业、本科院校以及线上教学课程与学分银行的对接,推进学历教育与非学历教育协调发展、职业教育与普通教育相互沟通、职前教育与职后教育有效衔接的服务全民终身学习的"立交桥"的搭建等研究基础之上,为完善终身学习的教育体系建设提供强有力的支持。

在早期终身学习研究中,厉以贤[⑥](2004)指出,随着终身学习体系建设的不断发展,非正规教育和非正式教育受到国家的高度重视得以不断完善。在非正规教育方面,社区教育研究的不断丰富为终身学习的教育体系的完善提供基

① 古丽娜·阿扎提.大学生终身学习意识与能力培养浅析——以新疆高校文科专业为例[J].继续教育研究,2021(10):14-16.

② 杨广晖,王艳.高等教育的新职能:"终身学习型大学"的建设构想[J].辽宁教育研究,2006(12):15-17.

③ 张力.全民终身学习与职业教育新定位[J].中国职业技术教育,2006(2):26-27.

④ 杨进.以终身学习理念为指导,加快发展现代职业教育[J].中国职业技术教育,2014(21):8-12.

⑤ 叶莉,张芳,王秋香.基于学分银行的职业教育终身学习机制研究[J].武汉职业技术学院学报,2021(6):16-19.

⑥ 厉以贤.建设社区学院开展终身学习[J].中国远程教育,2004(8):69.

础。关于社区教育研究在树立终身学习理念,明确发展目标,推动社区教育管理体制转型,加强社区教育与社区建设、社区发展的整合,①以及优化社区资源配置,加强社区教育品牌建设,满足市民日益增长的终身学习需求②等方面为在终身学习背景下的社区教育发展提出建议与发展路径。比如王永红③(2012)指出,构建一个社区教育资源的共用平台;以广播电视大学为核心,拓宽远程开放式教育的范围;成立社区学院,并建立社区教学点;打造社区志愿者团队,优化社区志愿者服务体系。值得注意的是,随着终身学习的发展,更多研究认识到家长的教育素质在家庭教育活动中的重要性,以及建立老年大学推动老年教育的发展。同时,各主体在在职培训与继续教育问题上有了更为全面的研究,包括关注教师个人素质和继续教育,主张以教师自学、在职学习、脱产进修、短期培训④等方式提高个人专业水平,以及农民培训问题研究等。

在非正式教育方面,图书馆以及网络数字学习等非正式教育不断丰富了终身学习的教育体系。主张发挥图书馆在终身学习的资源中心的作用,面向社会所有成员平等开放,为公民提供终身学习的场所和机会。比如尹新源⑤(2003)提出,构建完善的终身学习体系,旨在营造一个多元融合、开放共享的教育环境。这不仅涵盖了一系列高等学府,更联动了涵盖图书馆、博物馆、美术馆、展览馆及体育馆等多种文化设施,共同织就一张全方位、多层次的学习网络。另外,随着时代发展和信息技术水平的不断提升,有关网络信息技术运用到终身学习中的研究越加增多,更多研究认识到加强网络技术和资源运用、传递数字化知识信息为教育者和学习者在教与学的环境和机会上发挥了巨大作用。同时,在建设终身学习平台,创新和优化数字化学习服务模式,建立科学的终身学习信息资源建设模式,促进网络资源充分合理运用,以及课程优化调整等方面有了更深层次的研究,也为面向更广泛人群提供丰富知识满足广大学习者需求从而完善终身学习的教育体系提供支持。如孟丽娟等⑥(2005)认为,网络教育

---

① "面向 21 世纪中国社区中的终身学习的调查与研究"课题组.社区终身学习理念与我国社区教育转型——关于我国社区教育现状、问题及发展对策的调查研究[J].教育研究,2002(11):40-45,50.

② 李娟.基于终身学习理念的社区教育品牌建设探析[J].中国职业技术教育,2015(14):83-86.

③ 王永红.终身学习理念下社区教育体系的构建[J].中国成人教育,2012(1):41-43.

④ 李惠玲.简论教师的终身学习[J].中国成人教育,2006(6):100-101.

⑤ 尹新源.终身学习与图书馆[J].图书馆理论与实践,2003(1):18-19.

⑥ 孟丽娟,隋信祥.网络教育与终身学习[J].理论探讨,2005(6):169-170.

提供了多元化的学习模式和丰富的教学资源,拓宽了学习者接受知识的范围与途径,可以充分调动学习者的学习积极性,发挥个性化和协作学习优势,为终身学习搭建平台。刘涛①(2010)认为,社交性网络服务的出现,使得终身学习有了一个方便适用的搭载平台,对于提高终身学习的效率和效果都有极大的意义。同时,关注到数字化网络技术与社区成人终身学习的结合问题,要加强数字化学习社区在资源、平台、管理队伍与机制等方面的建设,发挥网络信息技术对非正规教育的促进作用。比如王蠡等②(2011)指出,面向社区成人终身学习的数字化资源设计应以成人学习者为中心,以满足学习需求为目的,从学习需求、内容设计、模块设计、工具选择、使用评估五个方面对数字化学习资源进行设计,力图缓解社区成人学习过程中的各种矛盾,促进社区成人终身学习的发展。沈光辉等③(2014)认为,应用移动互联技术推进数字化学习社区建设是创新社区教育的有效载体,是提升社区教育品质的重要举措,在未来要进一步探索走向完善学习网络、丰富学习资源、优化学习平台、贯通线上线下、培育专业队伍、完善机制保障等发展路径。

三、终身学习研究的共词可视化分析

在当今社会,人才能力与社会发展的需求之间的不平衡日益显著。为了迎合这种不断变化的社会环境,学习者不得不持续地提升自身的专业技能和知识。终身学习,这一曾经只是作为一种理念被提出,现在已逐步转化为人类生存与发展的基本要求。它不仅是提高个人竞争力的有效途径,同时也被视为一种基本的生存权利和手段。全世界的政府和地区都在通过各式各样的政策和实践活动来推广终身学习的概念,这已经成为全球性的趋势。虽然近年来对终身学习的研究持续得到重视,且在学术领域有了进一步的发展,但对于其研究的重心以及未来的发展方向,学术界尚未达成一致的看法。为了能够更加准确地掌握终身学习领域的研究动态和发展方向,我们必须对其进行深入的探讨和分析。本研究采用Bicomb2.0软件(书目共现分析系统)对中国知网(CNKI)数

① 刘涛.基于社会性网络服务(SNS)的终身学习模式的研究[J].现代教育技术,2010(1):91-94.
② 王蠡,陈琳.面向社区成人终身学习的数字化资源设计研究[J].现代教育技术,2011(8):66-69.
③ 沈光辉,吴盛雄,熊月林.基于移动互联网技术推进数字化学习社区建设的探索与实践——以"福建终身学习在线"为例[J].中国远程教育,2014(1):74-78.

据库中所刊载的相关文献为研究样本,采用共词可视化分析法,从高频关键词、研究热点等层面进行深入分析,以揭示我国终身学习的研究现状,明晰该领域的研究热点,以期为后续研究提供有益参考。

(一)终身学习研究文献来源与研究工具选取

通过中国知网(CNKI)数据库,以篇名为检索条件,将期刊年限设定为1995—2022 年,指定期刊类别为 SCI 核心期刊、CSSCI 来源期刊、EI 来源期刊、北大核心期刊,以篇名为检索条件,设定"终身学习"为检索内容,共获得相关文献 871 篇,本研究采取去除书评、期刊介绍、会议通知、丛书介绍、年会综述、会议纪要等非研究型文献的方法,最终得到 697 篇有效文献。

研究运用了 Bicomb2.0 软件和 SPSS22.0 软件两种统计工具,对所选资料进行了系统的选取、整理、关键词分析、结果抽取、共词矩阵的热点分析以及其结果的导出。具体步骤如下:首先,使用可视化工具创建了项目,自行设定项目编号,并按照"CNKI · XX · xml"的格式命名新项目。之后,将 697 篇有效文献从本地文件夹中导入,这一过程涉及"选择文件"的步骤。接下来,展开关键词统计,最终共计 2 655 个,由于研究需求,提取词频大于等于 11 的 19 个关键词作为高频关键词。然后,构建高频关键词的共词矩阵,通过 SPSS22.0 的系统聚类分析,生成了关键词的类树图,并通过多维尺度分析深入理解这些关键词之间的关系。最后,形成了一份关于终身教育政策研讨热点知识图谱,为该领域提供了新的视角和理解。

(二)终身学习研究文献研究结果与解析

1.高频关键词词频统计与解析

"关键词是对文章主题的提炼,对其进行分析可以探测该领域的研究热点,揭示学术研究发展的脉络与发展方向。"[1]"关键词出现的频次越高,说明与其相关的研究成果越多,研究内容就越集中。"[2]经过深入研究,本研究基于相关词频分析法,对关键词进行筛选,最终确立了一个阈值标准,即高频词的频率需达到或超过 11 次。根据此标准,本研究共识别出 19 个高频关键词。具体的关键词频率分布情况,可通过表 4.1 获得详细了解。

---

[1] 李文兰,杨祖国.中国情报学期刊论文关键词词频分析[J].情报科学,2005(1):68-70,143.
[2] 郭文斌,方俊明.关键词共词分析法:高等教育研究的新方法[J].高教探索,2015(9):15-21,26.

表 4.1 19 个高频关键词排序

序号	关键字段	出现频次	序号	关键字段	出现频次
1	终身学习	487	11	社区教育	14
2	终身教育	62	12	全民终身学习	14
3	学习型社会	40	13	终身学习能力	14
4	终身学习体系	26	14	政策	13
5	继续教育	25	15	欧盟	13
6	学习化社会	22	16	成人教育	13
7	日本	17	17	启示	12
8	学习者	16	18	高等教育	11
9	学分银行	16	19	终身教育体系	11
10	终身学习政策	15			
合计 841 频次					

可以看出,这 19 个关键词共出现 841 次,占总频次的 31.68%。通过对这 19 个关键词进行频次统计,呈现出我国终身学习研究领域的热点和趋势。其中,前五位的关键词出现的频次均大于 25,前五位关键词分别为终身学习 (487)、终身教育(62)、学习型社会(40)、终身学习体系(26)、继续教育(25),另外 14 个关键词的出现频次均大于或等于 11。经过分析,关于中国终身学习的研究文献普遍聚焦于终身学习、终身教育、学习型社会构建以及继续教育等领域。然而,仅从高频关键词的频次来看,还不足以揭示这些词汇与研究主题之间深层的联系。为了深入理解这些词语在文献中的相互关系,本研究者采用了共词可视化分析工具,对数据进行了进一步的探讨和分析。

2.高频关键词的相异矩阵及分析

高频关键词的 Ochiia 系数相异分析的基本原理是:"相异矩阵中的数字表明数据间的相异性,其数值越接近 1,表明相应的两个关键词之间的距离越远、相似度越小;反之,数值越接近 0,则表明关键词之间的距离越小、相似度越大。"[1]首先,利用 Bicomb2.0 软件生成高频关键词的词篇矩阵。其次,将词篇矩阵导入 SPSS20.0 中进行系统聚类,方法中度量标准选择 Ochiia 系数,进而得到高频关键词相似矩阵,在进行多维尺度分析时,构造高频关键词相异矩阵。采用相异矩阵=1-相似矩阵,产生相异矩阵。其数值越接近 1,表明关键词之间的关系越疏远。结果见表 4.2。

表 4.2　高频关键词 Ochiia 系数相异矩阵(部分)

	终身学习	终身教育	学习型社会	终身学习体系	继续教育	学习化社会	日本	学习者	学分银行
终身学习	.000	.804	.807	1.000	.846	.845	.857	.887	.875
终身教育	.804	.000	.859	.975	.924	.702	.969	.968	1.000
学习型社会	.807	.859	.000	.969	.937	1.000	1.000	.921	.960
终身学习体系	1.000	.975	.969	.000	1.000	1.000	.952	1.000	.951
继续教育	.846	.924	.937	1.000	.000	1.000	1.000	.950	1.000
学习化社会	.845	.702	1.000	1.000	1.000	.000	1.000	1.000	1.000
日本	.857	.969	1.000	.952	1.000	1.000	.000	1.000	1.000
学习者	.887	.968	.921	1.000	.950	1.000	1.000	.000	1.000
学分银行	.875	1.000	.960	.951	1.000	1.000	1.000	1.000	.000

通过表 4.2 展现了不同关键词与终身学习理念之间联系的紧密程度,这使得我们可以清晰地认识它们在推动终身学习过程中的价值和作用,从疏到近进行排列,依次为终身学习体系(1.000)、学习者(0.887)、学分银行(0.875)、日本(0.857)、继续教育(0.846)、学习化社会(0.845)、学习型社会(0.807)、终身教

[1]　郭文斌,陈秋珠.特殊教育研究热点知识图谱[J].华东师范大学学报(教育科学版),2012(3):49-54.

育(0.804)。这一结果表明,在研究终身学习时,更多的是与学习型社会联系在一起。通过表4.2可以发现,终身学习体系、学习者、学分银行、日本、继续教育等关键词与终身教育政策的关系都不紧密,较为疏远。

3.高频关键词聚类分析

"聚类分析主要基于对共词出现频率的分析,把关联密切的主题聚集在一起形成类团,它是共词分析常用方法之一。"[1]"聚类结果能反映关键词之间的亲疏,是以图形的形式更加直观地反映终身学习研究的研究热点及其分布。聚类分析的是以关键词在同篇文章中成对出现的频率(共词)为分析对象,参照聚类的统计学方法,把紧密度高的关键词进行聚集并形成类团。"[2]关键词相似,它们的距离就越近,反之就越远。采用SPSS22.0对关键词相似系数矩阵进行系统聚类分析,得到的聚类结果见图4.1。

根据图4.1聚类分析结果显示的聚团连线距离远近,我们察觉到我国在终身学习这一领域的研究焦点主要集中在四个显著的方面。

其中,种类一聚焦于终身学习体系的构建以及学习社会的建设。这一领域的研究内容涉及的核心词汇包括终身教育、学习化社会、终身学习、学习型社会、继续教育、社区教育、终身教育体系以及终身学习体系。这些关键词不仅揭示了当前研究的热点问题,而且也为我们指明了未来研究的方向。《中国教育现代化2035》(2019年)提出"构建服务全民终身学习的教育体系",党的十九届五中全会进一步强调"完善终身学习体系,建设学习型社会",支撑全民终身学习的制度体系建设将作为"十四五"时期的建设重点。[3]构建终身学习体系、建设学习型社会既是人的全面发展的需要,也是我国经济社会发展的需要,是教育发展的新理念和深刻的革命。[4]构建终身学习体系,是一项涉及广泛领域、需要社会各方文化等众多领域的资源和智慧,它的建立不是孤立的,而是需要各个部分协同作用、相互支持。终身学习体系将社会各类教育资源进行了优化

① 钟伟金,李佳,杨兴菊.共词分析法研究(三)——共词聚类分析法的原理与特点[J].情报杂志,2008(7):118-120.
② 丁雪阳,程天君.21世纪以来我国教育公平研究的热点与未来趋势——基于共词矩阵的知识图谱分析[J].中国远程教育,2019(1):9-17,46,92.
③ 张伟远,谢浩,张岩.加快推进国家资历框架建设完善全民终身学习体系[J].中国职业技术教育,2021(12):58-62.
④ 刘红霞.构建终身学习体系,推动教育可持续发展[J].教育探索,2009(9):84-86.

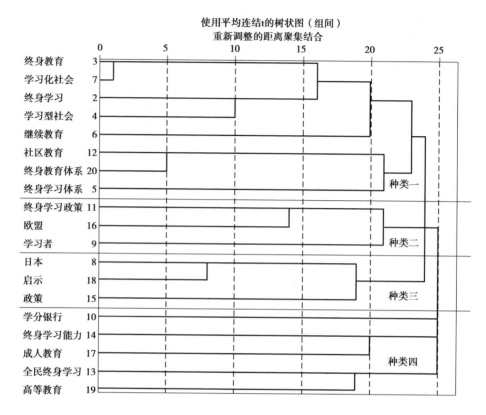

图4.1　终身学习研究高频关键词聚类结果

整合,打造了一个对学习者友好、便捷、高效的学习环境,旨在为个人提供持续成长和发展的机会,助力社会整体素质的提升和人才资源的优化配置。在这样的系统中,学习者可以根据自己的需要,在一生中的任何时间、任何阶段学习。①终身教育体系鼓励人们转变观念,不仅仅为了获得满足职业需求的学历证书,而是应将提升生存质量、追求生活品质、促进个人成长及享受生活作为学习的主要目标,同时,也应当以提升自身能力和为社会作出贡献作为学习的宗旨。②终身学习体系的构建和学习型社会的建设催生了各类教育的改革,继续教育与社区教育构成了终身学习体系的关键要素,社会对继续教育等各类教育提出了更高的要求。学习型社会的建设需要整合现有的教育资源,汲取国外的先进经

---

① 　褚宏启.建设终身学习体系:中国教育发展的重大战略选择——兼评《跨进学习社会》[J].教育发展研究,2007(10):70-74.

② 　刘红霞.构建终身学习体系,推动教育可持续发展[J].教育探索,2009(9):84-86.

验,稳步构建终身学习体系,以积极的态度迎接学习型城市和学习型社会的
到来。

种类二是欧盟终身学习政策研究。主要包括欧盟、终身学习政策、学习者
三个关键词。欧盟终身学习体系于 1971 年到 1992 年逐步建立,1992 年到 2000
年之间实现了终身学习体系的不断完善,并提出了学习型社会的理念,2000 年
到 2006 年终身学习从理念走向行动。① 在终身学习评价指标的建构方面,欧盟
早在 2010 年就颁发了《欧洲终身学习评价指标 ELLI——让终身学习切实可
行》的文件,把终身学习的评价指标分为四个方面,分别为学会学习(正式教育
领域)、学会做事(职业学习领域)、学会与人相处(增强社会凝聚力)、学会做人
(促进个人成长)四个维度、18 个指标。② 欧盟一方面积极促进新知识的获得,
促进学校与企业界的紧密结合,坚持质量标准,大力推广欧盟成员国三种语言
学习,并加大物力资本与人力资本投入,还要求学校提供第二次机会,给教师加
酬加薪;另一方面建立了终身学习研究中心和职业培训中心,出台学习认知方
法,建立个人技能卡以及欧盟成员国之间的高等教育课程学分互认制度等。③
此外在 2006 年和 2014 年,欧盟推出了终身学习项目,分别是"2007—2013 年终
身学习计划"和"2014—2020 年教育、培训、青年和体育计划",④这些计划的实
施促进了欧盟终身学习体系的持续优化。

种类三是日本终身学习政策的启示研究。包括日本、政策、启示三个关键
词。日本的终身学习理念,源自"学社融合"这一创新概念。所谓"学社融合",
是指在空间与活动层面,学校教育与社区教育进行深度整合,形成一种全面而
立体的学习模式。这种模式的宗旨在于,通过无缝衔接的教育环境,为青少年
的成长和发展提供有力的支持。其核心理念在于,不同教育机构之间开展的活
动应当互相配合,共同构建一个教育生态,从而实现教育资源的最大化利用和
教育效果的最优化。它有助于学校充分运用社区和社会中的教育资源,举办各
种类型的教育项目,同时也能为学员创造更广泛的终身学习机遇。⑤ 日本在终
身学习质量的提升方面不遗余力,取得了显著成就。他们在终身学习管理领

① 苑大勇.欧盟教育合作中终身学习理念演进探析[J].外国教育研究,2007(11):19-22.
② 杨俊锋,余慧菊.欧洲终身学习评价指标体系述评[J].广东广播电视大学学报,2013(5):7-11.
③ 刘红燕.欧盟推进终身学习的重大举措和经验[J].世界教育信息,2009(5):54-56.
④ 王萌萌.欧洲终身学习计划及其对我国教育改革的启示[J].现代远距离教育,2015(3):77-83.
⑤ 李恒庆.日本终身学习背景下"学社融合"的理论和实践研究[D].福州:福建师范大学,2009.

域,构建了一套体系化的行政管理体系,以确保学习的连贯性和高效性。特别是日本的终身学习政策局在国家层面建立了专门的管理机构,涵盖终身学习振兴部门、学习信息部门和社会部门等,各机构各负其责,协同促进终身进步。在终身学习的实施主体方面,日本展现了多元化的策略。他们建立了涵盖社区居民教育机构正规学校以及民间教育机构在内的广泛网络,这些机构各具特色,共同构成了一个丰富多样的学习环境。在确保终身教育资金的支持上,日本不仅加大了政府对终身教育的投资力度,同时,非营利组织和私营部门也积极响应,共同构筑了多元化的终身教育资金投入机制。① 日本终身学习推进机制的建立,主要涉及五个方面,其中包括法律机制、咨询审议机制、行政保障机制、实施机制及协助机制。② 构建终身学习体系,为日本推行终身教育理念提供了坚实的制度支撑。

种类四是终身学习能力研究。关键概念包括学分银行、终身学习能力、成人教育、全民终身学习、高等教育五个核心词。终身学习能力是指一个人在一生中不断学习的能力。在我国,对终身学习能力的探索主要集中在理论层面,涉及终身学习能力所指的对象、涵盖、采用的方法,以及其构成要素等。人们可以通过不同的途径来提高自己的终身学习能力,其中学分银行等形式的成果认可机制便是其中之一。这种学分银行以及类似的学习成果认可体系,其根源可追溯至20世纪50年代。而我国学分银行的初始形态则出现在21世纪初,最早在职业教育领域得以应用,它以底层实践与顶层政策相互促进为特点,并逐渐扩展至远程高等教育、成人教育、继续教育以及社会培训等多个方面。近些年,我国各地方的学分银行发展迅猛,进行了许多具有区域特色的理论研究及应用尝试,并持续取得新的进展。③ 资历框架作为终身学习体系的核心组成部分之一,其有效实施需要学习成果的认可和学分储蓄机制的支撑。为了建立开放流畅的人才发展路径,满足人民对个人发展和全面成长日益增长的需求,资历框架成为终身学习体系建设的首要目标。这不仅是提高终身学习能力的关键,也是资历框架对现有教育体系改革做出的贡献。它是将学习成长的路径从狭窄

---

① 高向杰.日本终身学习质量保障机制研究及启示[J].中国电化教育,2017(7):47-52.
② 李兴洲.日本终身学习推进机制及启示[J].教育研究,2015(12):129-134.
③ 谢青松,白然,谢浩.服务全民终身学习的基础性制度:学分银行的研究现状与趋势——基于近二十年国内学分银行文献的知识图谱分析[J].中国职业技术教育,2021(10):75-86.

的独木桥转变为宽阔的人才发展立交桥的关键一环。①

4.我国终身学习研究热点知识图谱与解析

为了进一步探寻高频关键词之间隐藏的重要信息,利用 SPSS22.0 对 49 个关键词构成的相异矩阵进行多维尺度分析,并产生聚类分析图,进而绘制出终身学习的研究热点知识图谱(见图 4.2)。在此坐标图中,各关键词所处位置用小圆圈表示,关键词关系越紧密,其所代表的圆圈间的距离越近;反之相反。多维尺度坐标轴划分的四个象限中,第一象限的研究主题间联系紧密且位于研究网络的中央;第二象限的研究主题间结构松散且有进一步发展的空间;第三象限的研究主题间联系紧密、明确,代表有研究机构对其进行正规的研究;第四象限的主题领域在整体工作研究中处于边缘地位,重要性较小。②

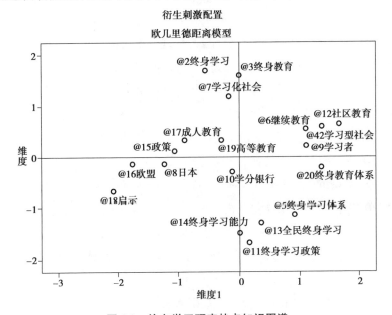

图 4.2　终身学习研究热点知识图谱

从我国终身学习研究热点的分布可以看出,热点种类一大部分位于第一和第二象限。这表明学习型社会建设是终身学习研究的核心,终身学习体系与学习型社会建设的其他热点还需要进一步地探索;种类二较为分散,每个象限都

① 张伟远,谢浩,张岩.加快推进国家资历框架建设 完善全民终身学习体系[J].中国职业技术教育,2021(12):58-62.
② 祁占勇,陈鹏,张旸.中国教育政策学研究热点的知识图谱[J].教育研究,2016(8):47-56+98.

有,这说明欧盟在整个终身学习研究中较为分散,一直处于边缘地位,还需要进一步挖掘;种类三基本位于第三象限,表明在现有的终身学习研究成果中,研究日本政策启示的较多;种类四分布较为集中,均匀地分布在第二、第三和第四象限,这说明这些研究热点较为滞后,每个热点的研究程度不同,还需要继续加深研究。

根据上述共词可视化分析,针对当前我国终身学习研究的热点与焦点总体来说有如下几个方面:

首先,当前我国终身学习研究聚焦学习型社会与终身学习体系的构建。终身学习的研究与终身教育及学习型社会密不可分,如何构建学习型社会、如何构建完整的终身学习体系一直以来是终身学习研究的焦点。这一领域的主要研究内容包括对终身学习、终身教育与学习型社会等概念进行了界定与辨析,对终身学习与终身教育、学习型社会的关系进行了充分探讨。

提倡终身学习是对终身教育的进一步推动和发展,而构建学习型社会是一个深刻的转变。它植根于终身教育的理念,并在此基础上得以全面而深入地实施。在这样的社会中,每个成员都能在整个人生中不断学习和进步,无论何时何地。这种理想的社会形态,是从社会成员的视角出发,基于他们对终身学习的理解和实践。终身学习是社会成员为了适应社会变迁和实现自我发展的目标,自觉地、有系统地、目标明确地、终身持续地主动获取知识的过程。终身学习作为一种持续的自我完善和成长过程,不仅能够最大限度地挖掘和拓展人类的潜在能力,而且为个体赋予了掌握终身所需的全面知识、技能价值观的能力。"终身学习是终身教育的基础,终身教育是终身学习的指导。""终身学习是学习社会化的标志。"[①]

探索建立和完善我国终身教育体系,推动全民终身学习,促进学习型社会的形成,以及终身教育制度的构建,是当前研究的主要内容。建立面向全民的终身教育体系是《中国教育现代化2035》计划中关键的策略之一。这一体系旨在实现各级教育的顺畅对接,包括不同教育类型之间的横向联系与学习成果的广泛认可。它要求基础教育、职业技术教育、高等教育和成人教育之间和谐共进,同时要求学历与非学历教育、职前和职后教育,线上与线下学习有机结合。

---

① 陈乃林,孙孔懿.终身学习论略[J].江苏高教,1997(6):5-11.

此外,该体系强调教育机构与社会、家庭教育的紧密协作与积极互动,以实现全民随时随地学习的愿景。所以,我们要学习发达国家的成功经验,注重政府的推动,以及法制建设,充分利用各种社会资源,要建立学习成果的评价与认证制度,提供研究与支持服务;还要从我国的国情出发,将国家行政干预与市场调节机制有机结合,作为现阶段构建我国终身学习体系的路径选择。

总的来说,构建终身学习体系与学习型社会是一项系统工程,需要多方面的努力和协作。其中包括制定法律保障、实施政策调控、筹集经费、提供技术支持、鼓励社会参与及设立学习激励等。其中,终身学习"立交桥"是针对如何进一步促进各级各类教育之间的相互沟通和衔接,扩大学习者的教育选择机会的研究热点。有学者提出,终身学习的"立交桥"理念是为广大社会成员开放多元、灵活便捷的教育和学习路径,确保各种学习成果得到适当的认可,确保制度设计的有效性和连贯性。建立终身学习的"立交桥"是打造终身教育体系、营造学习型社会的关键环节,其终极目的是推动各级各类教育之间的纵向联结和横向交流。①

其次,终身学习的研究热点在于终身学习的途径与认定。通过什么平台来实现全民终身学习中人人皆学、处处能学和时时可学的目标,人们的终身学习资源从何而来,即实现终身学习的途径与资源研究是终身学习研究的热点话题。学校作为教育资源的集结地,拥有最为集中、最为丰富的教育资源。面对全社会成员多样化的教育需求,推动学校教育资源面向社会共享,对于构建完善的学习体系具有至关重要的作用。教育管理部门有责任出台相应的政策和激励措施,进行有效的引领与宣传,促使学校更新教育观念、改进办学行为,确保资源共享能够得到切实可行的实施,从而惠及其他每一个社会成员。另外,一些研究者认为,教育空间不应仅限于学校教育,包括高等学府如大学、学院、开放大学、成人大学、职业大学和夜校等,也应涵盖文化机构如图书馆、博物馆、艺术馆、展览中心和体育场馆等。实际上,图书馆被证实是支持终身学习、实现终身教育理念的关键地点,它充当了终身学习的资料库和中心。② 而随着信息技术的迅猛发展,终身学习理念的不断深入,数字化学习资源作为终身学习的

---

① 袁松鹤.搭建终身学习"立交桥"的四个关键问题——基于国际比较的视角[J].现代远程教育研究,2013(3):104-112.

② 尹新源.终身学习与图书馆[J].图书馆理论与实践,2003(1):18-19.

重要组成部分越来越受到研究者的普遍关注,网络作为终身学习的平台,其作用也越来越突出,不断满足成人学习者短小、松散、实用的学习需求。基于"互联网+"时代的数字化学习社区建设、依托移动设备的微型学习、泛在学习(U-Learning)、数字图书馆、个性化 e-Learning(电子学习)系统等依托网络技术的终身学习的途径与资源平台,成为了学者们关注与研究的热点。

终身学习的评价认证与管理是促进终身教育理念和实践进一步发展的途径,目前已经成为终身学习与终身教育的研究热点,同时也是很多国际组织的研究重点。终身教育体系呈现出社会性、定制化和连续性的特质,它为学习者提供了多元化的学习和平台。这些平台和项目的多样性与复杂性表现在它们各自独特的特点上。在不同的学习阶段,每个平台都会详细记录学习者的学习路径和成果,但这些记录在内容上和结构上各有差异。要实现对终身教育参与者学习历程的全面和连续的记录,确保学习者的终身学习成就能够得到认证和评估,这对于构建学习型社会和推动终身教育的发展至关重要。电子学档、资历框架、学分银行等关键词是关于终身学习认证与评价研究的热点关键词。

最后,当前我国终身学习研究重视国际比较。在教育科学研究的广阔领域中,比较借鉴方法的应用至关重要。深入研究国际上终身学习的先进经验,对我国终身学习体系的建立健全具有深刻的启发和重要的指导作用。在终身学习的探讨和实践过程中,学者们一直关注终身学习国际研究的动态及其对我国的启示,尤其是对日本和欧盟终身学习体系的深入研究。欧盟,作为一个在全球范围内具有深远影响力的区域一体化组织,在构建终身学习体系、实现不同国家间学历与学分的互认等方面,一直处于国际领先地位。它通过颁布一系列政策文件和行动计划,积极推动成员国完善终身学习体系,其实践努力和成功经验为我们提供了宝贵的借鉴。在欧盟的教育改革中,"核心素养"理念的提出,不仅是教育发展战略的重要内容,更成为了欧盟教育发展的基石。这一理念与终身学习战略相辅相成,共同指导着教育变革的方向,为培养适应未来社会发展需要的优秀人才提供了强有力的支撑。2018 年,欧盟委员会发布《关于终身学习的核心素养提案》,进一步阐释了关键素养架构的宗旨,旨在通过正式与非正式教育途径,助力学习者掌握支撑其终身学习的核心素养。[1] 欧盟在资

---

① 陈晓雨,李保强.欧盟新动态:更新核心素养,培育全球公民[J].上海教育科研,2018(7):11-15.

历框架中构建教育间衔接、沟通的终身学习体系，为我国提供了宝贵的经验与启示。

发展终身学习是日本一项基本国策和教育政策，它以立法为保障，建立推进体制，改革高等教育和中小学教育，发展社会教育和文化体育活动；它强调提供多样学习机会，国家制定一系列政策和措施。在教师终身学习方面，日本废除了终身制的教师资格证，取而代之的是教师资格更新制，这为教师专业发展终身化提供了法律保障。另外，日本在终身学习的征途上不断前行，始终致力于教学质量的卓越化，已经建立了一套系统化的行政管理体系，以支持终身学习。

（三）终身学习研究文献结论与展望

在我国，终身教育领域的研究还待进一步拓宽和加深，特别是在建立健全全民终身学习体系、机制以及研究方法等方面。

首先，迫切需要强化的是建立全民终身学习教育体系及其机制。目前，相关研究对教育体系及机制的深入理解不够，对教育体系与机制的概念和说明不够清晰，同时也没有充分阐明这两者之间的关系，导致二者未进行合并分析、形成系统体系，也未能将其与全民终身学习紧密结合。正因这一缺憾，全民终身学习理念虽已倡导多年，但实质性进展不足，导致体系及机制尚未完善建立。鉴于此，我们有必要对教育体制及机制的理论进行更深入和系统的钻研。

其次，对于全民终身学习的研究方法需要更多的关注。目前，对于终身学习的研究大多是从教育、政策、法律、经济等角度进行，并且终身学习政策的设计也主要是基于政策和教育学的研究。在我国，研究全民终身学习的教育体系和机制具有重大的价值，因此需要多学科的研究方法，如教育学、经济学、人类学、管理学、心理学、法学、社会学、教育预测规划学、发展伦理学等，并对各学科进行衔接和整合，以达到多学科的融合和贯通。目前，我国在终身学习体系的研究中多采用思辨的方法，以期达到"思"与"证"的有机结合，推动我国终身学习体系研究的深入发展。

本章小结

终身学习是人的基本需求，它逐步从一种理念思想发展到人的生存与发展,演变为一种生存权利与方式。本章从多学者多角度的方位出发,从终身学习研究的主要问题域、"终身教育"和"终身学习"专著汇总、终身学习研究的阶段性特点及发展脉络、终身学习研究的共词可视化分析四方面展开评述,以揭示我国终身学习的研究现状,明晰该领域的研究热点,以期为后续研究提供有益参考。

推荐阅读

推荐书目	内容简介
《终身学习与中国竞争力》 (瑞)卡尔·达尔曼、 曾智华、王水林著 高等教育出版社 2007 年	本书主要从经济方面描绘了终身学习的主要组成部分。书中亦提出了明确的终身学习发展路径,旨在构建一个更加高效、可持续的终身学习体系,以适应不断变化的社会发展和个人成长需求。
《终身学习体系学分银行的 原理与技术》 彭飞龙主编 高等教育出版社 2013 年	本书以终身学习的基本理论为基础,以学分银行建设管理为重点,着眼于提高数字化学习管理者的实际应用技能,努力满足城乡社区数字化学习管理的运维需求。本书汲取了当代国内外终身教育与终身学习的最新学术观点,并结合我国部分城乡社区数字化学习能力建设的案例,借鉴开发、运行市民学分银行方面所积累的宝贵经验,从学习的概念界定、现代学习体系分析入手,对全民学习、终身学习体系内的学分银行建设进行了系统的原理阐述和技术方案描述。
《终身学习与职业生涯发展》 夏海鹰、吴南中、彭飞霞编著 人民邮电出版社 2013 年	本书主要介绍了在现代社会中关于终身学习、职业生涯发展的知识,引导读者找到切合自身职业发展的方向和路径,切实地帮助读者在终身学习的知识经济格局中有所成长。
《树立终身学习观的 N 个法则》 韩雪著 现代出版社 2014 年	本书针对青少年学习的特点,提出为什么要推进终身学习、如何推进终身学习、探讨推进终身学习的理论依据和现实依据。为使青少年树立终身学习的观念提供方法指导,是一部能让青少年树立终身学习观念的读本。

续表

推荐书目	内容简介
《搭建终身学习立交桥：国际的发展和比较》 张伟远、段承贵、傅璇卿著 中央广播电视大学出版社 2014 年	本书深入研究并运用比较分析手段，全面揭示了国际资历框架的演进轨迹与未来趋势。本书从历史沿革出发，通过逐层深入探讨，为读者揭示终身学习理念与资历框架的内在逻辑。本书简要梳理了全球约 150 个国家和地区已经建立或正在筹划中的资历框架，以及跨国和跨区域资历框架的发展历程，从而提供一个宏观的国际视角。通过对七个典型案例的深入分析，探讨了构建资历框架过程中的关键要素，如政策立法、管理体制、资格等级与能力标准的制定、质量保证体系、效果导向的教学法、学分累积与转换机制，以及对旧有资格的认可等。
《终身学习：怎样与世界同步进化》 罗振宇著 北京联合出版公司 2017 年	本书是介绍关于移动互联网时代如何学习的励志类图书。面对知识大爆炸的现实，走出校门之后，一个人为什么要保持终身学习、如何利用新的技术平台学习，怎么学习才更有效、如何利用跨界知识支持自己的工作和成长，是每个人都会面临的问题。这本书从历史和现实出发，结合人类即将到来的人工智能时代的挑战，阐述了自己的深入思考和创新性见解。
《终身学习平台构建研究》 余燕芳著 经济科学出版社 2014 年	本书主要以学习型社会建设为背景，以建构主义的学习理论为基础，结合 web2.0、web3.0 及云计算等网络技术的应用，研究市民终身学习平台的建构及相应的学习资源建设，结合当前的研究热点，即学分银行在终身学习体系建设中的立交桥作用，阐述两个系统之间前店后厂的运作模式。并以浙江终身学习在线为视角，探究其整个开发设计与运维推广方案的实行。
《终身学习研究与实践》 余善云著 光明日报出版社 2014 年	本书从国际和国内两个维度，对终身学习的起源进行探索，审视其发展的历史进程，解读终身学习发展的时代特征和法制环境，展望终身学习发展走势；从理论和实践两个方向，对促进终身学习、发展终身教育、建设学习社会的理念、政策、条件、技术、资源、途径等进行全面、系统地分析，并提出相应措施。

续表

推荐书目	内容简介
《终身学习的关键能力与培养》 钟志贤、邱婷著 中央广播电视大学出版社 2015 年	本书深入研究了终身学习的核心技能及其培养途径。它基于学习者的自我提升需求，从理念启发、技术支持和方法指导三个角度，详细探讨了如何培养终身学习的七大关键能力。对希望掌握学习技巧、高效进行远程或在线学习，以及成为优秀自学者的终身学习者来说，本书提供了直接的指导和启示。
《通向终身学习的路径与机制：中国学分银行制度建设研究》 孙冬喆著 华东师范大学出版社 2016 年	本书对学分银行制度进行了研究，内容涉及学分银行制度建设在我国的发展历程、国际社会的经验，以及上海市终身教育学分银行的具体案例。本书在深入调查掌握第一手资料的基础上对影响学分银行制度建设的重要因素进行了综合分析与理性判断，并提出了现实而有益的建议。

第五章　服务全民终身学习的体制机制研究文献及其评述

一、服务全民终身学习的体制机制研究的主要问题域

（一）教育体制和教育机制的研究

1.教育体制研究

教育理论界对教育体制的内涵、外延、教育体制与教育制度的关系、教育体制与教育机制的关系、教育体制的理论与实践意义等重大理论问题,进行了比较深入系统的研究,初步建立了教育体制的理论体系。

康宁(2000)在《当前我国高等教育体制改革与结构调整的理论基础》[①]一文中指出,高等教育体制改革是一项系统而复杂的工程,其内涵丰富、涉及面广。该改革涵盖办学体制、管理体制、投资体制、招生与毕业生就业机制,以及内部管理体制等多个层面的革新。在这些层面中,办学体制和管理体制的改革被视为基础性的架构,它们为高等教育的发展奠定坚实的基础。特别值得一提的是,管理体制改革被视为高等教育发展的关键,它与高校布局结构的调整密切相关,对未来的高等教育发展战略具有深远影响。这种改革不仅关乎教育质量和效率的提升,也深刻调整着参与改革各方的利益格局。

孙绵涛(2004)在《教育体制理论的新诠释》[②]一文中,首先,对教育体制的内涵与外延进行了探讨。作者认为,教育体制,作为教育机构与教育规范的有机融合,构成了一个和谐统一的整体。在这个体系中,各级各类教育机构与对应的教育规范珠联璧合,孕育出了多样化的教育格局。教育机构与教育规范之

---

① 康宁.当前我国高等教育体制改革与结构调整的理论基础[J].教育研究,2000(10):9-14.
② 孙绵涛.教育体制理论的新诠释[J].教育研究,2004(12):17-22.

所以能相互融合、相得益彰,原因在于二者缺一不可。一方面,教育机构若想获得广泛与坚定的社会支持,就必须与教育规范紧密相连。另一方面,教育机构的目标和职能是由教育规范来精确界定的。教育机构的发展进程,实际上也是规范不断塑造和完善的过程。其次,借用国外有关学者的理论,来对教育体制理论在理论和实际中进行了论证。教育体制由教育机构与教育制度两个基本要素组成,是因为从理论上来看,迈耶(John W. Meyer)、罗文(B.Rowan)所创立的机构理论(Institutional Theory)论证了教育机构必须要与教育制度相结合;而塞尔(J.R.Searle)所创立的机构现实建构理论(Theory of Construction of Institutional Reality)则论证了教育机构与教育制度为什么能够结合。从实际来看,任何一个学校教育机构的建立和运行,要有相应的教育制度规定它的培养目标及如何实现培养目标;而任何一个教育管理机构的建立和运行,都必须要规定相应的职责权限和落实这些职责权限的制度。再次,从理论上厘清了教育体制改革与教育制度改革的关系。教育体制改革与教育制度改革是不相同的,教育制度是教育体制的核心,所以要对教育体制进行改革,就必须对教育制度进行改革,这就是人们经常所说的进行教育体制改革必须要进行教育制度创新的原因。最后,阐明了教育体制理论的重要理论意义和实践意义。从理论意义上来看,澄清了以往教育体制只强调教育制度一个要素的模糊认识,在教育科学中,建立了比较完整的教育体制理论体系。这对于政治学和经济学认识政治体制和经济体制也提供了一个新的视角,丰富和发展了组织与系统理论。

孙绵涛在《The Concept of Tizhi in Chinese Education》(中国教育体制论)、《对我国高等教育体制改革的思考》《论教育体制及其改革的基本内容》等著作和论文中,对教育体制的理论也从理论层面进行了探讨。

范文曜等(2008)在《体制机制创新推进教育跨越发展——改革开放 30 年的教育体制改革》①一文中,追溯了中国自改革开放起教育体制的改革路径,探讨了经济和政治体制改革和社会转轨对教育体制变革的巨大推动作用,概述了教育管理、教育和资金运作三个关键方面的六个历史性进步。同时,文章也提出了未来发展的关键经验和方向。

---

① 范文曜,王烽.体制机制创新推进教育跨越发展——改革开放 30 年的教育体制改革[J].复旦教育论坛,2008(6):5-13.

张向阳(2009)在《我国教育体制理论综述》①一文中认为,教育体制研究应该有一个清晰的、科学的理论作指导,理论指导实践活动才能使教育体制改革更为科学合理。对教育体制理论的研究现状进行归类、整理是很有必要,它便于为我国的教育体制改革提供借鉴。

孙绵涛(2010)在《中国教育体制改革若干重大理论问题的探讨》②一文中强调,在我国教育改革实践中,提出了许多急需解决或需要总结提炼的重大理论问题,教育体制改革理论就是其中的一个重大理论问题。它涉及教育体制、制度和教育机制的内涵与外延,以及教育体制与制度之间、教育体制与教育机制之间的关系等相关理论问题。

国家教育行政学院(2014)在《国家教育体制改革试点阶段性研究报告(基础教育卷)》③一书中,总结我国各地教育体制改革试点工作中基础教育的模式、经验、存在问题和建议。试点地区涉及全国大部分省、自治区、直辖市,如辽宁省、上海市、新疆维吾尔自治区、四川省、广东省、安徽省等。内容既包括对国家教育体制改革的总体思考,亦有对分地区试点的策略分析;既有对全国基础教育协调发展的整体规划,也包括对各地基础教育区别发展的具体尝试。

孙绵涛等(2019)在《试论教育体制理论的生成》④一文中指出,改革开放40年中国教育体制的基本理论和政策设计理论的生成发展,既体现了理论来源于实践又指导实践的共生共长的逻辑,又体现了教育体制改革实践的理论诉求与教育体制改革的理论自觉相统一的逻辑。

2.教育机制研究

孙绵涛等(2006)在《教育机制理论的新诠释》⑤中论述了机制、教育机制及其基本类型,并对其进行了逻辑分析。文章指出,在教育体系中,教育机制的构成要素及其相互作用方式构成了该体系的动态结构。该结构涉及教育层次、形式和功能三个维度的机制分类。层次机制细分为宏观、中观和微观层面;形式

---

①　张向阳.我国教育体制理论综述[J].中国电力教育,2009(22):18-19.

②　孙绵涛.中国教育体制改革若干重大理论问题的探讨[J].华南师范大学学报(社会科学版),2010(1):27-32.

③　国家教育行政学院.国家教育体制改革试点阶段性研究报告(基础教育卷)[M].北京:教育科学出版社,2014.

④　孙绵涛,李莎.试论教育体制理论的生成[J].教育研究,2019(1):122-130.

⑤　孙绵涛,康翠萍.教育机制理论的新诠释[J].教育研究,2006(12):22-28.

机制则可分为行政计划型、指导服务型和监管服务型;功能机制则包含激励、保障及限制三种类型。这些机制既有独立含义,又相互联系。教育机制与教育体制虽然在概念上有区分,但两者之间存在密切的关联性。通过对教育机制的理论研究,我们可以更深入地理解教育机制改革的本质内容,掌握其改革规律,并清晰地规划教育改革的方向。

孙绵涛等(2010)在《教育体制改革与教育机制创新关系探析》①中认为,教育机制的革新与教育体制的改革,各自展现出独特的属性,它们并非等量齐观或可相互取代。教育体制融合了教育机构和教育规范的双元素,而教育机制则描述了教育各个组成部分间的相互作用及其活动模式。尽管两者在诸多维度上存在交集,它们在生成与发展的进程、结构、性质与功能上又是相互依存的,教育机制的创新更是涵盖了教育体制的改革。因此,提倡教育体制与教育机制的同步改革至关重要,不能偏废其一。同时,教育体制的改革和教育机制的创新不仅需要彼此协调,还应与教育活动的改革、教育观念的更新相互配合。

孙绵涛等(2019)在《试论教育体制理论的生成》②一文中,改革开放以来中国教育理论界和实践界对教育体制的理论研究在基本理论、政策的理论设计等方面取得了重要进展,体现了理论来源于实践,又指导实践的特征,新时代中国的教育体制理论研究内容将更加丰富,对中国社会体制的改革和世界各国的教育体制改革作出贡献。

郅庭瑾(2020)在《中国教育体制机制改革研究》③一书中,探讨了教育体制机制改革是经典的教育管理研究问题,如何理解"体制""机制"概念的内涵和边界,以及二者在教育领域中如何存在并发挥作用。该书摒弃了传统著述中执着于概念辨析和理论探讨的思路,以一个个教育改革与发展过程中的现实问题为抓手,揭示体制机制在教育领域中的存在及作用方式。全书共十章,内容覆盖了"教育现代化""教师队伍建设""'双一流'建设""新高考改革""教育精准扶贫脱贫""基础教育""高等教育""职业教育""国际教育政策趋向"等主题,呈现方式上以政策梳理—改革现状—存在问题—未来方向为统一进路,既充分关注了教育体制机制的理论内涵和逻辑机理,也为相关的理论问题和逻辑

① 孙绵涛,康翠萍.教育体制改革与教育机制创新关系探析[J].教育研究,2010(7):69-72.
② 孙绵涛,李莎.试论教育体制理论的生成[J].教育研究,2019,40(01):122-130.
③ 郅庭瑾.中国教育体制机制改革研究[M].上海:华东师范大学出版社,2020.

系统构建提供鲜活的实践素材与案例支撑。

（二）终身教育的教育体制和教育机制研究

1.终身教育体制机制构建研究

李亚春（2004）在《用现代教育技术构筑多种教育形式的立交桥——论我国终身教育体制的建构》①一文中提出，以21世纪社会及教育发展的特点为基础，就现代远程教育的实施情况进行分析，进而提出以网络教育为切入点，用现代教育技术构筑多种教育形式的立交桥，从而促进我国终身教育体制的建构。

潘正祥等（2006）在《终身受教育，永葆先进性——从终身教育的理念看建立健全保持共产党员先进性的长效机制》②一文中指出，基于终身教育的观点，将终身教育与党员先进性教育进行了比较分析。通过这种分析，可以从理论层面上对维持共产党先进性的长效机制进行探索。党员先进性教育和终身教育在教育本质、功能、过程和背景等方面有许多相似之处。从主体角度来看，党员保持先进性的内在需求是符合终身思想政治教育理念的。因此，建立先进性长效机制应重视党员的自我教育，其关键在于广大党员在社会实践中展现并增强先进性。从客体因素来看，维持党员先进性的长效机制应是一个全面、开放的教育体系，其长效机制应体现教育的灵活性、机动性和多样性。

冯晓玲（2008）在《深化教育体制改革，构建终身教育体系》③一文中论述，构建一个终身教育体系，从学校教育的角度来看，关键还是教育体制问题。由于中国现行教育体制还有许多不适应终身教育体系的地方，因此，中国终身教育体系的构建，需要从改革教育体制的弊端入手，放弃对不同教育类型间地位差异的固有偏见。我们必须深刻理解，各种教育形式都是终身教育体系不可或缺的一部分，每一种都有其不可替代的独特价值和功能。若观念不进行转变，教育间的隔阂将无法消除，教育体系的整合与流通将难以实现，终身教育理想将难以变为现实。进一步地，我们不仅应该识别并尊重各种教育类型之间的个性，如普通教育、成人教育、职业教育和远程教育的独特性质，而且应该强调它

---

① 李亚春.用现代教育技术构筑多种教育形式的立交桥——论我国终身教育体制的建构[J].现代远距离教育,2004(3):13-15.

② 潘正祥,方贤绪.终身受教育,永葆先进性——从终身教育的理念看建立健全保持共产党员先进性的长效机制[J].理论建设,2006(3):64-67.

③ 冯晓玲.深化教育体制改革,构建终身教育体系[J].井冈山学院学报(社会科学版),2008(1):132-135.

们之间的内在联系,寻求共性并建立和谐的教育网络体系。在实践中,国家作为终身教育的推行者,应当充分利用其教育的宏观管理能力,通过政策引导,促进不同教育类型间的顺畅对接与交流。同时,通过法律和制度保障,确保各种教育形式的有机结合,有效运用行政资源,加速终身教育体系的构建。最终,构建并完善各种教育类型之间的评估体系,实施学分互认机制,为打造一个多元融合、交织共生的教育运行平台奠定基础。这样的平台将有助于各种教育资源的有效整合,推动终身教育向更深层次发展。

吴遵民等(2008)在《实践终身教育论——上海市推进终身教育的路径与机制研究》①一书中,分别探讨了国际大都市终身教育发展的比较研究、上海市终身教育的立法研究和上海市终身教育的发展现状及对策研究。以上海为个案,通过理论分析、国际比较和实证调查几个层面,为上海市终身教育发展的过去、现在和未来做出科学诊断,讨论与研究终身教育在实践领域如何予以具体推进和运作,从而将终身教育的思想真正落到实处。

冯志军(2009)在《我国促进全民终身学习的机制研究》②一文中认为,国际金融危机消解之后,中国经济社会发展要想在未来新一轮全球化国际经济竞争中获得主动,必须适应知识经济社会的要求,积极倡导和推进全民终身学习,提高国民的整体素质水平,为经济平稳较快发展提供人力资源保障和智力支撑。文章在深入剖析我国终身教育体系和学习型社会构建现状的基础上,提出应充分挖掘并优化现有基础资源,通过创新动力机制、完善组织架构和提升服务效能,以实际行动为先导,全面推进全民终身学习活动,为学习型社会的构建注入强劲动力。

徐魁鸿(2009)在《我国终身教育发展的动力机制研究》③一文中指出,终身教育,作为一种涵盖学习者终身学习过程的教育理念,已经逐渐演变成一个包罗万象的社会发展项目。此项目涉及政府、机构、个体等多方面的参与,它们各自担任着独特的角色,共同致力于终身教育的进步与扩张。为了实现对这些多样化动力的有效整合,以便更有效地推进终身教育的前进,势在必行的是构建

① 吴遵民,黄欣.实践终身教育论——上海市推进终身教育的路径与机制研究[M].上海:上海教育出版社,2008.
② 冯志军.我国促进全民终身学习的机制研究[J].中国远程教育,2009(9):15-18.
③ 徐魁鸿.我国终身教育发展的动力机制研究[J].中国远程教育,2009(23):27-29.

一个终身教育发展的动力驱动机制。所谓动力机制,它是指涉及那些促使终身教育不断前行的各种因素或力量之间的交互作用及其运作模式。该机制主要包含两个核心部分:一是法律支持体系,另一则是利益刺激机制。法制支持体系确保了终身教育在法律层面的认可与支持,为终身教育提供了坚实的后盾。而利益刺激机制则着重于激发学习者与相关利益攸关方的积极性,确保在终身教育实践中利益的合理分配与最大化。

林国健等(2013)在《广西终身教育体制机制建设探析》[①]一文中认为,创建全程性、连续性、开放性和多元化的终身教育体制机制,是终身教育体系改革的重点与难点。文章从阐述终身教育体系与终身教育体制机制的特点入手,阐明了建构体制机制是完善终身教育体系制度保障的基本观点,同时提出了终身教育体制机制建设的五大基本路径。

陈莺(2017)在《终身教育共同体建设现状与路径、机制思考——以江苏常州为例》[②]一文中指出,建设终身教育共同体成为大力发展社区教育、推动学习型城市建设的新思路。文章以江苏常州为例,从开展终身教育共同体建设的动因入手,针对当前现状及其存在的问题,分析建设终身教育共同体的有效路径,并对管理机制、凝聚机制、共享机制、利益机制和沟通机制等方面提出建议。

张颖等(2017)在《完善机制扎实推进终身教育实践》[③]一文中认为,完善终身教育体系是重要的工作任务。扎实有效推动终身教育实践活动,促进全民学习、终身学习,建设学习型社会,成为我国步入小康社会的重要标志。扎实推进终身教育实践活动,更需要相关配套政策的支持,需要坚持以政府统筹为主导。

沈玉宝等(2020)在《京津冀终身教育协同发展的传播机制研究》[④]一文中认为,为了进一步推动京津冀终身教育的协同发展,可尝试构建有效可行的传播机制,理顺京津冀终身教育协同发展的管理机制。文章通过对京津冀终身教育协同发展的现状分析,归纳出"管理机制尚待理顺""社会影响力不够""重教育内容建设,轻受教育者需求研究""评价指标尚待完善"四个问题。针对这些

①　林国健,李红.广西终身教育体制机制建设探析[J].继续教育,2013(11):3-6.

②　陈莺.终身教育共同体建设现状与路径、机制思考——以江苏常州为例[J].南京广播电视大学学报,2017(4):6-10.

③　张颖,李培学.完善机制扎实推进终身教育实践[J].当代教育实践与教学研究(电子刊),2017(1):815,617.

④　沈玉宝,赵朝峰.京津冀终身教育协同发展的传播机制研究[J].中国远程教育,2020(3):65-72.

问题,文章引入"5W 传播模式""议程设置理论""使用与满足理论""沉默的螺旋理论"四个经典传播理论进行破解,进而从"构建传播主体的动态平衡""构建易传播的多媒体矩阵和易接受的传播内容""构建基于传播受众需求的培育体系"三个方面,对京津冀终身教育协同发展的传播机制进行了初步构建。

2.终身教育保障机制研究

杜战其等(2006)在《构建终身教育体系中的保障机制研究》①中认为,随着知识经济和学习型社会的到来,构建终身教育体系已经刻不容缓。文章针对当前构建终身教育体系工作中面临的保障机制问题,如终身教育体系的组织保障、法治保障、协调保障、监督保障和经费投入保障,以及终身教育体系民间组织的建立与完善等,分别提出了一系列的构建终身教育体系的保障措施。

赵世军(2007)在《辽宁省成人高等学校招生考试理论与实践》②一书中认为,为了在终身教育领域建立一个有效的保障体系,需设计一个多阶段的教育路径,该路径旨在从最初的学习必要性认知,逐步提升至自主学习动机,并最终实现学习的实际效用。此过程需贯穿于个人生活的各个阶段,形成一个不断循环的体系。为达成此目标,必须推进劳动市场及公务员系统的相关改革,同时扩宽资金来源,并构建一个灵活、开放且符合社会主义市场经济的教育体系。具体实施应着重于以下几部分:首先,采纳一种更为灵活的招生政策,降低入学门槛,扩展学习年龄范围,同时推行学分制与弹性学习模式,以便学生能分阶段完成学业。其次,需建立一个综合性人才培养体系,通过打破教育类型之间的界限,实现教育资源的互动与流通。进一步地,加快推广现代远程教育,消除地域与信息差异带来的教育不公,提升全民的教育参与度。此外,应当注重对边缘群体教育权益的保护,确保他们也能享有平等的学习机会。最终,建立一个全面成果评估体系,以全面认定学习成果。

徐又红(2008)在《论终身教育保障机制的建立》③一文中指出,在现代信息时代,建立终身教育体系并促进学习型社会的形成,已经成为一种关键的发展趋势。这种体系的核心在于将终身教育的理念转化为实际的教育,而这一转化

① 杜战其,关海玲,杨斌鑫.构建终身教育体系中的保障机制研究[J].太原科技大学学报,2006(3): 228-230.

② 赵世军.辽宁省成人高等学校招生考试理论与实践[M].沈阳:东北大学出版社,2007.

③ 徐又红.论终身教育保障机制的建立[J].中国成人教育,2008(4):20-21.

的桥梁就是终身教育的保障机制。终身教育机制的构建及其完善,与国家经济的发展水平紧密相关。针对我国的实际情况,终身教育保障机制的建立应重点关注法规制定、资金投入、就业、教育制度等多个方面的保障措施,并分阶段逐步推进。

李珏(2011)在《如何从机制上保障公民终身教育权益的实现——有感于〈上海市终身教育促进条例〉》①一文中认为,制定具有前瞻性的国家级终身教育法,需在汲取历史经验的同时展望未来。制定此法律应基于深刻的洞察力和宏观的视角,以确保它既能反映时代需求,也能引领未来教育发展。在拟定过程中,应充分考虑到几个重要方面:首先,应激励各省级政府出台终身教育的地方性法规,以形成各具特色的体系;其次,应汇总各地在实施终身教育地方性法规方面的成功案例,以期在全国性立法上找到新的出口;最后,可参考国际上关于终身教育的立法经验来汲取精华,创新性地融入我国的法律体系中。

李智媛(2011)在《欠发达地区发展终身教育的保障机制构建》②一文中指出,欠发达地区由于受各种环境因素的影响,在发展终身教育方面比经济发达地区落后了许多。所以必须从制定地方性法律法规和配套政策、建立组织机构、确保人力物力财力、构建环境、提高认识,以及加强监督等方面入手,构建发展终身教育的保障机制。

刘沂青(2014)在《健全保障机制,促进终身教育发展》③一文中从建立经费保障机制、师资队伍保障机制、学习载体保障机制、教育督导评估保障机制四个方面着手,对《河北省终身教育促进条例》中所涉及的相关内容进行分析和解读。

国卉男(2014)在《我国终身教育政策保障机制的建设与探索》④一文中认为,当前,我国政府正在着力构建终身教育体系,进而形成满足公民学习需求的学习型社会,但这一体系的构建却必须以完善的政策保障机制为前提。但具体而言,我国在近三十年的终身教育政策实践中,保障机制的建设已经进展到什么程度,还存在着哪些阻碍。文章围绕以上问题开展了细致而深入的探讨,并

① 李珏.如何从机制上保障公民终身教育权益的实现——有感于《上海市终身教育促进条例》[J].成人教育,2011(11):25-27.
② 李智媛.欠发达地区发展终身教育的保障机制构建[J].湖南广播电视大学学报,2011(4):23-25.
③ 刘沂青.健全保障机制,促进终身教育发展[J].河北大学成人教育学院学报,2014(4):14-16.
④ 国卉男.我国终身教育政策保障机制的建设与探索[J].职教论坛,2014(21):33-39.

对我国终身教育政策保障机制的进一步完善与健全提出了若干建议。

3.终身教育运行机制研究

赵庆年等(2003)在《终身教育体系构建的原则、结构及运行机制》①一文中认为,终身教育,这一宏大的教育体系,宛如一艘巨轮,若缺乏强劲的内部动力,将难以启航和续航。为了确保其高效运转,我们必须构筑一个以市场机制为核心,以政府宏观调控为辅助的教育新体系。政府在其中的职能主要定位于监管继续教育学校的结构,特别是其层次与布局,而学校的日常运营则应交给学校自身负责,来最大限度地扩充它们的自治权。

黄海(2012)在《论终身教育运行机制的构建》②一文中认为,终身教育体系的协调运作机制是指该系统中不同组成部分以及与系统运作紧密相连的其他社会元素之间相互作用与联系的动态过程。这种机制构成了终身教育活力的核心,确保了其持续且有序的进步。作为一个涉及众多变量的多元化社会工程项目,终身教育要求我们构建一套有效的运作机制,以强化各个组成部分之间的互动,推动终身教育体系的一体化发展和资源整合。本文旨在从理论层面对建立和完善终身教育运作机制的策略进行深入分析和讨论。

林斯坦(2013)在《福建教育发展研究蓝皮书(2011—2012)》③一书中认为,终身教育是系统工程,需要党政统筹领导、部门分工协作。因此,为解决福建终身教育运行过程中存在的问题,需加强领导,并进一步加强终身教育运行机制和制度建设。首先,要明确政府责任和实施终身教育的管理部门,落实办事机构及其编制,使之"有机构、有人员、有经费"。其次,要加强协调和指导。终身教育的实施涉及多个办学实体和相关部门,需要各方面共同努力,形成协同合作。再次,要完善终身教育的监管机制。最后,加强执法监督力度。充分发挥有关执法机关和行政机关的监督作用、新闻媒体舆论的监督作用和社会公众的监督作用。

柯白杨(2014)在《福建省终身教育政策导向与运行机制探索——以三明市终身教育发展为例》④一文中认为,在构建终身教育体系的大视角下,终身教育

① 赵庆年,孙登林.终身教育体系构建的原则、结构及运行机制[J].黑龙江高教研究,2003(1):20-22.
② 黄海.论终身教育运行机制的构建[J].淮北职业技术学院学报,2012(6):50-51.
③ 林斯坦.福建教育发展研究蓝皮书(2011—2012)[M].上海:上海人民出版社,2013.
④ 柯白杨.福建省终身教育政策导向与运行机制探索——以三明市终身教育发展为例[J].福建广播电视大学学报,2014(3):10-12.

发展的政策导向与运行机制,体现了终身教育发展的宏观和微观两个层面的发展策略,决定了终身教育能否长期有效地运行。《福建省"教育强县"评估标准》将终身教育列入并作为一项考核指标,终身教育的作用受到各级政府的广泛重视。本文依据福建省三明地区开展终身教育情况,重点就终身教育的政策导向与运行机制进行较为深入的探讨,同时就如何利用电大系统推动终身教育发展,进行了必要的阐述。

4.终身教育创新机制研究

王振杰(2011)在《终身教育体制机制创新探析》[①]一文中认为,发展终身教育是全面建设小康社会的必然要求。推动终身教育的科学发展,必须着力破解体制机制障碍,以加快建立开放的教育制度、高效的管理体制和完善的运行机制为突破口,积极探索终身教育体制机制创新的实现路径。终身教育的发展亟须科学化的推进策略,其重点在于消除制度上的壁垒。我们应关注于在制度创新方面取得的实质性进展,这是终身教育发展的驱动力。

国卉男(2015)在《我国地方终身教育政策机制创新的解读——以福建省的终身教育政策文本为例》[②]一文中认为,当前构建终身教育体系、建设学习型社会已成为我国的一项重要战略决策。综观全国各地的终身教育政策推进,可谓"百花齐放""百家争鸣"。各地依托本土的资源优势,结合当地的政治、经济、文化及教育等发展基础与民众需求,开展了如火如荼且各具特色的终身教育政策实践。因此,对其地方终身教育政策文本进行深入的研究与分析,探寻其中具有代表性的实践指导作用,对我国终身教育政策的进一步推进极具现实意义。

兰亚明等(2018)在《终身教育发展与体系构建的机制创新》[③]一文中认为:构建和完善终身教育体系,其重要前提是建立灵活健全的机制,以协调体系内各要素之间的相互关系。机制创新与体系构建两者相辅相成,共同推进终身教育实践发展。当前机制创新的滞后,制约着终身教育的发展与体系构建,导致体系内各要素之间难以有效衔接与沟通。从政府主导机制、开放运行机制、社

① 王振杰.终身教育体制机制创新探析[J].福建论坛(人文社会科学版),2011(11):175-179.
② 国卉男.我国地方终身教育政策机制创新的解读——以福建省的终身教育政策文本为例[J].当代教育科学,2015(17):36-39.
③ 兰亚明,陆洋.终身教育发展与体系构建的机制创新[J].终身教育研究,2018(3):24-28.

会协同机制、资源整合机制、经费保障机制、质量评价机制、成果认证机制、学习激励机制等七个维度,文章提出推进终身教育发展与体系机制创新的对策建议。

(三)服务全民终身学习体制机制视角下各类教育研究

1.服务全民终身学习体制机制视角下基础教育研究

刘辉(2020)在《论终身学习视角下的受教育权实现方式》①一文中认为,在构建全民终身学习社会的发展形势下,公民受教育权的实现需要借助各种学历教育和继续教育形式构建的"教育立交桥"提供的支持。对个人而言,教育公平意味着个人潜能获得最大限度发挥;对社会而言,教育公平意味着公民实质平等地获取公共教育资源。家长教育权与社会教育权、国家教育权制度之间的协调配合,才能保障公民受教育权的充分实现。在基础教育阶段,教育资源在各幼儿园、学校均衡分布,才能确保"就近入学"政策产生促进教育公平的效果。在基础教育阶段之后,职业教育与学术教育分流的"Y型学制"能够使公民的受教育选择权得到有效保障。

杨婷等(2020)在《终身教育背景下学前教育发展的路径与机制——读〈中华人民共和国学前教育法(草案)〉》②一文中认为,《中华人民共和国学前教育法(草案)》是基于学前教育的当前困境,对其性质、内涵、办学主体、政府责任等核心问题作出了实质性的立法界定,对扩大公办园的办园规模、扶持民办普惠园的持续发展,以及营利性民办园的规范等问题亦在立法层面进行了明确规定。该法尤其把学前教育置于终身教育的背景下,明确规定学前教育是学校教育制度的起始阶段,由此为实现从摇篮到拐杖的终身教育奠定了重要的立法基础。对于《中华人民共和国学前教育法(草案)》的深入解读与理解,不仅有利于进一步明晰学前教育的公益性性质,而且对困扰社会多年的幼儿园"入园难""入园贵""小学化"等僵局和问题亦提出了破局路径,同时还对如何构建围绕人一生发展的终身教育体系在立法层面奠定了基础。

---

① 刘辉.论终身学习视角下的受教育权实现方式[J].广播电视大学学报(哲学社会科学版),2020(2):3-9.
② 杨婷,吴遵民.终身教育背景下学前教育发展的路径与机制——读《中华人民共和国学前教育法(草案)》[J].现代远距离教育,2020(5):18-25.

2.服务全民终身学习体制机制视角下职业教育研究

蔡㴦(2015)在《职业院校参与国民终身教育机制建设的策略研究》①一文中认为,在终身教育体系内部,存在一个涵盖多元教育类型、多样化教育形式与不同教育层次的复杂网络。在构筑国内终身教育机制的征途上,职业院校承担着重要角色。它可以通过深化校企合作,参与构建现代职教体系,运用现代信息化手段、开放办学等策略,有效建立职前教育、职后教育的衔接机制,中高职教育、普通教育的贯通机制,以及家庭教育、学校教育和社会教育的沟通机制。

高建东(2021)在《从分离到融合:终身教育理念下的教学反思——以劳动法教学为例》②一文中认为,终身教育的理念要求我们对传统教育模式进行深刻反思,尝试打破教育结构的传统束缚,以及课程和方法的局限。这种教育模式旨在满足长期的需求,为个人的一生做好准备,同时也需要不断地自我革新,以适应社会的变化。因此,职业教育应当关注学生的个人职业发展,进行全面的教育革新,提高学生个人分析能力、将知识与行动紧密结合的能力,以及协调专业训练和职业生涯的能力。通过这些方式,终身教育将得以在多种形式中得到实践,从而为个人的终身学习和自我发展提供有力的支持。

袁亚兴(2021)在《基于"互联网+"的职业教育学分银行支撑平台设计研究》③一文中认为,为了构建一个顺畅的职业与继续教育体系,促进终身学习,我国正致力于打造一个立交桥式的终身学习架构。该架构旨在推动教育资源的共享,以实现教育公平。在这一过程中,建立职业教育国家学分银行显得尤为重要,将为学习者提供更加灵活的学习路径,同时为不同教育阶段和类型之间的学分转换创造条件。这种制度创新,不仅有助于提高教育效率,还将促进教育公平,确保每个人都能享有平等的学习机会,进而实现个人发展和职业生涯的持续进步。

3.服务全民终身学习体制机制视角下高等教育研究

纳普尔(2003)在《高等教育与终身学习》④一书中,围绕终身教育这一热

①　蔡㴦.职业院校参与国民终身教育机制建设的策略研究[J].中国职业技术教育,2015(28):57-59,85.

②　高建东.从分离到融合:终身教育理念下的教学反思——以劳动法教学为例[J].中国职业技术教育,2021(27):45-52.

③　袁亚兴.基于"互联网+"的职业教育学分银行支撑平台设计研究[J].中国电化教育,2021(4):84-90.

④　克里斯托弗·K·纳普尔,阿瑟·J·克罗普利.高等教育与终身学习[M].上海:华东师范大学出版社,2003.

点问题展开论述,试图解决教育实践中存在的有关终身教育观念、制度以及机制上的问题,特别是针对高等院校在组织结构和教学模式上如何改革以迎合终身教育的发展趋势,提供了一些思考。书中对提出的教学策略作出评价,以确认未来最有前途的领域,在总结部分探讨了终身教育在实施过程中面临的问题。

张明霞等(2004)在《论高校思想政治教育者终身学习的保障机制》①一文中认为,为了构建和完善高等教育机构中思想政治教育工作者持续学习的支持系统,我们必须奠定一个坚固的基石,那就是贯彻"以人为本"的教育哲学。其致力于挖掘并强化思想政治教育工作者身上的高尚道德素养,调整他们的工作心态,以激发其工作动力,进而充分挖掘和提升他们的潜力、智力、知识和创新思维能力,显著提升教育管理质量。终身学习是 21 世纪的生存概念,终身学习是未来社会发展的要求。在当前的高校环境中,思想政治教育工作者面临的知识技能需求与日俱增,现实工作对他们的挑战不容小觑。这些教育者普遍感受到来自发展和竞争的双重压力,这催生了他们对终身学习产生广泛而多样化的需求。

亢春燕(2013)在《开放大学环境下终身学习资源的共建共享机制研究》②一文中认为,在当前阶段,广播电视大学正逐渐转型为开放大学,在此过程中的关键任务之一便是对多元化的学习资源进行整合,以便实现资源的互动、共建与共享。高质量的学习资源是构建优质开放大学的基础,这要求我们在体制与机制上进行持续创新,从而实现对来自不同渠道、不同层次和不同类型资源的整合与开发。这一转变为优质教育资源的共享创造了条件,不仅提升了资源的使用效率,而且更好地满足了社会大众对优质教育资源的需求,为构建学习型社会和终身教育体系提供了坚实的支撑。然而,我国在终身学习资源的共建共享方面仍存在诸多不足,面临不少挑战。因此,构建一个与开放大学发展相匹配的终身学习资源共建共享机制,已成为当前迫切需要解决的问题。

---

① 张明霞,王锦.论高校思想政治教育者终身学习的保障机制[J].沈阳教育学院学报,2004(1):54-56.
② 亢春燕.开放大学环境下终身学习资源的共建共享机制研究[J].中国教育技术装备,2013(3):43,46.

莫淑坤等(2013)在《内蒙古数字化终身教育公共服务平台架构与机制保障》①一文中指出,以构建完备的终身教育体系为目标,探索地方政府主导、各相关社会组织共建共享的协同治理机制;以广播电视大学战略转型为契机、以开放大学为载体,充分利用覆盖全区城乡的现代远程开放教育网络,搭建起能够为每位学习者提供多样化、个性化的泛在学习服务的开放式、区域性的数字化终身教育公共服务平台,必然成为办好开放大学的客观要求和基本任务。

刘培艳等(2015)在《浅谈终身教育视角下我国开放大学的机制体制改革》②一文中认为,在当前倡导全民教育和终身教育的背景下,我国建设自己的开放大学虽迫在眉睫,但也面临着巨大的挑战。因此,需要有一套科学的指导理论、合理的运行和管理机制以及相关的政策支持。基于此,文章分析了开放大学与终身教育的内涵和意义,对我国开放大学运行和管理机制现状进行调研,找寻其中存在的问题和原因,并根据我国开放大学建设现状,结合实际情况提出相应的改革建议,以促进我国开放大学建设、管理和运行的稳步发展。

张爱玲(2015)在《基于学习型组织的开放性大学终身学习机制的行动研究》③一文中认为,在全球经济一体化的浪潮中,终身学习的重要性日益凸显,它不仅是个人发展的必由之路,也是民族振兴的基石。随着知识经济的兴起和信息技术的革新,公众对学习的渴望愈发强烈,对学习的认识也趋于深刻。为了应对这一挑战,开放性大学需构建完善的终身学习体系,并积极推广行动研究。学习型组织强调将教育和发展的视野扩展到整个组织层面,关注个体的活动、成长和社会整体的进步。

魏翠娟(2017)在《终身教育视野下我国高校教育管理体制改革探析》④一文中,介绍了高校在终身教育体系中的地位与作用,论述了终身教育视野下的高校教育管理体制改革策略,即树立终身教育理念,指导高校教育管理体制改革;引入学分银行制度,做好高校教育管理体制改革;充分利用"互联网+",深化高校教育管理改革;完善高校终身教育体系监督机制。

————————————

①　莫淑坤,张利生,于建平.内蒙古数字化终身教育公共服务平台架构与机制保障[J].前沿,2013(19):137-140.
②　刘培艳,牛媛媛.浅谈终身教育视角下我国开放大学的机制体制改革[J].成人教育,2015(7):68-70.
③　张爱玲.基于学习型组织的开放性大学终身学习机制的行动研究[J].考试周刊,2015(21):160.
④　魏翠娟.终身教育视野下我国高校教育管理体制改革探析[J].西部素质教育,2017(23):89-90.

朱小峰(2020)在《高等院校服务全民终身学习的逻辑与策略》①一文中认为,在构建全民终身学习体系中,高等教育扮演着不可或缺的角色。它不仅是学习者终身学习理念实现的价值目标之一,也是他们之前各个阶段教育成果的顶点。此外,高等院校为实践终身学习理念提供了坚实的支撑,这不仅体现在传授知识上,更在于培养学习能力上,确保学习者在完成高等教育后,仍能持续不断地学习和成长。因此,高等院校在全民终身学习体系中,不仅要发挥价值导向的作用,吸引学习者将其作为追求的目标,还要为学习者提供知识和能力的支撑,以保证他们在完成高等教育学习后,仍能持续获取新的知识和技能。

贾小鹏(2020)在《高校在构建服务全民终身学习的教育体系中的定位与功能》②一文中指出,在终身学习成为新时代重要趋势的背景下,高等教育机构面临着转型升级的历史使命,须承担起全新的角色定位。首先,它们应当扮演终身学习理念的推广者,主动将自身发展战略与国家终身教育政策相结合,推动全民学习文化的形成。其次,高校需要成为提高终身学习质量的关键支撑,不断通过探索和实践,增强学习者体验的有效途径,确保学习过程的高效与满意度。最后,这些机构应致力于成为终身学习领域的协同创新先锋,打造一个多维度、互联互通的教育生态圈。在此过程中,高校需推动从单一模式向多元协同方式的转变,为构建一个更加开放、灵活的终身教育体系而作出贡献,同时激发不同教育参与主体的活力与创造力。

高静(2021)在《自主、循环、共生:终身教育理念下日本高等教育改革探析》③一文中认为,在终身教育的理念指导下,日本发展了一种独特的高等教育现代化改革路径。这一路径以自主学习为基础,以循环教育为体制保障,以地域共生为核心驱动力。通过借鉴日本的高等教育改革经验,中国可以更好地应对当前的教育挑战,实现教育的现代化。

文雯等(2022)在《构建面向终身学习的高等教育新体系》④一文中认为,终身学习是时代发展的大势所趋,信息化是教育变革的重要机遇。要构建一

① 朱小峰.高等院校服务全民终身学习的逻辑与策略[J].中国高等教育,2020(12):60-61.
② 贾小鹏.高校在构建服务全民终身学习的教育体系中的定位与功能[J].中国高等教育,2020(18):52-53.
③ 高静.自主、循环、共生:终身教育理念下日本高等教育改革探析[J].高教探索,2021(1):83-90
④ 文雯,石中英.构建面向终身学习的高等教育新体系[J].中国高等教育,2022(8):7-9.

个面向人人、服务终身学习的高等教育新体系,需要在办学理念、管理体制、政策和制度工具、教育形式,以及投资渠道等多方面努力。要确立开放融合的高等教育办学理念,构建自主、合作的高等教育管理体制,制定系统完备的政策和制度工具,提供多样灵活的高等教育服务形式,开辟丰富多元的高等教育投资渠道。

4.服务全民终身学习体制机制视角下继续教育研究

秦素碧等(2008)在《继续教育与职业生涯规划结合构建终身学习机制》[①]中认为,当今世界,科技突飞猛进、信息与日俱增,社会各个领域的科学知识不断由单一走向多元,向更深更广的层面发展。学习是人类生存和发展的重要手段,终身学习是自身发展和适应职业的必由之路。在教学实践中,将继续教育与职业生涯规划相结合,是构建终身学习的有效机制。

高丽萍(2013)在《终身教育背景下我国继续教育体制改革探索》[②]一文中认为,继续教育体制是国家和地方为促进继续教育事业发展所进行的机构设置和管理权限划分制度,主要包括领导体制、管理体制、办学体制、投资体制等。目前,我国继续教育体制存在相关法规政策和管理体制不够完善、体系发展失衡、运行机制缺乏活力等问题。继续教育体制改革需确立政府统筹管理的继续教育体制,逐步改革继续教育的办学体制。构建继续教育新平台、建立质量保障体系、建立多渠道投资体制是我国继续教育可持续发展的方向。

李满国等(2013)在《终身学习"立交桥":地方高校继续教育体制机制的设计与重构》[③]一文中认为,在普通高等教育框架内发展的继续教育,并未被学校管理部门和教学单位视为核心职能,同时,也未能成为教师及管理和服务人员职责,这导致继续教育被边缘化,游离于学校的正式管理体制之外。缺乏有效的激励和约束机制,继续教育往往无法获得应有的重视和支持,从而使其工作效能大打折扣。在此背景下,学历教育和非学历培训各自为政,缺乏有效的纵向联系和横向交流,学习成果互认机制的缺失导致了重复培训和效率低下的问题,这不仅浪费了宝贵的社会教育资源和培训者的时间精力,也严重削弱了继

① 秦素碧,李豫黔,殷明.继续教育与职业生涯规划结合构建终身学习机制[J].成人高教学刊,2008(3):48-50.
② 高丽萍.终身教育背景下我国继续教育体制改革探索[J].教育理论与实践,2013(21):14-16.
③ 李满国,田维松.终身学习"立交桥":地方高校继续教育体制机制的设计与重构[J].河西学院学报,2013(6):117-120.

续教育的社会信誉。

刘春艳(2017)在《基于全民终身学习机制的继续教育体制及其创新模式》①一文中认为,提供以科学技术和人力资源支持的教育形式,对社会主义现代化建设具有重要的服务功能。在这个过程中,高校扮演着至关重要的角色,因为它们不仅是高素质人才的汇聚地,也是新技术、新知识、新设备的集中地。文章从继续教育的角度出发,探讨高等教育机构在开展继续教育方面的优势和创新策略,分析高校在继续教育方面的优势,详细阐述创新高校继续教育的方法,旨在为我国的继续教育事业发展提供价值。

王娜等(2021)在《我国继续教育体系重构的逻辑理路与现实选择》②一文中认为,我国的持续教育架构呈现出若干明显的问题,如功能界定的僵化、服务对象的局限性,以及管理框架的刻板化等。为应对这些问题,提出了一种逻辑框架,该框架以时间为基准,动态地发展,通过多元化的持续教育形式来实现。这种框架从宏观政策、中观系统到微观实践,全面考虑了教育方法、学校运作、管理架构和保障机制的整合。依托于特定的工业集群和区域发展组织,打造具有地方特色的持续教育体系,并利用现代技术手段,创新教育执行方式。

刘震等(2021)在《继续教育的新形式:清华终身学习云课堂》③一文中认为,在线教育在疫情期间的创新实践,无疑为教育领域带来了新的挑战与机遇。然而,教育领域的核心问题依旧存在:如何运用信息技术提升教育品质。作为应对措施之一,清华大学继续教育学院采用云课堂模式进行在线教学,进一步加强了在线教育与继续教育的整合。此外,学院也通过教学和管理体系的改革,推动了数字化转型的进程。在教学体系方面,清华终身学习云课堂特别强调了智能化和教学互动的重要性,将人与机器的协作融入教学全程。通过智能技术和大数据的应用,为教师的教学和学习提供了新的可能性。在管理体系方面,学院对资源、管理和服务的数字化进行了全面升级,为云课堂的顺利运行提供了坚实的支撑。

5.服务全民终身学习体制机制视角下社区教育研究

赵奕一(2010)在《学校、社区同质共生构筑终身教育同心圆——谈学校与

---

① 刘春艳.基于全民终身学习机制的继续教育体制及其创新模式[J].文理导航,2017(3):5.

② 王娜,陈秋燕.我国继续教育体系重构的逻辑理路与现实选择[J].职教论坛,2021(11):117-122.

③ 刘震,张敏,周峰.继续教育的新形式:清华终身学习云课堂[J].现代教育技术,2021(1):83-89.

社区融合互动的机制》①一文中认为,学校只有依托社区、融入社区、服务社区,才会有自身发展更加广阔的空间;要开发利用学校和社区的公共教育资源,进一步发挥社区在学校发展中的作用,多角度保证社校融合互动机制有效运行;进行校社联手,打出一套精致的"组合拳",构筑终身教育"同心圆",逐步实现"教育社会化""社会教育化"。"学校与社区融合互动"是建设学习型社区、学习型社会,满足各类人群终身学习的需要,双方的互动体现了社会经济发展的现代化对教育的要求,是使学校从一座"文化孤岛",逐步向社区全面回归的过程。因此,以目标定位来引导学校社会的融合互动,以此实现学校教育资源和社区教育资源最大化、最优化的集聚与释放。

刘维俭等(2010)在《社区大学的功能定位与机制运行探讨——兼谈常州市终身教育体系的构建》②一文中认为,以广播电视大学为依托成立社区大学,对其引领、推进终身教育工作有着独特的优势。在终身教育体系构架下,常州社区大学的功能定位是成为全市终身学习的指导中心、终身教育的信息中心、终身教育的研究中心,以及高等教育大众化的参与主体、职业技能培训的整合基地、基础教育的拓展平台。为充分发挥常州社区大学的功能,需要在领导、政策、管理、服务等机制运行方面不断完善。

韩春燕等(2011)在《终身教育体制下我国社区教育问题研究》③一文中认为,社区教育是社会发展和时代变革的产物,也是终身教育体系的重要组成部分。文章在分析探讨我国社区教育现状及问题的同时,借鉴国外社区教育发展经验,并对我国社区教育存在的问题提出针对性的策略,以期为我国社区教育的良好发展提供借鉴。

冯雪芬(2019)在《社区学院面向终身学习的发展机制研究——以武进学院为例》④一文中认为,社区学院作为地方教育的重要力量,在终身教育背景下,正

---

① 赵奕一.学校、社区同质共生构筑终身教育同心圆——谈学校与社区融合互动的机制[J].中国农村教育,2010(3):21-24.

② 刘维俭,罗健.社区大学的功能定位与机制运行探讨——兼谈常州市终身教育体系的构建[J].江苏广播电视大学学报,2010(1):26-30.

③ 韩春燕,王艳霞.终身教育体制下我国社区教育问题研究[J].重庆电子工程职业学院学报,2011(1):116-118.

④ 冯雪芬.社区学院面向终身学习的发展机制研究——以武进学院为例[J].烟台职业学院学报,2019(4):52-55,64.

努力向教育模式更具特色、课程设计更加完善、指导服务更趋精致的方向发展。武进社区学院作为终身学习发展中地方社区教育的先行者,一直在努力与尝试,并取得了一些成效。但在实践中也存在体制机制尚未理顺、经费投入不够、师资队伍不稳定、课程设置不完善等问题。需要通过健全管理体系,促进阵地建设、平台建设;抓好队伍建设;夯实各层次培训;完善制度建设等措施,推动武进社区学院的可持续发展。

张春华等(2020)在《社区教育满意度评价模型构建及实践研究》①一文中认为,社区作为居民最重要的生活场所和精神家园,通过开展一系列教育活动,有助于推动社区居民参与社区活动,提高社区的向心力和凝聚力,满足居民多样化的学习需求,增强社区居民的归属感,促进社区之间的团结和协作,最终促进终身学习社会的建设。对社区教育进行评价可以有效促进其未来发展。

张志鹏等(2021)在《服务全民终身学习:社区教育的潜力及其激活机制》②一文中认为,社区教育是服务全民终身学习的重要依托,近年来我国社区教育取得了多方面的新进展。在学习型自组织发展的推动下,社区层面初步形成了服务全民终身学习的教育体系。为进一步促进社区教育的发展,应将发展学习型自组织作为社区治理绩效考核的重要内容之一,在社区终身学习中采取志愿服务"银行"活动,在条件成熟社区积极开办社区学院,促进社区教育与学校教育、远程教育等有效衔接。

王耀伟等(2022)在《共同富裕背景下社区教育公平的实现》③一文中认为,服务全民终身学习教育体系的践行将使人们认识到发展社区教育的必要性和可能性。在社区教育的实践和发展中推进公平,使人人参与到社区教育公平的实现和维护中,营造出促进每一位个体发展的良好氛围。这是实现社区教育公平的基础。首先,强化终身教育理念,发展社区教育。其次,在发展社区教育的基础上引导重视社区教育公平问题。最后,在大教育观中构建服务全民终身学习教育体系。

侯怀银等(2022)在《终身教育视野下的社区教育发展:价值意蕴、现实困境

① 张春华,吴亚婕.社区教育满意度评价模型构建及实践研究[J].中国远程教育,2020(7):69-75,77.
② 张志鹏,赵迪.服务全民终身学习:社区教育的潜力及其激活机制[J].成人教育,2021(2):31-36.
③ 王耀伟,侯怀银.共同富裕背景下社区教育公平的实现[J].民族教育研究,2022(3):32-39.

与突破路径》①一文中认为,在终身教育的浪潮之下,社会发展对教育质量的要求越来越高,具体表现在要求国家为每个国民提供适合其发展的高质量的教育,推动教育社会化和社会教育化,使教育无处不在、无时不有、无人不享。社区教育作为促进终身教育理念实现的重要教育形式,逐渐成为人们接受终身教育的基本手段和有效载体,为社区居民提供了终身学习的平台和机遇。每一个社区居民都可按照自己的兴趣、意愿、时间、习惯等选择最适合自身发展需要的学习方式,真正实现"教育终其一生",享受社区教育带来的红利。

6.服务全民终身学习体制机制视角下成人教育研究

胡海云(2004)在《终身教育理念与成人教育管理机制创新》②一文中认为,成人教育的长足发展导致了终身教育思想的产生和终身教育理论的发展,而终身教育理念的广泛传播和终身教育体系的构建,又使成人教育在整个教育体系中占有越来越重要的地位。文章从这一立足点出发,论述了在终身教育理念影响下成人教育管理机制创新的必然性,并就成人教育管理在教育观念、管理体制和教育服务体系等方面的创新提出一些浅见。

郭正旭等(2010)在《终身学习理念下成人教育发展机制的建构》③一文中认为,处在知识经济和信息时代的今天,激烈的国际竞争归根结底是人才的竞争。在这一背景下,成人终身学习的重要性日益突出。文章从终身学习的定义着手,论证了成人教育发展机制建设需要遵循三个原则:体现终身学习的理念、立足我国基本国情、树立为个体服务意识。同时,需要建构四个机制:宣传机制、激励机制、监督与评价机制、保障机制。

丁红玲(2015)在《终身学习多元需求视阈下成人高等继续教育机制再造》④一文中认为,由于人们对终身学习的需求是多元的,要求教育服务供给方必须提供与之相适应的多元化服务,以实现供求均衡。成人高等继续教育作为终身学习的理想田园和重要站点,必须行使其使命,发挥其功能,为人们终身学习提供帮助。立足于满足人们终身学习的多元需求,成人高等继续教育必须革

① 侯怀银,宋美霞.终身教育视野下的社区教育发展:价值意蕴、现实困境与突破路径[J].现代教育管理,2022(12):16-26.
② 胡海云.终身教育理念与成人教育管理机制创新[J].陕西师范大学继续教育学报,2004(1):15-18.
③ 郭正旭,陶娥.终身学习理念下成人教育发展机制的建构[J].广东技术师范学院学报,2010(11):118-120.
④ 丁红玲.终身学习多元需求视阈下成人高等继续教育机制再造[J].中国成人教育,2015(1):9-12.

故鼎新,对其功能、办学模式、价值链的运行等进行机制再造。

李苗(2015)在《我国构建学分银行机制下的终身学习模式》①一文中认为,信息化的不断发展向我们提出了终身学习的要求,但先前成人教育的管理混乱这一弊端严重阻碍了终身学习。因此,我们需要引进一项新的管理模式——学分银行。通过对国际上其他国家学分银行模式的借鉴,作者提出建立架构是至关重要的,其从顶层到底层都需要一个统一的标准。这个标准需要涵盖不同级别和类型的资历要求,以确保教育的连贯性和一致性。此外,效果为本的教育理念也应当被推广,这意味着教育的评价方法应当从传统的考试转变为更加注重学习成果的方式。

陈思彤(2016)在《终身教育理念与成人教育管理机制创新》②一文中认为,建立健全终身学习体系,开发出既能满足人们持久学习需要,又能提供优质教育服务的制度和教育体系,成为当代教育部门和教育家们研究的核心和首要目标。在此过程中,我们需要对终身教育理念进行深入阐释,以便更好地理解如何在终身教育理念的指导下,更科学、更有效地推动教育管理机制的创新。

程萍(2018)在《终身教育背景下成人高等教育管理体制创新路径》③一文中认为,在终身教育背景下,我国成人高等教育已逐渐成为社会人才的重要供给来源,在社会经济建设中发挥着积极作用。随着我国教育改革事业全面推进,成人高等教育也实现了快速发展,并取得了诸多成绩。然而,管理体制存在的问题却愈发凸显,对成人高等教育的可持续发展形成了严重制约。因此,我国成人高等教育还需要顺应时代潮流、转变思想观念、创新工作方法,以应对社会发展对人才的更高要求,从而实现成人高等教育的健康发展。

黄遵红等(2020)在《终身教育理念下成人学习需求的管理机制建设研究》④一文中认为,在信息时代,人们追求着更高层次的发展理念与生活方式,终身教育理念成为不可阻挡的社会潮流,成人继续教育拥有广阔的市场和发展前景。在立足终身教育的基础之上不断丰富相关领域的研究,并有效规范成人学习需求管理实践,有着深刻且迫切的现实意义与理论意义。首先,运用管理机

① 李苗.我国构建学分银行机制下的终身学习模式[J].黑河学刊,2015(7):102-103.

② 陈思彤.终身教育理念与成人教育管理机制创新[J].民营科技,2016(10):127.

③ 程萍.终身教育背景下成人高等教育管理体制创新路径[J].中国成人教育,2018(3):39-42.

④ 黄遵红,张培.终身教育理念下成人学习需求的管理机制建设研究[J].中国成人教育,2020(3):3-8.

制的理论,通过对当前成人学习需求的特点与发展规律分析,探讨成人学习需求管理的充分必要性。其次,对目前成人学习需求管理中存在的缺乏灵活性、系统性、人本性、标准性等实际问题提出有针对性的建议。最后,从运行机制、动力机制、约束机制三方面,系统构建终身教育理念下的成人学习需求管理机制。

7.服务全民终身学习体制机制视角下老年教育研究

司荫贞(2001)在《开展老年教育,建立终身教育体制》[①]一文中指出,老年教育是全民教育的重要组成部分,是终身教育的最后环节,是老年人社会化的过程,是提高老年人生活质量的途径,是构筑共融、共建、共享社会的重要条件。实现健康老龄化是人类解决人口老龄化的出路所在,通过开办老年大学,开展社区老人文体活动,为老年人创造学习的环境与机会,使老年人能够跟上市场经济的需要,为家庭致富、生活幸福和社会进步贡献力量,这具有非常重要的意义。

古光甫等(2019)在《终身教育体系下老年大学发展保障机制研究》[②]一文中认为,老年教育是老龄事业和成人教育的有机组成部分,在丰富老年业余文化生活,拓展老年人公共社交空间,缓解老年精神空巢问题方面发挥了重要作用。但是,当下老年大学发展面临着观念认识滞后、供需失衡、办学条件差、教育经费短缺等问题。

张建军等(2020)在《终身学习理念下河北省高职院校老年教育功能及运行机制研究》[③]一文中认为,人口老龄化已经成为我国一个日益突出的社会问题。虽在老年人生活服务中,老年教育经过几十年的发展,取得了一定的成就,但在新时代终身学习理念下,如何结合当代老年教育发展需求、结合老年人生活服务需求,构建更完善的老年教育体系,促进我国老年教育健康运行,已经成为当前社会教育中的重要问题之一。基于终身学习理念,以河北省高职院校老年教育功能及运行机制为研究内容,重点探讨了我国老年教育的发展、构建与完善问题,旨在进一步提升我国老年教育的发展水平,强化终身学习理念在我国的

---

① 司荫贞.开展老年教育,建立终身教育体制[J].职业技术教育(教科版),2001(1):42-44.
② 古光甫,张宏亮.终身教育体系下老年大学发展保障机制研究[J].厦门广播电视大学学报,2019(2):10-14.
③ 张建军,高秀春.终身学习理念下河北省高职院校老年教育功能及运行机制研究[J].工业技术与职业教育,2020(1):1-4.

贯彻落实。

陈媛(2022)在《老年闲暇教育的生命价值营造及发展进路》①一文中认为，老年闲暇教育要充分依托学习型社会的发展，在终身教育思潮的指导思想和基本原则的引领下，将其纳入学习型社会的主体发展之下，融入社区治理，通过自治共享的形式实现老年个体和社会的协调统一发展。

温书宇等(2022)在《助力新时代的积极老龄化：新型老年大学建设标准的探索与研究》②一文中认为，随着国家积极推动建立国家级老年大学的框架，中国的老年教育目前正步入一个关键的升级阶段，其中最为紧迫的任务是推进教育品质的提升，并建设一个适应现代需求的新型老年大学体系。这一进程对新型老年大学建设的标准提出了新的、更高的要求。当前，面对新型老年大学建设标准的政策支持、实践探索及理论研究尚显不足，未来计划对现行的建设标准进行试点应用并通过实践检验，旨在为不断完善新型老年大学建设标准提供更多的价值。

8.服务全民终身学习体制机制视角下教师教育研究

王俊生(2003)在《教师终身教育的保障机制》③一文中认为，实施教师终身教育的保障机制包括教育观念、物质保障两个层面。在教育观念层面，通过实施终身教育，确立"大教育"的观念，建立符合时代发展的教育价值观。通过国家或区域立法，以法律的形式保障教师终身教育的实施。在物质保障方面，确保现有财政教育的支出，多方位、多渠道地筹措教师教育经费，保障教师的带薪进修，以及在教育教学实践中所需要的设备、物质和经济条件，使教师终身教育走上良性发展的轨道，实现教师的终身学习、终身研究，加快教师专业化步伐。

李更良等(2006)在《教师终身教育的保障、监督和评价机制研究》④一文中认为，建立教师终身教育的保障机制、监督机制和评价机制，应从法律、政策、组织、制度、经费等方面对教师的终身教育行为给予保障，要通过政府、法律、社会舆论等对教师的终身教育行为进行监管，还要建立适合教师终身教育特点的评价机制，以促进教师终身教育的健康持续发展。

① 陈媛.老年闲暇教育的生命价值营造及发展进路[J].中国远程教育,2022(2):35-41.
② 温书宇,李冰,穆星妍.助力新时代的积极老龄化:新型老年大学建设标准的探索与研究[J].中国远程教育,2022(9):10-18,78.
③ 王俊生.教师终身教育的保障机制[J].沈阳教育学院学报,2003(3):14-17.
④ 李更良,苏建林.教师终身教育的保障、监督和评价机制研究[J].成人教育,2006(7):48-50.

李更良(2006)在《建立完善的教师队伍终身教育管理体制》①一文中认为，国家、单位和个人三级管理体制，可以使三方既各司其职又互相配合，共同达到使教师能接受终身教育的目的。这套机制的顺利运行，需要一系列的规章制度、法律法规做保障，需要一系列奖惩、监督、管理的方法和措施来实现。在这些方面，我们的经验还非常有限，还需要我们作进一步的研究和探索。

马叶等(2006)在《教师终身教育体制的建构》②一文中指出，进入本世纪以来，在终身教育的影响下，国际教师教育进入了一个新的发展阶段，教师教育不再局限于师范生的培养，教师职后培训也不是指教师一般意义上的进修提高，而是一个对教师进行一系列系统培养的、时间延续到教师职业生涯甚至是一生的全过程的"终身教育"。文章在说明教师教育终身化的必然性基础上，分析了我国教师教育现存的问题，据此探讨了我国教师终身教育体制的建构。

张进明(2006)在《高职教师终身教育体制建设的目标和任务》③一文中认为，积极拥抱终身教育理念，并将其贯彻于教育实践之中，是教育工作者不可回避的责任与义务。然而，终身教育的实践不应被视为一个简单的起点或终点，而是一个持续的过程，其深度与广度需得到进一步的拓展与延伸。在高职教育体制中，终身教育的基本架构和全面发展体系的建立，是确保教育质量、提升教师素质、促进师生共同成长的关键所在。为了实现这一目标，需要教师个体、教育机构、专业培训机构、政府，以及社会各界力量的共同努力与支持。只有通过各方的协作，才能形成一个全方位、多层次的终身教育体系，满足高职教师在职业生涯各个阶段的不同需求。

陈时见等(2020)在《教师教育一体化的时代内涵与实现路径》④一文中认为，终身教育理念在教师教育领域具有至关重要的地位，它要求我们摒弃过去中出现的教师培养与在职培训没有互动的现象，取而代之的是将二者融合为整体。教师作为一个进化的职业群体，必须经历从初步成熟到独立发展的漫长历程。这一发展过程不仅仅是连续和动态的，还具有终身性质，这意味着教师教育要基于对不同发展阶段所面临的具体问题及其需求需要进行深入分析

①　李更良.建立完善的教师队伍终身教育管理体制[J].成人教育,2006(2):35-37.
②　马叶,王德忠.教师终身教育体制的建构[J].继续教育研究,2006(6):23-26.
③　张进明.高职教师终身教育体制建设的目标和任务[J].交通职业教育,2006(4):31-33.
④　陈时见,李培彤.教师教育一体化的时代内涵与实现路径[J].教师教育研究,2020(2):1-6.

与规划。

（四）终身学习教育体制和教育机制的研究

1.终身学习教育体制研究

周德春（2012）在《终身学习体制创新研究》①一文中认为,在当今社会,人才竞争的加剧使得终身教育和终身学习的重要性日益凸显。这一认识的提升,反映了现代教育理念的演变。在科学发展观的指导下,建立终身学习机制、提升国民素质已逐渐成为构建和谐社会的重要手段。当前,我国已经为终身学习体制的建设提供了良好的环境,使教育机制的发展达到了一定的高度。为了进一步优化学习环境,推动终身学习体制的多元创新,我们需要加强教育体制改革,创新和完善教育制度,以学生为本、尊重学生的主体地位。同时,整合远程教育技术,为终身学习提供更加便捷和高效的支持。终身学习体制的构建是一个循序渐进的过程,必须在实践中不断创新和完善。

张吉先等（2017）等在《终身学习资源云服务体系建设及其协同创新机制研究——基于浙江的实践与探索》②一文中提出,以大数据、云计算、人工智能等为代表的新一代信息技术,使得全民终身学习开发逐渐走向专门化和技术化。因此,迫切需要探索云服务体系建设,推动资源规范化、标准化,建立共建共享机制,确保优质资源能够送达有需求的学习者。

2.终身学习的教育机制研究

李光先（2001）在《关于终身学习机制的探讨》③一文中认为,一个完善的终身学习体系,需要一系列机制的支持。这些机制必须能够在学习者与教育提供者之间建立有效的沟通桥梁,同时促进家庭、教育机构、企业和其他社会组织之间的协同合作。终身学习机制的建立并非一蹴而就,它需要社会各界的共同努力,以及对终身学习文化和实践的深入发展。首先,必须提高公众对终身学习的认识和理解,通过加大宣传力度来营造一个支持终身学习的社会环境。其次,教育体制的改革应加速步伐,以便更好适应终身学习的需要,并为之提供必要的结构支持。最后,建立一个对终身学习成果评价的制度,这将有助于引导

① 周德春.终身学习体制创新研究[J].长春理工大学学报,2012(2):111-112.
② 张吉先,虞江锋,单永刚,等.终身学习资源云服务体系建设及其协同创新机制研究——基于浙江的实践与探索[J].职教论坛,2017(36):53-39.
③ 李光先.关于终身学习机制的探讨[J].成人教育,2001(1):10-12.

学习者的学习路径,并激励他们持续进步。

冯志军(2009)在《我国促进全民终身学习的机制研究》①一文中认为,发展终身教育促进全民学习是一项系统工程,重大的体制突破还缺乏一定的基础条件,当前应主要着力于机制创新,在促进全民终身学习成效上取得突破。应形成促进全民学习的三个机制,即动力机制、组织机制及服务机制。具体来说,包括如下四点:首先,注重宣传发动,形成促进全民学习的导向机制;其次,加强行动引导,形成促进全民学习的引领机制;再次,突出价值认同,形成促进全民学习的激励机制;最后,强化制度建设,形成促进全民学习的倒逼机制。

吴雪萍(2010)在《终身学习的推进机制比较研究》②一文中主要回答了为什么要推进终身学习、如何推进终身学习这两大问题,前一个问题的研究为后一个问题的研究作铺垫,后一个问题是研究的重点。终身学习思想的理论分析和推进终身学习的背景分析这两章主要阐明为什么要推进终身学习,分别探讨推进终身学习的理论依据和现实依据。终身学习的法律和政策保障机制、终身学习的经费资助机制、终身学习的技术支撑机制、终身学习的社会参与机制、终身学习的激励机制这五章主要阐明如何推进终身学习。

宋孝忠(2010)在《试论终身学习动力机制的构建》③一文中提出,从终身学习的宏观视角来看,其动力机制的组成要素可以归纳为几个核心部分:导向、引领、激励及倒逼机制,它们共同构成了一个相互作用、相辅相成的系统。为了有效推进终身学习活动的广泛开展,关键在于构建一种大家能积极加入其中的动力机制。

黄安心(2012)在《广州市终身学习型社会开放学习机制构建策略——基于国内外开放学习机制构建实践的启示》④一文中认为,在全面建设终身学习型社会的背景下,开放学习的需求很大。文章不仅分析了广州建设终身学习型社会中的开放学习机制,还分析了国内外开放学习机制,提出了广州构建开放学习机制的思路,总结了广州市在开放学习机制构建实践中所取得的成效和存在的不足。文章从宏观和微观角度提出了开放学习外部机制和内部机制的构

---

① 冯志军.我国促进全民终身学习的机制研究[J].中国远程教育,2009(9):15-18,79.

② 吴雪萍.终身学习的推进机制比较研究[M].杭州:浙江大学出版社,2010.

③ 宋孝忠.试论终身学习动力机制的构建[J].成人教育,2010(6):31-32.

④ 黄安心.广州市终身学习型社会开放学习机制构建策略——基于国内外开放学习机制构建实践的启示[J].广播电视大学学报(哲学社会科学版),2012(4):116-123.

建思路。

张吉先(2013)在《基于数字化环境的终身学习体系与运行机制》①一文中，结合浙江省社区教育实际，对终身学习体系、架构和运行机制等三个方面进行了研究和探索。文章提出，基于数字化环境的终身学习组织体系、资源整合与共享体系，以及支持服务体系，初步确立了数字化终身学习平台的技术架构与基本功能，并对终身学习体系运行机制进行了探讨。

张兆芹等(2013)在《关于学习型社区运行机制研究现状的反思和展望》②一文中认为，构建学习型社区是一项长期而复杂的系统工程，其运行机制不仅是构建这一系统的核心，也是实现其功能的关键实践过程。学习型社区的运行机制体现在实践操作系统的三个方面：教育模式操作系统、学习指导操作系统和效果评估操作系统。文章还重点阐述了学习型社区运行机制的内涵构成和对策。

丁红玲(2015)在《我国终身学习投入保障机制研究》③一文中指出，在21世纪，终身学习已成为世界各国的基本国策。在当前阶段，我国尚未形成一个高效且持续的终身学习资金投入体系，资金的短缺成为制约终身教育发展的一个突出问题。为了构建一个学习型的社会，确保不同年龄层的学习需求得到满足，迫切需要形成一个资金投入的保障机制。在财政资金上，形成以政府财政拨款为核心的多元化和灵活性融资途径。此外，还应关注弱势群体的实际需求，实施政策上的扶持，确保终身学习的公平可及。

王仁彧(2015)在《特色与机制：落实终身学习理念的路向探究——对践行〈建设学习型城市北京宣言〉的思考》④一文中认为，终身学习不仅是21世纪对人类社会成员的素质要求，而且也将成为提升人们生活质量的一种生活方式。党的十七大、十八大报告中都反复强调了努力"建设学习型社会"的要求，这一要求同时也是《建设学习型城市北京宣言》的核心要义。我国在推进学习型社会建设过程中可以积极借鉴国外先进理念与科学做法，及时总结与反思在推进区域终身学习活动过程中的经验与不足，在此基础上构建一条将终身学习理念

① 张吉先.基于数字化环境的终身学习体系与运行机制[J].继续教育研究,2013(1):7-9.
② 张兆芹,胡娇艳.关于学习型社区运行机制研究现状的反思和展望[J].职教论坛,2013(30):56-59.
③ 丁红玲.我国终身学习投入保障机制研究[J].当代继续教育,2015(1):14-17.
④ 王仁彧.特色与机制：落实终身学习理念的路向探究——对践行《建设学习型城市北京宣言》的思考[J].中国远程教育,2015(8):30-36,79-80.

转化为实践的特色之路,并建立相应的机制。此举将为我国有效落实终身学习理念、开展全民学习与终身学习、构建学习型社会提供重要的基础与保障。

路宝利等(2020)在《构建服务全民终身学习的教育体系:路径与机制——基于"后学校化"理念的思考》①一文中认为,构建服务全民终身学习的教育体系是党中央在新时期作出的重大决策。如何从终身教育转向终身学习,同时为广大民众提供更为精确和适合的教育服务,将是今后 15 年教育界面临的重大挑战与使命。概括而言,新体系的内涵覆盖了"全民""生涯"及包括学校在内的整体教育"场域",但若不区分不同人群与不同人生时段的教育诉求,就会因概念边界的模糊而致政策的贯彻执行失去明确的指向,同时亦使体系本应重点面向的"主旨人群"招致遮蔽,继而会因目标不清或拘囿于"学校化"的老路而在实际推进中被误解与误读。透过概念的"表层涵义",着力揭示"第二年龄"与"第三年龄"的学习样态及内在规律,同时围绕当下"后学校化"时代的复杂情境,通过"自我导向学习能力"的提升及立体化的"干预"机制,尝试重建基于共生理念的路径与框架,以使体系构建朝向更为科学而明确的方向发展。

二、服务全民终身学习的体制机制研究发展脉络

(一)教育体制与教育机制研究为服务全民终身学习的教育体制机制研究奠定了理论基础

学术界在探讨教育体系及教育机制的丰富内涵与宽广外延,以及教育体制与教育制度间的相互作用、教育体制与教育机制间的动态联系、教育体制理论对于实践的意义等核心理论议题上,已取得了较为丰硕的研究成果。在此基础上,学者们逐步构建了一个较为完整的教育体制及机制的理论框架。多年来,我国学者从不同的视角,探索了关于终身教育及终身学习的体制机制的本体问题、价值问题和实践问题,体制机制的研究呈现出跨学科的特点,为构建终身学习的教育体系提供了理论支撑,形成了立足于本土的终身教育及终身学习体制机制的研究范畴。

首先,从有关教育体制机制研究的哲学视角,以孙绵涛等为代表的学者,对

---

① 路宝利,吴遵民.构建服务全民终身学习的教育体系:路径与机制——基于"后学校化"理念的思考[J].开放教育研究,2020(4):67-76,101.

体制政策研究、机制政策研究与政策内容体系进行了划分,对教育体制的内涵与外延进行了探讨,认为:"教育体制是教育机构与教育规范即教育制度的结合体或统一体。各级各类教育机构与相应的教育规范相结合,就形成了不同层级和不同类型的教育体制。教育机构建立的过程也是教育规范形成的过程。""教育机制是教育现象各部分之间的相互关系及其运行方式,包括教育的层次机制、教育的形式机制和教育的功能机制三种基本类型。三类机制以及每类机制中的三种机制各自有着不同的内涵,又有着必然的联系。教育的层次机制主要包括宏观教育机制、中观教育机制和微观教育机制;教育的形式机制主要包括行政—计划式机制、指导—服务式机制和监督—服务式机制;教育的功能机制主要包括激励机制、保障机制和制约机制。"[1]这些内容帮助我们把握终身学习的教育机制改革的规律,厘清终身学习的教育机制改革的思路。

其次,从有关教育体制机制研究的政治学视角,以李亚春、冯晓玲等为代表的学者,从政府立场出发,站在宏观角度来阐述终身教育及终身学习的体制机制研究问题,是一种政府立场上的政策解读。他们提出,构建一个终身教育体系,从学校教育的角度来看,关键还是教育体制问题。由于中国现行教育体制还有许多不适应终身教育体系的地方,中国终身教育体系的构建需要从改革教育体制的弊端入手。由此可见,想要研究服务全民终身学习的体制机制,就要从根本上以研究教育体制与教育机制作为基础。

再次,从有关教育体制机制研究的法理学视角,以杜占其、徐又红等为代表的学者,从保障机制等微观角度出发,进一步完善关于终身教育及终身学习的体制机制研究。如徐又红(2008)在《论终身教育保障机制的建立》[2]一文中指出,构建终身教育保障体系,是将终身教育理念转化为实际学习行为的关键环节。此体系的完善与否,往往受到一个国家经济状况的直接影响。鉴于中国的具体情况,终身教育保障体系的建立需着手从法规制定、资金投入、就业制度和教育体制等多方面分步推进。文章重点探讨了法律、资金、就业和教育体制四个方面的保障措施,为形成完备的终身教育体系提供了积极的探索与建议。又

---

① 孙绵涛,康翠萍.教育机制理论的新诠释[J].教育研究,2006(12):22-28.
② 徐又红.论终身教育保障机制的建立[J].中国成人教育,2008(4):20-21.

如杜战其等(2006)在《构建终身教育体系中的保障机制研究》①一文中,针对目前终身教育体系建设中遭遇的诸多挑战,如组织、法治、协调、监管和资金投入等方面的保障问题,以及如何建立和优化在终身教育体系下的民间组织,提出了一系列构建终身教育体系的保障性对策。

最后,从有关教育体制机制研究的经济学视角,以黄海等为代表的学者,从运行机制等方面对现有的体制机制进行研究,以及从有关教育体制机制研究的信息学、传媒学视角,以刘培艳、沈玉宝等为代表的学者,对终身教育及终身学习的体制机制研究提供了技术方面的论述。这些从不同视角展开的关于教育体制与教育机制的研究,为后续终身学习教育体制机制研究的进一步深入,奠定了夯实的实践基础和丰富的学理支撑。关于终身教育及终身学习的体制机制,普遍受到研究者的关注已成为终身学习研究的热点问题。

(二)关注当前我国服务全民终身学习的教育体系建构过程中关键的体制问题与机制问题

构建服务全民终身学习的教育体系,是我们致力于建设学习型社会、保障社会成员平等学习权益的重要举措。这一体系以终身学习理念为指引,旨在满足人民群众多样化的学习需求,为每个人的终身发展提供有力支撑。它推动了基础教育、职业教育、高等教育与继续教育的有机融合。在这样的教育体系中,我们见证了教育形式的创新与突破:一方面,通过纵向衔接,确保学习者在不同阶段能够顺利过渡;另一方面,通过横向沟通,使得学习成果得到广泛认可。学校教育与社会教育、家庭教育形成了紧密的合作伙伴关系,实现了良性互动,为人人皆学、处处能学、时时可学提供了坚实保障,有助于实现自我价值。服务全民终身学习的教育体系由教育观念、教育体制、教育机制和教育活动四个要素构成。四个要素相互作用、协同配合、发挥合力共同服务于全民终身学习。完善的服务全民终身学习的教育体制,是将多元化的教育机构、先进的教育规范和高效的教育实践相结合的统一体。该体制致力于为全体社会成员提供全面的学习机会,以适应不断变化的社会和职业发展需求。服务全民终身学习的教育活动,是指为实现社会成员终身学习而提供的兼具终身性、全员性、广泛性、

---

① 杜战其,关海玲,杨斌鑫.构建终身教育体系中的保障机制研究[J].太原科技大学学报,2006(3): 228-230.

灵活性、实用性的影响人身心发展的活动,其特征体现为:生活化重体验的学习方式、跨学科综合式的学习内容、去同质化的精准的个性化指导、创造性融合式的教学技术等。

从现有的研究中不难发现,当前研究比较关注我国服务全民终身学习在教育体系建构过程中,处于关键位置的体制问题与机制问题,力图用一种系统化的方法论,从整体上解决这些问题。打造一个完善的终身学习与教育体系,这成为构成构建学习型城市的关键要素。我国早在 1995 年发布的《中华人民共和国教育法》中,就首次提出了构建与完善终身教育体系的愿景。进一步地,2010 年《国家中长期教育改革和发展规划纲要(2010—2020 年)》的颁布和实施,象征着我国步入了一个全面完善的终身教育体系、推动学习型社会发展的全新阶段。该纲要强调,要加速推动各级教育体系的纵向联合和横向交流,统一学历与非学历教育,打造一个灵活且开放的教育体系,以推进学习型社会的构建。实现此目标,需动员社会各界共同参与、共享资源、形成合作,并且必须优化相关机制与体系,加强政府的统筹规划能力。①

终身学习教育体系的建构关键在于体制问题与机制问题,从教育体制角度来看,学者们对当前我国终身教育体系中教育体制问题与教育体制改革等方面进行了深入的探讨。如冯晓玲(2008)在《深化教育体制改革构建终身教育体系》②一文中认为,构建一个终身教育体系,从学校教育的角度来看,关键还是教育体制问题。由于中国现行教育体制还有许多不适应终身教育体系的地方,因此,中国终身教育体系的构建,需要从改革教育体制的弊端入手。林国健等(2013)在《广西终身教育体制机制建设探析》③一文中认为,体制是社会活动的组织体系和结构形式。体制具有根本性、全局性、稳定性和长期性的特点。体制作为一种价值取向,一旦形成就确定了发展的模式、路径。体制是完善终身教育体系的推手。文章从阐述终身教育体系与终身教育体制机制的特点入手,阐明了建构体制机制是完善终身教育体系制度保障的基本观点,同时提出了终身教育体制机制建设的五大基本路径。

---

① 2011 年,中共中央政治局委员、国务委员刘延东在全国继续教育工作会议暨高等教育自学考试制度建立 30 周年纪念大会上的讲话

② 冯晓玲.深化教育体制改革构建终身教育体系[J].井冈山学院学报,2008(1):132-135.

③ 林国健,李红.广西终身教育体制机制建设探析[J].继续教育,2013(11):3-6.

　　从终身学习教育机制的研究上来看,不同学者从终身教育保障机制、运行机制、创新机制等方面进行了研究。如黄海(2012)在《论终身教育运行机制的构建》①一文中提出,终身教育的运行机制涉及多个方面,包括其内部构成要素以及与教育系统运行紧密相连的社会各界因素。这些要素之间及其与系统运行相关的各部分之间,存在着相互依存和互动的关系。这一机制起着决定性作用,影响着终身教育体系的自发运作能力,是其持续和谐发展的关键要素。因此他认为终身教育是一项复杂的社会系统工程,需要我们建立一种运行机制,以加强终身教育各要素之间的相互联系和相互作用,实现终身教育体系的一体化。一些学者也从建立终身教育运行机制的意义出发,对如何建立和完善终身教育运行机制进行了探讨。如国卉男(2014)在《我国终身教育政策保障机制的建设与探索》②一文中认为,当前我国政府正在着力构建终身教育体系,进而形成满足公民学习需求的学习型社会,但这一体系的构建却必须以完善的政策保障机制为前提。建立一个完善的终身教育保障体系,对于终身教育政策在实践中能否取得成功具有决定性的意义。通过立法手段,我们可以确保终身教育在我国教育体系中的基础地位,并获得政府的行政指导和公权力的有力支持与推进。此外,鼓励非政府组织参与,实现教育资源的全面共享,也是构建完善体系的关键。然而,受我国教育发展水平参差不齐、终身教育观念推广不充分等因素的影响,导致国家级终身教育政策及其机制的建立仍存在空白。因此,关注与研究我国在构建服务全民终身学习的教育体系过程中的关键机制问题,已成为一个迫切的趋势。

(三)从服务全民终身学习的教育体制和教育机制改革的视角提高全民终身教育质量

　　当前学者们的研究还聚焦在从服务全民终身学习的教育体制和教育机制改革的视角提高全民终身教育质量。从服务全民终身学习的教育体制来看,其实质是服务全民终身学习的教育机构与教育规范的结合体。服务全民终身学习的教育体制,包括由服务全民终身学习的教育实施机构和教育规范构成的教育实施体制,和由服务全民终身学习的教育管理机构和教育规范构成的教育管

---

① 黄海.论终身教育运行机制的构建[J].淮北职业技术学院学报,2012(6):50-51.
② 国卉男.我国终身教育政策保障机制的建设与探索[J].职教论坛,2014(21):33-39.

理体制。从教育机构来看,学者们对服务终身学习视角下各级各类的教育进行了研究,包括基础教育、职业教育、高等教育、继续教育等,对服务全民终身学习的体制机制视角下各级各类教育的改革与发展进行了深入的研究,并结合教育规范,对如何实施服务全民终身学习的教育体制改革,构建完善的终身学习体系,提高全面终身教育质量进行了探讨。

针对服务全民终身学习的教育体制改革具体来讲,首先是由不同实施机构构成的充分沟通各级各类教育、顺畅衔接多种学习成果的全民终身学习立交桥和人才成长通道。如尹新源(2003)在《终身学习与图书馆》①一文中提出,建立终身学习体系,就是建立各种教育机构和场所,创造相关的条件,提供各种学习机会,为各类社会成员提供多层次、多样化的教育服务。杨黎明(2012)在《终身教育和终身学习条件下各级各类课程衔接与转换模式研究》②一文中提出,构建一个四通八达的教育"立交桥",其核心在于课程体系,而关键则在于课程之间的顺畅衔接与转换。在此框架下,作者提出了一种创新模式,即采用一种分层次、分阶段的框架课程设计与相应的桥梁课程设置,该模式更符合我国实际情况。这样的设计理念在起始阶段便充分考虑了各级课程间的衔接与转换,从而使得在实际操作中的衔接转换工作变得更为简便。此外,该模式的成功实施还需克服两大技术挑战:一是制定全面的人才培养方案(教学文件);二是实现课程学分从常规学分向标准学分及有效学分的顺利转换。

其次是保障全民终身学习立交桥和人才成长通道得以实现的,突出资源投入与制度保障的、体现"依法办学、自主管理、民主监督、社会参与"等现代化特征的宏观教育治理体系与微观教育管理体系。吴雪萍等(2016)在《如何推进我国的终身学习进程——英国推进终身学习的新举措及其启示》③一文中认为,我国推进终身学习面临诸多挑战:我国尚未出台专门的终身学习法律,推进终身学习的各项保障机制亦未完善;现有的终身学习政策条例以研究证据为基础的取向不甚明晰;职业资格证书制度问题凸显,而国家资格框架的创立仍处于酝酿期。英国终身学习政策的推进水平位居世界前列。2010年以来,英国联合政

---

① 尹新源.终身学习与图书馆[J].图书馆理论与实践,2003(1):18-19.
② 杨黎明.终身教育和终身学习条件下各级各类课程衔接与转换模式研究[J].开放教育研究,2012(1):50-51.
③ 吴雪萍,赵婷.如何推进我国的终身学习进程——英国推进终身学习的新举措及其启示[J].教育发展研究,2016(9):51-57.

府进一步提出完善终身学习质量保障制度、优化基于研究证据的学习项目供给、创新整合国家资格框架体系等新举措,赋予终身学习参与方以更大的自主权,对社会与个体的发展需求作出了更为有效、及时的回应,可为我国建设学习型社会、推动教育供给侧结构性改革提供启示。

最后是以终身学习法为核心,以保障社会成员公平终身学习权益为主旨、以弹性学习、转换渠道、成果认证、学分互认、资历框架为基点的终身学习配套法规政策体系。如殷双绪(2013)在《终身学习的评价认证与管理》①一文中认为,终身学习的评价认证与管理是促进终身教育理念和实践进一步发展的途径。首先,他对目前在全世界范围内被广泛采用的终身学习评估与认证方法进行了概括,包括针对正规教育背景下的学分互认,以及针对非正式和非正式学习环境的先前学习评估与资格认证。在此基础上,他设计了一套具体的实施流程。其次,提出了目前终身学习评价认证所依据的三种标准:课程标准、能力标准和学习成果标准,并论述了这三类标准和资格框架的关系。在质量控制方面,除了必备的标准化框架外,对终身学习成效的评定与认证还需依赖完备的团队支持、坚实的组织架构以及持续的规章革新。再次,概述了三种管理终身学习的方法,并主张学分银行体系是其中的理想模式。然而,实现这一模式,还需构建精细的标准规范、高效的操作流程,以及一个庞大而健全的信息技术平台作为支撑;最后,结合国际发展形势,简要展望了我国终身学习评价认证与管理的实践难点与解决策略。

服务全民终身学习的教育机制是服务全民终身学习的教育体系中各要素的相互关系与运行方式。服务全民终身学习的教育机制包括服务全民终身学习的教育层次机制、教育形式机制和教育功能机制。层次机制注重跨层级和区域的协同规划、跨部门和行业等组织的统筹协调,包括政府主导机制、开放运行机制以及社会协同机制等;形式机制注重计划、指导、服务、监督等运行方式的统筹与协调,包括平衡政府和市场的优质教育资源配置机制、质量监测评价机制、成果认证机制、学分积累认证与转化机制等;功能机制注重教育体系整体与局部功能的实现,重点包括学习激励机制、经费保障机制、督导问责机制等。全民终身学习服务体系在教育架构上互为支撑,在作用与目的上互为补充。在设

① 殷双绪.终身学习的评价认证与管理[J].现代远距离教育,2013(3):8-15.

计服务全民终身学习的教育实施机构和教育管理机构,制定教育实施制度和教育管理制度的同时,优化这些要素之间的运行方式,构建一套与其体制相匹配的、能直接产生影响的运行机制使教育体系更有效地服务于教学活动;在改进元素互动机制时,我们也需同步调整教育体系,确保其与教育机制相契合,以便在特定组织和规则框架内有效推动教育实践。

简而言之,我们应关注于教育体制改革过程中机制的创新,并在实现机制创新的同时,完成教育体制的改革任务。如李满国等(2013)在《终身学习"立交桥":地方高校继续教育体制机制的设计与重构》①一文中提出,终身学习理念的普及对当前地方高等院校继续教育管理模式及实施机制提出了新的挑战。如尚未建立一套与继续教育特点相匹配的独立运行体制和机制,继续教育的执行并非我国高等院校的管理部门或教学机构的核心职责所在。同样,这项工作也未能纳入教师与管理人员的工作职责范畴,这导致了继续教育在很大程度上被边缘化,游离于学校主流管理体系之外。从而使得其运行工作显得组织松散、效能低下。在这样的体系框架内,无论是学历教育还是非学历的培训课程,均各自为政,缺少有效的垂直联系和水平交流。因此,学到的知识很难得到广泛认可,频繁出现重复培训和效率低下。这种情况不仅无端消耗了宝贵的社会教育资源和学员的时间与精力,而且对继续教育的整体信誉造成了重大损害。

还有一些学者对教育发达国家和我国教育先行省份中,有关服务全民终身学习的教育体制与教育机制的实践进行了分析与研究,以期为我国服务全民终身学习的教育体制和教育机制改革提供先进经验。这些学者重点关注教育发达国家与我国教育先行省份,在终身学习课程体系建设、社区终身学习的内容和形式、终身学习公益机构和平台设置、国家和地方终身学习执行和领导机构的设置、终身学习法律法规体系、社区教育机构与远程教育的融合建设、各类教育机构立体交叉的开放式建设等方面的实践,以及教育发达国家和我国教育先行省份,在构建服务全民终身学习的教育体制与教育机制方面有代表性的、显著效果的具体实践形式研究。

在教育机构方面,杨秋芬(2008)在《浅析日本地方终身教育体系的推进与

---

① 李满国,田维松.终身学习"立交桥":地方高校继续教育体制机制的设计与重构[J].河西学院学报,2013(6):117-120.

建立》①一文中认为,日本的终身教育进展显著,得益于地方政府的大力助推、地方高等学府的积极响应,以及社区层面的全面推进。然而,在这一过程中也暴露出了一些问题,诸如教育政策及其执行过于依赖行政命令和强制手段,而没有充分关注学习的自发性、适用性和可持续发展。专家学者列举并分析了以下国家或地区的终身教育、终身学习或学习型社会建设的情况:日本的系统性终身学习推行机构"终身学习局"的运行;瑞典的"学习圈"式终身学习型社区建设;英国的终身学习执行部门设置与改革的实践;美国的各级各类正规教育机构中多样化的终身教育项目的设立、社区学院的推进;澳大利亚专业性终身学习机构"技术与继续教育委员会"的设置与运行;新加坡以"居民联络所"来开展终身学习社区建设;北京的数字和网络化的终身学习服务中心平台建设实践;香港以社区慈善机构推进终身学习的实践;上海市19个区建立社区学院的实践等典型案例。

在教育规范方面,郝克明等(2003)在《构建终身教育体系,创建学习化社会——澳大利亚和新西兰的经验与启示》②一文中,分析了澳大利亚和新西兰在三级教育领域的相似策略,这包括共同致力于完善教育与培训品质。文章探讨了两国如何构建了一套一致的、有助于终身学习发展的公共政策体系。徐中意(2010)在《澳大利亚终身教育体系述评:内涵与特色》③一文中,从内涵与特色的角度入手,阐述了澳大利亚的终身教育架构赖以建立的三大关键要素是资格架构、品质培训体系和培训包。这个架构的心脏是全国通行的培训包。其独特之处体现在多个层面:灵活的资格框架、一致的能力准则、以企业需求为核心的课程设计、严格的品质培训体系、多元化的培训模式,以及对原有技能的认证。徐又红(2008)在《我国终身教育体系的构建:美、英、法终身教育比较的启示》④一文中,通过对比分析美国、英国和法国等三个国家的终身教育体系,发现它们在构建终身教育体系方面有相似之处,也有不同之处。这三个国家的终身教育体系都较为完善,主要表现在四个方面:法律保障体系、组织管理体系、认证体

---

① 杨秋芬.浅析日本地方终身教育体系的推进与建立[J].河北职业教育,2008(5):135.
② 郝克明,王建.构建终身教育体系,创建学习化社会——澳大利亚和新西兰的经验与启示[J].北京大学教育评论,2003,1(4):105-112.
③ 徐中意.澳大利亚终身教育体系述评:内涵与特色[J].职业教育研究,2010(9):156-158.
④ 徐又红.我国终身教育体系的构建:美、英、法终身教育比较的启示[J].学术论坛,2008(3):202-205.

系和财政支持体系。其他学者重点分析：丹麦在虚拟大学建设中的规范；芬兰在开放大学改革中的规范；香港在资历架构和"立交桥"建设的规范；上海在基于社区终身学习网络云视频和资源共享的课程建设的规范、公益机构的终身学习体验项目建设的规范、社区教育资源联盟的规范等。

在教育机制方面，周西安等（2005）在《发达国家终身教育体系的构建及启示》①一文中，聚焦于终身教育体系的推进机制，深入探讨了美国、英国、法国和日本等发达国家在理念、理论、政策和实践四个方面的共通经验。杨芳（2011）在《韩国终身教育体系研究》②一文中认为，韩国的终身教育体系通过颁布具体的政策法规、建立全面的终身教育机构、有效实施学分银行制度、建立企业大学、进行实用职业教育培训、积极推广网络远程教育、重视农民教育和培训，以及向弱势群体提供教育机会，表现出了它的成功。各学者重点分析：丹麦终身学习的社会参与机制；英国以学习者为中心的终身学习质量保障与管理机制、终身学习经费保障机制、创新整合的国家资格框架建设机制、终身学习的项目供给机制；韩国学分转换机制等。同时，重点研究：美国由政府、民间组织和企业共同资助的经费保障机制、美国终身学习个人发展账户激励机制；澳大利亚普通教育与职业教育的转换机制方面的实践；上海终身学习需求与能力进行监测机制、终身学习数字化平台的评价反馈机制、终身学习线上线下互动学习机制、具有认证功能的学分银行机制的实践；北京兼顾流量和用户体验值的响应式终身学习平台交互机制、北京围绕终身学习中的职业培训、社区教育、继续教育、农村教育和老年教育等主要类型来实现终身教育资源整合利用的最大化及最优化机制的实践；广州"政府主导、专门机构实施、社会力量协同、学习者自主参与的"终身学习合作机制的实践等案例。

三、服务全民终身学习体制机制研究的共词可视化分析

建设学习型城市是一项长期且复杂的工程项目。北京市门头沟区的政府和党委将创建学习型城市视为重要任务，并设定了在 2010 年之前初步完成这一创建目标。在实现这一目标的过程中，积极探索和大胆创新，逐步形成了一

① 周西安,杨丽丽.发达国家终身教育体系的构建及启示[J].合肥师范学院学报,2005(4):99-102.

② 杨芳.韩国终身教育体系研究[J].继续教育,2011,25(11):61-64.

套与学习型城市相符的体制和机制,这些体制机制为学习型城市的创建提供了坚实的制度保障,确保了活动的顺利进行。为了解国内终身学习体制机制研究现状和热点,以中国知网(CNKI)数据库中 CSSCI(中文社会科学引文检索)和核心期刊为文献来源,对 2021 年前的研究文献进行梳理,在 25 篇有效研究文献中对关键词进行共词分析和聚类分析,以期探讨我国终身学习体制机制的研究热点。

(一)服务全民终身学习体制机制研究文献来源与研究工具选取

通过中国知网(CNKI)数据库,采取标准检索的方式,以主题为检索条件,设定"终身学习体制机制"为检索内容,共获得相关文献 25 篇。本研究采取去除书评、期刊介绍、会议通知、丛书介绍、年会综述、会议纪要等非研究型文献的方法,最终得到 25 篇有效文献。

研究运用了 Bicomb2.0 软件和 SPSS22.0 软件两种统计工具,对所选资料进行了系统的选取、整理、关键词分析、结果抽取、共词矩阵的热点分析以及其结果的导出。具体步骤如下:首先,使用可视化工具创建了项目,自行设定项目编号,并按照"CNKI·XX·xml"的格式命名新项目。之后,将 25 篇有效文献从本地文件夹中导入,这一过程涉及"选择文件"的步骤。接下来,进行了关键词统计,共统计出 104 个关键词,根据研究需要,筛选出词频大于等于 2 的 10 个关键词作为高频关键词。之后基于这些高频关键词构建了共词矩阵,并通过聚类分析对其进行了深入解析,随后将该共词矩阵导入 SPSS22.0,采用系统聚类方法,得到了聚类树图。此外,还对共词矩阵进行了多维尺度分析。最终,将所有分析结果汇总,绘制出服务全民终身学习体制机制研讨热点的知识图谱。

(二)服务全民终身学习体制机制文献研究结果与解析

1.高频关键词词频统计与解析

"关键词是对文章主题的提炼,对其进行分析可以探测该领域的研究热点,揭示学术研究发展的脉络与发展方向。"[1]"关键词出现的频次越高,说明与其相关的研究成果越多,研究内容就越集中。"[2]经过对相关词频分析方法的深入研究,本研究最终确立了区分高频与低频词汇的阈值标准,设定该标准为词频

---

① 李文兰,杨祖国.中国情报学期刊论文关键词词频分析[J].情报科学,2005(1):68-70,143.
② 郭文斌,方俊明.关键词共词分析法:高等教育研究的新方法[J].高教探索,2015(9):15-21,26.

大于或等于 2。依据此标准,共筛选出 10 个符合条件的高频关键词。这些关键词的频率分布,按照从高到低的顺序,可以在表 5.1 中观察到。

表 5.1   10 个高频关键词排序

序号	关键字段	出现频次
1	管理体制	8
2	终身教育	6
3	体制机制	4
4	学习型社会	3
5	继续教育	3
6	学习型城市	2
7	运行机制	2
8	知识经济	2
9	创新体制机制	2
10	创新	2
合计 34 次		

可以看出,这 10 个关键词共出现 34 次,占总频次的 32.69%。通过对这 10 个关键词进行频次统计,呈现出我国服务全民终身学习体制机制研究领域的热点和趋势,其中,前五位的关键词出现的频次均大于 3,前五位关键词分别为管理体制(8),终身教育(6)、体制机制(4)、学习型社会(3)、继续教育(3),另外 5 个关键词的出现频次均等于 2。这一统计结果表明,我国服务全民终身学习体制机制的研究大多围绕管理体制、学习型社会等展开。在探讨此议题时,词频分析被认为是一种揭示词汇之间关联性的有力工具。简单的频次计算虽能提供词汇出现的情况,却难以显现它们与讨论主题间的深层联系。因此,笔者采纳了共词分析软件来对数据进行更深入地处理与分析。

2.高频关键词的相异矩阵及分析

高频关键词的 Ochiia 系数相异分析的基本原理是:"相异矩阵中的数字表明数据间的相异性,其数值越接近 1,表明相应的两个关键词之间的距离越远、相似度越小;反之,数值越接近 0,则表明关键词之间的距离越小、相似度越大。"①首先,利用 Bicomb2.0 软件生成高频关键词的词篇矩阵。其次,将词篇矩阵导入 SPSS20.0 软件中进行系统聚类,方法中度量标准选择 Ochiia 系数,进而得到高频关键词相似矩阵,在进行多维尺度分析时,构造高频关键词相异矩阵。采用相异矩阵=1-相似矩阵,创建差异性矩阵。该矩阵的数值越趋近于 1,意味着关键词间的联系越少。结果见表 5.2。

表 5.2　高频关键词 Ochiia 系数相异矩阵(部分)

	管理体制	终身教育	体制机制	学习型社会	继续教育	学习型城市	运行机制
管理体制	.000	.711	1.000	.796	1.000	1.000	.500
终身教育	.711	.000	.796	1.000	1.000	.711	1.000
体制机制	1.000	.796	.000	1.000	.423	1.000	1.000
学习型社会	.796	1.000	1.000	.000	1.000	1.000	1.000
继续教育	1.000	1.000	.423	1.000	.000	1.000	1.000
学习型城市	1.000	.711	1.000	1.000	1.000	.000	1.000
运行机制	.500	1.000	1.000	1.000	1.000	1.000	.000

根据表 5.2,观察到与终身学习体制机制相关联的关键词,它们与该机制的关联程度由弱到强,依次为管理体制(1.000)、学习型社会(1.000)、学习型城市(1.000)、运行机制(1.000)、终身教育(0.796)、继续教育(0.423)。这一结果表明,研究服务全民终身学习体制机制时,更多的是与继续教育、终身教育联系在一起。通过表 5.2 可以发现,学习型社会、学习型城市、管理体制、运行体制等关键词与服务全民终身学习体制机制的关系都不紧密,较为疏远。

3.高频关键词聚类分析

"聚类分析主要基于对共词出现频率的分析,把关联密切的主题聚集在一起形成类团,它是共词分析常用方法之一。"②"聚类结果能反映关键词之间的

---

① 郭文斌,陈秋珠.特殊教育研究热点知识图谱[J].华东师范大学学报(教育科学版),2012(3):49-54.

② 钟伟金,李佳,杨兴菊.共词分析法研究(三)——共词聚类分析法的原理与特点[J].情报杂志,2008(7):118-120.

亲疏,是以图形的形式更加直观地反映终身教育研究的研究热点及其分布。聚类分析的是以关键词在同篇文章中成对出现的频率(共词)为分析对象,参照聚类的统计学方法,把紧密度高的关键词进行聚集并形成类团。"[1]关键词相似,它们的距离就越近,反之就越远。采用 SPSS22.0 对关键词相似系数矩阵进行系统聚类分析,得到的聚类结果见图 5.1。

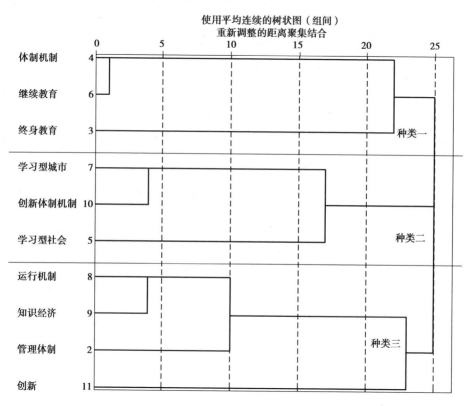

图 5.1 服务全民终身学习体制机制研究高频关键词聚类结果

根据图 5.1 聚类分析结果显示的聚团连线距离远近,能直观地看出我国服务全民终身学习体制机制研究的研究热点主要集中在三个领域。

种类一是基于终身教育体制机制视角下的继续教育研究。主要包括体制机制、继续教育、终身教育三个关键词。这种趋势表明,继续教育正在逐渐成为全球教育领域的重要发展方向,而其发展离不开强有力的治理机制和体系的支

---

① 丁雪阳,程天君.21 世纪以来我国教育公平研究的热点与未来趋势——基于共词矩阵的知识图谱分析[J].中国远程教育,2019(1):9-17,46,92.

持。继续教育是终身教育的重要载体,在构建全民、终身学习的学习型社会建设中发挥着重要作用,继续教育的开展,旨在为社会经济的发展提供科技和人才支持,助力社会主义现代化建设。传统的教育模式已无法满足社会需求,为了实现全面建设小康社会的目标,国家越来越注重继续教育的理念。根据我国中长期教育改革发展的纲要,我们应当稳步推动学历教育的发展,同时大力发展非学历教育。国家对继续教育的管理模式正在从包办式向治理式转变。① 在新时代的征途上,我国不断加大力度,推动终身教育体系建设。一系列政策、法规和通知的发布,为构建学习型社会奠定了坚实的基础。2011 年,教育部发起了名为"普通高等学校继续教育数字化学习资源开放服务模式的研究及应用"的项目。这一项目不仅促成了全国普通高校继续教育数字化学习资源开放联盟的诞生,还为继续教育的发展插上了现代技术的翅膀。

种类二是创新体制机制保障学习型城市建设的研究。主要包括创新体制机制、学习型城市、学习型社会三个关键词。终身教育体系是建立在一个理念之上,即人的一生都应该得到教育的不断滋养与辅助。这一体系贯穿于个人成长的各个阶段,通过融合社会上多样的教育资源,并优化社会、学校和家庭之间的教育融合与连贯性,致力于打造一个面向所有民众、覆盖个人的整个生命周期、持续且完整的教育网络。② 构建终身学习和终身教育服务体系,是打造学习型城市的核心环节。早在 1995 年,《中华人民共和国教育法》便已提倡构建与完善终身教育体系。而 2010 年,《国家中长期教育改革和发展规划纲要(2010—2020 年)》的推出及实施,象征着我国致力于全面发展终身教育体系,并打造学习型社会的开启。为加快各级教育间的融合与交互,以及整合学历与非学历教育,形成一个灵活且开放的教育体系,推动学习型社会的构建,呼吁社会各界共同参与、共享资源、形成协作,并需要完善相关机制,加强政府在其中的统筹规划职能。③ 地方性条例的制定,为构建跨机构的管理架构、界定各机关的职能、增强资源配置的保障、健全奖励机制,以及建立学习成果认证体系、培育专兼职教学人才等提供了法律支撑。建设学习型城市,推动了终身教育体系

---

① 乐传永,许日华.高校继续教育治理:缘起、主体与机制[J].现代远距离教育,2018(1):3-8.

② 吴遵民.终身教育的基本概念[J].江苏开放大学学报,2016(1):75-79.

③ 2011 年,中共中央政治局委员、国务委员刘延东在全国继续教育工作会议暨高等教育自学考试制度建立 30 周年纪念大会上的讲话

的完备和城市的持续发展,为推进学习型社会的构建奠定了根基。①

种类三是知识经济背景下创新管理体制、运行机制的研究。主要包括管理体制、运行机制、创新和知识经济。强化对劳动者的培训及继续教育,不仅是构建我国终身教育体系和学习型社会的核心要素,更是全面助力小康社会建设、提升国家竞争实力、迎接知识经济时代挑战的关键途径。企业员工的终身学习是建设学习型社会的基础,终身学习既是企业员工个人追求的权利和责任,是企业的责任和义务,也是企业不断开发人力资源,在竞争中争得先机和保持优势的重要举措。在现有的终身学习体制中,应该尽快完善管理体制,政府应该更加注重信息的提供和激励制度的建立,加强政府对有关职能部门的统筹和协调能力,建立和完善关于培训和终身教育的领导管理体制,为终身学习体系的建立提供有力的组织与制度保障。我国的终身学习体系和设施尚处于发展阶段,尽管现有的学习场所和设施已为社会成员提供了便利,但它们的教育潜能仍有很大的挖掘空间。为此,加大力度、全面建设并优化各类终身学习场所和设施,提升它们对学习者的吸引力,确保这些资源能够最大限度地服务于教育和学习的双重目标。

4.我国服务全民终身学习体制机制研究热点知识图谱与解析

为了进一步探寻高频关键词之间隐藏的重要信息,利用 SPSS22.0 对 10 个关键词构成的相异矩阵进行多维尺度分析,并产生聚类分析图,进而绘制出终身学习体制机制的研究热点知识图谱(见图 5.2)。在此坐标图中,各关键词所处位置用小圆圈表示,关键词关系越紧密,其所代表的圆圈间的距离越近;反之相反。多维尺度坐标轴划分的四个象限中,第一象限的研究主题间联系紧密且位于研究网络的中央;第二象限的研究主题间结构松散且有进一步发展的空间;第三象限的研究主题间联系紧密、明确,代表有研究机构对其进行正规的研究;第四象限的主题领域在整体工作研究中处于边缘地位,重要性较小。②

基于多维尺度分析的原理,我们可以观察到,位于中心附近的关键词通常代表着更为核心的地位,这意味着它们对于主题的重要性较高。相对而言,那些较为边缘的关键词则表明它们与所研究领域的相关性相对较弱。从我国服

---

① 中国教育发展战略学会.中国学习型城市建设案例[M].北京:高等教育出版社,2013.
② 祁占勇,陈鹏,张旸.中国教育政策学研究热点的知识图谱[J].教育研究,2016(8):47-56,98.

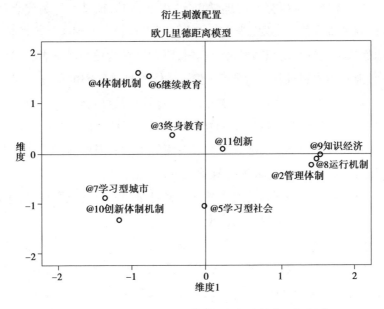

图 5.2　服务全民终身学习体制机制研究热点知识图谱

务全民终身学习体制机制的研究热点结果可以看出，种类一的三个关键词全部位于第二象限，说明"体制机制"和"继续教育"联系较为紧密，与"终身教育"结构较为松散，还需要进一步的发展。种类二的三个关键词全部位于第三象限，"学习型城市"和"创新体制机制"关系紧密，说明在终身学习体制机制的研究中，此类研究成果较多，但"学习型社会"仍然处于边缘地位，属于研究的新领域。种类三的四个关键词基本位于第一和第四象限，研究不太集中，说明其在整体的研究中处于边缘地位，重要性比较小。

　　首先，与西方国家关于终身教育及终身学习的体制机制研究相比，我国的学术研究虽然起步较晚，但发展非常快，有逐年递增的趋势，且有很强的实践导向。我国学者从不同的视角，探索了关于终身教育及终身学习的体制机制的本体问题、价值问题和实践问题，关于体制机制的研究呈现出多视角、多学科的研究取向，形成了立足于本土的不同的终身教育及终身学习体制机制的研究范畴。其中，一是从体制机制研究的哲学视角，以孙绵涛等为代表的学者，对体制政策研究、机制政策研究与政策内容体系进行了划分；二是从体制机制研究的政治学视角，以李亚春、冯晓玲等为代表的学者，从政府立场出发，站在宏观角度来阐述终身教育及终身学习的体制机制研究问题，是一种政府立场上的政策解读;三是从体制机制研究的法理学角度,以杜占其、徐又红等为代表的学者,从保障机制等微观角度出发,进一步完善关于终身教育及终身学习的体制机制研究;四是从体制机制研究的经济学视角,以黄海等为代表的学者,从运行机制等方面对现有的体制机制进行研究;五是从体制机制研究的信息学、传媒学视角,以刘培艳、沈玉宝等为代表的学者,为终身教育及终身学习的体制机制研究提供了技术方面的论述。这些不同视角的研究为后续研究的进一步深入奠定了夯实的实践基础和丰富的学理支撑。关于终身教育及终身学习的体制机制,普遍受到研究者的关注,已成为终身学习研究的热点问题。

其次,在多学科、多视角的终身教育及终身学习研究的视野内,关于体制机制的研究已成为其中较为繁茂的一个分支。

在研究内容上,一是先前的学术成果为当前的研究奠定了坚实的理论基础。已有研究对终身教育、持续学习、终身学习体制及相应的机制进行了深入探讨,并逐步建立了一套理论框架,这为研究全民终身学习的教育体系提供了重要的理论支撑。二是文献中的政策研究为本课题提供政策依据。构建服务全民终身学习的教育体制机制研究,一般也是要以政策形式来加以推进的,以往有关终身教育和终身学习体系构建的政策规范,对构建服务全民终身学习的教育体制机制研究及具体的政策规范具有重要参考价值。三是上述资料中提出的关于建立终身及终身教育体系的策略和手段,对于识别、思考及处理教育体系改革中服务全民终身学习的具体问题,提供了宝贵的参考。

在研究方法上,一是上述研究体制机制的文献重视理论研究,思维比较系统、清晰和深刻,在构建服务全民终身学习的教育体制机制研究中,其理论依据和借鉴价值显著;二是一些终身学习的政策措施的研究运用了问卷和访谈等研究方法。这些调查方法,对本课题研究服务全民终身学习的教育体制机制问题具有实际应用价值,同时也为构建服务全民终身学习的教育体制机制研究提供了一定的参考依据。

最后,已有的研究更多关注对已经出台的相关体制机制政策本身的研究,以及针对某个具体问题提出相应的对策建议。而终身教育及终身学习的体制机制理论研究的滞后,直接导致对现实中体制机制出现的问题无法发挥有说服力的理论解释与实践导向的功能。

具体表现为:一是研究内容上的不足。关于建立面向全民的终身学习体系,关键在于系统化和全面化地探索教育体制与机制。目前,尽管有研究者意识到教育体制和机制在搭建终身教育框架中的重要作用,但对两者定义和相互关系的理解尚显不足,导致无法形成一个连贯的理论架构。

二是研究视角和研究方法方面的不足。首先,研究视角比较单一。现有的终身学习理论研究,主要是从教育学、政策学、法学和经济学等角度进行探讨。而关于终身学习政策的设计,通常是政策学和教育学的研究者们运用了包括教育学、经济学、人类学、管理学、心理学、法学、社会学、教育预测规划学和发展伦理学等,从多个学科的视角进行探讨。为了更好地推进研究,需要加强这些学科间的联系与整合,力求实现多学科视角的融合与交流。其次,研究方法思辨研究居多,实证研究相对缺乏。对于我国终身学习体系构建领域的学术研究,目前主要是以思辨性研究为主导,研究者们注重提出各种理论观点,并通过逻辑推理等方式来阐述和解释现实中的问题。在当前这一学术领域内,符合严谨实证研究标准的案例还相对较少,研究者们尚未广泛利用数学模型和统计分析来全面阐述该领域内的多个关键问题。同时,那些已经有结论的实践结果,在说服力方面也存在不足。

未来,该研究领域的进展需要建立在规范实践的基础上,并强调将概念性思考与实证分析相融合,同时结合定性与定量的研究方法。在坚实的理论思考指导下,遵循精确的实证研究流程,以获取更为丰富和精确的数据,从而提高研究的整体质量和深度。

(三)服务全民终身学习体制机制研究结论与展望

1.加强理论研究的共识度与深度

相较于其他发达国家,我国对现代终身学习理念的真正关注和推广起步较晚,但国内学者积极致力于弥补这一理论研究的不足,持续深入地进行学术探讨。当前,我国已经取得显著成就,在终身学习理论的基础研究领域获得丰收,相关学术资料也十分翔实。然而,对于终身学习的实质、发展趋势、价值支撑,以及构建终身学习体系所依赖的全民终身学习机制等方面,依然存在一些分歧,未能形成统一的看法。[①] 当前,在我国深化终身教育体系建设及全民终身学

---

① 吴遵民.终身教育发展的中国经验——改革开放 37 年终身教育的历史回顾与展望[J].江苏开放大学学报,2016(1):10-18.

习实践机制的过程中,遇到了一些难题。针对这一情况,研究工作者需要不断深化对终身学习领域相关理论的认识,清晰界定并明确不同概念间的关系。此外,还需推进各级各类教育之间的有机融合与顺利过渡,打造一个均衡的注重知识、技能及能力发展的职业资格认证体系。在基本理论研究上,要达成共识,以便为终身学习体系的进一步完善及相关政策的制定提供有力的理论支撑。

2.汇聚各类教育研究力量

高志敏(2006)在《成人教育研究的反思与前瞻》①一文中认为,回归丰富的成人生活世界,走进缤纷的成人精神家园。"大多数研究者探讨终身教育体系与其他教育形式的联系时,往往从理论层面进行较为抽象和广泛的论述,且主要关注成人教育阶段。法国成人教育专家朗格朗在《终身教育引论》②一书中,明确指出我们不应将终身教育与成人教育混淆,但遗憾的是,人们常常将这两者混为一谈。在当今时代,终身学习的理念越来越受到重视。它着重于满足不同阶段社会成员的教育需求,涵盖幼儿教育、基础教育、中等教育及成人教育。需要强调的是,这些教育阶段并非独立存在,而是相互联系、紧密衔接的一个整体。为了有效地构建终身学习体系,必须在各个级别和类型的教育之间建立一个有效的衔接机制,以便学习者能够顺利完成学习。基于此,应当拓宽终身学习的研究领域范围,不仅仅局限于某个单一的方面,而是应该以人生的全面发展和教育为出发点,综合各类优势和研究力量。只有这样,我们才能充分发挥每一种教育形式在构建终身学习体系中的独特作用。

3.多维聚焦研究主题,注重本土化研究

服务全民终身学习体制机制的搭建,不仅涉及教育问题,还涉及政治、经济、社会管理等诸多因素。明确研究议题界定了研究的具体方向,这通常也意味着针对一系列特定的问题进行研究,而研究的进展往往意味着问题的逐步解决。通过分析研究领域的关键词分类,我们可以看出,目前关于构建全民终身学习体系的研究主要集中在三个方面。然而,这三个方面还存在不足,尤其是在体制机制的创新研究上,这一领域与其他研究如课程开发、教育培养、学习型社会的构建结合得比较紧密,但很少作为独立领域被专门探讨。因此,需要加

---

① 高志敏.成人教育研究的反思与前瞻[J].教育研究,2006(9):60-65.
② 保尔·朗格朗.终身教育引论[M].北京:中国对外翻译出版公司,1985.

强这一领域的研究力度。①

本章小结

　　终身学习是贯穿人一生的教育。终身学习体制机制的研究囊括各级各类教育体制和教育机制。本章从服务全民终身学习的体制机制研究的主要问题域、服务全民终身学习体制机制研究发展脉络、服务全民终身学习体制机制的共词可视化分析三部分展开评述，探讨我国终身学习体制机制的研究热点，进一步促进各类教育的相互沟通和衔接，为终身学习体系的深化实践和相关政策的制定提供有用的借鉴而不懈努力。

推荐阅读

书目	内容简介
《终身教育体系的建构——全面小康社会的呼唤与回应》 王洪才主编 厦门大学出版社 2008 年	对于我国而言，迈向学习型社会是一项至关重要且持久的发展战略。为了深化这一进程，我们必须持续在多个层面推进和完善全民终身教育体系。这包括创新教育体制和机制，还要拓展全民终身学习的研究方法。 　　本书指出，终身教育体系不仅是实现全面小康社会的必由之路，还是推动社会发展的有力引擎，也是建设全面小康社会的重要目标。并且，通过文献回顾、比较分析、理论思考和实践等多维度的研究方法，本书提出构建终身教育体系的首先是突破传统观念和现有体制的双重限制。此外，在建设过程中，提出应当逐步将关注重点转向农村地区，通过打造学习型城市和学习型农村，实现终身教育体系与全面小康社会的有机结合，助推我国迅速融入学习型国家的行列。

---

① 孙立新,李硕.我国终身教育体系化研究的进展与未来展望[J].中国成人教育,2020(5):14-19.

续表

书目	内容简介
《我国终身教育体系研究——可持续发展视角的分析》 刘汉辉著 人民出版社 2012年	本书按照可持续发展的综合视角,依托多学科的理论优势,采取多种研究方法对我国终身教育的逻辑层次和发展脉络进行逐步分析和深入探讨。首先,对国内外研究成果的回顾、梳理和评述。其次,从新的研究视角出发,对终身教育的基本概念、内涵及基本特征进行开拓与创新,对终身教育多学科的理论基础进行梳理和发掘,以及对终身教育体系的构架、特征和功能进行论述。然后,从经济学视角和非经济学视角,对可持续发展与终身教育之间的内在联系和发展机制进行探讨。随之,对我国终身教育的发展现状、问题和成因进行分析。最后,就构建我国终身教育体系提出相应的对策建议。
《普通高等教育融入终身教育体系研究》 冯晓玲著 厦门大学出版社 2018年	作为终身教育体系和学习化社会的有机组成部分,高等教育在终身教育体系建设中扮演着重要的角色。高等教育融入终身教育体系,既有量的判断标准,也有质的判断标准。本书通过对高校开放程度和大学生学习情况的实证研究,分析了我国高等教育融入终身教育体系的实践现状,并在比较台湾地区高校终身教育开展经验和教训的基础上,提出了我国高等教育融入终身教育体系的具体路径。
《终身教育与职业教育体系构建》 陆磊著 中国书籍出版社 2019年	本书对已有研究成果中侧重于终身教育和职业教育中的一个或多个方面的理论进行了梳理,结合现代教育的实际情况,初步构建了终身教育与职业教育的体系。全书内容包括:终身教育的基本理论;我国终身教育体系的构建与实施;终身教育影响下职业教育培养目标的确定、职业教育专业的设置、职业教育课程的设计、职业教育教学的组织、职业教育师资队伍的建设、职业教育评价体系的构建、职业教育的产学合作等。

续表

书目	内容简介
《广西终身教育体系构建研究》 林建国、李红著 接力出版社 2014 年	本书是广西教育科学"十二五"规划 2013 年重点课题研究的主要成果。全书共分六章,内容包括:探索和研究广西以终身学习为标志的社会教育系统;研究广西城乡初步建立起一个旨在满足现代化建设和公民终身学习需求的横跨不同社会领域的终身教育体系框架;探索具有中国特色和广西特点的终身教育制度和保障措施。
《终身教育体系的制度构建与法律创新研究》 刘晓平著 河北教育出版社 2013 年	本书紧密配合河北省目前正在进行的终身教育立法工作,充分借鉴国内外终身教育法律建设的理论与实践成果,针对终身教育法律建设的主要内容和问题进行了深入研究。本书对于推动我国终身教育立法工作具有极大的现实意义和理论意义。
《中国终身教育体系构建改革试点研究(2010—2015)》 徐莉著 福建教育出版社 2019 年	本书就中国教育改革的一项案例,研究所关注和回答的问题:2010—2015 年在中国大地上由国家首推的终身教育体系构建改革试点,是一场怎样性质的变革,取得的成效如何,又使中国社会发展与教育总战略发生了怎样的变化,经验和教训是什么,这些经验和教训提出了什么样改革新问题,以及对本研究有哪些启示。
《新生代农民工市民化的终身职业教育体系研究》 杜启平著 南海出版公司 2020 年	本书根据新生代农民工特别是"千禧一代"的个性特征和教育发展新需求,整理归纳新生代农民工职业教育政策和现状,分析内生性市民化的关键要素,借鉴国际劳动力职业教育培训典型做法和经验积累,构建"四位一体"的终身职业教育服务体系,实施自我内生发展的运行、激励和保障机制,形成动态、开放、终身导向的职业教育学习体系,全面系统提升新生代农民工市民化的内能效应。

参考文献

著作类:

[1]联合国教科文组织国际教育发展委员会.学会生存:教育世界的今天和明天[M].上海:上海译文出版社,1979.

[2]保尔·朗格朗.终身教育引论[M].北京:中国对外翻译出版公司,1985.

[3]持田荣一,森隆夫,诸冈和房.终身教育大全[M].龚同,林瀛等,译.北京:中国妇女出版社,1987.

[4]吴遵民.现代国际终身教育论[M].上海:上海教育出版社,1999.

[5]陈乃林.构建江苏终身教育体系研究[M].南京:东南大学出版社,2002.

[6]刘复兴.教育政策的价值分析[M].北京:教育科学出版社,2003.

[7]吴遵民.现代中国终身教育论:中国终身教育思想及其政策的形成和展开[M].上海:上海教育出版社,2003.

[8]克里斯托弗·K·纳普尔,阿瑟·J·克罗普利.高等教育与终身学习[M].上海:华东师范大学出版社,2003.

[9]史国栋,陈志方,陈剑鹤.高等职业教育与终身教育[M].北京:清华大学出版社,2006.

[10]杨荣昌.教师继续教育课程体系研究[M].北京:中国文联出版社,2006.

[11]郝克明.跨进学习社会——建设终身学习体系和学习型社会的研究[M].北京:高等教育出版社,2006.

[12]卡尔·达尔曼,曾智华,王水林.终身学习与中国竞争力[M].北京:高等教育出版社,2007.

[13]赵世军.辽宁省成人高等学校招生考试理论与实践[M].沈阳:东北大

学出版社,2007.

[14]吴遵民,黄欣.实践终身教育论:上海市推进终身教育的路径与机制研究[M].上海:上海教育出版社,2008.

[15]杨正联.公共政策语境中的话语与言说[M].北京:光明日报出版社,2010.

[16]周建高.日本的终身学习:从摇篮到坟墓[M].天津:天津人民出版社,2010.

[17]郭青春.适应终身学习与自主学习需要的开放教育课程平台构建研究[M].北京:中央广播电视大学出版社,2010.

[18]吴雪萍.终身学习的推进机制比较研究[M].杭州:浙江大学出版社,2010.

[19]马金东.终身教育体系下社区教育实践研究[M].北京:高等教育出版社,2011.

[20]刘汉辉.我国终身教育体系研究——可持续发展视角的分析[M].北京:人民出版社,2012.

[21]周宇.构建湖南省终身教育体系研究[M].长沙:湖南大学出版社,2012.

[22]吴万敏.终身教育下的高等职业教育的变革与发展[M].北京:高等教育出版社,2013.

[23]彭飞龙.终身学习体系学分银行的原理与技术[M].北京:高等教育出版社,2013.

[24]林斯坦.福建教育发展研究蓝皮书(2011—2012)[M].上海:上海人民出版社,2013.

[25]中国教育发展战略学会.中国学习型城市建设案例[M].北京:高等教育出版社,2013.

[26]余燕芳.终身学习平台构建研究[M].北京:经济科学出版社,2014.

[27]王琪.终身教育体系的衔接问题研究[M].厦门:厦门大学出版社,2014.

[28]高耀明.重铸教育辉煌——欧盟终身学习计划研究[M].上海:上海教育出版社,2014.

[29]余善云.终身学习研究与实践[M].北京:光明日报出版社,2014.

［30］顾登妹.学习型城区共同体——杨浦区资源整合新追求［M］.上海：上海教育出版社,2014.

［31］国家教育行政学院.国家教育体制改革试点阶段性研究报告（基础教育卷）［M］.北京：教育科学出版社,2014.

［32］梁林梅,赵建民.今天你学习了吗——网络时代终身学习新视野［M］.北京：北京交通大学出版社,2015.

［33］上海终身教育研究院.2014 上海终身教育发展报告［M］.上海：上海人民出版社,2015.

［34］朱永新,韩民.中国教育改革大系：终身教育卷［M］.武汉：湖北教育出版社,2016.

［35］陈志平.内蒙古终身教育体系中的开放大学转型发展研究［M］.呼和浩特：内蒙古大学出版社,2016.

［36］范华,谢明浩.终身教育理念下学习型社会建设——山东社区教育数字化探索［M］.南京：江苏凤凰教育出版社,2016.

［37］孙冬喆.通向终身学习的路径与机制：中国学分银行制度建设研究［M］.上海：华东师范大学出版社,2016.

［38］潘懋元,李国强.现代终身教育理论与中国教育发展［M］.北京：高等教育出版社,2017.

［39］吴遵民.终身教育发展的中国经验改革开放 40 年终身教育的历史回顾与展望［M］.上海：上海人民出版社,2018.

［40］彭坤明.终身教育发展与体系构建——以江苏为例［M］.南京：江苏凤凰教育出版社,2018.

［41］刘爱玲.学习型社会建设中的终身德育研究［M］.北京：中国社会科学出版社,2018.

［42］吴遵民.现代终身教育体系论——中国终身教育发展的路径与机制［M］.上海：上海人民出版社,2019.

［43］徐旭东.基于终身学习视野的远程教育质量保证体系研究［M］.上海：上海交通大学出版社,2019.

［44］肖岩.学习型城市、终身学习与老年人生活——以上海长宁区社区学校为例［M］.北京：电子工业出版社,2019.

［45］郅庭瑾.中国教育体制机制改革研究［M］.上海：华东师范大学出版社,2020.

［46］钱小龙.全民终身学习视野下我国在线教育体系的构建研究［M］.北京：人民出版社,2022.

期刊类：

［1］吴福生.关于建立我国终身教育体系的几点思考［J］.教育研究,1995(8):3-5.

［2］吴咏诗.终身学习——教育面向21世纪的重大发展［J］.教育研究,1995(12):10-13,9.

［3］蒋凯.终身教育思想述评［J］.现代远距离教育,1996(3):8-11.

［4］白晶.素质教育·终身教育·图书馆利用教育［J］.大学图书馆学报,1997(5):19-20.

［5］陈乃林,经贵宝.终身教育略论［J］.教育研究,1997(1):11-15,45.

［6］陈乃林,孙孔懿.终身学习论略［J］.江苏高教,1997(6):5-11.

［7］国家教育委员会.关于当前积极推进中小学实施素质教育的若干意见［J］.教育学报,1997(12):2-6.

［8］万明春.学习社会与终身学习［J］.教育研究,1997(7):34-39.

［9］曾洁珍.终身教育与教师的继续教育［J］.现代教育论丛,1998(3):28-31.

［10］陈乃林,孙孔懿.终身教育的一项紧迫课题——关于我国老年教育的若干思考［J］.教育研究,1998(3):65-68.

［11］李芒,时俊卿.论学生终身学习能力的培养［J］.现代教育论丛,1998(2):25-27.

［12］李兴洲.终身学习和终身教育之比较［J］.中国成人教育,1998(1):17-18.

［13］李旭初.终身教育——21世纪的生存概念［J］.华中师范大学学报(人文社会科学版),1998(6):59-64.

［14］马良生.终身教育——迈向21世纪的关键［J］.中国远程教育,1998(6):9-11.

[15]宗秋荣.终身学习与家庭教育[J].教育研究,1998(8):54-59.

[16]陈乃林,周蔚.现代远程教育:终身教育的第一选择[J].现代远距离教育,1999(2):2-5.

[17]陈乃林.关于终身教育若干问题的思考[J].江苏高教,1999(4):3-12.

[18]陈晓力.终身学习:确立现代文明生活方式的教育行动(上)[J].教育理论与实践,1999(6):18-21.

[19]国务院批转教育部《面向21世纪教育振兴行动计划》[J].中等医学教育,1999(5):3-4.

[20]厉以贤.终身教育、终身学习是社会进步和教育发展的共同要求[J].教育研究,1999(7):31-36.

[21]孟广平.全民的终身教育与培训——通往未来的桥梁——记第二届世界技术与职业教育大会[J].职业技术教育,1999(11):16-18.

[22]武艳华.知识经济时代的图书馆教育职能——终身教育[J].图书馆,1999(4):44-46.

[23]赵世平.终身学习理论的历史发展[J].中国成人教育,1999(8):16-17.

[24]周满生.终身学习与培训:通向未来的桥梁——第二届国际职业技术教育大会总结报告(摘录)[J].教育发展研究,1999(7):47-50.

[25]包国庆.21世纪教育的新视野—学习型社区——关于终身学习的一个社区模型[J].高等教育研究,2000(2):20-22.

[26]陈乃林,孙孔懿.非正规教育与终身教育[J].教育研究,2000(4):20-23,80.

[27]陈乃林,孙孔懿.终身教育理论视野中的闲暇教育[J].教育发展研究,2000(2):52-55.

[28]丁雅霜.以素质教育为契机把图书馆办成终身教育的基地[J].图书馆工作与研究,2000(5):72-74.

[29]顾明远.终身教育——20世纪最重要的教育思潮[J].中国成人教育,2000(12):6-8.

[30]黄尧.关于构建终身教育体系和学习化社会的几点思考[J].中国成人教育,2000(2):3-6.

[31]康宁.当前我国高等教育体制改革与结构调整的理论基础[J].教育研究,2000(10):9-14.

[32]黎蓉.终身教育思想的发展历程及其特性[J].现代远距离教育,2000(4):26-29.

[33]刘楚魁.试论家庭终身教育[J].求索,2000,20(4):78-80.

[34]吴忠魁.关于我国终身学习体系建设的若干思考[J].教育科学,2000(2):1-4.

[35]郑惠强.建立终身学习体系,构建学习型城市[J].教育发展研究,2000(5):36-37.

[36]方苗,梅国荣.论成人教育如何在构建我国终身教育体系中发挥作用[J].江西社会科学,2001(3):172-175.

[37]高益民,叶赋桂.终身学习与世界高考制度的变革[J].比较教育研究,2001(12):11-15.

[38]龚放,萧绍清.关于终身教育与高等教育的若干思考(上)[J].辽宁教育研究,2001(3):14-18.

[39]何秀成.试论终身教育及其现实意义[J].黑龙江高教研究,2001(3):35-38.

[40]李光先.关于终身学习机制的探讨[J].成人教育,2001(1):10-12.

[41]厉以贤.社区教育·终身教育·学习社会[J].中国成人教育,2001(11):5-7.

[42]司荫贞.开展老年教育,建立终身教育体制[J].职业技术教育(教科版),2001(1):42-44.

[43]王北生.当代终身教育和学习思潮与新教育理念的确立[J].中国成人教育,2001(6):10-12.

[44]王利.网络环境与终身学习[J].中国电化教育,2001(11):29-31.

[45]吴忠魁.论终身学习与学校教育资源的社会共享[J].教育研究,2001(5):37-40.

[46]徐明祥,李兴洲.构建我国终身教育体系的难点及对策[J].教育研究,2001(3):59-64.

[47]杨玉宝,于伟.终身教育思潮与世界基础教育改革[J].外国教育研究,

2001,28(1):28-33.

[48]张立欣,周强.图书馆员的终身教育与图书馆工作创新[J].图书馆工作与研究,2001(5):39-41.

[49]张艳.终身学习全球化趋势下的教师职后培训与角色定位[J].比较教育研究,2001(5):49-52.

[50]"面向21世纪中国社区中的终身学习的调查与研究"课题组.社区终身学习理念与我国社区教育转型——关于我国社区教育现状、问题及发展对策的调查研究[J].教育研究,2002(11):40-45,50.

[51]白彦茹.终身学习与教师培训[J].比较教育研究,2002(7):25-28,58.

[52]高体健.论高等教育在构建终身教育体系中的地位和作用[J].中国成人教育,2002(2):8-12.

[53]李春生,康瑜.终身学习背景下学校和社区关系的重建[J].比较教育研究,2002(4):44-47.

[54]吴遵民.关于现代国际终身教育理论发展现状的研究[J].华东师范大学学报(教育科学版),2002,20(3):38-44,61.

[55]杨民.日本教师研修制与我国教师终身教育之比较[J].中国教育学刊,2002(4):56-59.

[56]常咏梅.运用现代远程教育网络构建终身教育体系[J].电化教育研究,2003(11):50-53.

[57]高志敏.关于终身教育、终身学习与学习化社会理念的思考[J].教育研究,2003(1):79-85.

[58]顾明远.形成全民学习、终身学习的学习型社会[J].求是,2003(4):42.

[59]胡海云.英国终身教育发展概论[J].外国教育研究,2003,30(11):51-55.

[60]郝克明,王建.构建终身教育体系,创建学习化社会——澳大利亚和新西兰的经验与启示[J].北京大学教育评论,2003,1(4):105-112.

[61]黄雅丽.终身学习社会背景下教师的角色定位[J].福建师范大学学报(哲学社会科学版),2003(5):120-122,127.

[62]纪军.当代美国终身教育的发展论略[J].外国教育研究,2003,30(11):47-50,60.

［63］吕鑫祥.终身教育思想与职业技术教育［J］.教育发展研究,2003,23
　　（8）:62-65.

［64］马仁海.特教教师在职培训要走终身教育的道路［J］.中国特殊教育,
　　2003（4）:88-92.

［65］孙先民.远程教育与终身学习体系的构建［J］.现代远距离教育,2003
　　（1）:10-12,23.

［66］万朴.远程教育的成本分析与终身教育［J］.中国远程教育（综合版）,
　　2003（7）:11-14,58.

［67］王保星.从"终身教育"到"终身学习":国际成人教育观念的根本性变
　　革［J］.比较教育研究,2003（9）:67-71.

［68］王建.构建终身学习的"立交桥"——澳大利亚职业教育和培训与高等
　　教育的衔接［J］.世界教育信息,2003（11）:4-14.

［69］王俊生.教师终身教育的保障机制［J］.沈阳教育学院学报,2003（3）:
　　14-17.

［70］尹新源.终身学习与图书馆［J］.图书馆理论与实践,2003（1）:18-19.

［71］袁贵仁.构建终身教育体系,加快建设学习型社会［J］.中国高等教育
　　（半月刊）,2003,24（22）:3-4.

［72］张辉.构建终身教育体系的价值取向［J］.江苏高教,2003（2）:
　　105-108.

［73］赵建明,马澄宇.终身教育:21世纪赋予图书馆的教育使命［J］.图书
　　馆,2003（1）:69-71.

［74］赵庆年,孙登林.终身教育体系构建的原则、结构及运行机制［J］.黑龙
　　江高职研究,2003（1）:20-22.

［75］陈丽,张伟远.网络时代远程教育在终身教育中的定位和作用——"第
　　21届ICDE远程教育国际会议"评述［J］.开放教育研究,2004（2）:
　　8-15.

［76］韩丹,邓涛.人力资本,社会资本与西方终身教育［J］.外国教育研究,
　　2004,31（12）:14-17.

［77］胡海云.终身教育理念与成人教育管理机制创新［J］.陕西师范大学继
　　续教育学报,2004（1）:15-18.

[78]雷丹.终身教育思想对教师教育内涵及发展模式的要求[J].中国成人教育,2004(6):6-7.

[79]李丹青,李逸凡.确立终身学习理念提高教师群体素质[J].黑龙江高教研究,2004(9):65-67.

[80]李亚春.用现代教育技术构筑多种教育形式的立交桥——论我国终身教育体制的建构[J].现代远距离教育,2004(3):13-15.

[81]李亚婉.法国远程教育:国家实现终身教育的依托——法国国家远程教育中心主任奥立佛·杜格教授专访[J].中国远程教育,2004(21):5-7.

[82]厉以贤.建设社区学院开展终身学习[J].中国远程教育,2004(4):69.

[83]刘国权.终身学习体系中的动力机制探析[J].湖南商学院学报,2004(1):115-116.

[84]闵维方.高等院校与终身教育[J].中国大学教学,2004(2):9-10.

[85]孙绵涛.教育体制理论的新诠释[J].教育研究,2004(12):17-22.

[86]谭铁军.构建我国农村终身教育体系的意义、难点与对策[J].教育发展研究,2004(11):38-40.

[87]王湛.进一步发展我国成人教育促进终身教育体系和学习型社会建设[J].教育与职业,2004(1):7-9.

[88]吴雪萍.构建我国终身学习体系的策略探析[J].高等教育研究,2004(4):38-43.

[89]吴遵民,谢海燕.当代终身学习概念的本质特征及其理论发展的国际动向[J].继续教育研究,2004(3):31-36.

[90]吴遵民.关于完善现代国民教育体系和构建终身教育体系的研究[J].中国教育学刊,2004(11):39.

[91]吴遵民.终身学习概念产生的历史条件及其发展过程[J].教育评论,2004(1):48-52.

[92]杨敏,保罗·朗格让的终身教育理论探索[J].成人教育,2004(10):15-17.

[93]张明霞,王锦.论高校思想政治教育者终身学习的保障机制[J].沈阳教育学院学报,2004(1):54-56.

[94] 朱文彪.德国日本终身教育的发展[J].外国中小学教育,2004(8):12-14,19.

[95] 陈荔京.图书馆讲座与全民终身教育[J].图书馆杂志,2005,24(6):36-38.

[96] 陈学军,邬志辉.欧洲终身学习质量指标述评[J].外国教育研究,2005(7):45-49.

[97] 程序.中国农民终身教育的历史使命[J].中国职业技术教育,2005(20):14-16.

[98] 郭宝仙.提高成人自我导向学习能力,促进成人终身学习[J].成人教育,2005(6):10-11.

[99] 李金秀.网络时代的终身教育与图书馆建设[J].图书馆论坛,2005,25(3):222-224,122.

[100] 李文兰,杨祖国.中国情报学期刊论文关键词词频分析[J].情报科学,2005(1):68-70,143.

[101] 罗少波.试论终身教育与公共图书馆的教育职能[J].图书馆论坛,2005,25(3):225-227,117.

[102] 孟丽娟,隋信祥.网络教育与终身学习[J].理论探讨,2005(6):169-170.

[103] 吴全全.终身教育导向的德国"双证"一体化模式分析[J].中国职业技术教育,2005(17):56-58.

[104] 朱红.搞好家长终身学习,提高家庭教育质量[J].成人教育,2005(3):47-48.

[105] 周西安,杨丽丽.发达国家终身教育体系的构建及启示[J].合肥师范学院学报,2005(4):99-102.

[106] 陈乃林,祝爱武.终身教育视野下高等教育观念的解构与嬗变[J].江苏高教,2006(1):8-11.

[107] 杜战其,关海玲,杨斌鑫.构建终身教育体系中的保障机制研究[J].太原科技大学学报,2006(3):228-230.

[108] 高志敏.成人教育研究的反思与前瞻[J].教育研究,2006(9):60-65.

[109] 贡咏梅.终身教育、终身学习、学习社会理念之辨析[J].教育探索,

2006(11):60-61.

[110]霍玉敏.陶行知终身教育理论的现代意义[J].成人教育,2006(11):24-25.

[111]李春香.论终身教育理念下成人教育的内涵、特征及发展趋势[J].成人教育,2006(2):18-19.

[112]李更良,苏建林.教师终身教育的保障、监督和评价机制研究[J].成人教育,2006(7):48-50.

[113]李更良.建立完善的教师队伍终身教育管理体制[J].成人教育,2006(2):35-37.

[114]李惠玲.简论教师的终身学习[J].中国成人教育,2006(6):100-101.

[115]马叶,王德忠.教师终身教育体制的建构[J].继续教育研究,2006(6):23-26.

[116]潘正祥,方贤绪.终身受教育,永葆先进性——从终身教育的理念看建立健全保持共产党员先进性的长效机制[J].理论建设,2006(3):64-67.

[117]裴桂清.论终身教育与创新主体自学能力培养[J].教育探索,2006(5):15-16.

[118]孙绵涛,康翠萍.教育机制理论的新诠释[J].教育研究,2006(12):22-28.

[119]杨广晖,王艳.高等教育的新职能:"终身学习型大学"的建设构想[J].辽宁教育研究,2006(12):15-17.

[120]张进明.高职教师终身教育体制建设的目标和任务[J].交通职业教育,2006(4):31-33.

[121]张力.全民终身学习与职业教育新定位[J].中国职业技术教育,2006(2):26-27.

[122]周发明.论新农村建设与农民终身教育体系的构建[J].农业现代化研究,2006,27(5):349-352.

[123]褚宏启.建设终身学习体系:中国教育发展的重大战略选择——兼评《跨进学习社会》[J].教育发展研究,2007(10):70-74.

[124]邓永庆.终身教育发展的现状与趋势[J].中国远程教育(综合版),

2007(10):28-32.

[125]冯琳,张爱文.理念与实践:终身学习体系和学习型社会——中国教育学会常务副会长谈松华访谈录[J].中国远程教育,2007(2):5-10,20.

[126]高利容,王叙红,苏开荣.终身教育视角的高职课程改革[J].成人教育,2007(11):25-27.

[127]韩民,郝克明.终身学习背景下培训与继续教育的公平及其政策课题[J].北京大学教育评论,2007(3):2-10.

[128]郝丹,冯琳,曹凤余.着眼终身教育构建开放式人才培养模式——访中央广播电视大学校长葛道凯[J].中国远程教育(综合版),2007(3):5-10.

[129]黎蓉.人的发展:终身教育的理解[J].开放教育研究,2007(4):14-17.

[130]厉以贤.终身学习视野中的社区教育[J].中国远程教育(综合版),2007(5):5-12,48.

[131]刘汉辉.论终身教育体系:构架、实现方式及功能[J].广东社会科学,2007(4):178-183.

[132]陆建平.终身教育理念背景下的澳大利亚职业与技术教育改革[J].高等教育研究,2007,28(3):67-72.

[133]骆建艳,张晓明.欧美社区教育经验对构建我国终身教育体系的启示[J].中国远程教育(综合版),2007(1):72-74.

[134]宋永泽.社会基础与逻辑关系终身教育、终身学习和学习化社会的社会基础与逻辑关系[J].教育理论与实践,2007(6):7-9.

[135]宋永泽.终身教育、终身学习和学习化社会的社会基础与逻辑关系[J].教育理论与实践,2007(6):7-9.

[136]王晓辉.法国终身教育的发展与特色[J].比较教育研究,2007,28(12):80-84.

[137]吴晓义.终身学习视野下学校教育与社会培训的沟通及衔接[J].北京大学教育评论,2007(3):32-41.

[138]吴遵民.一部名不副实的终身教育法——简析日本《生涯学习振兴

法》的制定过程与问题[J].外国中小学教育,2007(3):1-5.

[139]杨广晖.终身学习评价机制:构建终身学习体系的核心[J].继续教育研究,2007(2):19-21.

[140]余祖光.终身教育背景下职业教育的扶贫助困功能[J].北京大学教育评论,2007,5(3):23-27.

[141]禹明华,刘智群.终身教育与职业教育的关系探讨[J].教育与职业,2007(30):147-148.

[142]苑大勇.欧盟教育合作中终身学习理念演进探析[J].外国教育研究,2007(11):19-22.

[143]陈乃林.关于终身教育与学习型社会的多维解读[J].成人教育,2008(1):13-17.

[144]陈乃林.终身教育理念观照下的社区教育[J].成人教育,2008(10):16-18.

[145]陈至立.充分发挥现代远程教育在建设人力资源强国中的重要作用——在"纪念邓小平同志批示创办广播电视大学30周年暨推进国家终身教育体系建设座谈会"上的讲话[J].现代远程教育研究,2008(2):5-7.

[146]范文曜,王烽.体制机制创新推进教育跨越发展——改革开放30年的教育体制改革[J].复旦教育论坛,2008(6):5-13.

[147]冯晓玲.深化教育体制改革,构建终身教育体系[J].井冈山学院学报(社会科学版),2008(1):132-135.

[148]蒋华,何光全.终身教育思潮及其在我国的传播与实践[J].四川师范大学学报(社会科学版),2008,35(1):29-32.

[149]李军.终身教育视角下的教师教育体系[J].教师教育研究,2008(3):8-11.

[150]刘雅丽.终身教育、终身学习与人的生命完善之思考[J].湖南师范大学教育科学学报,2008(3):63-65.

[151]漆新贵.终身教育理念对教师专业发展的影响[J].教学与管理(理论版),2008(10):45-46.

[152]秦钠.中日都市社区教育比较研究——以上海静安寺街道社区学校

和大阪大开市民终身学习室为例[J].社会,2008(2):181-209.

[153]秦素碧,李豫黔,殷明.继续教育与职业生涯规划结合构建终身学习机制[J].成人高教学刊,2008(3):48-50.

[154]宋微,程艳,崔蓉.终身教育在中国发展的现状及策略[J].成人教育,2008(10):37-38.

[155]吴遵民,黄欣,蒋侯玲.终身教育立法的国际比较与评析[J].外国中小学教育,2008(2):1-9.

[156]吴遵民.走出理解误区——对当代终身教育理论内涵的深层思考[J].杭州师范大学学报(社会科学版),2008,30(3):107-111.

[157]夏鹏翔.日本终身教育政策实施现状分析[J].日本学刊,2008(2):116-129.

[158]徐又红.论终身教育保障机制的建立[J].中国成人教育,2008(4):20-21.

[159]徐又红.我国终身教育体系的构建:美、英、法终身教育比较的启示[J].学术论坛,2008,31(3):202-205.

[160]薛勇民,王凤华.生命哲学视野下的终身教育价值观[J].教育研究,2008(6):31-34,40.

[161]杨秋芬.浅析日本地方终身教育体系的推进与建立[J].河北职业教育,2008(5):135.

[162]钟伟金,李佳,杨兴菊.共词分析法研究(三)——共词聚类分析法的原理与特点[J].情报杂志,2008(7):118-120.

[163]冯志军.我国促进全民终身学习的机制研究[J].中国远程教育,2009(9):15-18,79.

[164]高文书.终身学习视角下的中国继续教育现实需求分析[J].继续教育研究,2009(5):1-4.

[165]顾小清,查冲平,李舒愫,等.微型移动学习资源的分类研究:终身学习的实用角度[J].中国电化教育,2009(7):41-46.

[166]焦春林.我国终身教育、终身学习与学习型社会政策综述[J].成人教育,2009(6):27-29.

[167]刘超,高益民.作为终身学习评价体系的澳大利亚资格框架[J].比较

教育研究,2009(3):30-34.

[168]刘红霞.构建终身学习体系,推动教育可持续发展[J].教育探索,
2009(9):84-86.

[169]刘红燕.欧盟推进终身学习的重大举措和经验[J].世界教育信息,
2009(5):54-56.

[170]奇永花.韩国终身教育的发展与实务运作[J].成人教育,2009,29
(3):10-16.

[171]肖君,朱晓晓,陈村,等.面向终身教育的U-Learning技术环境的构建
及应用[J].开放教育研究,2009,15(3):89-93.

[172]徐魁鸿.我国终身教育发展的动力机制研究[J].中国远程教育,2009
(23):27-29.

[173]杨晨.我国终身教育立法三难[J].教育发展研究,2009(13):47-50.

[174]张必涛,郜丽娟.非学历教育在构建终身教育体系中的作用研究[J].
成人教育,2009,29(9):20-21.

[175]张向阳,我国教育体制理论综述[J].中国电力教育,2009(22):
18-19.

[176]张正超,顾小清.能力取向的终身学习及其评估认证现状[J].远程教
育杂志,2009(6):10-14.

[177]辜芝兰.构建教师终身学习体系——日本第三次教师教育改革的实
践及启示[J].继续教育研究,2010(5):13-15.

[178]郭青春.论开放教育实现终身学习学分银行理念的可行性[J].开放
教育研究,2010(3):156-159.

[179]郭正旭,陶娥.终身学习理念下成人教育发展机制的建构[J].广东技
术师范学院学报,2010(11):118-120.

[180]郝克明.中国终身学习的进展与制度建设[J].教育研究,2010(11):
36-38.

[181]黄欣.终身教育立法:国际视野与本土行动[J].教育发展研究,2010
(5):30-35.

[182]贾凡.三大理念解析:终身教育、终身学习与学习化社会[J].职教论
坛,2010(16):26-28.

[183]居峰.终身教育向终身学习转化的思辨——兼论教师终身教育体系的构建[J].成人教育,2010(1):32-33.

[184]康宁.探索建设全民终身学习服务体系[J].中国教育信息化,2010(17):11.

[185]李景华.终身教育理念下高校体育教师继续教育的探讨[J].中国成人教育,2010(2):100-101.

[186]刘涛.基于社会性网络服务(SNS)的终身学习模式的研究[J].现代教育技术,2010(1):91-94.

[187]刘维俭,罗健.社区大学的功能定位与机制运行探讨——兼谈常州市终身教育体系的构建[J].江苏广播电视大学学报,2010(1):26-30.

[188]吕叡.发展继续教育,构建终身教育体系[J].继续教育研究,2010(8):1-3.

[189]齐幼菊,龚祥国.终身教育体系构架探析[J].中国远程教育(综合版),2010(11):29-34.

[190]齐幼菊,尹学松,厉毅.现代信息技术环境下终身教育体系的构建[J].远程教育杂志,2010,28(5):79-83.

[191]宋孝忠.试论终身学习动力机制的构建[J].成人教育,2010(6):31-32.

[192]孙立会,张爽.信息技术环境下终身学习体系构建研究[J].现代教育技术,2010(9):15-18.

[193]孙绵涛,康翠萍.教育体制改革与教育机制创新关系探析[J].教育研究,2010(7):69-72.

[194]孙绵涛.中国教育体制改革若干重大理论问题的探讨[J].华南师范大学学报(社会科学版),2010(1):27-32.

[195]孙昭磊.美国终身教育的特色[J].成人教育,2010,30(6):94-96.

[196]王丽,王晓华.成人教育、继续教育与终身教育——概念的解读与辨析[J].继续教育研究,2010(11):4-6.

[197]王民,顾小清,王觅.面向终身学习的u-Learning框架:城域的终身学习实践[J].中国电化教育,2010(9):30-35.

[198]翁朱华.终身教育体系的整体再建构——中日学者三人谈[J].开放

教育研究,2010,16(5):4-15.

[199]徐中意.澳大利亚终身教育体系述评:内涵与特色[J].职业教育研究,2010(9):156-158.

[200]严冰.发展社会化公共支持服务,构建全民终身学习平台——广播电视大学的功能拓展与探索空间[J].中国远程教育,2010(1):15-20,26.

[201]杨红.再议终身教育的理论根源及现实意义[J].中国成人教育,2010(16):13-14.

[202]张雪,李子运.打开终身教育希望之门的学习方式——泛在学习[J].继续教育研究,2010(2):43-45.

[203]赵蔚,余延冬,张赛男.开放式 e-Learning 解决方案个性化推荐服务—— 一种面向终身学习的数字化学习服务模式的探索思路[J].中国电化教育,2010(11):110-116.

[204]赵奕一.学校、社区同质共生构筑终身教育同心圆——谈学校与社区融合互动的机制[J].中国农村教育,2010(3):21-24.

[205]郑金萍.高校图书馆终身教育职能初探[J].现代情报,2010,30(1):121-124.

[206]陈丽,蒋楠晨,李秋劼.我国"终身教育"领域研究现状的综述——基于对十年文献的计量和内容分析[J].现代远距离教育,2011(5):3-10.

[207]陈联.终身教育理念下成人高等教育的转型[J].高教探索,2011(1):120-124.

[208]韩春燕,王艳霞.终身教育体制下我国社区教育问题研究[J].重庆电子工程职业学院学报,2011(1):116-118.

[209]韩延明,张跃民.终身学习视域下高等教育的价值与调适[J].中国成人教育,2011(13):13-16.

[210]华伟.论慈、爱、孝一体的家庭教育——基于终身教育和全民教育视野[J].中国成人教育,2011(23):13-15.

[211]黄欣,吴遵民,池晨颖.终身教育立法的制订与完善——关于《上海市终身教育促进条例》的思考[J].教育发展研究,2011(7):18-23.

[212]蒋健民.终身教育视角下创建特色社区教育的探讨[J].继续教育研究,2011(1):81-83.

[213]亢春艳.终身学习理念下的 U-learning 环境设计[J].现代教育技术,2011(10):83-86.

[214]李琛.数字图书馆为终身学习提供学习支持服务研究[J].图书馆工作与研究,2011(1):28-31.

[215]李珏.如何从机制上保障公民终身教育权益的实现——有感于《上海市终身教育促进条例》[J].成人教育,2011(11):25-27.

[216]李智媛.欠发达地区发展终身教育的保障机制构建[J].湖南广播电视大学学报,2011(4):23-25.

[217]毛尚华.终身教育与我国农民职业教育立法[J].成人教育,2011(2):16-18.

[218]南海,王星星.中国大陆终身教育体系构建中的问题与对策——基于大陆部分省市终身教育体系构建实践的研究[J].职业技术教育,2011,32(22):26-30.

[219]彭飞龙.全民学习与终身学习之学分银行的构建模式——以慈溪为例[J].中国成人教育,2011(1):19-22.

[220]沈光辉.社区教育是一种区域全民终身教育——社区教育与终身教育、成人教育、学习型组织的关系[J].中国成人教育,2011(7):15-19.

[221]盛连喜.终身教育视野下组建开放大学联盟的战略选择[J].现代远程教育研究,2011(4):8-15.

[222]宋孝忠.国际组织视野下的终身学习认证[J].中国远程教育,2011(11):34-37.

[223]田小梅,刘刚.终身学习视角下我国社区教育研究综述[J].继续教育研究,2011(7):70-72.

[224]王蠹,陈琳.面向社区成人终身学习的数字化资源设计研究[J].现代教育技术,2011(8):66-69.

[225]王振杰.终身教育体制机制创新探析[J].福建论坛(人文社会科学版),2011(11):175-179.

[226]谢素蓉.终身教育思想演变及其在中国实践中的辨析[J].现代远距离教育,2011(4):33-35,32.

[227]杨芳.韩国终身教育体系研究[J].继续教育,2011,25(11):61-64.

[228]杨敏,孙耀庭,顾凤佳.态势分析法视野下的上海市终身教育学分银行建设研究[J].现代远距离教育,2011(2):13-18.

[229]张德明.建设上海开放大学,服务市民终身学习[J].开放教育研究,2011(2):22-27.

[230]张赛男,赵蔚,梁子娟,唐群.面向个人终身学习的数字化学习服务模式中用户模型的构建研究[J].现代远距离教育,2011(6):68-72.

[231]张天波.终身教育维度下的现代国民教育体系结构和层次分析[J].职业技术教育,2011,32(22):31-35.

[232]周西安.我国终身教育体系的内容结构与建构原则[J].职业技术教育,2011,32(22):36-39.

[233]陈琳,王矗,陈耀华.终身学习信息资源建设的战略意义与模式创新[J].现代远程教育研究,2012(4):41-46.

[234]冯国锋.生涯教育是以职业为核心的综合性的终身教育[J].教育与职业,2012(6):176-178.

[235]高勇.远程教育在终身教育体系构建中的时代使命[J].河北学刊,2012,32(1):244-247.

[236]郭文斌,陈秋珠.特殊教育研究热点知识图谱[J].华东师范大学学报(教育科学版),2012(3):49-54.

[237]郝克明.终身学习与"学分银行"的教育管理模式[J].开放教育研究,2012(1):12-15.

[238]黄安心.广州市终身学习型社会开放学习机制构建策略——基于国内外开放学习机制构建实践的启示[J].广播电视大学学报(哲学社会科学版),2012(4):116-123.

[239]黄海.论终身教育运行机制的构建[J].淮北职业技术学院学报,2012(6):50-51.

[240]康萍.浅析开放大学专业与课程体系设置——基于构建终身教育体系的思考[J].中国远程教育(综合版),2012(6):35-40.

［241］李惠康.上海市终身教育学分银行的构建［J］.开放教育研究,2012,18(1):46-49.

［242］鲁武霞.高技能人才的终身教育困境及其超越——以高职专科与应用型本科衔接为视角［J］.黑龙江高教研究,2012,30(1):91-94.

［243］朴仁钟.终身学习型社会与韩国的学分银行制［J］.刘音,译.开放教育研究,2012(1):16-20.

［244］王永红.终身学习理念下社区教育体系的构建［J］.中国成人教育,2012(1):41-43.

［245］杨娟,苑大勇.终身教育视野下的非正规学习成果认证:理念与形式［J］.现代教育管理,2012(10):83-87.

［246］杨黎明.终身教育和终身学习条件下各级各类课程衔接与转换模式研究［J］.开放教育研究,2012(1):50-51.

［247］袁松鹤,齐坤,孙鸿飞.终身教育体系下的远程教育质量观［J］.中国电化教育,2012(4):33-41.

［248］袁松鹤,薛海峰.基于云计算的终身学习平台构建研究［J］.现代远距离教育,2012(5):65-72.

［249］袁雯.构建终身学习体系,迈向学习型城市［J］.开放教育研究,2012(1):42-45.

［250］张赛男,赵蔚,孙彪,等.面向个人终身学习的数字化学习资源生态化发展模式研究［J］.现代教育技术,2012(1):83-87.

［251］张昭文.关于中国终身教育的发展与政策报告［J］.中国成人教育,2012(4):5-10.

［252］周德春.终身学习体制创新研究［J］.长春理工大学学报,2012(2):111-112.

［253］范如永.终身学习理念下我国远程教育研究的热点、前沿和发展趋势分析［J］.中国电化教育,2013(2):34-37.

［254］范宇竹.终身教育视野下职业教育对社区教育发展的影响［J］.职教论坛,2013(14):7-9.

［255］丰云.农民工对终身学习的认知、需求与实践调查——以长株潭532名农民工为例［J］.职业技术教育,2013(25):63-68.

[256]付乐.终身教育背景下高校非学历教育研究[J].职教论坛,2013 (23):16-17,23.

[257]甘琼英,何岩,褚宏启.为全民终身学习服务:我国继续教育发展方式的转变[J].教育发展研究,2013(7):27-31.

[258]高丽萍.终身教育背景下我国继续教育体制改革探索[J].教育理论与实践,2013(21):14-16.

[259]顾凤佳.终身学习视野下的微型学习课程设计原则研究[J].远程教育杂志,2013(4):60-66.

[260]国卉男.当代国际终身教育政策的回顾与展望[J].外国中小学教育,2013(1):17-23.

[261]蒋楠晨,陈丽,郑勤华.中外终身教育立法比较研究[J].现代远距离教育,2013(5):3-9.

[262]亢春燕.开放大学环境下终身学习资源的共建共享机制研究[J].中国教育技术装备,2013(3):43,46.

[263]李光,白琳.终身学习视域下的员工培训与开发[J].职教论坛,2013 (27):41-44.

[264]李满国,田维松.终身学习"立交桥":地方高校继续教育体制机制的设计与重构[J].河西学院学报,2013(6):117-120.

[265]林国健,李红.广西终身教育体制机制建设探析[J].继续教育,2013 (11):3-6.

[266]刘晖,汤晓蒙.试论各级各类教育融入终身教育体系的时序[J].教育研究,2013(9):89-94,127.

[267]莫淑坤,张利生,于建平.内蒙古数字化终身教育公共服务平台架构与机制保障[J].前沿,2013(19):137-140.

[268]孙毅.国外终身教育立法的经验与启示[J].中国远程教育(综合版),2013(10):41-46.

[269]温国兴.终身学习理念下自主学习能力的培养[J].教育与职业,2013 (14):171-172.

[270]肖君,王民.终身学习公共服务平台运行模式研究[J].教育发展研究,2013(19):14-17.

[271]杨俊锋,余慧菊.欧洲终身学习评价指标体系述评[J].广东广播电视大学学报,2013(5):7-11.

[272]杨亭亭,刘兴国,邓幸涛,等.终身学习理念下学习成果认证组织与管理体系建设的研究[J].中国远程教育,2013(23):34-40,95-96.

[273]叶忠海,张永,马丽华.中国学习型城市建设十年:历程、特点与规律性[J].开放教育研究,2013(4):26-31.

[274]殷双绪.终身学习的评价认证与管理[J].现代远距离教育,2013(3):8-15.

[275]于莎,李盛聪.成人终身学习能力建构的逻辑起点[J].现代远程教育研究,2013(6):77-84.

[276]袁松鹤.搭建终身学习"立交桥"的四个关键问题——基于国际比较的视角[J].现代远程教育研究,2013(3):104-112.

[277]张吉先.基于数字化环境的终身学习体系与运行机制[J].继续教育研究,2013(1):7-9.

[278]张伟远,段承贵.终身学习立交桥建构的国际发展和比较分析[J].中国远程教育,2013(17):9-15.

[279]张兆芹,胡娇艳.关于学习型社区运行机制研究现状的反思和展望[J].职教论坛,2013(30):56-59.

[280]方俊明.努力构建残疾人终身教育体系[J].中国特殊教育,2014(2):19-20.

[281]国卉男.我国终身教育政策保障机制的建设与探索[J].职教论坛,2014(21):33-39.

[282]黄欣,吴遵民.中国终身教育法为何难以制定——论国家终身教育法的立法思想与框架[J].开放教育研究,2014(6):36-41.

[283]季明明.中国特色的终身学习理论探索与创新——重读郝克明的《跨进学习型社会》[J].北京大学教育评论,2014(1):172-182.

[284]柯白杨.福建省终身教育政策导向与运行机制探索——以三明市终身教育发展为例[J].福建广播电视大学学报,2014(3):10-12.

[285]刘沂青.健全保障机制促进终身教育发展[J].河北大学成人教育学院学报,2014(4):14-16.

［286］饶从满.信息社会背景下的教师终身学习体系建设——20 世纪 80 年代中期以来日本教师在职教育改革与发展［J］.外国教育研究,2014(3):100-109.

［287］沈光辉,吴盛雄,熊月林.基于移动互联网技术推进数字化学习社区建设的探索与实践——以"福建终身学习在线"为例［J］.中国远程教育,2014(1):74-78.

［288］王宏.我国地方终身教育立法比较及对国家立法的启示［J］.开放教育研究,2014(1):74-80.

［289］王平.终身教育理念下高校开展创业教育的对策思考［J］.高等农业教育,2014(12):32-35.

［290］王仁彧.终身学习观照下的老年教育现状与展望［J］.职教论坛,2014(36):44-48.

［291］吴遵民,黄健.国外终身教育立法启示——基于美、日、韩法规文本的分析［J］.现代远程教育研究,2014(1):27-32.

［292］吴遵民.中国终身教育体系为何难以构建［J］.现代远程教育研究,2014(3):27-33.

［293］杨进.以终身学习理念为指导,加快发展现代职业教育［J］.中国职业技术教育,2014(21):8-12.

［294］余平,钱冬明,祝智庭.数字化终身教育资源结构、分类及标准研究［J］.现代远程教育研究,2014(4):47-55.

［295］余燕芳,葛正鹏.终身学习平台建设的理念与架构——从 Web2.0 到 Web3.0［J］.电化教育研究,2014(8):57-63.

［296］张伟远,傅璇卿.基于资历框架的终身教育体系:澳大利亚的模式［J］.中国远程教育(综合版),2014(1):47-52.

［297］张伟远.我国终身学习立交桥的搭建:基于国际的视野［J］.中国远程教育(综合版),2014(6):28-32.

［298］郑勤华,马东明,陈丽,等.北京市成人"终身学习素养"现状及特征分析——基于 2012 年大规模抽样调查数据的探讨［J］.现代远距离教育,2014(1):3-15.

［299］朱敏,高志敏.终身教育、终身学习与学习型社会的全球发展回溯与

未来思考[J].开放教育研究,2014(1):50-66.

[300]蔡漉.职业院校参与国民终身教育机制建设的策略研究[J].中国职业技术教育,2015(28):57-59,85.

[301]丁红玲.我国终身学习投入保障机制研究[J].当代继续教育,2015(1):14-17.

[302]丁红玲.终身学习多元需求视阈下成人高等继续教育机制再造[J].中国成人教育,2015(1):9-12.

[303]郭文斌,方俊明.关键词共词分析法:高等教育研究的新方法[J].高教探索,2015(9):15-21,26.

[304]国卉男.我国地方终身教育政策机制创新的解读——以福建省的终身教育政策文本为例[J].当代教育科学,2015(17):36-39.

[305]霍丽娟.终身教育理念下现代职业教育体系构建的思考[J].中国职业技术教育,2015(15):10-18.

[306]姜宇国.终身教育理念下的高职院校就业"后服务"模式研究[J].中国高教研究,2015(4):103-106.

[307]兰岚.我国终身教育立法困境探析[J].现代远距离教育,2015(6):16-23.

[308]李娟.基于终身学习理念的社区教育品牌建设探析[J].中国职业技术教育,2015(14):83-86.

[309]李苗.我国构建学分银行机制下的终身学习模式[J].黑河学刊,2015(7):102-103.

[310]李兴洲.日本终身学习推进机制及启示[J].教育研究,2015(12):129-134.

[311]刘剑青,方兴,马陆亭.从终身教育(学习)理念到学分银行建设[J].中国电化教育,2015(4):132-135.

[312]刘培艳,牛媛媛.浅谈终身教育视角下我国开放大学的机制体制改革[J].成人教育,2015(7):68-70.

[313]莫克翟,马林.我国教育政策使用"终身学习"概念的演变过程及其影响[J].成人教育,2015,35(8):6-8.

[314]孙立新,乐传永.成人教育研究的新进展与未来趋势[J].教育研究,

2015(6):79-84.

[315]王萌萌.欧洲终身学习计划及其对我国教育改革的启示[J].现代远距离教育,2015(3):77-83.

[316]王仁彧.特色与机制:落实终身学习理念的路向探究——对践行《建设学习型城市北京宣言》的思考[J].中国远程教育,2015(8):30-36,79-80.

[317]张爱玲.基于学习型组织的开放性大学终身学习机制的行动研究[J].考试周刊,2015(21):160.

[318]钟周,韩双森.Citespace Ⅱ支持的终身学习研究分析[J].中国远程教育(下半月),2015(2):32-37,79.

[319]白云.终身学习视域下高职教学体系构建研究[J].成人教育,2016(2):80-83.

[320]陈丽,林世员,郑勤华."互联网+"时代中国远程教育的机遇和挑战[J].现代远程教育研究,2016(1):3-10.

[321]陈思彤.终身教育理念与成人教育管理机制创新[J].民营科技,2016(10):127.

[322]构建终身教育体系的政策、法规和制度(中国篇)[J].江苏开放大学学报,2016(4):84-89.

[323]焦佩.从积极老龄化看终身教育中的老年教育转型[J].中国成人教育,2016(4):130-133.

[324]李兆允.终身学习视野下的社区教育发展策略[J].成人教育,2016(3):83-85.

[325]刘波.终身教育立法的理论与实践:现状、困境及对策[J].中国职业技术教育,2016(23):17-26.

[326]祁占勇,陈鹏,张旸.中国教育政策学研究热点的知识图谱[J].教育研究,2016(8):47-56,98.

[327]宋其辉."互联网+"视野下区域数字化终身学习平台建设研究——基于上海市数字化学习平台建设的调查分析[J].中国成人教育,2016(15):10-12.

[328]孙俊三,孙松竹.家庭教育是基础教育,也是终身教育[J].湖南师范

大学教育科学学报,2016,15(5):103-107,128.

[329]吴峰.企业大学:当代终身教育的创新[J].北京大学教育评论,2016,14(3):163-174.

[330]吴雪萍,赵婷.如何推进我国的终身学习进程——英国推进终身学习的新举措及其启示[J].教育发展研究,2016(9):51-57.

[331]吴遵民.终身教育的基本概念[J].江苏开放大学学报,2016(1):75-79.

[332]吴遵民.终身教育发展的中国经验——改革开放37年终身教育的历史回顾与展望[J].江苏开放大学学报,2016(1):10-18.

[333]邢泽宇,郎益夫.高校参与社区教育的模式与对策研究[J].黑龙江高教研究,2016(5):55-58.

[334]徐微,闫亦农.终身教育视野下的高校教师教学能力培养[J].教育与职业,2016(5):53-55.

[335]叶华乔.基于终身教育理念的高职院校继续教育发展[J].继续教育研究,2016(3):19-21.

[336]于蕾.我国终身教育体系构建研究述评与展望[J].继续教育研究,2016(5):4-10.

[337]余平,祝智庭.终身学习电子档案技术标准比较与信息模型设计[J].开放教育研究,2016(3):107-115.

[338]张妍,张彦通.终身教育在我国的独特涵义与研究趋势[J].教育研究,2016(8):132-136.

[339]常冠群,李波.终身教育理念下社区教育体系构建的实践路径——以长春市为例[J].职业技术教育,2017,38(29):17-20.

[340]陈丽,赵刚.论继续教育质量观[J].继续教育研究,2017(3):10-13.

[341]陈莺.终身教育共同体建设现状与路径、机制思考——以江苏常州为例[J].南京广播电视大学学报,2017(4):6-10.

[342]高向杰.日本终身学习质量保障机制研究及启示[J].中国电化教育,2017(7):47-52.

[343]高志敏,朱敏,傅蕾,陶孟祝.中国学习型社会与终身教育体系建设:"知"与"行"的重温与再探[J].开放教育研究,2017,23(4):50-64.

[344]胡瑞波.终身教育理论视角:高校师范专业课程体系建构探微[J].中国成人教育,2017(23):104-106.

[345]姜琳琳.终身教育理念下成人高等教育教学模式改革的思考[J].教育观察(上半月),2017,6(2):138-139.

[346]李国强.保罗·朗格朗与终身教育理论——兼论西方终身教育理论对我国教育现代化的启示[J].教育研究,2017(6):146-150,158.

[347]刘春艳.基于全民终身学习机制的继续教育体制及其创新模式[J].文理导航(下旬),2017(1):5.

[348]刘奉越.我国地方终身教育立法比较研究[J].现代远距离教育,2017(2):10-16.

[349]魏翠娟.终身教育视野下我国高校教育管理体制改革探析[J].西部素质教育,2017(23):89-90.

[350]吴南中,夏海鹰.以学分银行为支架的区域性终身学习体系构建研究[J].中国远程教育,2017(11):63-69.

[351]徐莉.终身学习思想的重要理论贡献——郝克明学校教育系统变革思想评述[J].终身教育研究,2017(6):47-51.

[352]叶澜.终身教育视界的深刻意蕴:全时空性的全人发展——保尔·朗格朗带给我们的启示和价值[J].人民教育,2017(1):13-19.

[353]张吉先,虞江锋,单永刚,等.终身学习资源云服务体系建设及其协同创新机制研究——基于浙江的实践与探索[J].职教论坛,2017(36):53-39.

[354]张伟远,谢青松,王晓霞.东盟终身教育资历参照框架和质量保证系统的构建及启示[J].现代远程教育研究,2017(5):12-20.

[355]张颖,李培学.完善机制扎实推进终身教育实践[J].当代教育实践与教学研究(电子刊),2017(1):815,617.

[356]陈晓雨,李保强.欧盟新动态:更新核心素养,培育全球公民[J].上海教育科研,2018(7):11-15.

[357]程萍.终身教育背景下成人高等教育管理体制创新路径[J].中国成人教育,2018(3):39-42.

[358]兰亚明,陆洋.终身教育发展与体系构建的机制创新[J].终身教育研

究,2018(3):24-28.

[359]乐传永,许日华.高校继续教育治理:缘起、主体与机制[J].现代远距离教育,2018(1):3-8.

[360]李德显,曾佑来.基础教育阶段学生的终身学习学力的内涵、表征及培养[J].教育理论与实践,2018(31):12-16.

[361]孙绵涛,李莎.试论教育体制理论的生成[J].教育研究,2019,40(01):122-130.

[362]朱成晨.学习型社会与终身教育体系建设:信息化时代的省思[J].电化教育研究,2018,39(10):41-46.

[363]丁雪阳,程天君.21世纪以来我国教育公平研究的热点与未来趋势——基于共词矩阵的知识图谱分析[J].中国远程教育,2019(1):9-17,46,92.

[364]冯雪芬.社区学院面向终身学习的发展机制研究——以武进学院为例[J].烟台职业学院学报,2019(4):52-55,64.

[365]甘饴.城乡统筹背景下社区教育趋势与对策[J].江苏社会科学,2019(3):116-120.

[366]古光甫,张宏亮.终身教育体系下老年大学发展保障机制研究[J].厦门广播电视大学学报,2019(2):10-14.

[367]韩民.我国终身学习体系形成发展的回顾与前瞻[J].终身教育研究,2019(1):11-18.

[368]韩民.终身学习体系概念研究[J].宁波大学学报(教育科学版),2019(6):41-48.

[369]何思颖,何光全.终身教育百年:从终身教育到终身学习[J].现代远程教育,2019(1):66-77,86.

[370]李兴洲,陈宁,彭海蕾.论学习型社会建设中成人教育的社会治理功能[J].中国远程教育(综合版),2019(6):8-12.

[371]乔爱玲,张伟远,杨萍.互联网时代老年群体终身学习现状调查报告[J].电化教育研究,2019(7):121-128.

[372]桑宁霞,郑苗苗.我国终身学习政策的演化逻辑与展望[J].河北大学

成人教育学院学报,2019(2):12-18.

[373]孙绵涛,李莎.试论教育体制理论的生成[J].教育研究,2019(1):122-130.

[374]谢静.改革开放以来我国终身教育政策文本分析[J].终身教育研究,2019,30(3):22-26.

[375]张军平.终身教育理念下现代职业教育体系构建模式与完善路径[J].中国职业技术教育,2019(3):37-40.

[376]张婷.终身学习理念下教师教育改革[J].中国教育学刊,2019(1):222-223,229.

[377]陈时见,李培彤.教师教育一体化的时代内涵与实现路径[J].教师教育研究,2020(2):1-6.

[378]冯鸿滔.我国终身教育立法取向研究[J].中国远程教育(综合版),2020(2):1-8,31.

[379]黄一鸥,王利华.终身教育理念下构建社区学习共同体研究[J].教育与职业,2020(24):79-85.

[380]黄遵红,张培.终身教育理念下成人学习需求的管理机制建设研究[J].中国成人教育,2020(3):3-8.

[381]贾小鹏.高校在构建服务全民终身学习的教育体系中的定位与功能[J].中国高等教育,2020(18):52-53.

[382]荆德刚.基于终身教育视域的开放大学新使命[J].中国远程教育(综合版),2020(3):1-4.

[383]兰岚.论我国终身教育立法的调整对象、立法目标与立法原则[J].首都师范大学学报(社会科学版),2020(2):179-188.

[384]李珺.韩国持续修订终身教育法的动因、主要变化及政策启示[J].职教论坛,2020,36(8):110-116.

[385]刘辉.论终身学习视角下的受教育权实现方式[J].广播电视大学学报(哲学社会科学版),2020(2):3-9.

[386]路宝利,吴遵民.构建服务全民终身学习的教育体系:路径与机制——基于"后学校化"理念的思考[J].开放教育研究,2020(4):

67-76,101.

[387]沈玉宝,赵朝峰.京津冀终身教育协同发展的传播机制研究[J].中国远程教育,2020(3):65-72.

[388]孙立新,李硕.我国终身教育体系化研究的进展与未来展望[J].中国成人教育,2020(5):14-19.

[389]王连喜,梁红.新时代推进我国终身教育立法的战略思考[J].江西社会科学,2020,40(7):246-253.

[390]吴遵民.服务全民终身学习教育体系构建的路径与机制[J].中国电化教育,2020(5):6.

[391]徐敏华,梅兵,裴建华.终身教育视域下老年教育师资队伍发展现状与策略——基于对上海市老年教育机构的调研[J].成人教育,2020(11):34-42.

[392]徐旭东,杨淑珺.新时期老年教育特点与体系构建的思考[J].职教论坛,2020(1):118-122.

[393]杨岭.职业教育融入终身教育体系的路径研究[J].职业技术教育,2020(4):48-53.

[394]杨婷,吴遵民.终身教育背景下学前教育发展的路径与机制——读《中华人民共和国学前教育法(草案)》[J].现代远距离教育,2020(5):18-25.

[395]苑大勇,沈欣忆.终身学习推进可持续发展路径及实现:从秩序共存到螺旋上升[J].中国远程教育,2020(8):1-6,14.

[396]张春华,吴亚婕.社区教育满意度评价模型构建及实践研究[J].中国远程教育,2020(7):69-75,77.

[397]张建军,高秀春.终身学习理念下河北省高职院校老年教育功能及运行机制研究[J].工业技术与职业教育,2020(1):1-4.

[398]张双志."区块链+学分银行":为终身学习赋能[J].电化教育研究,2020(7):62-68,107.

[399]张伟远,谢青松,胡雨森.终身教育资历框架全球化发展的关键议题[J].现代远程教育研究,2020,32(3):44-50.

[400]赵长兴.法国终身教育改革发展综述及对我国的启示[J].中国职业技术教育,2020(21):28-38.

[401]朱小峰.高等院校服务全民终身学习的逻辑与策略[J].中国高等教育,2020(12):60-61.

[402]白然,谢浩,胡雨森.残疾人群体终身学习现状的实证研究[J].中国远程教育,2021(4):65-75,77.

[403]陈廷柱,庞颖.分层分级构建服务全民终身学习的教育体系[J].终身教育研究,2021(6):3-9.

[404]程豪,吕珂漪,李家成,等.我国家庭教育的内涵反思与时代重构——基于"构建服务全民终身学习的教育体系"的视域[J].现代远距离教育,2021(6):3-12.

[405]高建东.从分离到融合:终身教育理念下的教学反思——以劳动法教学为例[J].中国职业技术教育,2021(27):45-52.

[406]高静.自主、循环、共生:终身教育理念下日本高等教育改革探析[J].高教探索,2021(1):83-90.

[407]高志敏.关于终身教育与学习化社会理念的探讨[J].教育研究,2001,22(3):52-58.

[408]古丽娜·阿扎提.大学生终身学习意识与能力培养浅析——以新疆高校文科专业为例[J].继续教育研究,2021(10):14-16.

[409]靳澜涛.我国终身教育立法缘何"难产":瓶颈与出路[J].中国远程教育,2021(9):1-7,28,76.

[410]兰岚.构建服务全民终身学习的现代教育体系——政府责任与立法设计[J].教育学术月刊,2021(9):3-11.

[411]刘震,张敏,周峰.继续教育的新形式:清华终身学习云课堂[J].现代教育技术,2021(1):83-89.

[412]马丽华,娜仁高娃.日本终身教育立法的思想脉络和价值取向——基于《终身学习振兴法》的分析[J].教育发展研究,2021(17):51-60.

[413]孟思宇、丁学森、孙绵涛、夏博书.我国服务全民终身学习的规模、特点与改进策略[J].中国教育科学(中英文),2021(3):28-37.